JN204245

中国・新興国ネクサス

新たな世界経済循環

末廣　昭
田島俊雄 ［編］
丸川知雄

東京大学出版会

The Economic Nexus between China and Emerging Economies
Akira Suehiro, Toshio Tajima, and Tomoo Marukawa, Editors
University of Tokyo Press, 2018
ISBN978-4-13-046126-9

目　次

第Ⅰ部
変わりゆく中国の立ち位置

第2章　中国との貿易が新興国経済に与えるインパクト

第 II 部
中国とASEANの水平・垂直関係

第3章　東南アジアに南進する中国

第4章　深化・分化する中国・ASEAN貿易

第 III 部
「世界の工場」中国がもたらす対外衝動

第 5 章　中国の食生活の向上と新興国への影響

序　章

世界経済の構造変化と中国・新興国ネクサス

丸川知雄

1.　保護主義に急旋回するアメリカ

　2017 年 1 月にドナルド・トランプ氏がアメリカの大統領に就任して以来，これまでグローバル化の推進役だったアメリカが自国第一主義を標榜して保護主義的政策を次々と打ち出し，世界を混乱に陥れている．

　トランプ大統領は就任早々アメリカの環太平洋パートナーシップ協定（TPP）からの離脱を宣言し，北米自由貿易協定（NAFTA）の見直しをも指示した．2018 年 3 月には通商拡大法 232 条という 30 年以上使われていなかった法律を持ち出してきて，鉄鋼とアルミの輸入には安全保障上の懸念があるとして追加関税を課した．これは世界的な反発を引き起こし，中国，EU，カナダ，メキシコ，インドなどがアメリカからの輸入に報復関税を課す事態に至った．

　トランプ政権はさらに 2018 年 3 月に中国に対して通商法 301 条を発動し，中国がアメリカの知的財産権を侵害するさまざまな措置をとっているとして，中国からの 500 億ドル分の輸入に対して 25％の関税を上乗せするとした．この措置は 7 月に 340 億ドル分の輸入に対して発効し，中国は即日アメリカからの輸入に対して同規模の報復関税を課した．するとトランプ大統領は報復に対する報復として，中国からの輸入すべてに課税するとまで言い出した．

　アメリカは第二次世界大戦後の関税及び貿易に関する一般協定（GATT）

の締結と，国際通貨基金（IMF）の設立に主導的な役割を果たし，その後も貿易自由化を推進してきた．1980年代末の冷戦終結以来，それまでもっぱら西側世界だけで進んでいたグローバル化の流れが一気に世界に広がった．1995年には世界貿易機関（WTO）が設立され，自由化の範囲も財の貿易だけでなく，サービス貿易にも広がり，知的財産権の保護や技術標準の問題なども WTO で議論されるようになった．グローバル経済を統治する機構である GATT・WTO，国際通貨基金（IMF），世界銀行に対してアメリカは強い影響力を持ち，それらを通じた国際的なルール作りを推進してきた．そのアメリカが公然と保護主義を標榜し，WTO ルールに基づかない一方的な関税引き上げを始めたことは，これまでのグローバル化の流れを逆流させる可能性がある．

　トランプ大統領が保護主義を打ち出した直接の理由は，アメリカの貿易赤字が続く状況に不安を感じたためである．アメリカは戦後から1970年までは貿易黒字を維持し，貿易で稼いだ資金を対外投資によって世界に還流していた．だが，1970年代に入ると貿易赤字になることが増え，76年以降はずっと貿易赤字が続いている．とりわけ21世紀に入ってからは財の貿易では毎年4000〜8000億ドルもの巨額の赤字となっていて，それをサービス貿易の黒字と他国からの資本の流入によって賄っている．

　アメリカの貿易赤字の裏側では，中国などの新興工業国が対米輸出を拡大し，それによって資本蓄積を進めるとともに，稼いだ貿易黒字は外貨準備として貯め込んでいる．外貨準備はアメリカ国債で運用されることが多いので，結局アメリカに資金が還流してアメリカの購買力を支える．アメリカの貿易赤字というのはこうした新興工業国との「持ちつ持たれつ」の関係の反映であり，是正しなければならない「問題」ではないとドゥーリーらは説く（Dooley, Folkerts-Landau, and Garber 2003）．

　実際，貿易赤字が累積していった結果，2017年末時点でアメリカの対外純債務は7兆7250億ドル（2017年の国内総生産（GDP）の40％に相当）にも膨らんだが，世界からこれだけ借金していてもなおドルの価値が下落したりしないのは，アメリカの経済力に対する世界の信頼度の高さを反映している．

　ところがトランプ政権は，貿易赤字はアメリカの損失だとみなし，それを

解消するためだといって輸入制限措置を次々と実施している．たしかにアメリカの対外債務拡大のリスクを意識する必要があるかもしれないが，アメリカの関税引き上げは国際的なサプライチェーンをかく乱し，貿易相手国の報復まで招いたので，それが貿易赤字緩和の効果を持つかどうかはかなり疑わしい．

2.「トゥキディデスの罠」に向かう世界

　トランプ政権による中国をターゲットとするさまざまなバッシングは，一面では貿易赤字を損失と見るトランプ大統領自身の意向を反映しているが，他面では中国の台頭に対するアメリカの警戒心の現れでもある．そのことは，アメリカが中国のハイテク産業振興計画「中国製造 2025」に打撃を加えるように制裁関税を課す品目を選んだことからもうかがえる．2018 年に打ち出された一連の政策から浮かび上がってくるのは，単に貿易赤字を減らしたいという願望よりも，アメリカを猛追する中国の経済力を何とかして弱体化させたいという意志である．

　こうしたアメリカの激しい反応を見ると想起されるのは，新興国の台頭が覇権国の地位を脅かす時，新旧の二国間に緊張が生じ，多くの場合には戦争に至る，という「トゥキディデスの罠」の陰鬱な予言である（Allison 2017）．

　実際，今世紀が始まった時点（2001 年）では GDP の規模が世界第 6 位でしかなかった中国は，2010 年に日本を抜いて世界第 2 位となって，アメリカへの「挑戦権」を獲得すると，その後急速にアメリカとの差を詰めて，2017 年にはアメリカの GDP の 63％に達した（表序-1）．

　中国の実際の経済的実力はこれよりもっとアメリカに近づいている可能性が高い．2017 年の平均為替レート（1 ドル＝ 6.75 元）によって中国の GDP を米ドルに換算すれば，アメリカの 63％となるが，元の実際の価値はこの為替レートよりも高いと見られるからである．例えばマクドナルドのビッグマックは 2017 年の時点で中国では 19.8 元，アメリカでは 5.3 ドルだったので，ビッグマックを基準にすれば元とドルの価値が等しくなる為替レートは 1 ドル＝ 3.74 元ということになる[1]．このように，両国で購入できる財・サービ

表序 - 1　中国とアメリカの経済規模の比較

	年	中国	アメリカ	アメリカを100としたときの中国
GDP	2017	12.2 兆ドル	19.4 兆ドル	63
GDP (PPP)	2017	23.3 兆ドル	19.4 兆ドル	120
1 人当たり GDP	2017	8,827 ドル	59,532 ドル	15
1 人当たり GDP (PPP)	2017	16,807 ドル	59,532 ドル	28
貿易額	2017	4.10 兆ドル	3.96 兆ドル	104
輸出額	2017	2.26 兆ドル	1.55 兆ドル	146
輸入額	2017	1.84 兆ドル	2.41 兆ドル	76
各国の貿易額	2016	対中貿易額＞対米貿易額		136 カ国・地域
	2016	対米貿易額＞対中貿易額		59 カ国・地域
各国の輸出額	2016	対中輸出額＞対米輸出額		75 カ国・地域
	2016	対米輸出額＞対中輸出額		120 カ国・地域
各国の輸入額	2016	対中輸入額＞対米輸入額		154 カ国・地域
	2016	対米輸入額＞対中輸入額		51 カ国・地域
対内直接投資	2017	1682 億ドル	3487 億ドル	48
対外直接投資	2017	1019 億ドル	4244 億ドル	24

注：輸入のデータが得られるのは 205 カ国・地域であるのに対し，輸出のデータが得られるのは 195 カ国・地域であるため，貿易額・輸出額と輸入額とでは合計した数が異なる．
出所：UNCTAD Stat, World Bank, *World Development Indicators*.

スが等しくなるような為替レートを求めると，世界銀行の計算では 2017 年に 1 ドル = 3.55 元であった．これを「購買力平価」(PPP) と呼ぶ．

これを用いて両国の GDP を計算し直すと，表序-1 に示したように，2017年の時点ですでに中国の GDP はアメリカより 2 割大きいという結果が得られる．世界銀行の計算では，購買力平価で評価した中国の GDP は 2013 年にアメリカのそれをわずかに上回り，その後徐々に差が開いている．「トゥキディデスの罠」説を唱えるアリソンも，購買力平価で測った GDP においてすでに中国がアメリカを上回っていることを指摘し，中国がきわめて強力な挑戦者であるとしている (Allison 2017)．

われわれはずっと G7（主要先進 7 カ国）こそが世界経済の中心であると思ってきた．だが，中国経済の拡大によりそうした認識は修正を迫られている．

---

1)　The Economist, "Burgernomics: The Big Mac Index" (https://www.economist.com/news/2018/07/11/the-big-mac-index)

かつて世界の GDP の 3 分の 2 を占めていた G7 は，今後 3 分の 1 程度にしぼんでいく．そのことを図を用いて直感的に説明しよう．

図序-1A は 1970 年における世界の GDP の分布を，各国の GDP の大きさに比例して面積を変化させるカルトグラムという方法によって示したものである．この時点で，アメリカが一国で世界の GDP の 34％ を占めていた．また，後に G7 を構成することになる 7 カ国（アメリカ，カナダ，西ドイツ，フランス，イギリス，イタリア，日本）が世界の GDP の 62％ を占めていた[2]．この時は G7 がまぎれもなく世界経済の「中心」で，アジア，アフリカ，ラテンアメリカなどは「周辺」だった．

図序-1B は 1990 年における世界の GDP 分布を示したものである．アメリカは相対的に縮小して世界の GDP の 26％ に後退したが，日本が世界の GDP の 14％ を占めるまでに躍進し，また東西ドイツが統一したことから G7 が世界の GDP に占める比率は 66％ まで拡大した．一方，「周辺」は 1970 年に比べていっそうやせ細っている．ソ連を盟主とする東側陣営は 1989 年にベルリンの壁とともに崩壊し，グローバル経済の「周辺」に取り込まれていった．

ところが，2008 ～ 2009 年の世界経済危機を経た 2015 年の状況（図序-1C）を見ると，世界が大きく変わったことがわかる．第 1 に，中国が 1990 年には世界の GDP の 1.6％ しか占めていなかったのが，2015 年には 14％ を占め，世界第 2 位の経済大国になった．第 2 に，G7 は特に日本と西欧の GDP が相対的に縮んだ結果，世界の GDP の 46％ を占めるのみとなった．第 3 に，インド，東南アジア，アフリカ，南米など「南」の諸国もおおむね GDP の比率を拡大しており，1990 年における極端に歪んだ図と比べると，世界が少しずつ平等化の方向に向かっている．

図序-1D は 2030 年の世界経済の構造を予測したものである[3]．これによれば，2030 年には中国がアメリカを上回って世界一の経済大国として世界の GDP の 2 割ほどを占めるようになる．中国だけでなく新興国のシェアが全

---

2)　GDP のデータは主に World Bank, World Development Indicators に基づくが，欠落している国の GDP については Bolt and van Zanden（2014）や Penn World Table 8.1（Feenstra, Inklaar, and Timmer 2015）の推計を利用した．

3)　2015 年から 2020 年までは IMF（2015）の予測値を採用した．2021 年から 2030 年までは IMF が予測した 2020 年の成長率がそのままその後 10 年間続くと仮定した．

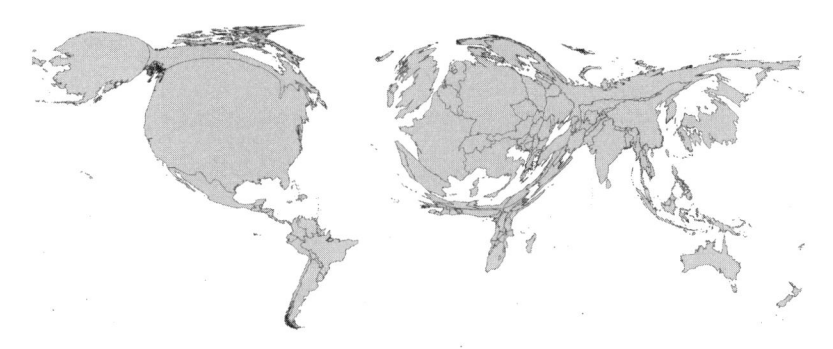

図序 – 1A　1970 年における世界の GDP 分布

図序 – 1B　1990 年における世界の GDP 分布

図序 – 1C　2015 年における世界の GDP 分布

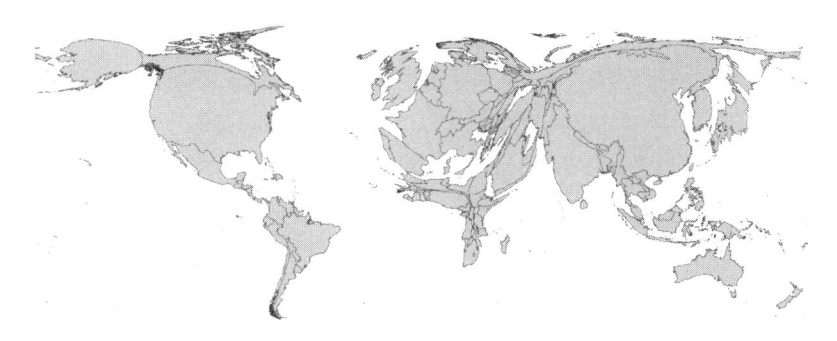

図序 - 1D　2030 年における世界の GDP 分布（予測）

般的に拡大し，インドの GDP は日本と肩を並べ，アフリカと南米も拡大する．G7 が世界の GDP に占める比率はますます低下し，世界の 36％ほどになる．しかし，地図の歪みが示すように，これでもまだ南北の間に大きな経済格差がある．経済発展のフロンティアは，この時点でもまだ消失したとは言えないであろう．

　2030 年までの予測に関してはもちろん異論の余地がある．ここでは中国とインドの経済成長は 2020 年までの勢いがその後 10 年間続くと仮定されているが，実際には減速するだろうから，中国とインドの GDP は過大評価である．しかし逆に 2015 年までの変化の趨勢と極端に乖離するような方向に世界が変わっていくとも考えにくい．図序-1D のように世界が変わっていくとなれば，今後は G7 に中国やインドを加えなければ世界経済の主要議題を議論する場として不十分だということになろう．

3.　中国がグローバル化を主導する可能性

　トランプ政権のように反グローバリズムを標榜する政治勢力が各国で力を得ているのは，資本主義そのものが限界を迎えていることの反映だという見方がある．水野（2017）によれば，利潤をもたらすフロンティアが消失したため資本主義はもはや終焉を迎えつつあり，今後の世界はいくつかの閉じた経済圏に分断された構造になるという．

　たしかに先進国だけを見ればこうした見方も一定の説得力を持っているが，先進国以外の世界へ目を転じてみると，資本主義やグローバル化が終焉を迎えたと見るのは時期尚早だと思われる．とりわけ中国は国内外のフロンティアの開拓に依然意欲的である．

　アメリカでトランプ政権が誕生し，保護主義への懸念が高まるなか，中国の習近平国家主席は 2017 年 1 月にスイスのダボスで開かれた世界経済フォーラムで，グローバル化を擁護し，保護主義を戒め，自由化を堅持するべきだと演説した．トランプ大統領が中国に通商法 301 条を適用することを発表したのちの 2018 年 4 月の博鰲アジアフォーラムでも，習主席は中国の対外開放をいっそう進めるとして，銀行業，証券業，保険業，自動車産業における外資の出資比率に対する規制を緩和するなどの政策を発表した．こうした言葉が単なるリップサービスではないことは，その後，アメリカの電気自動車メーカー，テスラの単独出資による中国進出が発表されたことで裏付けられた．

　これまでの流れから見れば，一方的な貿易制限措置によって国を閉ざそうとするアメリカに代わって，中国がグローバル化の推進役になりそうである．中国がアメリカとの報復合戦によって自らの市場を閉ざしてしまえば世界はブロック化へ向かうが，中国国内ではアメリカの関税攻撃に対抗するには，中国はむしろいっそう対外開放とアメリカ以外の国々との連携強化を進めるべきだとの意見も強まっている．

　実際，財の貿易に関して言えば，世界経済のなかでの中国の重要性はすでにアメリカを凌駕しつつある．表序-1 に示したように，財の貿易額では 2017 年に中国はアメリカを 4％上回り，世界最大の貿易大国であった．中国は 2013 年にアメリカを抜いて貿易額が世界一になって以来，2016 年以外は常にアメリカを上回っている．

　中国は広範な日用品を安く大量につくっているので輸出先が多様であり，輸入のデータが得られる世界の 205 カ国・地域のうち，中国からの輸入の方がアメリカからの輸入を上回っている国・地域が 154 にも上る（表序-1）．また，貿易額のデータが得られる世界 195 カ国・地域のうち，136 カ国・地域では中国との貿易額がアメリカとのそれを上回っている．これだけの存在感

を持つ中国がグローバル化の推進役となれば，今後アメリカが保護主義へ突き進んだとしてもその影響をある程度は相殺できるであろう．

　日本など先進国では，中国と言えば，豊富な低賃金労働力を生かして安い工業製品を先進国に輸出する「世界の工場」というイメージが強い．かつて19世紀のイギリスを形容するのに用いられていた「世界の工場」という言葉が21世紀初頭の中国に対して用いられた時，その意味に微妙な変化が生じた．19世紀のイギリスは世界の「工場および本社」として世界経済に支配的な影響力を持っていたが，21世紀初頭の中国は単なる「工場」，すなわち低コストの生産委託先とみなされている．

　先進国の側から見れば，中国からの工業製品輸入は多いが，いまだ中国に本社を置く企業の市場シェアは低く，中国は依然として先進国市場に依存する「工場」のままであるように見える．しかし，先進国以外の地域，すなわち新興国から見た中国のイメージは大きく異なり，中国は本社も持った「世界の工場」としての存在感を高めつつある．

　そして中国自身も新興国との経済関係を強めている．表序-2にまとめたように，2000年から2015年の間に，中国の輸出に占めるG7向けの割合は52％から40％に下落し，新興国（本書では北米，西ヨーロッパ，日本，香港以外の世界を新興国と総称している）向けの輸出の割合が急速に上昇して，2015年にはG7向けを上回るに至った[4]．輸入では日本からの輸入割合が10％ポイント近く下落し，新興国からの輸入割合が13％ポイントも上昇している．

　これまで見たように，世界経済の今後の成長は新興国を中心としたものになるだろうし，そのなかで最大の経済規模を持つ中国も，新興国との貿易関係を強めつつある．本書では中国と新興国との経済貿易関係を「中国・新興国ネクサス」と呼び，その現状を地域（東南アジア）や特定の産業（植物油，鉄鋼，石炭など）に焦点を絞って分析する．

　先進国の側から見れば中国は先進国市場に依存した「世界の工場」に見えるため，トランプ政権の中国叩きが中国に大打撃を与えるだろうと思ってし

---

4)　表序-2では輸入国側の貿易統計（UNCTAD Statの推計を含む）によって中国からの輸出額を推計している．中国側の輸出統計を用いると，香港向け輸出のなかに最終的には他の国・地域に向かう輸出が紛れ込んでしまうことが多いとみられる．

表序 - 2　中国の貿易相手の変化

(%)

年	輸入				輸出			
	2000	2005	2010	2015	2000	2005	2010	2015
アジア（日本，香港除く）	33.6	39.4	33.8	34.9	11.0	13.9	15.9	18.7
アフリカ	2.5	3.5	5.2	4.6	1.0	1.7	2.9	3.7
中南米・カリブ	2.5	4.4	7.1	6.7	2.1	3.7	6.5	7.4
東ヨーロッパ	0.5	0.6	0.9	1.2	1.1	2.1	3.2	2.9
ロシア・中央アジア	3.1	3.2	3.1	3.2	0.6	1.5	2.5	2.0
中東	4.6	5.2	7.0	6.8	2.1	2.9	4.3	5.5
オセアニア	2.7	3.0	5.1	5.4	1.6	2.0	2.4	2.3
香港	4.3	2.0	1.0	0.8	22.6	13.2	10.5	10.8
日本	19.0	16.6	13.7	9.3	13.6	10.6	8.2	6.6
北米	12.0	9.3	9.1	11.4	26.5	27.8	22.8	23.0
西ヨーロッパ	15.1	12.7	14.0	15.7	17.7	20.6	21.0	17.0
G7	40.7	34.5	31.9	30.3	52.2	51.1	44.3	40.0
新興国*	49.5	59.3	62.2	62.8	19.6	27.9	37.5	42.5

注：*本表の「アジア（日本、香港除く）」から「オセアニア」までの合計を「新興国」と定義する.
出所：UNCTAD Stat より筆者作成.

　まう．しかし，実は中国は新興国との経済関係を強めており，新興国を相手にしたグローバル化を推進している．アメリカが自国市場を閉じるのであれば，なおさら中国は新興国との経済関係を強め，世界経済の「中心」がアメリカから中国へ移動する流れがますます速まるだろう．もちろんそのためには中国は対外開放と自由化を推進するという，習主席の発言を実効あるものにしていく必要がある．

4. 本書の内容

　以上の分析を大胆に要約すれば，今後の世界経済の発展のフロンティアは中国と新興国にあり，両者の経済貿易関係，すなわち中国・新興国ネクサスの安定的な発展が世界経済にとって重要な意味を持つようになる．本書の目的は中国と新興国の経済関係の現状を現場に近い視点から明らかにするとともに，今後の課題を明らかにすることである．

　第 1 章「中国・新興国ネクサスと「一帯一路」構想」（伊藤亜聖）では，中

国の新興国戦略の中心である「一帯一路」構想を検討する．中国からユーラシア大陸を横断して欧州へ，およびマラッカ海峡，インド洋，スエズ運河を経て欧州へ至る 21 世紀のシルクロードをつくる，というもともとの構想には中国中心的な響きがあった．しかし，「一帯一路」の英文表記が "One Belt, One Road（OBOR）" から "Belt and Road Initiative（BRI）" に代わり，新興国のインフラ建設に対する中国からの投資や融資の全般を包括するようになるなかで，中国中心的なニュアンスは薄くなり，むしろ「一帯一路」プロジェクトが新興国の資金とインフラの不足を補い，その発展を促進する側面も強調されるようになった．「共存共栄」という「一帯一路」の目標が本当に内実を伴うのか世界が注目している．

　中国が新興国の経済発展を注視し，投資や融資によってサポートする姿勢を持つことは重要である．なぜなら，中国との貿易関係の拡大は，新興国の製造業を衰退させ，特定の一次産品の輸出に依存するモノカルチャーの方向へ追いやる傾向があるからである．**第 2 章「中国との貿易が新興国経済に与えるインパクト」**（丸川知雄）では，そうした影響が起きていることを 2007 年から 2015 年までの貿易や製造業のデータの分析から明らかにする．中国の製造業の成長によって世界的な一次産品ブームが起き，一次産品の輸出国は好況に沸き立ったが，ブームが去ると一転して厳しい不況に陥った．こうして中国経済の変動に大きく振り回される新興国が少なくないことに中国は注意すべきである．

　中国は「一帯一路」構想を打ち出す 2013 年よりもかなり以前から，インフラ投資などを通じて東南アジアの経済発展に積極的に関与していた．**第 3 章「東南アジアに南進する中国」**（末廣昭）で詳述しているように，もともとアジア開発銀行の呼びかけで始まっていた大メコン圏経済協力（GMS）や東南アジア諸国連合（ASEAN）といった，既存の枠組みを使って中国の関与が拡大している．2015 年にはアジアのインフラ投資を促進する新たな枠組みとして，アジアインフラ投資銀行（AIIB）の設立も主導した．

　第 4 章「深化・分化する中国・ASEAN 貿易」（宮島良明・大泉啓一郎）で指摘するように，ASEAN 側では，2001 年の WTO 加盟によって中国が世界貿易に本格的に参入することは，ASEAN 経済にとって脅威になるという懸念が

あった．しかし，中国と ASEAN の貿易は，その後大きく拡大した．第 3 章で見た中国の ASEAN に対する積極関与と貿易の拡大とが踵を接して進んだ点で，中国と ASEAN の経済関係は総じて言えば順調に発展してきたと言えよう．ただ，2012 年以降，ASEAN から中国への輸出の伸びが停滞していること，2000 年代後半から ASEAN・中国貿易のなかで「水平分業」（双方が同一の品目を輸出し合う貿易）よりも「垂直分業」（双方が別々の品目を輸出し合う貿易）が拡大するなど，ASEAN 側にとって心配な状況もみられる．

　第 5 章から第 9 章は，中国と新興国の貿易が拡大している産業を取り上げ，中国の輸入ないし輸出が拡大する事情を主に中国側から明らかにした．

　第 5 章「中国の食生活の向上と新興国への影響」（李海訓）では，中国国民の食生活の向上により植物油の消費が増大し，それによって南米では大豆生産，インドネシアやマレーシアではアブラヤシによるパーム油生産が活発化していることを示す．中国国民 1 人当たりの植物油消費量は日本の半分なので，「爆食」という表現は当たらないが，それに 14 億近い人口を乗じると膨大な消費量となり，その動向は植物油やその原料の輸出国に対してきわめて大きな影響を及ぼす．

　第 6 章「中国の石炭輸入転換による国際市場秩序と新興国へのインパクト」（堀井伸浩）では，中国の最も重要なエネルギー源である石炭の需給を分析している．中国は世界一の石炭の生産国及び消費国で，2000 年代前半にはかなりの輸出も行っていたが，2009 年に純輸入に転じるや，翌 2010 年からは世界最大の輸入国になった．輸入依存度は国内需要の 1 割以内にすぎないものの，インドネシア，モンゴル，北朝鮮といったアジアの石炭輸出国に対して，中国の石炭需要の変動は大きなインパクトを与える．

　第 7 章「中国の鉄鋼超大国化と輸出競争力の源泉」（丸川知雄）で取り上げる鉄鋼業は，中国が 21 世紀に入ってからの短い期間に，他の新興国との間で「垂直貿易」関係を構築した産業である．2000 年まで中国は主に国内の鉄鉱石を利用して，国内需要向けに鉄鋼を生産していた．ところが，その後中国の鉄鋼生産が急成長し，世界最大の鉄鋼輸出国になる一方で，鉄鉱石を大量に輸入するようになり，今日では世界の鉄鉱石輸入の 3 分の 2 を占めるに至っている．この章ではなぜ中国の鉄鋼業が輸出競争力を急に高めたのかを

分析する.

　第8章「中国セメント産業の発展と技術選択・産業組織」（田島俊雄）で取り上げるセメント産業でも，中国の生産量は圧倒的であり，しかも近年は中国企業が海外での建設事業を多数受注している．しかし，2008年以降，中国のセメント輸出はむしろ減少傾向にある．というのも，中国政府が税制を通じてセメントの輸出を抑制しているためである．セメントの生産は大量の二酸化炭素を排出するうえ，輸送コストも大きく，温室効果ガスの排出削減を目指す中国にとって望ましい状況をもたらさない．そこで中国企業はむしろ海外でのセメント生産やプラント輸出に力を入れている．つまり，セメント産業においては中国企業は輸出から海外投資という次の段階へ進んでいる.

　第9章「雑貨と携帯電話における新興国市場の開拓と専業市場」（丁可・日置史郎）では，雑貨と携帯電話を取り上げている．雑貨はもともと中国が強い輸出競争力を持つ分野であるが，所得が上昇する新興国市場へ向けて専業市場を活用しながら，いまなお輸出を拡大している．世界の携帯電話産業における中国の役割は，先進国のブランドメーカーの生産委託先にすぎなかったが，中国の携帯電話メーカーが専業市場を活用しながら新興国市場を開拓するという，もう一つの流れが拡大している．つまり，先進国から見れば中国は単なる「工場」でも，新興国から見れば中国は「工場および本社」なのである.

　以上のように，中国がもともと輸出競争力を持っていた雑貨や携帯電話といった産業では中国企業の主導性が高まる一方で，今世紀に入ってから鉄鋼が新たに比較優位分野となった．他方で，中国がもともとほぼ自給していた石炭，鉄鉱石，植物油とその原料が，今世紀に入ってから大量に輸入されるようになった．こうして中国と新興国の間の垂直貿易が今世紀に入って強まっている.

参考文献
〈日本語文献〉
水野和夫（2017）『閉じてゆく帝国と逆説の21世紀経済』集英社新書.

〈英語文献〉

Allison, G. T. (2017), *Destined for War: Can America and China Escape Thucydides's Trap?* Boston, MA: Houghton Mifflin Harcourt.（グレアム・アリソン著，藤原朝子訳『米中戦争前夜——新旧大国を衝突させる歴史の法則と回避のシナリオ』ダイヤモンド社，2017 年）

Bolt, J. and J. L. van Zanden (2014), "The Maddison Project: Collaborative Research on Historical National Accounts," *Economic History Review*, Vol. 67(3), pp. 627–651.

Dooley, M. P., D. Folkerts-Landau, and P. Garber (2003), "An Essay on the Revived Bretton Woods System," NBER Working Paper, No. 9971.

Feenstra, R. C., R. Inklaar, and M. P. Timmer (2015), "The Next Generation of the Penn World Table," *American Economic Review*, Vol. 105(10), pp. 3150–3182.

International Monetary Fund (IMF) (2015), World Economic Outlook Database, October 2015 Edition. https://www.imf.org/external/pubs/ft/weo/2015/02/weodata/index.aspx

第Ⅰ部

変わりゆく中国の立ち位置

第1章

中国・新興国ネクサスと「一帯一路」構想

伊藤亜聖

1. はじめに──「一帯一路」は中国と新興国に何をもたらすか

本章は，中国が提唱する「一帯一路」構想の概要と背景，そしてプロジェクトの動向を整理した上で，中国と新興国との間の経済関係の強化という視点から検討を加える.

2013 年以降，中国が推進している「一帯一路」構想は，中国から欧州に至る広大なユーラシア地域でのインフラ開発を主軸としている[1]. 当初の報道によれば「一帯一路」は，中国から陸路で中央アジア諸国とロシアを経て欧州へと至る「陸のシルクロード経済ベルト」と，海路で中国沿岸部から東南アジアのマラッカ海峡，インド洋，そしてスエズ運河を経て欧州へと至る「21 世紀海上シルクロード」によって構成されており，これらの地域の国々，いわゆる「沿線国」との関係強化を目指したものだと理解されてきた.

習近平国家主席が，2013 年 9 月にカザフスタンのナザルバエフ大学で「シルクロード経済ベルト」を，同年 10 月にインドネシア国会演説にて「21 世

---

1) 中国語では一般に「一帯一路（Yidaiyilu）」であるが，南方では海のシルクロードを強調する意味で「一路一帯（Yiluyidai）」と呼ばれることもある. 英語では "One Belt, One Road (OBOR)" と呼ばれてきたが，中国政府は公式には "Belt and Road Initiative (BRI)" と呼んでおり，ルートが一つとは限らないことを示唆している.

紀海上シルクロード」を提唱したことから，とりわけ構想の主眼が近隣国と中国の辺境地域の開発にあることは確かであろう．2015 年 3 月には後述するように，中国政府の国家発展改革委員会，外交部，商務部が共同で「一帯一路」に関する文章，「シルクロード経済ベルトと 21 世紀海上シルクロードの共同建設を推進する展望と行動」（以下では「展望と行動」と呼ぶ）を公表し，アジアインフラ投資銀行（AIIB）の設立も含めて，国際的にも関心を集めることとなった．そして 2017 年 5 月に北京で開催された「一帯一路国際協力フォーラム」には，29 カ国の首脳，そして 130 カ国以上，約 70 の国際機関から 1,500 名の政策関係者が出席し，シルクロード基金や国家開発銀行の「一帯一路」関連融資枠の増額が公表された[2].

　2015 年 3 月に発表された「展望と行動」は「一帯一路」の中身について，きわめて多面的に解説しており，2017 年 5 月の「一帯一路国際協力フォーラム」の大枠を決めたという意味でも重要である．同「展望と行動」では，インフラ建設を通じたコネクティビティの向上，貿易投資を軸とした相互の取引の促進にとどまらず，政策的交流，人材交流，文化交流まで含めた包括的な内容となっている．中国政府の発表によれば，2016 年末までに，「一帯一路」は，40 以上の国及び国際機関と協力に関する覚書を結んでいるとされ，国際会議の開催も相まって，中国国内では「国策」としてのプロジェクトの進展を報じるニュースが後を絶たない[3].

　ここで注意が必要な点は，「一帯一路」プロジェクトの地理的範囲は明確ではなく，また政策の範囲を特定することも難しいことである．例えば，俗

---

2)　新華網 2017 年 5 月 14 日記事「習近平在"一帯一路"国際合作高峰論壇開幕式上的演講」，朝日新聞デジタル版 2017 年 5 月 15 日記事「巨額の資金支援，各国が「中国詣で」　一帯一路会議」より．

3)　例えば商務部の宋立洪巡視員は「一帯一路」が始動してからの 3 年間（2014 ～ 2016 年）の成果を次のように述べている．「この 3 年間で，中国と「一帯一路沿線国」の貿易額は 3.1 兆ドルで，全国の対外貿易の 26.1 ％を占めた．「沿線国」への対外直接投資額は 493 億ドル，対外直接投資額の 12 ％を占めた．「沿線国」と 1.2 万件の建設請負プロジェクトで合意し，契約額は 2715 億ドルとなった．中国企業は 20 カ国で 56 カ所に経済貿易合作区を建設し，累計で 179 億ドルを投資し，現地に 9.6 億ドルの税収をもたらし，16.3 万人に職をもたらした．「一帯一路」は無から始まり有となり，点から面となり，当初の想定を大きく越える進展と成果を見せた」（『瞭望』2017 年第 1 期特集「"一帯一路"聚合亜欧大陸」）．

説では「65 カ国」が暫定的な一帯一路の「沿線国」と言われてきたが，これには確たる論拠も一貫性もなく，また政策的パッケージも後述するようにきわめて包括的である[4]．つまり範囲も，政策も不明瞭なため，「一帯一路」の具体的政策がもたらしつつある因果関係を特定することは困難である[5]．

　そこで本章では，特定の政策効果の解明は行わず，その代わりに地理的には俗説的な「沿線国 65 カ国」説に縛られることなく，また政策の実施過程にも注目することで，中国と新興国全般との関係強化という広い観点から「一帯一路」構想の進捗を整理する．本書の中核的概念である「中国・新興国ネクサス」を，「中国と新興国との間での，先進国企業や政府を介さない形での経済，政治，社会的なネットワークの深まり」と考えると，目下，中

---

4)　俗説「沿線国 65 カ国」は，次とされるが，複数のバージョンがあり，信頼はできない．一説では，65 カ国とは次の国々を指す．モンゴル，東南アジア 11 カ国（インドネシア，マレーシア，フィリピン，シンガポール，タイ，ブルネイ，ベトナム，ラオス，ミャンマー，カンボジア，東ティモール），南アジア 7 カ国（ネパール，ブータン，インド，パキスタン，バングラデシュ，スリランカ，モルディブ），中央アジア 6 カ国（カザフスタン，トルクメニスタン，キルギスタン，ウズベキスタン，タジキスタン，アフガニスタン），その他の旧ソ連諸国 7 カ国（ロシア，ベラルーシ，ウクライナ，ジョージア，アルメニア，アゼルバイジャン，モルドバ），「西アジア」17 カ国（イラン，イラク，トルコ，シリア，ヨルダン，イスラエル，サウジアラビア，バーレーン，カタール，イエメン，オマーン，アラブ首長国連邦，クウェート，レバノン，ギリシア，エジプト，キプロス），中東欧 16 カ国（ポーランド，リトアニア，ラトビア，エストニア，チェコ，スロバキア，ハンガリー，スロヴェニア，クロアチア，ボスニアヘルツェゴビナ，モンテネグロ，セルビア，アルバニア，ルーマニア，ブルガリア，マケドニア）．

5)　「一帯一路」政策の始動による因果関係を特定しようとした場合，その前提として以下の点を明確にする必要がある．第 1 に時系列の設定である．「一帯一路」はいつ始動したと考えるのか？ 2013 年 3 月の国家主席交代か，同年 10 月の演説か，2015 年 3 月の「展望と行動」公表時か，またはそれ以前から進展していたという連続性を重視するか．第 2 に，政策対象となる範囲の設定である．どこまでが「一帯一路」の範囲なのか．「65 カ国」なのか，ASEAN 諸国と中央アジアなのか，新興国全般なのか，全世界なのか．第 3 に，被説明変数の設定である．中国国内の経済成長や貿易へのインパクトなのか，「沿線国」への経済的影響なのか，国際関係・国際秩序なのか，中国のソフトパワーなのか．第 4 に，説明変数の設定である．「一帯一路」が始動したことに伴って，何が新たに実施されたと判断するのか．インフラ建設が加速されたのか，貿易の自由化が加速したのか，工業団地の数が増加したのか，海外の首脳との会談や政策交流が緊密化したのか等々，様々な可能性がある．特定の因果関係への注目は可能であるが，本章では「一帯一路」構想の包括性それ自体に注目する観点から，具体的な因果関係の評価は行っていない．

国政府が進めつつある「一帯一路」はまさにこのネクサスを深めようとしている．ただし，後で紹介するように，「一帯一路」の効果を検討するためには，いつプロジェクトが開始し，何が新たに始動したかを検討することが必要である．始動から 5 年が経過し，実行段階と多面化段階に入りつつある「一帯一路」構想の現状と論点を整理しておくことは有意義だろう．

　以下では「一帯一路」の概要を整理し，その後に関連研究をレビューした上で，特に新興国全般との貿易投資関係の深化という観点から，「一帯一路」の動向を検討する．結論を先取りすれば，「一帯一路」は中国と新興国との間の包括的な関係強化を目指したものだと考えられ，個別プロジェクトの進展や貿易投資データを見ると，地域ごとの進捗にかなりの濃淡が見られる．直近の動向から垣間見える「一帯一路」構想は，「濃淡ある進展」と「インフラ一辺倒からの多角化」とも言うべき変貌を遂げつつある．

2.　「一帯一路」構想の概要

2.1　「一帯一路」の始動

　まず確認しておくべき一つの問題は，「いつ「一帯一路」は始まったのか」である．すでに述べた通り，「一帯一路」構想は，習近平体制になって始動したとされているが，実際には前政権の末期から類似の政策が動き出していた（表 1-1）．2014 年には後で取り上げるように，中国国内から成長戦略や外交戦略といった多様な解釈が提示された他，国外からは，過剰生産能力の解消に国外市場が動員されるのではないかといった反応が見られた．これに対応して，2015 年 3 月に前述した「展望と行動」が発表され，これ以降，同文書が中国の国策としての「一帯一路」構想の基本的方向を示している．同文書の公表と前後して，アジアインフラ投資銀行，シルクロード基金，新開発銀行（BRICS 銀行）が設立されるなど，関連機関の設置も進んでいった．

　2013 年から 2014 年にかけて習近平国家主席が行った演説には，その後の「展望と行動」に反映される主要内容に加えて，そこに直接的には書かれていないメッセージも含まれるという意味で注目に値する．2014 年 6 月 5 日の中国アラブ諸国協力フォーラムでの習近平演説は，「一帯一路」計画の経

表 1-1　「一帯一路」プロジェクト関連事項の年表

2012 年	1 月	温家宝首相，中東歴訪にて「新シルクロード」に言及．「友好の道であり，中国とアラブ人民の政治相互信頼の道であり，商業上の誠意の道であり，団結と互助の道であり，異なる文化間の交流の道である」と発言．
	6 月 7 日	胡錦濤国家主席，上海協力機構理事会にてシルクロードの新たな意義に言及．「鉄道，道路，通信，電力網，エネルギーパイプラインの「互聯互通」プロジェクトの建設に努力し，古のシルクロードに新たな意義を付与する」と発言．
	9 月 2 日	温家宝首相，中国アジア欧州博覧会開幕式にて「シルクロードの新たな輝きを再び創造する」と題して基調講演．「われわれはさらに揺るぎない決意と力強い措置によって，各分野の互恵協力を全面的に開拓し，地域の発展の内生的原動力を強化し，アジア欧州各国人民により良く幸福をもたらすべきだ」と言及．
2013 年	9 月 7 日	習近平国家主席，カザフスタンのナザルバエフ大学での講演にて「新シルクロード経済ベルト」構想を提起．地域協力，鉄道建設，貿易円滑化，通貨流通，文化面の交流，以上 5 点の促進に言及．
	10 月 3 日	習近平国家主席，インドネシア国会での演説にて「21 世紀海上シルクロード」とアジアインフラ投資銀行（AIIB）の設立を提起．
	10 月 24 日	習近平国家主席，周辺外交活動座談会にてインフラ建設によるシルクロード経済ベルトと 21 世紀海上シルクロード建設に言及．AIIB 設立推進にも言及．
	11 月 12 日	中国共産党第 18 期 3 中全会「改革の全面的深化に関する若干の重大問題に関する決定」にてシルクロード経済ベルトと海上シルクロード建設の推進に言及．
	12 月 10 〜 13 日	中央経済工作会議にて 2 つのシルクロード計画の推進に言及．
2014 年	6 月 5 日	習近平国家主席，中国アラブ諸国協力フォーラム閣僚級会議開幕式にて「一帯一路」に言及．内政不干渉，相互協力，エネルギー協力，インフラ建設と貿易投資の促進，ハイテク分野での協力を提起．
	12 月 14 日	中国とカザフスタンが「共同でシルクロード経済ベルト建設を進めることに関する諒解備忘録」に調印．以降，類似の備忘録がネパールと，協力協定がベラルーシ，グルジアと結ばれる．
	12 月 29 日	シルクロード基金を 400 億ドルで設立と中国人民銀行が発表．
2015 年	2 月 1 日	「一帯一路建設工作会議」を設置．組長に張高麗，副組長に汪洋，楊晶，楊洁篪．
	3 月 28 日	国家発展改革委員会・外交部・商務部が共同で「シルクロード経済ベルトと 21 世紀海上シルクロードの共同建設を推進する展望と行動」を公表．
	4 月 2 日	習近平国家主席，パキスタン訪問．「中国・パキスタン経済回廊」計画への 450 億ドル拠出を発表．
	4 月 20 日	中国人民銀行がシルクロード基金を通じてパキスタンの水力発電所建設事業に 16 億 5000 万ドルの投資を発表．同基金の第一号案件とされ，建設には中国長江三峡集団が協力．

（表 1-1）

2015 年	5 月 8 日	中ロ両国が「シルクロード経済ベルト建設とユーラシア経済連合建設の接合と協力に関する共同声明」を発表．
	6 月 29 日	AIIB 設立協定の署名式が北京にて開催，創設メンバー 57 カ国のうち 50 カ国の代表が署名．
	10 月 22 日	「一帯一路」建設工作領導小組が「標準を結合する「一帯一路」行動計画（2015 〜 2017）」を発表．
2016 年	6 月 23 日	中国，ロシア，モンゴルが「中・モ・ロ経済回廊建設の計画綱要」に調印．
	6 月 25 〜 26 日	AIIB の第 1 回年次総会が北京にて開催，融資案件の第一陣として単独融資のバングラデシュ配電網，協調融資のインドネシア（世界銀行），パキスタン（アジア開発銀行と英国国際開発省），タジキスタン（欧州復興銀行），以上合計 5 億 900 万ドルを発表．
	9 月 2 日	中国とカザフスタンが「「シルクロード経済ベルト」建設と「光明の路」経済政策の接合と協力に関する計画」に調印．
	9 月 14 日	科技部・国家発展改革委員会・外交部・商務部が共同で「「一帯一路」建設の科学技術イノベーション協力を推進するプロジェクト計画」を発表．
	9 月 29 日	AIIB の融資第 2 陣としてパキスタンの水力発電所とミャンマーのガス火力発電所プロジェクトに対して合計 3 億 2000 万ドルを承認．
	10 月 22 日	国防科学工業局・国家発展改革委員会が共同で「「一帯一路」空間情報経済回廊の建設と応用を加速することに関する指導意見」を発表．
	12 月 29 日	文化部が「「一帯一路」文化発展行動計画（2016 〜 2020 年）」を発表．
2017 年	1 月 17 日	スイス・ダボスで開催された世界経済フォーラムにて習近平国家主席が基調講演．グローバリゼーションの維持を主張し，FTAAP 及び RCEP 交渉の推進と「一帯一路」プロジェクトに言及．
	5 月 14 〜 15 日	北京にて「一帯一路国際協力ハイレベルフォーラム」が開催．29 カ国の国家元首・首脳，約 130 カ国，約 70 の国際機関から 1500 名が参加．
	6 月 5 日	東京都内で開催された第 23 回国際交流会議「アジアの未来」の晩餐会にて，安倍首相が「一帯一路」を「ポテンシャルをもった構想」と言及．
	10 月 24 日	中国共産党第 19 次代表大会にて党章に「一帯一路」建設を推進する旨が記載される．
2018 年	1 月 26 日	中国政府・国務院が北極に関する白書『中国的北極政策』を発表．文中で「一帯一路」構想と連動させる旨を明記．

出所：『週刊東洋経済』2015 年 8 月 22 日号記事「中国は世界をどう変えるか」（64-67 頁），国務院新聞弁公室・中国共産党中央文献研究室・中国外文出版発行事業局（2014），国家発展改革委員会ウェブサイト，国務院ウェブサイト，中国メディア，日本メディア報道より筆者作成．

済面の要点について，インフラ建設を通じたコネクティビティの強化にあるとして，その後の構想の重点となる経済面の内容について次のように説明していた．

　「一帯一路」は互恵的かつウィン・ウィンの道であり，各国の経済をいっそう緊密に結びつけ，各国のインフラ建設と体制・仕組みの刷新を促し，新たな経済成長点を作り出し，雇用拡大を促進し，各国経済の内生的原動力とリスク抵抗力を強化する[6]．

　同演説には政治体制の違いを各国で認め合おうと述べる，次のような内容も含まれている．ここでは明らかに中東の政治体制が念頭に置かれており，「一帯一路」構想が一面ではインフラ建設による貿易投資の促進を中心とする経済政策でありつつ，同時に政治面のメッセージも色濃く反映された構想であることが伺える．

　シルクロード精神の発揚は，道の選択を尊重することだ．「履物は足に合いさえすれば必ずしも同じでなくてよい．治国政策は民に有利でさえあれば必ずしも同じでなくてよい」という．（中略）われわれは異なる文化的伝統，歴史的境遇，現実的国情を持つ国々が同じ発展モデルを採用することを要求できない[7]．

2.2 「展望と行動」

　こうした演説を忠実に文章としてまとめ，さらに拡張した「展望と行動」では，表1-2にまとめたような広範な内容が含まれることとなった．第1節の「時代背景」では世界の多極化傾向を強調し，「アジア・欧州・アフリカ」のコネクティビティの向上が重要であると指摘する．重要な点は，同「展望

---

　6)　習（2014, 347-355頁）を参照し，一部日本語表現を調整した．なお，「内生的原動力」は温家宝前首相の演説に登場しており，域外の大国に依存しない経済構造を意味すると思われる．

　7)　注6に同じ．

と行動」ではプロジェクトの対象がきわめて広く描写されていることで，地域的にはアフリカまで含まれており，その後メディアや政府の発表でたびたび登場する「沿線国は65カ国」という言及はこの文書には含まれておらず，むしろ「開放的な協力枠組み」であることを強調しようとした内容になっている[8]．続いて第2節では，原則として，経済面の互恵関係に加えて「相互不可侵，相互内政不干渉」を指摘しており，すでに上記のような演説に現れている相互の政治体制への不介入方針が明文化されている．

同「展望と行動」のなかで文字数が多いのは第4節から第6節にかけてで，特に第4節に列挙される政策的相互理解，インフラの接合，貿易の促進，資金の融通，民心の相互理解は構想の中心的内容となっている．ここで注目できる点は，優先領域として指摘されるインフラの一般的な建設以外に書き込まれている内容である．例えば，インフラの接合の箇所には，技術標準体系の接合，光ケーブル・衛星情報網の整備といった点までが指摘されており，貿易の促進の箇所では域内FTAの建設を目指すことが記されている．また資金の融通では，AIIB，新開発銀行，シルクロード基金，上海協力機構を動員すると明記されており，同時期に進展していたこうした機関の設立は，中国政府としては「一帯一路」構想をグランド・ストラテジーとして，そのなかに位置づけていることになる．また，同文書では中国国内の対外開放の加速も強調されており，第6節では各地域がそれぞれの優位性を発揮して構想に貢献することが期待されている．

同文書から明らかになる「一帯一路」の具体的な施策は，インフラ建設を通じたコネクティビティの向上，貿易投資を軸とした相互の取引の促進，政策的交流，資金の融通，人材・文化交流，以上の5つで，中国では「五通」と要約されている．この「五通」は，ASEANが2010年にまとめた「ASEAN連結性マスタープラン」が強調するインフラやエネルギー等のハードインフラの連結性の向上，貿易自由化や投資協定を含むソフトインフラの連結性の向上，そして観光や教育を含む人と人との交流の促進，という3点とよく似た内容となっている[9]．ただし「ASEAN連結性マスタープラン」は事

---

8) 同文書にもっとも頻出する単語は協力を意味する「合作」で，本文に合計134回登場する．

表1-2　「シルクロード経済ベルトと21世紀海上シルクロードの
共同建設を推進する展望と行動」の概要

項目	概要
前文	2000年にも及ぶシルクロードでの貿易と人的交流を指摘した上で，2013年の習近平国家主席による提案の意義を強調.
1. 時代背景	背景として世界の多極化，経済のグローバリゼーション，文化の多様化，社会の情報化を指摘. 経済要素の秩序ある流動を促進し，資源配分の効率化と市場の深い融合を進める. 国際協力とグローバルガバナンスの新モデルを探る意味があり，これがアジア・欧州・アフリカ大陸及び海洋地域のコネクティビティの向上，協力の深化につながり，また中国の対外開放政策にも資すると指摘.
2. 共同建設の原則	国連憲章の目的と原則を守る. 平和五原則，すなわち各国の主権と領土の相互尊重，相互不可侵，相互内政不干渉，平和共存，平等互恵を守る. 開放的な協力を堅持し，文明間の寛容性を堅持する. 市場メカニズムを堅持し，市場に資源配分上で決定的な作用を発揮させ，国有企業と民営企業を含む各類型企業の主体的作用を発揮させる. ウィン・ウィン関係を堅持する.
3. フレームワーク	共同発展を目指し，活力ある東アジアと発達した欧州をつなげることで，中間に位置する地域の潜在力を発揮させる. 産業園区の開発，経済回廊の建設，港湾の開発を通じて輸送網を構築する. 陸路では中央アジアからロシアを抜けて欧州に至るルート，中央アジアから西アジアペルシャ湾，地中海を抜けるルート，東南アジアから南アジアとインド洋につながるルートを開発し，海路では，中国沿海部から南シナ海を通ってインド洋そして欧州へ，及び南太平洋へのルートを開発する. インフラ整備を実現し，安全で効率的な陸海の交通ネットワークを形成し，ハイレベルなFTAネットワークの形成により，経済の更なる緊密化，政治面での相互信頼の深化，相互理解と平和友好を実現する.
4. 重点協力領域	沿線国の資源賦存状況は異なり，相互の補完性は強いと述べて，以下を重点プロジェクトと明記. • 第1に政策的相互理解（マクロ政策，交互の利益の融合，協力コンセンサスの形成）. • 第2にインフラの接合（アジア・欧州・アフリカ間の基礎インフラネットワークの整備，技術標準体系の接合，輸送全行程のスムーズ化，エネルギーインフラのコネクティビティ向上，光ケーブルと衛星情報網の整備）. • 第3に貿易の促進（投資・貿易障壁の除去，ビジネス環境の整備，域内FTAの共同建設，検疫・認可・計量・統計等の面での協力，新興産業領域での相互の補完性を生かした協力，対中投資の促進）. • 第4に資金の融通（アジア通貨安定化システムの推進，投融資・信用体系の建設. 相互の通貨交換の範囲と規模の拡大，アジアインフラ投資銀行，新開発銀行の建設推進，上海協力機構融資メカニズムの建設，シルクロード基金の運用加速，中国ASEAN銀行連合の深化，中国国内での人民元債権発行の推進，金融監督の推進）. • 第5に民心の相互理解（文化交流，学術交流，人材交流，メディア協力，青年と婦女の往来，ボランティア活動の推進，旅行の推進，疫病情報網の整備，科学技術交流の推進. 特に沿線国には毎年1万人の留学生枠を整備）.

（表 1-2）

項目	概要
5. 協力メカニズム	多角的協力フレームワークを積極的に利用し，「一帯一路」を建設する．様々なレベルとルートでの協力を結び，協力備忘録，協力計画の調印を推進し，協力モデル事例を作る．多国間枠組みとして上海協力機構，中国ASEAN会合，アジア太平洋経済協力（APEC），アジア欧州会合（ASEM），アジア協力対話（ACD），アジア信頼醸成会議（CICA），中国湾岸協力会議戦略対話，中国アラブ協力フォーラム，大メコン圏（GMS）開発協力，中央アジア地域経済協力，そして博覧会としてボアオアジアフォーラム，中国ASEAN博覧会，中国南アジア博覧会，中国アラブ博覧会，中国西部国際博覧会，中国ロシア博覧会，中国アジア欧州博覧会等を指摘．
6. 中国各地方の開放姿勢	中国国内各地域の比較優位を発揮し，開放型経済としての水準を引き上げるため，以下の方針を提起． • 西北・東北地域では，新疆は中央アジア，南アジア，西アジアの国々と交流，陝西，甘粛，青海，西安，蘭州，西寧で開放を促進する．内モンゴルはロシア及びモンゴルとの連結を深め，黒竜江ではロシアの鉄道網との接合，吉林と遼寧ではロシアとの陸海の連結を深め，北京はモスクワとの高速輸送網を推進する． • 西南地域では広西はASEAN諸国とのコネクティビティを高めて，陸と海のシルクロードの接合を図る．雲南は大メコン圏（GMS）開発との協力を深める，チベットはネパールなどの国々と国境貿易と旅行面での協力を深める． • 沿海地域では，上海自由貿易試験区の建設を深め，福建省を海上シルクロードの核心とする．前海，南沙，横琴，平潭での開放を深める．海外の華僑及び香港，マカオ特別行政区の優位性を発揮させ，「一帯一路」建設への参加と助力を推進する．台湾が「一帯一路」に参加するようにしかるべき手配を行う． • 内陸地域では都市圏ごとに開発と開放を進め，新ユーラシアブリッジ鉄道輸送，空港の整備を進める．
7. 中国の積極的な行動	首脳レベルで「一帯一路」を推進し，協力フレームワークへの調印を進め，具体的プロジェクトの建設を推進し，AIIBやシルクロード基金の整備などの政策的な支援を行う．また各地で関連のフォーラムや研究会，博覧会を開催する．
8. 美しい未来を創ろう	中国と沿線国の相互の利益のため，更なる協力と開放を進める．目標の調整と政策的な相互理解を進めることを重視し，ただちに一致性を求めるのではなく，高度にフレキシブルで，柔軟性を持たせる．沿線国と「一帯一路」の協力内容と方法について今後検討を加え，共同でタイムテーブル，ロードマップを策定する．

出所：国家発展改革委員会・外交部・商務部（2015）より筆者作成．

---

9)　The ASEAN Secretariat（2010）参照．

業内容を ASEAN 共同体理事会に報告し，レビューされ，また貿易自由化や人の移動についても貿易協定やビザといった具体的な制度に言及しているのに対して，「一帯一路」はタイムテーブルやロードマップの作成が「展望と行動」で言及されているものの，2017 年時点での公式な運営組織は中国政府内部に設置された「一帯一路建設工作会議」であり，国際的な協議の仕組みはいまだ設置されていない．中国国内には「一帯一路」のフレームワークを支える国際組織の立ち上げを目指すべきだという意見もあるものの，実働はまだ先になりそうである10)．さらに言えば，ASEAN 諸国がコネクティビティの向上によって域内での開発水準の格差を縮小させようという目標を掲げている．これに対して「展望と行動」は域内の格差については言及せず，コネクティビティを通じた要素資源の国際移動による「ウィン・ウィン」の成長を強調するにとどまっている．

　2015 年以降，「一帯一路」構想の具体化と並行して，国際金融機関やファンドの設立が相次いだ．AIIB が 57 カ国の参加国を得て，2015 年 12 月に設立され，2018 年 10 月時点のデータでは中国が 30.96％を出資，議決権の 26.58％を占めている11)．AIIB は総額 1000 億ドルの授権資本となるが，このうち払い込みが求められるのは 200 億ドルで，残りの 800 億ドルは請求事案が生じた場合の請求払い資本となっている．このため加盟国は当面，出資比率に応じた授権資本全体の 20％に当たる金額を，5 回に分けて出資していくこととなる12)．すでに表 1-1 にも示した通り，2016 年 6 月に行われた第 1 回年次総会の場で，第一陣の融資案件 4 件が承認され，世界銀行，アジア開発銀行，欧州復興銀行との協調融資も含めて合計 5.09 億ドルの融資が決定され，同年 9 月にはパキスタンとミャンマーへの融資合計 3.2 億ドルが決定している．今後，更なる融資を拡大するなかで，債券の発行による資金の調達を行う場合には AIIB の格付けが課題となりえることもすでに周知の通りである．こ

---

10)　『中国共産党新聞網』2017 年 6 月 8 日記事「以命運共同体理念推進和引領“一帯一路”機制建設」より．

11)　AIIB ウェブサイト資料より．なお加盟国の増加により，2016 年 9 月時点と比較すると，出資比率で 2.48％減，議決権で 2.21％減となっている．

12)　AIIB ウェブサイトの“Articles of Agreement”を参照．なお，中国語版も掲載されている．

の他にも，2014 年に先行して設立された新開発銀行とシルクロード基金も融資を始めており，習近平体制以降，新たな金融機関の動きが注目を集めてきた．

　しかし，注意が必要なことは「一帯一路」構想でも重点プロジェクトとして指定されている経済回廊の建設状況を見ると，こうした新設金融機関よりも既存金融機関の役割が目立つことである．表 1-3 では，「一帯一路」の「六大経済回廊」の進捗状況を見たものであるが，既存の中国輸出入銀行や国家開発銀行が融資し，国有の建設・インフラ企業が建設を請け負うという，これまでも中国の対外援助で見られてきたパターンが確認できる．例えば，特に進展が目立つ，「中国・パキスタン経済回廊」の場合，2013 年 5 月の李克強首相の訪問，そして 2015 年 4 月の習近平国家主席の訪問を分岐点として，総額 450 億ドルとも言われる開発案件が進んでいるが，主要プロジェクトの始動は 2015 年 12 月の AIIB の設立以前に始まっている．今後，現在事業化調査中のプロジェクトへの融資が AIIB や新開発銀行から実施されることは考えられるが，現時点で進捗が見られるプロジェクトでは，既存金融機関の役割が圧倒的に大きい．

　加えて，「六大経済回廊」の進捗状況から指摘できることは，中国・パキスタン経済回廊の建設や，中央アジアでのパイプラインプロジェクトが先行しているのに対して，モンゴル・ロシアとの経済回廊や，東南アジアでのプロジェクトの進展は，2016 年以降に起工や調査開始となっている案件が目立ち，進捗が相対的に遅れていることである．合計で「65 カ国」を対象地域とされる「一帯一路」であるが，関連プロジェクトの進行状況は，相当程度の濃淡が見られる．

2.3　中国と新興国の貿易関係

　以下では中国と新興国との経済関係の長期的なトレンドを理解するために，中国の貿易構成全体に占める新興国の位置づけを確認しておこう．分析に際しては，俗説となっている「65 カ国」は現時点では中国側が非公式に作成したリストが元になっており，必ずしも確たる論拠があるわけではない．「展望と行動」にもプロジェクトの範囲は古のシルクロードに限定されないこと

表 1-3　「六大経済回廊」の進捗状況

名称	ルート	概要	個別プロジェクト
中国・モンゴル・ロシア経済回廊	1）北京，天津，河北からフフホト経由でモンゴルとロシアへ 2）大連，瀋陽，長春，ハルビンから満州里とロシアのチタへ	2014 年 9 月，3 カ国首脳が各国政策の連結で合意，共同で経済回廊建設へ．2015 年 7 月のロードマップと備忘録作成を経て，2016 年 6 月の首脳会談で『中国・モンゴル・ロシア経済回廊建設の計画綱要』に署名，9 月に公表．	1）中国モンゴル越境経済合作区（ザミンウード）の建設（2016 年 9 月 19 日起工） 2）満州里総合保税区（2015 年 3 月 23 日保税区指定） 3）策克越境鉄道（2016 年 5 月 26 日起工） 4）中国・モンゴル「両山」鉄道（未起工） 5）モスクワ・カザン高速鉄道（2016 年 11 月調査終了） 6）烏力吉通関（2014 年 2 月 21 日運用開始）
新ユーラシアランドブリッジ経済回廊	江蘇省連雲港，ウルムチ，アラシャンコウを経てロッテルダムへ（途中 3 つのルート候補があり）	2013 年 9 月，習主席訪問時に連雲港市政府とカザフスタン国有鉄道がプロジェクトに署名，これ以降，国境開発と鉄道輸送網の整備が進む．	1）「中欧」列車の開通と拡充（1992 年 12 月 1 日から運用開始．2011 年 3 月，重慶から定期便及びブロックトレインの拡充が開始，その後成都，鄭州，武漢，長沙，蘇州，東莞，義烏からも始発便が開始） 2）中国・カザフスタン（連雲港）物流合作基地（2014 年 5 月 19 日第 1 期が起工） 3）中国・カザフスタン「ホルゴス」辺境合作センタープロジェクト（2006 年起工，2012 年試験運用開始，2015 年カザフ側起工）
中国・中央アジア・西アジア経済回廊	明確なルート規定はなし	カザフスタンを始め，中央アジア諸国とは 2013 年以降に首脳レベルでの会合を頻繁に実施．2014 年 6 月 5 日，中国アラブ協力フォーラム大臣会議にて，中国側がエネルギー協力を軸に，インフラ建設と貿易投資の促進，原子力発電，衛星，新エネルギー領域での協力を提案．	1）中国・中央アジア天然ガスパイプライン D ライン（トルクメニスタン，ウズベキスタン国境地帯からカザフスタンのホルゴスを経て，中国へのパイプラインのうち A，B，C の 3 ラインは運用開始，D ラインは建設中，2020 年開通予定） 2）カムチック峠トンネル（全長 19.2km．2013 年 9 月 5 日起工，2016 年 2 月 25 日完工，同年 6 月 22 日開通） 3）アングレン火力発電所（ハルビン電気国際工程有限公司が建設請負，2012 年 9 月 26 日起工，2016 年 8 月 21 日発電開始） 4）アンカラ・イスタンブール高速鉄道（2006 年中国鉄道建築総公司と中国機械輸出入総公司が受注，2014 年 7 月 25 日開通） 5）ヴァフダート・ヤバン（Vahdat-Yovon）鉄道（2015 年 5 月 15 日起工，2016 年 8 月 24 日開通） 6）ドゥシャンベ 2 号発電所（新疆特変電工股份有限公司が建設，2012 年 10 月起工，2014 年 9 月 13 日第 1 期が完工，第 2 期工事開始）

（表 1-3）

名称	ルート	概要	個別プロジェクト
中国・インドシナ半島経済回廊	広西南寧と雲南昆明を 2 つの起点としてシンガポールを終点とする	2014 年 12 月 20 日，李克強首相が大メコン圏経済合作第 5 回首脳会議にて建設推進に言及．2016 年 5 月 26 日，南寧にて『中国・インドシナ半島経済回廊提案書』を発表，9 つのプロジェクトに合意．	1）ジャカルタ・バンドン高速鉄道（2016 年 3 月 16 日，合弁企業が受注，3 月 24 日起工） 2）中国・ラオス鉄道（2015 年 11 月基本協定署名，2016 年 12 月 25 日起工，2020 年開通予定） 3）磨憨・ボーテン経済合作区（2013 年 10 月 15 日，基本合意，2016 年 11 月，総合計画に合意．2016 年 7 月起工）
中国・パキスタン経済回廊	新疆ウイグルのカシュガルを起点に，パキスタンのグワダル湾までの 3,000km	2013 年 5 月，李克強首相のパキスタン訪問時に提案，交通，エネルギー，湾岸開発を目指す．2015 年 4 月，基本計画策定．道路，鉄道，パイプライン，光ケーブルの整備を含め，総工費は 450 億ドル，完成は 2030 年．2015 年 4 月 20 日，習近平国家主席パキスタン訪問時に起工式に参加，51 のプロジェクトに合意．	1）カシム港石炭火力発電所（中国電建集団とカタール王室 AMC 公司の共同開発，2015 年 5 月起工） 2）シャヒワル（Shahiwal）石炭火力発電所（華能山東発電有限公司が建設請負，2015 年 7 月 31 日起工） 3）カラコルム道路第 2 期拡張工事（2015 年 12 月契約，2016 年 4 月 27 日起工） 4）カラチ・ラホール高速道路（2015 年 4 月基本合意，中国建築股份有限公司が建設請負，2016 年 5 月 6 日起工，全長 1,152km） 5）グワダル港建設運用（2013 年 2 月中国海外港口控股有限公司が取得，2015 年 5 月貨物輸出開始，総投資額 16.2 億ドルで港，倉庫，オフィスゾーン，交通インフラを整備） 6）パキスタン ML-1 号鉄道改修とハーヴェイリヨン・ランドポート建設（2016 年 11 月時点で事業化調査段階） 7）カロット水力発電所（シルクロード基金と中国輸出入銀行，国家開発銀行が融資，2016 年 1 月 10 日起工，同年 12 月，基本的工事が完了） 8）ラホール軌道交通（2015 年 4 月契約，中国輸出入銀行の融資，2016 年 12 月時点で 50％程度完成） 9）ハシマ原子力発電所（2000 年以来，南南協力のプロジェクトとして実施．2011 年 3，4 号機起工，2016 年 10 月 3 号機運用開始．中核集団が建設請負） 10）カラチ原子力発電所（2015 年 8 月，2 号機起工，中国の「華龍 1 号」の輸出案件第 1 号）

（表1-3）

名称	ルート	概要	個別プロジェクト
バングラデシュ・中国・インド・ミャンマー（BCIM）経済回廊	中国昆明からミャンマー・マンダレー、バングラデシュ・ダッカを経てインド・コルカタへ。	2013 年 5 月、李克強首相のインド訪問時に提案。2013 年 12 月第 1 回の経済回廊会議を開催、研究計画に合意。2014 年 12 月、第 2 回会議開催。2015 年 2 月、第 12 回バングラデシュ・中国・インド・ミャンマー協力フォーラム開催時に議題とする。	1）中国・ミャンマーパイプライン（ミャンマーのマデイ島から瑞麗、大理を経て昆明へ。2010 年 6 月署名、2013 年 10 月天然ガスパイプラインの建通。原油パイプラインの建設は遅れている） 2）チャウピュー（Kyaukpyu）工業園区と港湾開発（2015 年 12 月 30 日、中信のコンソーシアムが受注、2016 年 2 月起工）

出所：「一帯一路」六大経済回廊的発展現状与建設進展」（黒龍江省人民政府ウェブサイト、捜狐ウェブサイト掲載記事、及び関連現地報道より筆者作成。

が記されており、あらゆる国が潜在的に参加可能ということになっている。実際に、北京大学の林毅夫は「一帯一路」にアフリカ（非洲）を追加して「一帯一洲」とすべきと主張し、また王毅外相は、アフリカ諸国の参加を歓迎する旨の発言をしている[13]。さらに後でデータから判明するように、中国の対外投資や建設請負プロジェクトの上位を見ると、「65 カ国」に含まれていない地域も目立つ。そのため、「65 カ国」に絞って議論を行うことは短期的には有効かもしれないが、「一帯一路」構想が提起しつつある本質的な課題を分析する上では、頑健なアプローチとは言えないだろう。より本質的に中国と新興国全般との関係を検討する視角から、以下では所得水準による区分や、OECD 諸国・非 OECD 諸国といった分類から検討を加えることとする。

中国の輸出先国を世界銀行の所得階層別に見たものが図 1-1 である。図 1-1（A）は毎年の所得階層基準によって分類したもので、1995 年時点で、

13）林（2015）及び中華人民共和国中央人民政府ウェブサイト、2017 年 1 月 18 日記事「王毅：歓迎非洲国参与"一帯一路"建設」参照。更に 2018 年 9 月の中国・アフリカ協力フォーラム（FOCAC）の開幕式スピーチで、習近平国家主席は「一帯一路」に 5 回言及し、アフリカとの協力も同構想のなかに位置づけられた。

中国の輸出額の実に 91％が高所得国向けであったが，その後，この比率は緩やかに低下を続け，2015 年時点では 70％となっている．この間，中所得国への輸出シェアが 7％から 29％へと高まってきていることが確認できる．この図表はそれぞれの年における各所得区分に基づいており，それ自体は正しいが，注意が必要なことは，所得階層区分は頻繁に変更されていることである．1995 年当時，高所得国は 1 人当たり純収入（GNI）で見て 9,386 ドル以上の 44 カ国に限られていたが，2015 年には GNI 12,476 ドル以上の 79 カ国が高所得国と分類されている．つまり，この期間に所得水準を引き上げた新興国への輸出が「高所得国」に区分されていることになる．同様のことが中所得国でも生じている．

　より正確に新興経済への輸出のシェアを把握するために，図 1-1（B）では，1995 年時点の所得階層を適用して再計算したものを提示している．つまり，1995 年時点で高所得国の国々のみが 2015 年でも高所得国と区分され，1995 年時点で中所得の国々は，その後高所得国になっても分類上は中所得国とされ，1995 年時点の低所得国についても同様である[14]．図 1-1（B）から観察できる興味深い点は，1995 年時点で，1 人当たり純収入が 765 ドルに満たなかった低所得国への輸出が，2015 年時点で中国の輸出の 14％を占めている事実である．1995 年時点での低所得国は 63 カ国（中国を除くと 62 カ国）で，このうち過半の 34 カ国（同 33 カ国）は 2015 年までに中所得国に変貌しており，このなかにはベトナム，ラオス，ミャンマー，スリランカ，キルギス，パキスタンといった「一帯一路沿線国」も多く含まれている．1995 年時点で GNI が 766 ドルから 9,385 ドルの中所得国への輸出を合算すると，2015 年時点での中国の輸出先のおよそ 3 分の 1 が，「かつての中・低所得国」によって占められる構造となっているのである．同時に，引き続き中国の輸出の 3 分の 2 が高所得国への輸出によって占められていることにも注目が必要である．この意味で，最大の貿易パートナーは引き続き先進国，高所得国であるが，中国から見ると，過去 20 年の間に最も急激な伸びを見せた市場

14）　世界銀行の所得区分は，同行ウェブサイトの "World Bank Country and Lending Groups"（https://datahelpdesk.worldbank.org/knowledgebase/articles/906519-world-bank-country-and-lending-groups）を参照．

(A) 各年所得階層基準で分類

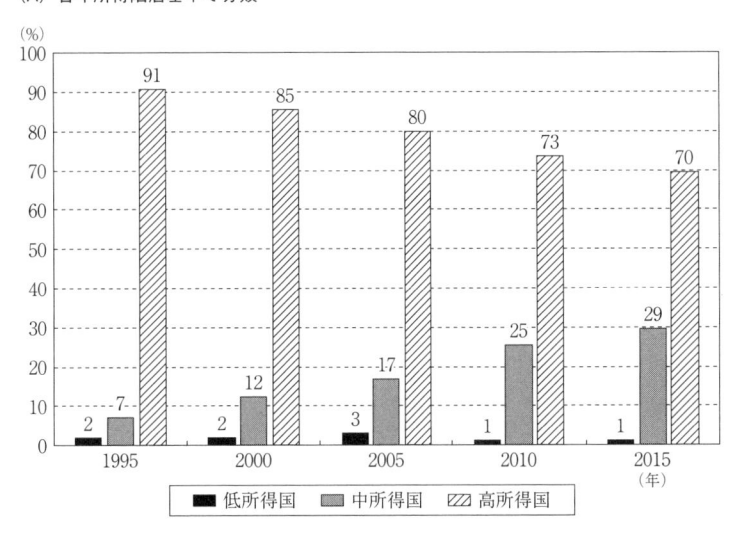

(B) 1995 年基準で分類

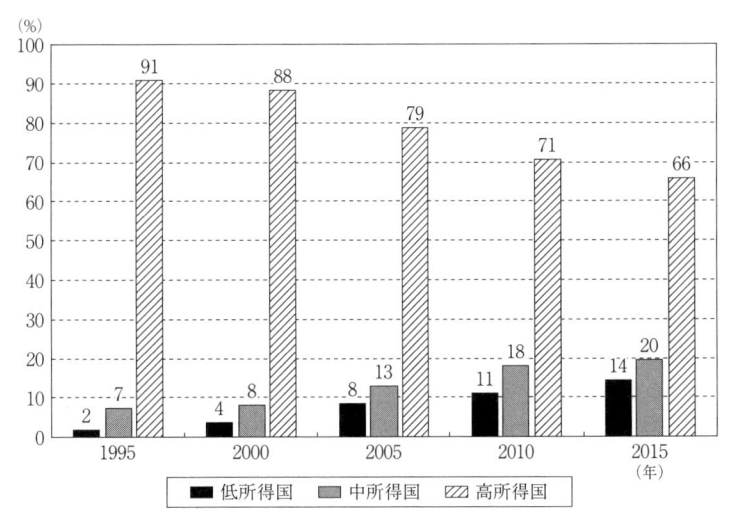

図 1-1　中国の輸出相手国の変化

注：所得区分は各時期の世界銀行の基準に従った.
出所：UNCTAD データベースより筆者作成.

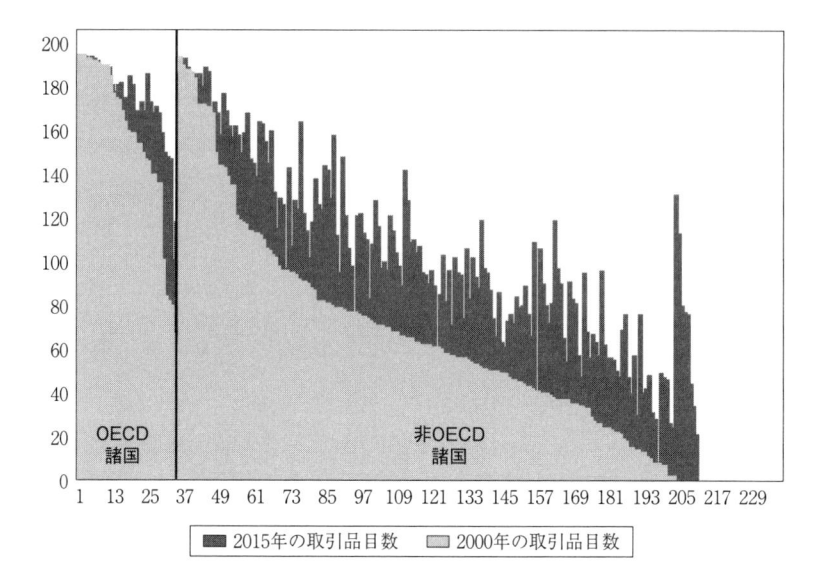

注：HSコード2桁で，輸出額および輸入額が1ドル以上の品目数をカウントした．なお，基準を100万ドル
　　以上などと変更しても大きな差は生じない．
出所：UN Comtrade データベースより筆者算出．

が，いわゆる新興国市場であることは事実である．この意味で，「一帯一路」
構想が目指す新興国との関係強化は，輸出振興の観点からは理解がしやすい．

　加えて検討を加えておきたいのは，中国と新興国との貿易ネットワークの
数についてである．図1-2は，中国と世界各国との間の貿易取引について，
HS2桁品目レベルで輸出と輸入品目数がどれほどあるのかを見たものである．
横軸には世界各国が並び，縦軸は当該国が当該年に中国が輸出と輸入取引を
実施している品目数を表している．総品目数は99品目であるため，縦軸の
最大値は輸出99品目と輸入99品目の合計で198となり，2000年時点での取
引数を基準にOECD諸国と非OECD諸国で区分して示している[15]．この図
から判明することは，2000年代以降に中国とOECD諸国（≒先進国）との間
の取引品目数はそれほど大きく変化しなかった一方で，中国と非OECD諸
国との取引数が著しく増加していることである．具体的には，中国の総取引
品目数は2000年の16,922から23,809へと増加しており，この取引ネットワ

ークの増加分である 6,887 のうち，実に 89.8% にあたる 6,190（輸出品目 3,757，輸入品目 2,433）は非 OECD 諸国との間で生み出されている．

　以上のように中国と新興国との間には，幅広い品目での取引関係が形成されてきた．古のシルクロードでは中国から陸路では絹，海路では陶磁器が運ばれていたと言われるが，現在ではどのような輸送ルートで，具体的に何が取引されているのだろうか．ここで強調しておくべきことは，現在の輸送モードのなかで，海運が占める比率はきわめて高く，2000 年代以降，中国の輸出額の約 70% がほぼ一貫して海運によって占められていることである．2016 年のデータまで含めて，この構図は変わっていない[16]．「一帯一路」プロジェクトで注目を集めてきたのは中国沿海部から新疆ウイグル自治区を抜け，カザフスタン，ロシアを経由して欧州に至る新ユーラシアランドブリッジ（チャイナランドブリッジ）である．四川省成都市のヒューレットパッカード社製のノートパソコンが最大の顧客と言われ，その輸送量は増えているものの，依然として中国の輸送モード全体のなかでの比率はきわめて限定的である．

　重要なことは，中国と新興国との貿易関係が工業製品と資源の分業構造になっていることである．表 1-4 は，2000 年以降の中国と OECD 諸国及び非 OECD 諸国の貿易額を，品目別に示したものである．2015 年時点で，中国は OECD 諸国に対して機械類及び輸送機器を 7185 億ドル輸出しており，このなかには多額のエレクトロニクス製品が含まれている．2000 年の 869 億ドルから 8 倍以上の金額となっており，中国が輸出基地となったことが改めて確認できる．一方，OECD 諸国からの輸入品目を見ると，同じカテゴリーが 3749 億ドルとなっており，これは先進国からの中間財輸入が貢献している．

---

15)　本章では OECD 加盟国を 2016 年末時点での 35 カ国としている．具体的には EU 加盟国 22 カ国（イギリス，ドイツ，フランス，イタリア，オランダ，ベルギー，ルクセンブルク，フィンランド，スウェーデン，オーストリア，デンマーク，スペイン，ポルトガル，ギリシャ，アイルランド，チェコ，ハンガリー，ポーランド，スロヴァキア，エストニア，スロベニア，ラトビア），そしてその他の 13 カ国（日本，アメリカ合衆国，カナダ，メキシコ，オーストラリア，ニュージーランド，スイス，ノルウェー，アイスランド，トルコ，韓国，チリ，イスラエル）である．

16)　Global Trade Atlas によると，2016 年データでは，中国の輸出額の 67.8% が海運，15.9% がトラック輸送，14.5% が空輸にて担われており，鉄道輸送は 1% を占めるに過ぎない．

表 1 - 4　中国と OECD 諸国・非 OECD 諸国との輸出入内訳

(億ドル)

年	OECD 諸国への輸出				OECD 諸国からの輸入				OECD 諸国との貿易収支			
	2000	2005	2010	2015	2000	2005	2010	2015	2000	2005	2010	2015
食料品及び動物	103	173	237	255	26	50	116	301	76	123	120	-45
飲料及びたばこ	2	3	4	4	2	5	17	39	-0	-2	-13	-35
非食品原材料（鉱物性燃料を除く）	47	80	99	101	111	356	1,099	1,141	-64	-277	-1,001	-1,040
鉱物性燃料	48	85	53	36	34	68	233	222	14	17	-181	-186
動植物性油脂	0	1	2	4	3	3	16	10	-2	-2	-14	-6
化学製品	80	220	499	658	188	466	890	1,068	-108	-247	-391	-409
工業製品	321	907	1,456	1,861	230	459	793	719	91	447	662	1,141
機械類及び輸送用機器	869	3,105	5,914	7,185	630	1,616	3,184	3,749	239	1,489	2,731	3,436
雑製品	1,213	2,452	3,725	4,181	87	348	693	813	1,125	2,104	3,033	3,368
特殊取り扱い品	23	59	99	121	10	12	111	552	13	47	-12	-431
小計	2,706	7,085	12,087	14,407	1,320	3,383	7,152	8,614	1,385	3,702	4,935	5,793

年	非 OECD 諸国への輸出				非 OECD 諸国からの輸入				非 OECD 諸国との貿易収支			
	2000	2005	2010	2015	2000	2005	2010	2015	2000	2005	2010	2015
食料品及び動物	45	65	140	200	21	44	99	204	24	21	40	-5
飲料及びたばこ	7	11	17	33	2	3	7	19	5	7	10	14
非食品原材料（鉱物性燃料を除く）	18	28	50	65	89	346	1,021	971	-70	-318	-971	-906
鉱物性燃料	37	96	165	182	172	572	1,656	1,764	-135	-476	-1,491	-1,582
動植物性油脂	1	1	2	3	7	31	75	70	-6	-29	-72	-67
化学製品	58	180	477	732	114	311	604	641	-56	-131	-127	90
工業製品	249	605	1,203	1,786	188	352	519	631	60	253	684	1,154
機械類及び輸送用機器	554	1,886	4,239	6,305	290	1,289	2,313	3,134	264	597	1,926	3,171
雑製品	526	833	1,380	1,692	40	260	440	514	487	573	940	1,178
特殊取り扱い品	4	12	42	101	8	8	74	253	-3	3	-31	-152
小計	1,500	3,716	7,715	11,098	930	3,216	6,808	8,203	569	500	907	2,895
合計	4,206	10,801	19,802	25,505	2,251	6,600	13,960	16,817	1,955	4,201	5,842	8,688

注：OECD は現加盟国 35 カ国で算出した.
出所：UNCTAD データベースより筆者作成.

また，同時に注目すべきこととして，2015 年に OECD 諸国から非食品原材料を 1141 億ドル輸入しており，このうちオーストラリアからの鉄鉱石等の輸入が 435 億ドルを占めている．次に，新興国を多く含む非 OECD 諸国との貿易関係を見ると，輸出面では機械類，工業製品，雑製品を主軸としており，対 OECD 諸国輸出とほぼ変わらない構成となっている．一方，輸入面では，非 OECD 諸国から 2010 年時点で 1656 億ドルの鉱物性燃料，2015 年にも 1764 億ドルを輸入しており，この項目での貿易収支が大幅な赤字となっている．

　この表から看取できるのは，2000 年以降に中国が新興国に対しても工業製品を輸出する一方で，新興国から鉄鉱石と原油をはじめとした原料を輸入していたことである．2010 年と 2015 年を比較すると，中国は対非 OECD 諸国との取引で貿易黒字を拡大させており，新興国の側から見ると貿易赤字が拡大したことを意味する．一次産品輸出国と工業製品輸出国との貿易関係は垂直分業関係とも呼べるが，2000 年代以降，資源産出国は中国への原料輸出を進め，資源価格が高騰することで好況を謳歌してきた．このため，資源輸出による成長の停滞という，いわゆる「資源の呪い」が当てはまらない時期であったとも言え，中国への輸出が新興国側の成長につながってきたことも事実である．

　「一帯一路」プロジェクトではインフラ建設と貿易手続きの簡便化によるコネクティビティの向上と中国企業の対外進出が目指されているが，コネクティビティの向上によって，中国と新興国との間の硬直的な垂直的貿易関係が深まるのか，それとも中国からの産業移転や，新興国側での工業化の本格的進展により，相互に貿易構造を高度化させることができるのだろうか．

3.　「一帯一路」構想をどう見るか

3.1　中国国内外での反応

　前節では「一帯一路」の概要と進捗状況，そして背景を簡単に整理した．続いて本節では，「一帯一路」を巡る中国国内外での反応と分析を取り上げて検討しておきたい．

　構想に対する中国国内での反応については，財新伝媒編輯部（2015），Godement and Kratz（2015）や Hong（2016）が参考になる．2014 年から 2015年の段階で中国国内の論者からは「一帯一路」構想の意義として，更なる対外開放政策に位置づける観点（賈慶国），成長戦略として位置づける観点（張蘊嶺），周辺外交政策の文脈に位置づける観点（陳琪）といった議論があった．この他にも世界的な経済危機への対応としての意義を主張する論者（許善達，林毅夫）や，鉄鋼を筆頭とする国内の過剰生産能力の解消と過剰な外貨準備を活用すべきだという，いわゆる「二つの過剰」論，そしてアメリカのアジア・リバランス政策への対応という議論，いわゆる「西進」論（王緝思）も2012 年の時点で存在したし，人民元の国際化政策やエネルギー調達網としての重要性も指摘されてきた．

　これらの観点を含めて，中国国内の見解を比較的代表していると考えられる北京大学の黄益平の説明では，「一帯一路」構想の背景には中国経済の潜在成長率の低下への対応に加えて，中国が国際的な影響力を拡大させるためにインフラ建設を通じた広域地域の開発に乗り出していること，そして中国が参加を事実上拒否されてきた TPP への対抗措置として「一帯一路」が打ち出されたと述べている（Huang 2016）．黄は同時に，巨大で包括的なプロジェクトをどう調整・指揮すべきか，また過去に事実上失敗した西部大開発プロジェクトの国際版にならないように注意をしなければならないとも指摘している[17]．こうした様々な意見や見方が 2014 年以降，中国国内で見られ，政府としての方向性を示し，国内外で見られた過剰生産能力の解消といった見解を抑制するために，2015 年 3 月に「展望と行動」が作成されたと考えられる[18]．青山（2013）は，中国外交に関連する中国国内の議論をサーベイするなかで，2011 年から 2012 年にかけて，米国のアジア回帰戦略によって中国にとっての「戦略的機会が失われた」という悲観的論調が広まっていた

---

17)　これらの当初の反応については伊藤（2015）でも整理を行っている．リーマンショック後の 2009 年 7 月に世界規模の経済対策を提唱したものとして許（2009）は短い文章ではあるが，興味深い．この他，鉄鋼と外貨の「二つの過剰」論については，その後過剰生産能力の対外移転という批判を避けるため見られなくなったが，例えば慮（2015）には若干間接的な形ではあるが現れている．

18)　過剰生産能力の解消という側面について語るべきではないと指摘している文献として趙（2015）があり，同文書は当初政府機関内の雑誌に掲載されていた．

ことを報告している．その典型が TPP であるが，こうした中国国内での論争の後に，「一帯一路」ブームが来たことは，興味深い転換と言える．

　次に中国が提起した「一帯一路」への各国の反応を確認しておこう．Hong（2016）の整理によれば，総論としては米国では構想に懐疑的な見方や対抗を意識するものが目立った一方で，中央アジアでは構想による利益が明確なために歓迎論が，そして東南アジアでは ASEAN の中心性と主体性が失われる可能性から警戒論が，特に 2014 年から 2015 年にかけて観察されたという．しかしながらいずれの地域でも，一定の警戒論や，逆に協力論も見られ，専門家の見解は分かれたというのが穏当な評価だろう．例えば，ルフト（2016）は米国内での「一帯一路」構想への関心の低さと，対抗策を実施しようとしつつある状況に警鐘をならし，対抗ではなく関与と部分的参加による米国企業への投資機会の確保と，国外での米軍の軍事的プレゼンスの拡大を説いている．田中（2016）によれば欧州では経済危機を背景として，中国との貿易および中国からの直接投資の拡大をテコに，欧州諸国にとっての懸案であった中国市場へのアクセスや公正競争といった問題の表面化を避けるという，中国による「欧州の取り込み戦略」とも捉えられる動きがあった．これに対して EU 側は，「一帯一路」を EU 域内のインフラ整備計画に結び付けることで実利を得ようとしていると位置づけられている．

　日本国内に目を向けてみると，「一帯一路」構想全体への議論よりも，2015年 3 月を頂点として，AIIB への参加問題に議論が集中した．この時期の日本の国会を含めて展開した議論については，上原（2015）が詳細に報告しており，①中国が事実上の拒否権を確保することに伴うガバナンスの問題，②融資案件の決定プロセスの透明化と監視体制についての疑義，③既存のアジア開発銀行との役割の重複といった論点を巡って議論が展開し，国内には参加すべきだとの意見も見られた[19]．結論としては，安倍晋三首相が 2015 年

19）　例えば『日本経済新聞』は社説でたびたび AIIB に言及しており，その時々でニュアンスは異なるが，2015 年 3 月 20 日の社説では「現実的な目線で中国の構想と向き合うべきではないか．AIIB の否定や対立ではなく，むしろ積極的に関与し，関係国の立場から建設的に注文を出していく道があるはずだ」と述べていた．なお，最終的な参加判断について西村（2015）は米国の方針が決定的に重要だったという財務省高官の話を紹介している．

3月27日に参議院予算委員会において公正なガバナンス体制の確立と貸付け方針の不安定性を指摘して，参加には慎重な検討が必要だと指摘し，創設メンバーの申請期限である同年3月末までに参加を表明しなかった．AIIBの問題を超えて，「一帯一路」を正面から議論しているものとしては，後述する白石（2016）が検討を加えている他には，Aoyama（2016）や関（2016）が，外交政策の観点と周辺外交政策の系譜から，グローバルな政策への展開として把握している．経済面では津上（2015）が採算性の低さと国有企業改革をむしろ後退させるリスクを強調し，加藤・梶谷（2016a）は中国国内の過剰生産能力の根本的な解消をむしろ阻害し，本来淘汰されるべき企業の延命につながる可能性を指摘していた．この他に，関（2015a）は中国のインフラ建設業，交通輸送産業，エネルギー産業に多くのビジネスチャンスをもたらす可能性に注目していた．

　日本の「一帯一路」構想への対応は，2017年6月以降に急展開した．表1-1にも記載した2017年5月のハイレベルフォーラムへの日本政府関係者の出席，6月の安倍首相のスピーチを契機として，その後の衆議院選挙での自民党の勝利もあり，第三国における条件付きの日中協力が既定路線となっていく[20]．具体的な協力領域として，省エネ・環境，工業団地と電力インフラの産業高度化，そして物流産業の3分野が重点領域として選定され，政府方針として確定している[21]．

20）「アジアの未来」におけるスピーチの原文は首相官邸ウェブサイトにて公開されている（https://japan.kantei.go.jp/97_abe/statement/201706/1222768_11579.html）．同様に，2017年11月のAPEC会議における習近平国家主席との個別会談後の記者会見も参照（https://japan.kantei.go.jp/98_abe/statement/201711/_00007.html）．

21）協力の概要については例えば『日本経済新聞』2017年12月6日記事「「一帯一路」へ協力指針　環境など3分野　金融支援検討」で報道され，その後，両国政府共同で「日中第三国市場協力フォーラム」を設置することが公表された．経済産業省2018年5月10日プレスリリース「中華人民共和国国家発展改革委員会及び商務部との間で第三国における日中民間経済協力に関する覚書を締結」を参照．日本と中国の第三国協力の第1号の案件として理解されているのは，タイにおける東部経済回廊での共同事業である．NNA ASIA2018年6月1日記事「EEC開発，中日タイの協力必要」（https://www.nna.jp/news/show/1770002）．

3.2 関連研究の進展

このように，日本では AIIB への参加問題の陰に隠れ，正面からの検討を加える論者は比較的限られていたが，それでも「一帯一路」と関連する論点についての各論的な研究は蓄積されてきている．

第 1 の研究群は，中国と関連国との対外経済関係の文脈から「一帯一路」を議論するもので，貿易投資関係と自由貿易協定（FTA）戦略，そしてインフラ建設の観点から検討するものである．大木（2015）は中国経済の高度成長により，新興国は 2000 年代に資源を中国へと輸出することによって繁栄を享受してきたことを指摘し，その上で「一帯一路」が中国と新興国との間の垂直貿易的関係をより強化させる可能性を指摘している．また江原（2015）や姚（2016）は，中国が「一帯一路」の範囲を軸に自由貿易網の構築を目指しつつある点に注目している．ただし新田（2016）や佐野（2016）でも報告されているように，中国にとって貿易や対外直接投資総額に占める「沿線国」の比率は徐々に高まってきたものの，2014 年時点では輸出額の 16%，対外直接投資額の 16% となっており，依然として低い[22]．

それでは「沿線国」とのコネクティビティの向上と FTA の構築によって，どの程度の経済効果が生まれえるのだろうか？ 最近では，インフラ建設と自由貿易網の形成がもたらしうる潜在的な経済効果についての推計も進められている．例えば Herrero and Xu（2016）は重力方程式（Gravity Equation）の推計に基づいた貿易量の理論値をベースとして，取引コストの低下がもたらしうる効果を推計している．それによると，「一帯一路沿線 65 カ国」の間の陸路貿易コストが 50%，海路貿易コストが 5% 削減され，あわせて沿線国間での関税の撤廃も実施されると，タイやベトナムがもっとも利益を享受し，欧州諸国へも裨益するのに対して，日本は貿易の置き換え効果によって最大のマイナス効果を蒙ることを報告している[23]．Villafuerte, Corong, and Zhuang（2016）では 2011 年のデータを基準として用いて，産業連関効果を含めた

---

22) ここでのデータは佐野（2016）より．

23) 詳細なデータが報告されていないが，同論文の図 9 によればタイには 19% 程度，ベトナムには 21% 程度の輸出促進効果があると報告されている．

GTAP モデルを活用し，沿線国内で陸路取引コストが 25％，海路取引コスト
が 5％，輸入にかかる時間が 15％削減された場合，域内での経済関係の深
まりによって中国には 0.09％の，パキスタンには 0.46％の経済成長率の押し上
げ効果があることを報告している[24]．著者らはシナリオの設定によっては中
国が享受する利益が意外に小さいことを指摘しており，これらの沿線国との
経済関係深化がどの程度まで中国経済全体の成長につながるのかという重要
な論点が示唆されている[25]．「一帯一路」に関連する効果推計は他にもあり，
それぞれに着眼点は異なるが，一般的な取引コストの低下による経済効果の
創出という，ASEAN 諸国等で見られる広域地域開発計画や FTA の評価手
法を応用した分析が報告されている．しかしながら中国からの工業製品輸出
がもたらす効果については，新興国側にいわゆる製造業の空洞化現象が観察
されたという研究もあり，中国への一次産品及び中間財輸出と，中国からの
輸入増加による効果を含めて，現時点で結論することは難しい．

　中国の対外投資については，かねてより対外資産の大部分が外貨準備に集
中していることが問題視されてきており，証券投資を中心として資産の多元
化が課題となってきた（関根 2014，関 2015b）．中国投資有限責任公司（China
Investment Corporation: CIC）を筆頭とするソブリンウェルスファンドの設立
と対外投資は，2000 年代から始まっているが，証券投資の 40％以上を米国
向け投資が占めてきたことが報告されている．

　「一帯一路」による新興国への投資加速という説を相対化する上で，示唆
に富む研究も登場している．大橋（2016）は中国にとって米国が最大の対外
投資先国であることを指摘した上で，近年，外国投資委員会（CFIUS）にお
いて中国企業による買収案件が審議の対象となる件数が急増していることを
報告している．この背景には企業統治の問題に加えて，中国の国有企業によ
る買収による安全保障上の懸念がある．本来，企業の国際化は更なるイノベ
ーション活動と事業領域の拡大に資すると考えられるが，中国の国家資本主

---

24)　ここで紹介したのはシナリオ 2 の結果で，物流コストの削減のみの場合の推計であ
　　るシナリオ 1 では経済効果は小さく，0.01 ～ 0.19％であることも報告されている．
25)　ここでは対外投資の還流による効果は検討されておらず，「一帯一路」が強調する
　　対外投資の効果については別途検討が必要となる．

義的性質が，こうした民間企業の先進国への対外進出を阻害しているという指摘は興味深い．事実として，その後の米国トランプ政権のもとでの対中経済摩擦のなかで，特段の注意が払われているのは中国企業による対米投資となっている[26]．

Scissors（2017）は，大橋（2016）でも利用されている 1 億ドル以上の対外投資の独自のデータベースをもとに，対外投資額から見ると「一帯一路沿線国」への投資額はむしろ小さく，2005 年以降の累計額では米国（1497 億ドル），オーストラリア（846 億ドル），カナダ（460 億ドル）などの先進国への投資が圧倒的に大きいこと，もう一方で建設請負プロジェクトでは，上位はパキスタン（338 億ドル），ナイジェリア（311 億ドル），サウジアラビア（236 億ドル）となっており，圧倒的に途上国・新興国の比重が高いことが報告されている[27]．

第 2 の研究群は，中国国内の観点から「一帯一路」構想がもたらしつつある変化に注目したもので，特に内陸地域・辺境地域に与える影響を検討しているものが目立つ．例えば岡本（2015）は，「展望と行動」が発表される以前に 2014 年末の段階で，重慶市が「一帯一路」構想への積極的な参画を表明し，長江経済ベルトの西部地域におけるハブとして対外開放と鉄道・物流インフラの建設を目指していることを紹介している．重要な論点は，中国国内では少なくとも 2014 年の時点から，「一帯一路」構想に対応した経済政策が，地方レベルで着手されていたということである．ではこのように地方経済が，「一帯一路」を奇貨として開発プロジェクトを進める背景には何があ

---

26)　米国の 1974 年通商法 301 条に基づく「不当または差別的な措置・政策・慣行」に関する調査報告書，Office of the United States Trade Representative, Executive Office of the President（2018）は本文 182 頁のうち，90 頁は中国による対外直接投資の分析，とりわけ米国への投資を議論している．

27)　The American Enterprise Institute（AEI）のデータセットには小規模プロジェクトが含まれていないため，特に中国の民営中小企業の対外進出を考えるのには適しておらず，この面では Marukawa, Ito, and Zhang（2014）等が利用している商務部個票データ（ただし金額は把握不能）も有用である．しかし大規模投資を収録する AEI データと商務部の集計データとの間には，2017 年に比較的大きな差が生じているものの，これは大規模案件をどう集計するかに伴うものだと考えられる．AEI データでは個票レベルで確認できるため，本章ではこのデータを用いる．

るのだろうか．穆（2016）は地方開発計画の系譜をたどった上で，2015 年以降には「一帯一路」のスローガンの下で，中西部地域の経済一体化戦略とも結びつき，中央政府主導の開発計画が胎動しつつあるとの評価を加えている．徐（2015）は，目下の地方経済が直面する経済成長率の低下を背景として，2014 年 3 月に策定された新型都市化計画が「一帯一路」の国内政策にも合流していると指摘し，その上で，都市開発の財源として「土地財政」とも揶揄される国有地の払い下げ資金に依存した持続性を欠くこれまでの方法に変わって，PPP（Public Private Partnership）のスキームを利用して，民間資金の利用も進める形で高速道路や鉄道，そしてダムの建設も進めるという新たな動きが生じつつあることを報告している[28]．

　このように「一帯一路」は地方政府，特に中西部地域においては，新たな経済開発プロジェクトをもたらしつつある[29]．大泉・伊藤（2016）では中国の地域別貿易データの分析から，雲南省，広西チワン族自治区，新疆ウイグル自治区，内モンゴル自治区といった辺境地域ほど，「沿線国」との取引が貿易額に占めるシェアが高いことを報告している．「一帯一路沿線国」への輸出増による恩恵は，これらの後発地域にもたらされる可能性がある一方で，上海を筆頭とする先進地域では，米国，日本，韓国，ドイツといった国々との取引が貿易に占める比率が高く，「一帯一路沿線国」との関係緊密化がもたらす利益は限定的であることが指摘されている．中国国内外で胎動する「一帯一路」プロジェクトが，中西部地域での新たな成長機会を提供する可能性が指摘される一方で，先進地域や企業にとって本来必要とされる先

28）　PPP スキームでの対外投資に関しては朱（2017）も参照．

29）　中国と ASEAN の間の関係に絞れば，末廣（2014）はその後「一帯一路」構想に含まれることとなった中国 ASEAN 博覧会が，投資プロジェクトや政策対話を軸とした中国の外交政策の手段となってきたことを報告している．こうした貿易，投資，援助を一体化させた経済外交とも言える中国の取り組みは，下村・大橋・日本国際問題研究所（2013）では「三位一体」の対外進出とも表現されてきた．伊藤（2014）はこうした議論を念頭に，2012 年までの中国の対 ASEAN 貿易，投資，建設請負，孔子学院の建設状況を整理し，貿易と投資の面では中国に進出した外資企業や民営企業の貢献が大きく，一方で援助関係や建設請負事業では国有企業の存在感が高いという分化が見られ，「三位一体」という程には中央集権化された対外経済進出とは言えない可能性を指摘している．

進国と先進国企業への投資が阻害される可能性も示唆されていると言えよう.

第 3 の研究群は,経済協力をツールとした対外政策,外交政策,そして安全保障政策の観点から「一帯一路」の影響を議論するものである.この視点が重要な理由は,「一帯一路」が将来的・経済的に見て採算面で問題を抱えることとなった場合にも,中国にとって政治的利益が得られるとの判断がされた場合には,プロジェクトは修正を伴いながらも継続することが考えられるためである.

国際政治に近い分野では,「一帯一路」構想が「地経学(Geo-economics)」と呼ばれるフレームのなかで議論されていることに注目できる.「地経学」は軍事的な国際紛争ではなく,経済的な手段,例えば貿易投資案件や貿易摩擦が国際秩序や地政学を塗り替える可能性を検討しており,例えば世界経済フォーラム(通称「ダボス会議」)では 2014 年以降,「地経学」をキーワードとするセッションが企画され,中国の台頭がもたらしつつある問題については,Global Agenda Council on Geo-economics (2016) に議論がまとめられている.議論を総括するマルク・レオナルドは,中国が目指す中国中心的な秩序(China-centric order)は,これまでの西洋主導の条約と国際法に基づく国際機関によるものとは異なることを指摘し,「一帯一路」がその「地経(Geo-economic)」的な道具となっていると指摘する[30].

中国の「一帯一路」がアジアの国際秩序に与える影響に関して,総括的な議論を提供しているのは白石(2016)であろう.世界とアジアにおける国際秩序を検討する文脈で,中国を筆頭とする新興国の台頭に対する考え方として,アイケンベリーに代表されるアメリカが構築してきた制度的秩序が持続するという見方と,イアン・ブレマーに代表される新興国の台頭による多極化という 2 つの見方を紹介している.その上で,「一帯一路」構想は中央アジアでの開発とエネルギー動脈の確保,シーレーンの確保戦略としての意義がある一方で,物流面では採算性が低いことを指摘している.同時に,東南アジア諸国にとって中国は,南シナ海で安全保障上の脅威となっており,こ

---

30)　その後,2018 年の米中貿易摩擦,そしてとりわけテクノロジー分野における競争的関係と,二国間関係が直結する事態を反映し,「技術の地政学(Geo-technology)」とも呼ばれる領域も登場しつつある.

れが中国への依存に対する警戒心を高め，リスク・ヘッジのために日米を含めたより広域的な協力へ向かわせていると指摘し，「一帯一路」の潜在的な成果を，安全保障上の懸案が毀損していると評価する（白石 2016, 第2章参照）．「一帯一路」はインフラ投資プロジェクトとしての短期的な効果と成果がありえる一方で，ミャンマーやスリランカのインフラプロジェクトの頓挫に見られるように，政権交代による影響を強く受ける実施体制となっており，最終的には持続性に欠け，国際秩序と地域秩序を塗り替えるには至らないと指摘する[31]．

　上記のように中国の台頭と「一帯一路」構想が国際秩序までは変えないという議論がある一方で，白石（2016）も認めるように，中国による近年の実践が，先進国による開発援助体制に再考を迫っていることは事実であろう．米国の大統領特別補佐官を務めたオーリン・ウェシングトンは「AIIB は，アメリカが貿易政策だけでなく，開発援助も含む，より広範な領域で政策を実施する必要があることをワシントンに改めて認識させた」と指摘する（ホーマッツ・ウェシングトン・ウェイスマン 2015）．また，榎本（2017）も「一帯一路」構想と AIIB に対してかくも多くの国々が積極的な姿勢を示している点について，米国主導の貿易・投資の自由化を求める制度論的アプローチに対して，中国が提案するインフラ建設が，より直接的に経済発展につながる点を指摘し，「開発主義的なアプローチ」として一定の国際的な影響力を持ちつつあるとの見解を提示している[32]．

　ここで紹介しておくべきいま一つの議論は，林毅夫（Justin Yifu Lin）によ

---

31) こうした解釈を理解する上で Katzenstein（2012b）が指摘する "recombination" という視点からは学ぶところが多い．著者によれば，中国がアジアあるいは世界に与える影響について，過去の中華的秩序，パクス・シニカの再現を主張する回帰（return）論者，中国を震源地とした革命的変化，断絶的変化が起きると主張する断裂（rupture）論者がいるなかで，主流的見解として，これまで形成されてきた既存秩序のなかで中国が台頭し，そのなかで新しい要素と古い要素の再結合（recombination）が生じると議論している．

32) なお，松村（2016）は AIIB 加盟問題を，米英関係の視角から論じており興味深い．それによるとイギリスは金融センター・シティの競争力維持のために人民元の国際化をサポートし，シティの生存を模索し，同時期に発生した香港の雨傘運動への介入回避，そして最終的に AIIB への参加につながったと指摘している．なおトランプ政権は 2017 年以降，米国の開発援助体制の改革に乗り出している．

る「新構造経済学」(New Structural Economics) である (Lin 2012). 世界銀行のチーフエコノミスト時代にまとめられた本書の議論は，一国の経済的な比較優位を重視しつつも，政策的な介入の可能性を強調している点が特徴であり，現時点の所得水準よりも高水準な国々が競争力を持つ産業の育成と，ハードとソフトの両面でのインフラの整備を提案している[33].「一帯一路」の「展望と行動」の本文にも登場する比較優位という言葉は，本書と著者の発想から影響を受けていると考えられる[34]. 批判も多い書だが，「豊かになりたければ，まず道をひけ」(中国語では「要想富，先修路」) というアイデアの一つの論拠となっており，著者が主張する中国からアフリカへの労働集約的産業の移転という発想もあいまって，中国国内では非新古典派的な経済開発フレームの一つと認識されつつある[35].

　中国を開発の模範とする意識の広がりは，中国のソフトパワーの広がりとも理解することができる重要な論点である．Afrobarometer がアフリカの34カ国で実施したデータによると，34カ国のうち10カ国では米国よりも中国が自国の将来の発展モデルになると回答している[36]．Bentzen (2016) は，Afrobarometer が収集した対中認識に関する個票データを用いて，「いずれの国が自国の将来の発展のモデルであると考えるか？」という質問に対して，どのような個人または国の人々が「中国」と回答する傾向があるかを検討している．その結果，教育水準の高い個人ほど，ガバナンス水準の低い国ほど，中国からの輸入が多いほど，そして中国からの援助と直接投資が少ないほど，中国を自国のモデルだと考える傾向があることなどが報告されている．重要

---

33)　なお，本書には批判的議論も掲載されており，なかでも Joseph Stiglitz は非新古典派的アプローチとしての意義を指摘した上で，「知識と企業家精神の賦存」の重要性を指摘している．Ha-Joon Chang はより過激で，韓国の POSCO が鉄鋼業に参入した時の1人当たり GDP は米国の 5.5％であったこと，サムソンが半導体事業に参入したのは同じく 14％に過ぎなかったことなどを挙げ，むしろ比較優位を時に否定することが重要だと指摘している．

34)　林毅夫は世界銀行チーフエコノミストの任期終了後，北京大学に戻るとともに，国務院の参事を務めている．

35)　中国からアフリカへの労働集約的産業の移転を主張するものとして，Lin (2011) を挙げることができ，Lin (2015) にも同氏の視点が提示されている．

36)　調査の概要は Lekorwe et al. (2016) を参照.

な点は，まず経済的な変数をコントロールした上で，個人の主観的な中国への印象が強く「中国モデル」の支持に影響しているという点であり，非経済的な要因，換言すればソフトパワーとしての中国支持という可能性が指摘されていることである．第 2 の点は，教育水準が高い個人，また非権威主義的体制の国に住む人ほど，「中国モデル」を支持しているという点で，「権威主義体制の国ほど中国モデルに影響を受ける」という仮説が通用しないことが報告されている点である．そして最後に，経済的な変数については，人口 1 人当たりの中国からの投資額と援助額が，むしろ「中国モデル」の認識には負の影響をもたらしているという点で，これは中国からの投資・援助が加速するなかで，むしろ負の印象を人々が受けている可能性が示唆されている．

3.3　先行研究の論点と示唆

　以上の整理から明らかな通り，「一帯一路」構想の内容が多義的であるがゆえに，ディシプリンを超えて，多角的に，なおかつグローバルに議論されていることである．つまり，「一帯一路」はインフラ建設を通して経済的な影響を与えうるのみならず，地域と国際秩序，そして中国のソフトパワーにも影響を与えうるプロジェクトである．換言すれば，政治経済的構想ゆえに，被説明変数を経済変数とした研究がある一方で，それのみならず，国際秩序や人々の対中認識を被説明変数としたような研究も必要となってくるのである．

　これらに加えて検討を加えておくべきことは，一連の論者の間に共通の論点や問題意識が見られる点である．

　第 1 の論点は，「一帯一路」構想と既存政策との間に見られる連続性である．表 1-1 からも明らかな通り，胡錦濤政権も中央アジアとの経済的コネクティビティを推進する上で「シルクロード」に言及していた．より長いスパンから見れば，外交政策としても周辺外交の重視や「南南協力」の推進という文脈からも連続性を見出すことは容易である．周辺地域との外交関係の改善は，1990 年代の冷戦崩壊以降，相次ぐ国境画定に見られるように進展してきたし（青山 2013，第 1 章），途上国への援助は，資金の限られた 1950 年代から始まっている（渡辺 2013，渡辺 2015）．中国とパキスタンの協力関係は

1960年代までさかのぼり，李鵬首相期から原子力発電所の提供が開始されていたし（井上 2013），カザフスタンでのパイプラインの建設は2013年から開始されていた（廣瀬 2017）．また個別の博覧会や多国間枠組みの動員からも見られるように，明らかな連続性が確認できる．

　加えて，経済政策としても対外投資促進政策である「走出去」政策や，内陸地域の開発や，都市化政策といった既存の経済政策からの連続性を見出すことができる．例えば，海外で建設が進む工業団地（境外経貿合作区）プロジェクトは2008年に始動しており，2013年10月時点で16カ所であったが，「展望と行動」が発表される直前の2015年1月には108カ所に達して，すでに合計2,790社の中国企業の対外進出をサポートしている[37]．「一帯一路」は多分に前政権までに見られた既存政策を継承しつつ，「一帯一路」としてパッケージ化され，経済・外交アジェンダのキーワードとなったことは確かであろう．

　このような「一帯一路」構想の連続的性格は，本章の冒頭でも述べたように，「一帯一路」の「始動にともなう具体的因果関係」の特定と解明を困難なものにしている．本章の冒頭でも指摘したように，2013年10月3日のインドネシア国会演説を21世紀海上シルクロード構想の起点と考えた場合には，上記の工業団地を例にとると，すでに建設されてきた16カ所は「一帯一路以前」のプロジェクトということになる一方で，2015年3月28日の「展望と行動」を起点と考えると，108カ所までが「一帯一路以前」となる．表1-3で紹介している「六大経済回廊」でも同様の問題が生じる．表1-3には合計30件の個別プロジェクトを掲載しているが，このうち何件が「一帯一路によって始動した」のかを判定することは困難である．2013年2月に中国の国有企業がパキスタン・グワダル港の運営権を取得したことは，「展望と行動」の2年前で，インドネシア国会演説の8カ月前，3月14日の国家主席交代よりも1カ月前ではあるが，「一帯一路」構想が根底で目指していると考えられる新興国との政治経済的関係の強化という文脈には，明らかに構想

---

[37]　工業団地の運営を直接に担うのは中国の地方政府や企業で，国家開発銀行が資金融資を行うスキームとなっている（伊藤 2015）．この意味で，後述するPPPスキームは実際のところこれらのプロジェクトではすでに実行されていると言える．

に沿ったものである.

　論点は「どこからどこまでが「一帯一路」プロジェクトなのか」という点に発展する.上記の時系列的な問題に加えて,地理的な問題も生じる.アフリカの大部分はいわゆる「沿線国」に含まれていないからといって,アフリカでのインフラ建設事業は「一帯一路」プロジェクトではないと言ってよい状況はすでに終わった(注13参照).逆に東南アジアでの中国企業の投資や建設プロジェクトはすべからく「一帯一路」プロジェクトだと呼んでよいのだろうか.非国策的な中国人商人の活動まで,「一帯一路」だと呼んでよいのか,という問題も生じる[38].このため,「一帯一路」を論じる際には,「長期的趨勢としての中国と新興国の関係深化」という底流から構想を把握する視点と「「一帯一路」プロジェクト始動,例えば2013年以降の具体的プロジェクト」から把握する視点がありえることを踏まえ,複眼的に評価することが求められる.

　第2の論点は,実行にあたってのリスクとチャンスを巡る問題である.経済面ではすでに引用した議論の他にも,The Economist Intelligence Unit (2015) は特に中央アジア地域の開発を目指す陸のシルクロード地域での事業リスクの高さと採算性の低さを指摘しており,また,すでに紹介したような中国民営企業の先進国への展開を毀損または制限し,イノベーションと国内での経済改革を遅らせる可能性もある.Naughton (2013) が指摘しているように,2008年の世界金融危機への対応として,中国政府が実施した4兆元の大型景気刺激策は,その後に過剰生産能力や過剰投資構造の持続という中国経済の構造問題の解消を先送りすることとなった.インフラ建設や関税率の引き下げが将来的に実施された場合を想定し,貿易コストの削減による経済効果を推計することは大変有意義ではあるが,経済面に絞ってみても,

---

38)　なお,2013年以降に中央レベルで「国策化」する新興国との経済関係については,アフリカ,中東に渡り,商売をしてきた中国人商人や企業の存在を指摘できるだろう.2000年代半ば時点での中国人商人のアフリカでの活動については,丁 (2007) にまとめられており,温州や義烏といった日用製品の産地から,アフリカへの流通チャンネルが構築されてきたことが報告されている.この意味で,貿易データからも明らかな通り,「国策化」される以前から,中国と新興国との間に多様な品目での貿易関係が形成されてきたことには注目が必要だろう.

「一帯一路」構想がもたらしうる副作用も含め，より多様な因果関係の検討も必要になる.

　政治面では，Cooley（2016）はインフラプロジェクトが腐敗や当該プロジェクト地域での民族や格差の問題とからんで，国内政治的な緊張を高めるリスクを指摘している．中国国内でも，北京大学国際関係学院の翟（2015）は「一帯一路」が全世界に向けて全面的展開した場合に「沿線国」から生じうる深刻なリスクとして，政局リスク，民族宗教問題，地政学的リスクを指摘しており，ミャンマーにおける政権交代に伴う建設プロジェクトの頓挫を，もっとも典型的な事例として指摘している．陳（2014）の整理によれば，ミャンマーのミッソン・ダム建設事業の中止は，政権移行期に生じたが，この背景には軍事政権に対する民衆の不信感と民主化運動，中国企業へのイメージの悪化，カチン族と地方政府というローカルファクター，そして米国の対ミャンマー政策の転換といった複雑な要因があった．関連する指摘は，中央アジアを検討した廣瀬（2017）にも見られ，ウズベキスタンのイスラム・カリモフ大統領が 2016 年 9 月 2 日に死去したことで，中央アジア諸国が中国とロシアの両国と協力関係を維持してきた土台が揺らぎつつあること，カザフスタンのナザルバエフ大統領も高齢であることから，将来的にソ連崩壊後に形成されてきた中央アジアの政治的バランスが崩れる可能性を指摘している．対外投資の経験が少ない中国企業にとって，リスクをいかにコントロールするかが課題となっており，より実務に近い局面では国際的な契約業務を担当できる弁護士の育成が急務になっているという．表 1-3 で確認したように，パキスタンでは，緊密な政治的関係を基礎として，経済面でも各プロジェクトは順調に進展していると見られるが，今後も主要プロジェクトの推移を分析する必要があるだろう[39].

39）　井上（2013）は 2011 年頃までの中国パキスタン関係を検討し，米国との友好関係の終わりとは評価できないと指摘した上で，グワダル湾の運営権利が Singapore Port Authority から中国企業へと移管されたことについて，地元政府から反対が主張されていたことを報告している．なお，北見創は，中国からの輸出と投資の増加に加えて，2014 年のピューリサーチのデータを用い，パキスタンでは日本よりも中国に好意を持つ人々が多くなっていることを報告している（「全天候型友好国」中国の躍進『夜明け前のパキスタンから』第 15 回」ニュース屋台村，2016 年 7 月 15 日記事）.

　第3の論点は，多義的な「一帯一路」構想が究極的に何を目指しているのか，という論点である．すでに明らかな通り，「一帯一路」構想は複数の目標を併せ持つ複合的な計画である．したがって「一帯一路」は多角的に議論されるべきであるが，最終的に「一帯一路」を通して，中国はどのような開発思想を体現し，コネクティビティの向上によって何を目指しているのだろうか．「展望と行動」にはウィン・ウィン関係を目指すと書かれ，AIIBの金立群総裁は「一帯一路は経済を超える．より戦略的で地政学なもので，その目的は人々に平和と繁栄をもたらすことである」と述べるが，最終的にはその実践から判断されることになる[40]．「一帯一路」構想は，どの地理的範囲で，何を為し，一方で何を為さないのだろうか．どこまでコネクティビティが向上すれば，新興国のインフラが整備されれば，「業務完了」となるのだろうか．「展望と行動」を読む限り，その活動範囲はきわめて広く，同文書は構想の拡大を語るが，プロジェクトを制限する性格を持っておらず，この点は将来的に問題をもたらすかもしれない．その上で，構想の最終的な目標としては，Global Agenda Council on Geo-economics（2016）が指摘するような，「中国中心の秩序」（China-centric order）の構築が一つの理解のあり方を提示しているが，「展望と行動」は共存共栄を強調しており，今後もプロジェクトの実態からその本質を見きわめていく作業が求められる．

3.4　2013年以降の変化

　以上のように，「一帯一路」の効果を検討することは，時系列上，地理上の問題から困難が伴う．以下では，「一帯一路」構想を，時系列上では，2013年の国家主席交代のタイミングを重視して，2013年以降に始動し，地理的には「沿線国65カ国」にとらわれることなく，新興国・途上国全般を範囲として捉える視点から若干の検討を加える．具体的には，2013年から2017年にかけて，「一帯一路」の重点地域と非OECD諸国で何が生じたのかに注目する．

---

40)　世界経済フォーラムウェブサイト記事 "One Belt, One Road Initiative Signals China's Economic and Strategic Objectives"（https://www.weforum.org/press/2016/06/one-belt-one-road-initiative-signals-china-s-economic-and-strategic-objectives/）を参照.

表1-5 「一帯一路」重点国との輸出入上位5品目（2013～2017年）

(億ドル)

		パキスタン				カザフスタン				インドネシア			
	年	2013	2017	増減額	年	2013	2017	増減額	年	2013	2017	増減額	
中国からの輸出		全品目	110.2	183.2	73.0	全品目	125.4	116.4	-9.0	全品目	369.4	348.5	-20.9
	1	電気機器・部品, 音声再生機・テレビ及びその部品	20.8	34.2	13.4	履物及び部品	10.6	16.9	6.3	電気機器・部品, 音声再生機・テレビ及びその部品	56.0	62.4	6.4
	2	原子炉, ボイラー及び機械類	13.9	34.0	20.1	原子炉, ボイラー及び機械類	18.3	12.4	-5.9	原子炉, ボイラー及び機械類	68.4	60.9	-7.5
	3	鉄鋼	4.7	11.9	7.2	電気機器・部品, 音声再生機並びにテレビ	9.7	11.6	1.9	鉄鋼	12.6	17.0	4.4
	4	人造繊維及びその繊維製品	9.6	7.8	-1.8	衣類及び衣類附属品（メリヤス製品を除く）	9.4	8.7	-0.7	プラスチック及びその製品	11.9	13.1	1.2
	5	有機化学薬品	3.6	7.7	4.1	衣類及び衣類附属品（メリヤス製品）	22.3	8.5	-13.8	有機化学薬品	10.0	11.2	1.2

		パキスタン				カザフスタン				インドネシア			
	年	2013	2017	増減額	年	2013	2017	増減額	年	2013	2017	増減額	
中国の輸入		全品目	32.1	18.3	-13.8	全品目	160.2	63.3	-96.9	全品目	314.8	285.0	-29.8
	1	羊毛, 獣毛並びにこれらの織物	21.7	9.4	-12.3	無機化学品及び貴金属, レアアース, 放射性元素等	18.5	12.7	-5.9	鉱物性燃料及び鉱物油	113.0	94.3	-18.7
	2	鉱石, スラグ及び灰	1.6	1.9	0.3	鉱石, スラグ及び灰	12.8	12.1	-0.7	動物性又は植物性の油脂	26.8	34.6	7.8
	3	銅及びその製品	1.8	1.3	-0.5	銅及びその製品	15.1	12.1	-3.0	鉄鋼	0.1	21.2	21.2
	4	穀物	1.7	0.9	-0.8	鉱物性燃料及び鉱物油	100.7	11.7	-89.0	木材パルプ, その他のパルプ及び古紙	12.8	20.7	7.9
	5	原皮（毛皮を除く）及び皮革	1.5	0.7	-0.8	鉄鋼	7.2	8.2	1.0	電気機器・部品, 音声再生機・テレビ及びその部品	11.5	14.0	2.5

注：2017年の上位5品目を抜き出して示している.
出所：Global Trade Atlas より筆者作成.

53

　表1-5は,「一帯一路」の重点地域と考えられるパキスタン, カザフスタン, インドネシアとの間で, 中国との取引額の大きかった品目を見たものである. ここから指摘しなければならないのは, 2000年代までと異なり, 中国とこれら3カ国との間の貿易額が低迷または減少していることである. パキスタンへの輸出額は73億ドル増加しているが, 輸入額は13.8億ドルの減少, そしてカザフスタンとインドネシアとの取引は輸出入ともに減少している. この背景には中国経済の成長率の低下, 資源価格の下落による中国側の輸入額の減少や, 全般的な経済情勢の低迷が考えられる[41]. 第2に, 個別の品目に注目すると, 中国側の輸出品目には電気製品, 鉄鋼, 衣類・雑貨, 一般機械が目立つ一方で, 輸入品目には, 鉱石などの金属原料, ゴム, 木材といった一次産品及びその加工品が並ぶ. 中国の既存の比較優位産業に加えて, インフラ建設で必要とされる鉄鋼や設備も輸出するという構造が示唆され, 両国間での同一品目の輸出入が見られる水平貿易にあたる項目は, インドネシアとの電気機器の輸出入に限られる. 特に興味深いのはパキスタンとの貿易品目で, 中国側の輸入は一次産品に限定される一方で, 輸出品目には繊維製品, 電気製品, 鉄鋼から原子炉までが含まれており, 工業製品の全面的な輸出が確認できる[42]. 2013年から2017年にかけては, 前述したような外的環境の影響も大きいと考えられ, 評価は容易ではないが, 現状からすると貿易額の低迷と垂直貿易的性格が色濃く観察できる[43].

　直近の貿易データからも示されるように, 資源価格の下落は新興国の輸出に大きなダメージを与えている. 2012年にはドバイ市場で1バレル105ドルを超えていた原油価格が, 2015年には半額となって以降, 低迷が続いていることは周知の通りである.「一帯一路沿線国」のなかでも, 重点国となって

---

41)　貿易額の減少は中国のみではなく, 世界金融危機と欧州危機の時期以降に世界的に観察されており,「スロートレード」と呼ばれて幅広く議論されている.

42)　「原子炉, ボイラー及び機械類」の項目には民生品も含まれているが, 表1-3の通り, 中国はパキスタンでハシマとカラチの2カ所で原子力発電所の建設を請け負っており, 実際に細分類で見ても原子炉の輸出が確認できる.

43)　馬・任(2015)の第1章では中国とカザフスタンの貿易額や投資額などのデータが整理されているが, 輸出額の減少について言及しながら, この要因と解釈を議論していない.

いるカザフスタンの場合，石油価格の暴落によって経済的な危機に直面しており，こうした危機対応策として，ナザルバエフ大統領は2014年11月，「光明の道（Nurly Zhol）」と呼ばれる90億ドルに達する大型の景気刺激策を発表している[44]．この政策は習近平国家主席の訪問からおよそ1年後に発表されており，重点事業の一つに交通インフラ投資としている点に共通点があり，2016年9月には両国は「シルクロード経済ベルト」と「光明の道」政策の結合・協力文書に調印している[45]．資源価格の下落により「新興国バブル」とも呼ばれた情況が変化するなかで，資源ではなく，インフラ建設をツールとする経済外交が動き出しているとも言えるだろう．

　続いて，中国から新興国への投資と建設プロジェクトの動向についても検討を加えておこう．以下では，1億ドル以上の案件に限定されるものの，個別投資プロジェクトベースでの投資金額を確認できる The American Enterprise Institute（AEI）とヘリテージ財団が整備しているデータをベースラインとして利用する．

　図1-3は2005年から2017年までの，中国の対外投資額と対外建設プロジェクトの受注額の推移を見たものである．まず投資額を見ると，総投資額は「一帯一路」構想の登場以降に急増しており，2013年の840億ドルから2017年の1854億ドルへと倍増している．具体的には対OECD諸国投資額は2013年時点では357億ドルから，2017年には1321億ドルに達しており，総投資額の増加分の95％にあたる964億ドルが対OECD諸国の領域で生じている[46]．一方で同期間に対非OECD諸国への投資は482億ドルから533億ドルに増

---

44)　"Nurly Zhol"の英文名は"Path to the Future"で，中国語では「光明之道」と訳されている．なお同政策の英文版はカザフスタン共和国駐米大使館ウェブサイトに掲載されている（http://www.kazakhembus.com/content/nurly-zhol-path-future）.

45)　両国間では「中華人民共和国政府とカザフスタン共和国政府の"シルクロード経済ベルト"と"光明の道"新経済政策の接合協力計画」が発表されている（国務院新聞弁公室ウェブサイトより）．同文書では重点領域として，交通インフラ，貿易，製造業，その他領域（水道インフラ，証券先物取引の監視，疫病情報の共有，アスタナ万博の支援等）を挙げており，重要協力プロジェクトのリスク評価の面での情報交換も明記されている．

46)　注4の通り，非OECD諸国と「一帯一路の沿線国」は一致しないが，またより一般的な定義であるため，本章ではOECD／非OECDの分類を使用している．

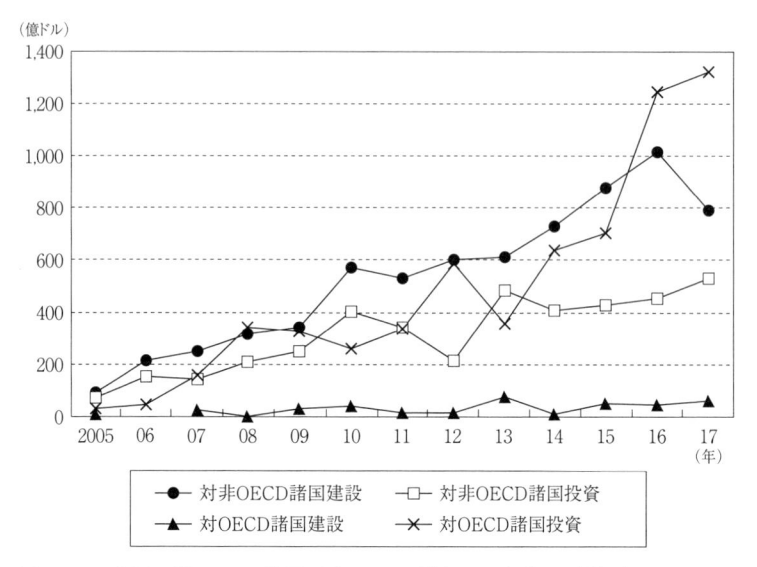

図 1 - 3　中国の対 OECD 諸国／非 OECD 諸国への投資と建設プロジェクト

出所：The American Enterprise Institute and The Heritage Foundation, China Global Investment Tracker （2018, January）より筆者作成.

加するにとどまっている．これを商務部が公表している投資データと比較すると，AEI データは 2016 年までの差は 10 ％程度であったが，2017 年の商務部データでは投資額が 1200.8 億ドル，前年比 29.4 ％減の大幅な下落を報告している[47]．これについて商務部は「非理性的な対外投資」が抑制されたためだと述べている一方で，Scissors（2018）は 2017 年の最大案件であるスイスの農薬世界最大手・シンジェンタの買収案件（430 億元）がカウントされていないためだ，としている．

　これらのデータから判明するのは，「一帯一路」構想が始動して以降に，むしろ OECD 諸国への対外投資（特に米国向け投資）が急増しており，「沿線国」や新興国への投資は意外にも低迷し，また中国国内からも新興国投資の収益性についての懐疑的な見方が表に表れているという事実である[48]．中央政府が旗を振る「一帯一路」構想の方向性とは異なる動きを，中国企業や金

47)　中華人民共和国商務部対外投資和経済合作司，2018 年 1 月 16 日記事「2017 年我国
　　　対外非金融類直接投資簡明統計」.

表 1-6 　中国の対外投資の大型プロジェクト（2013 ～ 2017 年）

（金額は百万ドル）

	年	投資者	金額	対象国	投資対象	業種	概要
OECD諸国	2017	中国化工集団公司, 中国国新控股有限責任公司	43,060	スイス	Syngenta	化学	農薬世界最大手のシンジェンタの株式の98％を取得.
	2017	中国投資有限責任公司（CIC）	13,790	イギリス	Logicor	物流	17カ国に倉庫を持つ欧州の物流大手企業ロジコールの株式100％を取得.
	2017	海航集団	10,380	アメリカ	CIT Group	航空リース事業	米金融大手 CIT グループの航空機リース事業を買収.
	2017	平安保険	9,660	イギリス	HSBC	金融	HSBC の株式5％を取得し, 第2株主となる.
	2016	テンセント	8,600	フィンランド	Supercell	エンターテインメント	スマートフォン向けゲーム大手スーパーセルを買収, 株式の84％を取得.
非 OECD諸国	2017	中国華信能源（CEFC）	9,180	ロシア	Rosoneft	エネルギー	中国の民営石油大手 CEFC がロシア国営石油大手のロスネフチ株式を14％取得, 3番目の大株主に.
	2017	万科, 中国銀行, 高領資本, Hillhouse	9,060	シンガポール	Global Logistics Property（GLP）	物流	中国の不動産ディベロッパー大手の万科らの企業連合が物流施設会社 GLP の株式を79％取得.
	2014	五砿資源（コンソーシアム）	6,990	ペルー	Glencore	鉱業	スイスの鉱業大手グレンコアがペルーのラスバンバス鉱山を売却.
	2015	中国広核集団	5,960	マレーシア	Edra	電力事業	経営不振の発電会社エドラの全株式を購入. 1MDBより購入. 李克強首相とナジブ首相の会談と同時期に発表.
	2013	中国石油天然気集団（CNPC）	5,300	カザフスタン	KazMunaiGas National	エネルギー・資源	習近平国家主席のカザフスタン訪問時に合意, 両首脳のまえで調印, カシャガン油田の8％の権益を取得.

出所：The American Enterprise Institute and The Heritage Foundation, China Global Investment Tracker（2018, January）より上位を抽出, 各種報道で補足し筆者作成.

融部門が見せていることが示唆されている．表 1-6 は 2013 年以降の大型投資プロジェクト上位 5 件を示したものである．対 OECD 諸国向けで金額的に大きい投資案件には，物流や金融セクター，そしてエンターテインメントの領域などが含まれ，多様な業種に分散し，投資主体としてもテンセント，海航集団といった民営企業もランクインしていることが特徴的である[49]．一方で対非 OECD 諸国への投資で目立つのは，資源権益と電力事業に集中していることである．上位案件に入っているペルー，モザンビーク，ブラジルの 3 カ国は 65 カ国のいわゆる「一帯一路沿線国」には含まれない地域であり，これらの地域も実質的には視野に入れて分析をしなければならないことは明らかであろう[50]．

　中国政府が推進する対外資産の多元化を主要な役割としてきた中国投資有

48)　商務部のスポークスマンは，一部のアナリストが「「一帯一路」計画と現在実施中のプロジェクトからは収益を得ることはできない」と考えていることに対して回答を求められ，「インフラプロジェクトへの資金投入が大きく，建設にも時間がかかり，コスト回収にも時間がかかるが，長い目で見れば地域インフラのコネクティビティが向上し，沿線各国の人民の幸福をもたらすという深遠な意義がある」，そして「今後，商務部は継続的かつ緩やかに「一帯一路」建設を推進し，沿線国との投資と協力を深め，市場化されたオペレーションを主とすることを堅持し，企業が主体的な作用を果たすようにさせる」と応答している（『人民網』2017 年 2 月 9 日記事「商務部：去年我国対“一帯一路”沿線国直接投資 145 億ドル」）．プライスウォーターハウスクーパースは「一帯一路」でのインフラ需要を 2014 年から 2016 年まで約 4000 億ドルと見積もっており，このうちで中国からの投資額と中国が占めるシェアがむしろ低下していることを公開資料で示している．この背景については元安による対外投資コストの増加，資金調達コストの高止まりといった点を指摘していた（「普華永道　中国与一帯一路基礎設施　2016年回顧与未来展望」https://www.pwccn.com/zh/consulting/br-watch-infrastructure.pdf参照）．なお，その後 2017 年には元高基調，2018 年 3 月以降は元安へと為替相場の動きは激しい．

49)　トップ 10 位まで範囲を見ると，安邦保険による米国ブラックストーン社の資産の買収，海航集団によるホテル事業の買収がランクインし，いずれも米国における案件である．

50)　なお，事業内容から見ると，OECD 諸国でも類似したプロジェクトを受注しており，AEI のデータセットには含まれていないが，イギリス南西部ヒンクリーポイントでの原子力発電所建設事業に対して中国広核集団が 80 億ドルを出資するというニュースは，すでに周知の通りである．ロイター通信 2016 年 9 月 16 日記事「英政府，中国出資の原発新設計画を条件付きで承認　今後の規制強化」（http://jp.reuters.com/article/uk-china-nuclearplant-idJPKCN11L0QX より）．なお，本件に対してはイギリス国内からは安全保障上，そして経済的合理性の観点からの批判が存在する．

限責任公司（CIC）の運用情況も確認しておこう．CIC が公表したデータによると，2015 年末時点での総資産額は 8137 億ドルで，シルクロード基金の設立時に 15% を出資していることが判明している[51]．2015 年の CIC 全体の運用益がマイナス 2.96% であったことが注目を集めたが，「一帯一路」の文脈から重要な点は，運用方法の変化であり，2013 年末には運用額の 40.4% であった株式が，2015 年末には 47.47% となり，長期資産は 28.2% から 22.16% へと低下している．対外投資運用額のほぼ半額を占める株式投資の内訳を見ると，2015 年末時点で，米国の株式購入額が 46.32%，その他の先進国の株式が 42% となっており，新興国株式は 11.68% となっている．新興国株式のシェアは，2012 年末の 23% から，2013 年末の 17.1%，そして 2015 年末の 11.68% と急減している．CIC は「一帯一路」構想を積極的に推進すると言及しているが，金額的に見るとむしろ先進国企業への投資を重視していると言えるだろう[52]．

　次に建設請負プロジェクトを見てみると，図 1-3 からも明瞭なように，まず総額で見て圧倒的に非 OECD 諸国からの受注が多く，2013 年の 613 億ドルから 2016 年に 1016 億ドルへと拡大したが，2017 年には 791 億ドルへと落ち込んでいる．ここで AEI のデータを基に 2013 年以降の個別の大型プロジェクトを確認すると，表 1-7 の通り，新興国での大型インフラ建設事業の受注が目立つ．ナイジェリアやアルゼンチンなど，いわゆる「沿線国」に含まれていない新興国での案件が上位に入り，こうした地域も含めて首脳外交とセットとなって，中国の国有企業が大型案件を受注していることがわかる．

　AEI データは中国が国外で合意した投資プロジェクトのうち，その後実行されなかったり計画が頓挫したりしているトラブル案件も集計している．

51）　『中国投資有限責任公司年度報告 2015』より．

52）　AEI データから CIC の投資先を抽出して確認しても，2013 年以降の非 OECD 諸国への投資が合計 47.9 億ドルで，ロシア，インドネシア，ブラジルのエネルギー分野への投資が実施されているものの，OECD 諸国向けの投資総額 169.1 億ドルがやはり主流である．なお，CIC は国内部門として，国家開発銀行を含む国有銀行への出資も行っているため，この国有銀行へのルートから，海外への投資が行われている可能性は残る．国家開発銀行はアニュアルレポートで「一帯一路」への積極的な貢献を述べているが，具体的な新興国・途上国への融資額は判明していない．

表 1 - 7　中国の建設請負の大型プロジェクト（2013 ～ 2017 年）

（金額は百万ドル）

	年	受注業者	金額	対象国	取引先	業種	概要
OECD 諸国	2013	哈爾浜電気股份有限公司	2,400	トルコ	Hattat Holding	発電所	黒海バルトゥン地方アマスラに石炭火力発電所を建設.
	2017	中国交通建設	2,070	オーストラリア	CPB	交通インフラ	トンネル建設プロジェクトを合弁企業で受注.
	2014	中国石油天然気集団（CNPC）	2,200	アメリカ	Siemens	天然ガスインフラ	詳細不明.
	2015	中国中鉄股份有限公司	1,330	ハンガリー	Hungarian State Railway	交通インフラ	中国・中東欧首脳会議にてハンガリー・セルビア鉄道プロジェクトに合意, ハンガリー側企業合同で建設を請け負い.
	2013	華為技術有限公司	1,300	イタリア	VimpelCom	通信	4G ネットワークの整備を受注.
非 OECD 諸国	2014	中国鉄建股份有限公司	6,810	ナイジェリア	—	鉄道	李克強首相の訪問中に発表. ラゴスとカラバルを結ぶ 1,385km の鉄道で, 中国標準規格を採用. 131 億ドルという報道も.
	2013	中国核工業集団	6,500	パキスタン	—	発電所	習近平国家主席訪問中に発表. 5 基合計 150 億ドルで華竜 1 号を輸出.
	2017	中国核工業集団	4,700	アルゼンチン	Nucleoeletrica	発電所	G20 会議に合わせて発表. ブエノスアイレス州アトゥチャ華龍 1 号を輸出, 中国側が低利融資も提供.
	2015	中国能源建設股份有限公司	3,660	アルゼンチン	EISA	エネルギーインフラ	詳細不明.
	2015	中国鉄建股份有限公司	3,510	ナイジェリア	—	交通インフラ	都市間鉄道の別プロジェクト, 総延長 334km.

出所：The American Enterprise Institute and The Heritage Foundation, China Global Investment Tracker (2018, January) より上位を抽出, 各種報道で補足し筆者作成.

その上位にはオーストラリアでの電力事業（国家電網），鉱山事業（中信），米国での航空リース事業（新華信託），半導体事業（紫光集団）といった先進国での案件が目立つ．例えば海航集団と安邦保険は，いずれも投資計画の発表後に資本流出と金融リスクを理由に中国当局の捜査を受け，経営危機に陥って海外資産の売却を迫られている[53]．先進国への投資分野で，大型案件が投資実行後に不安定な展開を見せていることは，中国企業の対外投資行動がいまだ未成熟な段階にあることを示唆している．

　ここで指摘しておくべき点は，これらの中国の投資や建設請負事業が与えるインパクトは，新興国が置かれた状況によって大きく異なる点である．タイやインドネシアのようにすでに国外からの投資が実施されてきた国々では，中国企業による新規投資の規模は比較的小さい一方で，これまで特に先進国からの投資が比較的限定的であった国々では，その影響は大きいと考えられる．東南アジアではカンボジアやラオスといった，これまで，東アジアの生産ネットワークに組み込まれてこなかった国々では，中国企業による資源開発や工業団地の建設の影響が大きく，同様に中央アジア諸国では，新たな投資家としての中国の存在感は無視し得ない[54]．

　ここで，直接投資や援助によって，中国の開発政策への支持が高まるのかどうかという点についても若干検討を加えておこう．すでに紹介したように，Bentzen (2016) は Afrobarometer の個票データを用いて，「中国を自国の発展のモデル」と考えている人の属性を検討している．ここでは国レベルのデータから一つの可能性を指摘しておこう．図 1-4 は横軸に中国からアフリカ諸国への 1 人当たりの援助と投資額の合計値を，縦軸にはそれぞれの国で「中国を自国の発展のモデル」と考えている人の比率を示している．Bent-

---

53)　ブルームバーグ 2018 年 2 月 23 日記事「中国，安邦保険集団を管理下に——積極的買収続けた呉会長訴追」を参照．

54)　Shiraishi (2012) が指摘するように，国際的な生産・貿易・投資ネットワークに組み込まれていない地域ほど，中国の影響力が政治・経済の両面で強く現れると考えることができる．この観点から見ると，例えば中央アジア地域はいわゆる東アジア生産ネットワークに組み込まれておらず，部品貿易比率を BEC 基準（品目番号 42 と 53）で算出した場合，東南アジアの平均が 30％程度であるのに対して，中央アジア諸国は約 5％となる．

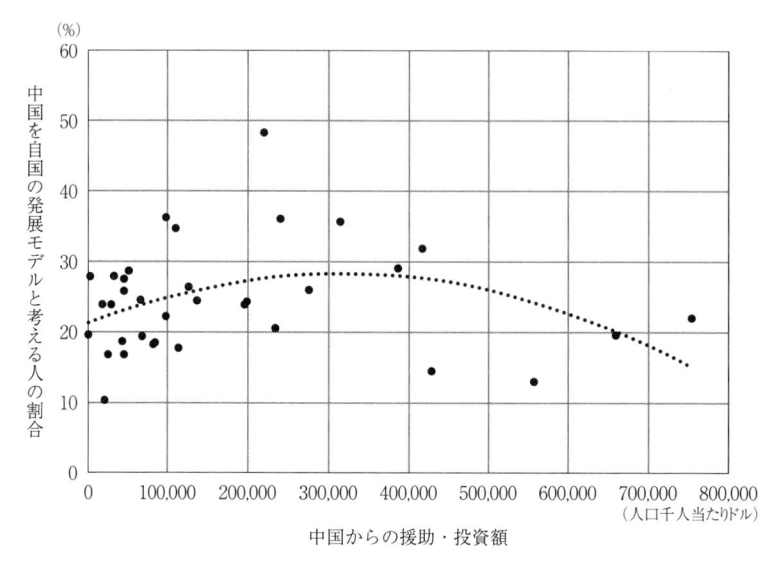

図1-4　アフリカにおける「中国モデル」の支持と中国からの援助・投資額

注：援助額は 2013 年までの累計，投資額は 2014 年までの累計が得られたため，これを 2014 年の人口で割っ
　　て人口当たりの援助・投資額を得た．
出所：中国モデルへの支持率は Afrobarometer（http://www.afrobarometer.org/），援助額は AIDDATA（http://
　　china.aiddata.org/），投資データは『中国対外直接投資統計公報』，人口データは国連データより作成．

zen（2016）では中国からの援助や投資額は，むしろマイナスの効果を持っ
ているとされているが，図 1-4 のような非線形の関係がある可能性は残され
ている．つまり，一定程度までの援助と投資は，「中国モデル」のイメージ
向上につながるが，ある水準以上の援助と投資は，むしろ現地でのイメージ
悪化をもたらすというものである．「一帯一路」がグローバルに見て「中国
モデル」の普及につながるのかについては，今後の変化を見る必要がある．

3.5　「一帯一路」のリスク管理と多面化

　以上のように，近年の貿易，投資，建設請負の状況を見ると，長期的なト
レンドとしては中国と新興国との間の取引は増加してきたものの，「一帯一
路」構想が始動した 2013 年以降，むしろ新興国との貿易と投資は低迷して
いる．背景には世界的な新興国経済の停滞に加えて，中国国内での国外投資

のリスクへの警戒感の広がりもあると考えられる．表 1-3 に示したような「六大経済回廊」のような目玉プロジェクトの進展を強調しながらも，全体としては当初の計画と目論見ほどには急激な事業の拡大は見られておらず，国有インフラ・エネルギー企業の進出を除くと，依然として民営企業は新興国投資のリスクを考え，むしろ先進国に投資しているようだ．

　また，ここにきてプロジェクトの前提となってきた潤沢な外貨準備が急減している．2014 年 6 月末の約 4 兆ドルをピークに減少を続けており，人民元の買い支え介入により，2016 年末には大台として一つの目安と見られてきた 3 兆ドルを切った[55]．依然として，他の資産を含めた対外資産総額の減少は見られていないが，「一帯一路」構想が策定された 2013 年から 2014 年には満たされていた，重要な一つの前提が動揺していることには注意が必要だろう．AIIB を事例とすると，すでに述べた通り，1000 億ドルの資本金のうち，払い込みが必要となるのは 200 億ドルで，このうちに中国が拠出しなければならないのは 60 億ドル程度で，既存の事業への影響は限定的であると考えられるが，新たに外貨準備を用いて回収に時間のかかる運用に資金を投入することには，中国政府内部からも反対論が挙がる可能性も否定できない．

　こうした状況変化も含めて，今後より強調される可能性があるのは，必要な資金を削減し，リスクをコントロールし，より慎重な形での「一帯一路」構想の推進である．こうした傾向はすでに 2016 年以降に目立ち始めており，いくつかのトレンドを指摘できる．

　第 1 のトレンドは，「沿線国」との政策的すり合わせである．中国政府は「沿線国」政府との間で，「一帯一路」構想に関連した「備忘録」や「共同開発計画」の調印を進めており，すでに紹介したカザフスタンのほか，ネパール，ベラルーシ，ジョージア，ロシア，ハンガリー，ウズベキスタンとは「シルクロード経済ベルト」での協力をタイトルとした文書に調印している[56]．中央政府間での共同開発プロジェクトとしての位置づけを行うことで，資金を共同で出資し，また大型のプロジェクトが途中で頓挫するようなリスクをコントロールしようとしていると考えられる．ただし，公開されている文書

---

55)　『日本経済新聞』2017 年 2 月 8 日記事，「中国外貨準備　1 月末，3 兆ドル割れ　5 年 11 カ月ぶり　昨年，介入額推計 47 兆円」より．

を見る限り，末尾に「本文書は条約ではなく国際法上の権利と義務を発生させない」という免責事項が記入されていることが多く，こうした文書でのリスク管理がどこまで可能かどうか，不確定要素も残っている．

　上記のような文書の作成に見られる方向性をよりはっきり言えば，個別プロジェクトや二国間でのプロジェクトの集合体であった「一帯一路」を，より「制度化された一帯一路」へと近づけるということになる．現状では「一帯一路」関連プロジェクトには高度に制度化された事業から，政治的な蜜月関係に依存した非制度的な事業まで広範に含まれている．もっとも運営体制が国際化され，そして制度化が進んでいると考えられるのは AIIB であり，設立協定への署名，資金の拠出，融資事業の選定とガナバンス体制まで，基本的に透明化されている．無論，こうした運営体制の国際化と透明化に伴って，中国政府の決定権は当然限定性を帯びることになる．具体的には AIIB の合意協定の 31 条には総裁，職員らが「いかなる政治的影響も受けてはならない」こと，そして 34 条では年度報告の公開などが明記されている[57]．一方で，これまで観察されてきた新興国への首脳の訪問時に国有インフラ企業が受注するというパターンの場合には，より直接的な取引が可能である一方で，現地政府の政策転換や政権交代の影響とリスクを大きく受けることになる．それゆえに，「一帯一路」構想という大きな枠組みのなかには，一方に AIIB のような制度化された部分と，首脳間の関係に依存する非制度的な部分とが当面の間並存していくことになろう[58]．

　第 2 の方向性は，政府以外に企業の参画を募る PPP スキームの利用である．

---

56)　例えば，カザフスタンとは 2014 年 12 月 14 日に「中華人民共和国国家発展改革委員会とカザフスタン共和国国民経済部の共同でシルクロード経済ベルト建設を推進することに関する諒解備忘録」を，ネパールとは 2014 年 12 月 17 日に「中華人民共和国商務部とネパール政府財政部の中・ネ経済貿易連合委員会フレームワークのもとで "シルクロード経済ベルト建設" を共同で推進することに関する諒解備忘録」を，ベラルーシとは 2014 年 12 月 22 日に「中国商務部とベラルーシ経済部の "シルクロード経済ベルト" の共同建設に関する協力協定書」を結んでいる．このほかにも首脳会合時に発表される共同声明で「一帯一路」に言及されるケースは少なくない（国務院新聞弁公室ウェブサイトより）．

57)　AIIB の合意協定は AIIB の公式サイトに中国語と英語にて公開されている他，日本語版の非公式翻訳版はサイエンスポータルチャイナに掲載されている（https://www.spc.jst.go.jp/policy/yidaiyulu_polisy/downloads/2016_AIIB_agreement.pdf）．

先進国では開発援助のフレームワークとして PPP はすでに実施されてきたが，中国国内では 2016 年後半以降，にわかに強調され始めている．具体的な方向性はまだ明確ではないが，政策金融機関に加えて，より多くの商業系金融機関や企業による「一帯一路」プロジェクトへの投資を求めていく方針が打ち出されている[59]．PPP でのインフラ事業には，前半の計画策定や建設部分を政策性金融機関が支援し，その後の設備の導入や運営を民間企業が担う上下分離方式や，運営のみを委託する民間委託方式など，様々なパターンが考えられる．ただし，すでに伊藤 (2015) でも指摘しているように，「一帯一路」の先行プロジェクトでは，実態として事業開発者が地方政府の一部局や民間企業という場合もあり，PPP フレームの強調が新たに何を意味することになるのかはいまだ不明である．

　第 3 の方向性は，これまで注目されてきたインフラ事業以外の事業や領域への拡張である．例えば自由貿易協定への発展，技術標準や気象情報の国外への提供，人的交流といった領域での協力の推進である．2017 年 1 月 17 日，習近平国家主席はダボスの世界経済フォーラムで，就任間近であった米国のトランプ大統領の保護主義的発想を念頭に，自由貿易を擁護し，広域 FTA 交渉を推進することを宣言した上で，演説の終盤で「一帯一路」に触れている[60]．反グローバリゼーションが欧米で強まるなかで，「一帯一路」が単なるインフラプロジェクトを超えた広域経済構想，または本質的には中国発のグローバリゼーションを提案するフレームワークになるという可能性も否定できないが，具体的な包括的経済協定の策定のためには投資ルール，事業環境，知的財産権を巡るルール化が求められ，そのハードルは高い．2017 年 5

---

58)　例えば Shestakova (2015) は，中国とカザフスタンの学者が「シルクロード経済ベルト」と「光明の道」に関して議論した会議の議事録である．このなかではロシアがリードするユーラシア経済同盟 (EAEU) に対する批判の存在，「シルクロード経済ベルト」への期待と警戒感の存在など興味深い論点が指摘されているが，そのなかで Amrebayev Aidar Moldashevich（カザフスタン共和国大統領財団経済政治研究所所長）は「EAEU とは異なり，シルクロード経済ベルトは非制度的で，しかし機能的なプロジェクトである．参加者の間で連合の様ないかなる組織の創設も想定せず，むしろ幅広い参加者による自由なビジネスプロジェクトを体現していた」と指摘している．

59)　中国財経報 2016 年 7 月 28 日記事「PPP 与 "一帯一路" 如何実現 "無縫対接"」，新華社 2017 年 1 月 14 日記事「国家将在 "一帯一路" 建設中推広 PPP 模式」．

月の「一帯一路国際協力フォーラム」では関係国の首脳および政策担当者が一堂に会したが，EU との貿易交渉では文言を巡って調整が難航し，最終的に中国側の提案する文書を複数の国が支持しなかったことが報道された[61]．

　関連して，興味深いのは「一帯一路空間情報回廊」を含む，「デジタル一帯一路（Digital One Belt One Road）」とも呼ばれる領域である[62]．国家発展改革委員会によると「一帯一路空間情報回廊」は，中国が建設を進めてきた衛星システムを活用し，国外での衛星情報を用いたサービスを提供し，この業界の中国企業の対外進出を進めようとするもので，「一帯一路沿線国」とのハイテク分野での協力や現地での防災・減災，そして生態環境の観測を助けることができるという[63]．重点地域は東南アジア，南アジア，西アジア，中央アジア，北アフリカで，衛星北斗を含む中国の衛星を使ったナビゲーションシステムや気象情報の提供，そして国外での高速鉄道や道路の運営管理にもこれらの衛星情報を活用することを想定している．さらにビジネスよりの領域ではアリババをはじめとする IT 系企業の対東南アジア進出が加速している．AEI データや中国国内のシンクタンクデータを用いて，中国 IT 企業の対アジア投資を集計すると，アリババによる東南アジアの E コマース大手ラザダの買収に代表されるような投資案件が目立つ[64]．今後は，これまでの重点であったインフラ建設とは異なる「一帯一路」の側面にも目を向けることが必要だろう[65]．

---

60)　演説の後半で次のように述べている．「今年 5 月に，中国の北京で「一帯一路」の国際協力サミットを主催します．共同で協力の大計を議論し，共同で協力プラットフォームを作り，共に協力成果を享受し，目下世界と地域経済が直面している問題を解決する方策を探しましょう．そして連動した発展を実現するための新たなエネルギーを注入し，「一帯一路」建設に更なる各国人民の幸福を創りださせましょう」．外交部ウェブサイト 2017 年 1 月 18 日記事「習近平主席在世界経済論壇 2017 年年会開幕式上的主旨演講（全文）」（http://www.fmprc.gov.cn/web/zyxw/t1431319.shtml）より．

61)　『朝日新聞』2017 年 5 月 16 日記事「「大成功」演出の裏で…中国「一帯一路」会議，亀裂も」参照．

62)　2017 年 5 月の「一帯一路国際協力ハイレベルフォーラム」における習近平基調演説のなかでも「21 世紀デジタルシルクロード」が言及されている．

63)　国家発展改革委員会，科工一司［2016，1199 号］「国防科工局　発展改革委員会関於加快推進"一帯一路"空間信息走廊建設与応用的指導意見」（http://www.sdpc.gov.cn/zcfb/zcfbqt/201611/t20161123_827548.html）を参照．

64)　伊藤（2018）参照．

4.　おわりに
——「濃淡ある進展」と「インフラ一辺倒からの多角化」

　本章では「一帯一路」構想の内容と実施体制を改めて整理した上で，特に中国と新興国との関係深化という視角から検討を加えてきた.

　「一帯一路」構想は新興国でのインフラプロジェクトを重点としているという意味では焦点は明瞭だが，政治経済的な目的を持つ構想であり，「いつから始まり，どこからどこまでが一帯一路なのか」を確定することも厳密には難しい. 国内の経済刺激策と西部地域の開発・安定という意味で内政であり，なおかつ関係国へのインフラ支援を軸にした影響力の拡大という意味で外交である. また中国の国際的な影響力を高めるという意味で政治であり，また国内の「二つの過剰」の解消と中国企業の国際展開を支援するという意味で経済である. 目下の成長率低下に対応するという意味では短期的な政策でもあるが，外貨準備の他資産への転換という意味では長期的政策でもある. そして北京の政府・党中央が発信する構想が文章化されているという意味でグランドデザインであり，その具体的プロジェクトでは既存の先行事業が目立つという意味で「寄せ集め」でもある. 本章でも見てきたように，長期的な趨勢としての中国と新興国との政治経済関係の深化という観点から見ることと，2013 年以降の具体的なプロジェクトの進展を評価するという，複眼的な視点が求められている. 本章では「一帯一路」構想の始動による具体的な効果の分析は行っておらず，今後，個別のプロジェクトや論点からの評価を積み重ねていくことが求められる. しかしながら，政治経済的な構想として，最終的に評価が困難な構想が動き出したことの意味は重い. 「一帯一路」構想が持ちうる，本質的なリスクと影響力はここにあるとも言えるだろう.

　本章では今後の分析の予備的考察として，時系列では 2013 年の国家主席交代を一つの画期と見なし，構想の範囲としては新興国全般を対象とするものだと捉え，貿易や投資に注目した整理を行った. 中国と新興国との間の経

---

65)　なお，「デジタル一帯一路」の他にも，北極における活動を念頭においた「氷上の一帯一路」や，「空中の一帯一路」なるバズワードまでが登場している.

済関係は，過去20年にわたり発展を遂げてきており，長期的なトレンドとしては経済関係の緊密化の方向性が明確である．この意味で，「一帯一路」構想にはこれまで断片的・分散的であった対新興国政策を統括するという意義があったと考えられるが，2013年以降に急激にプロジェクトが進んだわけではない，という評価が可能である．具体的なプロジェクトや投資の状況を見ると，地域ごとに，重点プロジェクトの進展にかなりの濃淡が見られ，パキスタン，カザフスタンを筆頭とする比較的順調に進展している地域がある一方で，プロジェクトの進捗が限定的かまたは頓挫する事例も引き続き報告されている．米国では「一帯一路」を「債務外交」と呼ぶ見方も登場している．また，貿易関係を見てみると，中国経済の減速にも影響され，新興国との輸出入の減少が見られ，これまでの中国が資源を輸入して工業製品を輸出するというパターンが引き続き観察される．「コネクティビティを向上させて貿易を活性化させる」という効果が今度どの程度観察されるようになるのか，注目が必要だろう．現時点で，中国企業は「一帯一路」構想が提起された2013年以降に，むしろOECD諸国への投資を加速させており，民営企業はむしろ先進国を目指してきた．「一帯一路」を進めていると喧伝しながら，投資金額から見ると先進国を目指す資金の動きが加速している点は興味深い傾向である．

　以上のように「一帯一路」は，単なる「成功」や「失敗」といった安易な要約を拒絶する，「濃淡ある進展」と「インフラ一辺倒からの多角化の模索」とも言うべき変貌を見せつつある．「一帯一路」構想により中国と新興国の関係が広範に深化する可能性と，もう一方で地域に様々な副作用をもたらす可能性，そしてその同時発生もありえる．反グローバリゼーションの動きが米国で見られるなかで，「一帯一路」が将来的に経済，国際関係，そして人々の対中イメージに何をもたらし，「一帯一路」は何を意味することになるのか．「既存の国際化とグローバリゼーション」と「中国発のグローバリゼーション」との間にはどのような差があり，そして後者はどのような実践に基づき，どのような理念に基礎づけられるのか，更に言えばどのような「思想」が内在しているのか[66]．潤沢な外貨準備と米国のアジア回帰といった，「一帯一路」構想が形作られた時期に存在していた前提条件が変化し，

更に米中対立が激化するなかで，今後も「一帯一路」構想の実態の検討が必要である．

〈付記〉本章執筆後の2018年3月以降に米中関係の急激な悪化が生じ，「一帯一路」にも波及しつつあるが，この点については別稿での課題としたい．

参考文献

〈日本語文献〉

青山瑠妙（2013）『中国のアジア外交』東京大学出版会.

伊藤亜聖（2014）「中国 ASEAN 経済関係の諸相——南進しているのは誰か？」末廣ほか（2014）81-118 頁.

伊藤亜聖（2015）「中国「一帯一路」の構想と実態——グランドデザインか寄せ集めか？」『東亜』第 579 号，30-40 頁.

伊藤亜聖（2018）「中国のデジタルエコノミーはアジアをどう変えるか？」『タイ国情報』第 52 巻第 3 号，19-34 頁.

井上あえか（2013）「パキスタンからみる対中国関係」『現代インド研究』第 3 号，97-113 頁.

上原啓一（2015）「アジアインフラ投資銀行の設立に向けた動きについて——アジアのインフラ投資をいかに推進していくのか」『立法と調査』第 369 号，31-45 頁.

榎本俊一（2017）「一帯一路構想と AIIB はリアル・パワーたり得るか——沿線国と立地企業の立場から」『世界経済評論』第 61 巻第 1 号，45-53 頁.

江原規由（2015）「中国の FTA 戦略の中心へ—— 一帯一路（シルクロード）FTA 構想」『国際貿易と投資』第 27 巻第 2 号，98-113 頁.

大泉啓一郎・伊藤亜聖（2016）「「一帯一路の中国」と「自由貿易試験区の中国」」『アジ研ワールド・トレンド』第 22 巻第 7 号，24-27 頁.

大木博巳（2015）「TPP か一帯一路か，資源の呪いから脱却を目指す新興国・途上国

66) 坂野（2013）は日本の対アジア進出「構想」の背景に，どのような「思想」や「原理」があったのか，と問うている．「展望と行動」の文章を超えて，その深層にある「思想」への探求も必要だと思われる．この点は 2016 年度アジア政経学会秋季大会での森川裕二コメンテーターからの示唆による．習近平政権の新たな外交キーワードになりつつある「人類運命共同体」とは何を意味し，周辺国，「一帯一路」関連国に何をもたらすのだろうか．

──チャイニーズボナンザ終焉後の世界貿易」『国際貿易と投資』第 27 巻第 3 号，
　　132-150 頁.

大橋英夫（2016）「中国企業の対米投資──摩擦・軋轢の争点は何か」加藤・梶谷
　　（2016b），228-247 頁.

岡本信広（2015）「「一帯一路」は内陸部を発展させられるか？──重慶を事例に」
　　『ERINA REPORT』第 127 号，46-51 頁.

加藤弘之・梶谷懐（2016a）「どこへ向かう中国型資本主義」加藤・梶谷（2016b），
　　291-309 頁.

加藤弘之・梶谷懐編（2016b）『二重の罠を超えて進む中国型資本主義──「曖昧な
　　制度」の実証分析』ミネルヴァ書房.

関志雄（2015a）「動き出した「一帯一路」構想──中国版マーシャル・プランの実現
　　に向けて」『野村資本市場クォータリー』第 18 巻第 4 号，171-175 頁.

関志雄（2015b）「「発展段階説」から見た中国の国際収支──「債務返済国」から「未
　　成熟債権国」へ」独立行政法人経済産業研究所（RIETI）ウェブサイト「中国経
　　済新論：実事求是」2015 年 7 月 17 日掲載記事．https://www.rieti.go.jp/users/
　　china-tr/jp/ssqs/150717-1ssqs.html

関志雄（2016）「中国の周辺外交の軸としての「一帯一路」構想──「中国版マーシ
　　ャル・プラン」に向けて」『世界経済評論』第 60 巻第 2 号，21-26 頁.

佐野淳也（2016）「新常態下で積極化する中国の対外経済戦略── 一帯一路を中心に」
　　『JRI レビュー』2016 年第 3 号，6-27 頁.

下村恭民・大橋英夫・日本国際問題研究所編（2013）『中国の対外援助』日本経済評
　　論社.

習近平（2014）『習近平　国政運営を語る』外聞出版社.

朱炎（2017）「官民協調で発展する中国の対アジア進出」『世界経済評論』第 61 巻第
　　1 号，69-77 頁.

徐一睿（2015）「「一帯一路」からみる中国国内における地域政策の変化と財政的課題
　　──ローカルハブの構築に向けて」『ERINA REPORT』第 127 号，53-61 頁.

白石隆（2016）『海洋アジア VS. 大陸アジア──日本の国家戦略を考える』ミネルヴ
　　ァ書房.

末廣昭（2014）「南進する中国と中国 ASEAN 博覧会（CAEXPO）」末廣ほか（2014）
　　41-80 頁.

末廣昭・伊藤亜聖・大泉啓一郎・助川成也・宮島良明・森田英嗣（2014）『南進する
　　中国と東南アジア──地域の「中国化」』東京大学社会科学研究所現代中国研究
　　拠点研究シリーズ，No. 13.

関根栄一（2014）「中国 CIC の 2013 年の運用実績と今後の展望」『中国資本市場研究』
　　第 8 巻第 3 号，62-72 頁.

田中素香（2016）「EU の対中国通商戦略」『世界経済評論』第 60 巻第 2 号，27-34 頁.

陳俊峰（2014）「ミッソンダムの建設凍結に見る中緬関係の変化メカニズム——中国の対外投資戦略の問題と課題を考える」『同志社グローバル・スタディーズ』第 4 巻，121-144 頁.

津上俊哉（2015）「「一帯一路」構想に浮かれる中国」ウェブサイト「ハフポスト」2015 年 3 月 20 日掲載記事. https://www.huffingtonpost.jp/toshiya-tsugami/rapid-transit-in-china_b_6907586.html

丁可（2007）「中国の対アフリカ消費財貿易」吉田（2007），133-159 頁.

西村豪太（2015）『米中経済戦争　AIIB 対 TPP ——日本に残された大逆転のチャンス』東洋経済新報社.

新田尭之（2016）「中国が提唱して 3 周年を迎えた一帯一路—— 3 年間で獲得された成果と今後の展望」大和総研リサーチレポート. http://www.dir.co.jp/research/report/overseas/emg/20160926_011277.pdf

坂野潤治（2013）『近代日本とアジア——明治・思想の実像』筑摩書房.

廣瀬陽子（2017）「中露の狭間で揺れる中央アジア経済政策」『世界経済評論』第 61 巻第 1 号，35-43 頁.

ホーマッツ，ロバーツ，オリン・ウェシングトン，スティーブン・ウェイスマン（2015）「遠大な対外経済構想の真意は何か——中国が新秩序を模索する理由」『フォーリン・アフェアーズ・レポート』2015 年 7 月号，23-33 頁.

松村昌廣（2016）「綻びを見せる米英の「特別な関係」——対中経済外交における暗闘」『問題と研究』第 45 巻第 2 号，1-28 頁.

穆尭芊（2016）「中国における地方主体の地域発展戦略の展開（2008 〜 2015 年）」岡本信広編『中国の「新型都市化」——政策と現状』日本貿易振興機構アジア経済研究所調査研究報告書，1-19 頁.

姚海峰（2016）「CAFTA から「一帯一路」戦略へ」『松山大学論集』第 28 巻第 4 号，239-266 頁.

吉田栄一編（2007）『アフリカに吹く中国の嵐，アジアの旋風——途上国間競争にさらされる地域産業』日本貿易振興機構アジア経済研究所.

ルフト，ガル（2016）「中国の壮大なインフラプロジェクトにどう関わるか—— 一帯一路への選択的関与を」『フォーリン・アフェアーズ・レポート』2016 年 10 月号，34-41 頁.

渡辺紫乃（2013）「対外援助の概念と援助理念——その歴史的背景」下村・大橋・日本国際問題研究所（2013）19-39 頁.

渡辺紫乃（2015）「中国のシルクロード経済圏構想の実態と背景」『東亜』第 573 号，30-38 頁.

〈中国語文献〉（ピンイン順）

財新伝媒編輯部編（2015）『"一帯一路"引導中国　国家頂層戦略設計与行動布局』北京・中国文史出版社.

厲以寧・林毅夫・鄭永年ほか（2015）『読懂一帯一路』北京・中信出版集団.

林毅夫（2015）「"一帯一路"需要加上非洲」厲・林・鄭ほか（2015），94-102頁.

慮峰（2015）「"一帯一路"為什幺是中国？」財新伝媒編輯部（2015），8-14頁.

馬莉莉・任保平編（2015）『絲紬之路経済帯発展報告 2015』北京・中国経済出版社.

国家発展改革委員会・外交部・商務部（2015）『推進共建絲紬之路経済帯和 21 世紀海上絲紬之路的願景与行動』北京・外文出版社有限責任公司.

許善達（2009）「関于実施"和諧世界計画"或"共享発展計画"的建議」財新伝媒編輯部（2015）34-38頁.

翟崑（2015）「"一帯一路"——大国之翼」財新伝媒編輯部（2015），122-142頁.

趙磊（2015）「"一帯一路"建設的十大錯誤認知」厲・林・鄭ほか（2015），287-289頁.

〈英語文献〉

Aoyama, R. (2016), "Understanding "One Belt One Road": China's New Global Strategy," *Journal of Contemporary China Studies*, Vol. 5(2), pp. 3-22.

Bentzen, J. (2016), "The Middle Kingdom in Africa: A Quantitative Study of Support for the China Model," Master degree dissertation submitted to the Faculty of the Humanities, University of Cape Town.

Cooley, A. (2016), "The Emerging Political Economy of OBOR: The Challenge of Promoting Connectivity in Central Asia and Beyond," Center for Strategic & International Studies (CSIS) Report of the CSIS Simon Chair in Political Economy.

Global Agenda Council on Geo-economics (ed.) (2016), "Geo-economics with Chinese Characteristics: How China's Economic might is Reshaping World Politics," World Economic Forum.

Godement, F. and A. Kratz (eds.) (2015), " 'One Belt, One Road': China's Great Leap Outward," *China Analysis*, European Council on Foreign Relations, June 2015, pp. 8-10. http://www.ecfr.eu/page/-/China_analysis_belt_road.pdf

Herrero, A. G. and J. Xu (2016), "China's Belt and Road initiative: Can Europe Expect Trade Gains?," Bruegel Discussion Paper, 2016 Issue 5. http://bruegel.org/wp-content/uploads/2016/09/WP-05-2016.pdf

Hong, Z. (2016), *China's One Belt One Road: An Overview of the Debate*, Trends in Southeast Asia Studies, 2016, No. 6, Singapore: ISEAS-Yusof Ishak Institute.

Huang, Y. (2016), "Understanding China's Belt & Road Initiative: Motivation,

Framework and Assessment," *China Economic Review*, Vol. 40, pp. 314–321.

Katzenstein, P. J. (ed.) (2012a), *Sinicization and the Rise of China: Civilizational Processes beyond East and West*, New York: Routledge.

Katzenstein, P. J. (2012b), "China's Rise: Rupture, Return, or Recombination?" in: Katzenstein (2012a), pp. 1–38.

Lekorwe, M., A. Chingwete, M. Okuru, and R. Samson (2016), "China's Growing Presence in Africa Wins Largely Positive Popular Reviews," Afrobarometer Dispatch, No.122. http://afrobarometer.org/sites/default/files/publications/Dispatches/ab_r6_dispatchno122_perceptions_of_china_in_africa1.pdf

Lin, J. Y. (2011), "From Flying Geese to Leading Dragons: New Opportunities and Strategies for Structural Transformation in Developing Countries", The World Bank, Policy Research Working Paper, No. 5702.

Lin, J. Y. (2012), *New Structural Economics: A Framework for Rethinking Development and Policy*, Washington, D.C.: The World Bank.

Lin, J. Y. (2015), " 'One Belt and One Road' and Free Trade Zones — China's New Opening-up Initiatives," *Frontiers of Economics in China*, Vol. 10(4), pp. 585–590.

Marukawa, T., and A. Ito, Y. Zhang (eds.) (2014), *China's Foreign Direct Investment Data*, ISS Contemporary Chinese Research Series, No. 15, Institute of Social Science, The University of Tokyo.

Naughton, B. (2013), "China and the Two Crises: From 1997 to 2009," JICA Research Institute working paper, No. 53.

Office of the United States Trade Representative, Executive Office of the President (2018), "Findings of the Investigation into China's Acts, Policies, and Practices Related to Technology Transfer, Intellectual Property, and Innovation under Section 301 of the Trade Act of 1974," March 22, 2018. https://ustr.gov/sites/default/files/Section%20301%20FINAL.PDF

Scissors, D. (2017), "Record Chinese Outward Investment in 2016: Don't Overreact," American Enterprise Institute. https://www.aei.org/wp-content/uploads/2017/01/China-Tracker-January-2017.pdf

Scissors, D. (2018), "Private Data, Not Private Firms: The Real Issues in Chinese Investment," American Enterprise Institute. https://www.aei.org/wp-content/uploads/2018/01/China-Tracker-Jan2018.pdf

Shestakova, N. I. (ed.) (2015), *The Silk Road Economic Belt and Kazakhstan: State and Prospects*, The Research Institute for International and Regional Cooperation (RIIRC) at the Kazakh-German University (English translated version).

Shiraishi, T. (2012), "The Rise of China and its Implications for East Asia," in: Katzenstein (2012a), pp. 120-149.

The ASEAN Secretariat (2010), *Master Plan on ASEAN Connectivity*, Jakarta: ASEAN Secretariat.

The Economist Intelligence Unit (2015), "Prospects and challenges on China's 'One Belt, One Road': A Risk Assessment Report," The Economist Intelligence report. http://static1.squarespace.com/static/529fcf02e4b0aa09f5b7ff67/t/554c49ce e4b06fc215162cb4/1431062990726/One+Belt% 2C+One+Road.pdf

Villafuerte, J., E. Corong, and J. Zhuang (2016), "The One Belt, One Road Initiative: Impact on Trade and Growth," Paper presented at the 19th Annual Conference on Global Economic Analysis at the World Bank, Global Trade Analysis Project (GTAP).

Zhao, H. (2016), *China's One Belt One Road: An Overview of the Debate*, Trends in Southeast Asia 2016 No. 6, Singapore: ISEAS-Yusof Ishak Institute.

アジアインフラ投資銀行：https://www.aiib.org/en/index.html
国務院新聞弁公室：http://www.scio.gov.cn/
シルクロード基金：http://www.silkroadfund.com.cn/

第2章

中国との貿易が新興国経済に与えるインパクト

丸川知雄

1. はじめに

　2000 年にはアメリカの 12% でしかなかった中国の国内総生産（GDP）は，2017 年にはアメリカの 63% となった．今後も中国が年 5 〜 6% 程度の経済成長を続けていけば，2020 年代後半には世界銀行の区分における「高所得国」（2015 年の基準では 1 人当たり国民総所得［GNI］が 12,476 ドル以上）になり，その頃には米ドル換算の GDP の規模がアメリカとほぼ肩を並べているであろう．

　本書の序章で見たように，中国の貿易額は 2017 年時点でアメリカを上回っている．世界の 136 カ国・地域においては中国との貿易額がアメリカとの貿易額より多く，アメリカとの貿易額の方が多い国・地域は 59 にとどまっている．中国がかくも巨額の貿易を行っているため，中国との経済関係はその貿易相手国に対してさまざまなインパクトを与えているはずである．本章では，中国との貿易関係が相手国の GDP と製造業にどのような影響を与えているかを統計データをもとに明らかにする．

　第 2 節では，中国の各国・地域からの輸入の変動が，輸出国の GDP 成長

＊本章は Marukawa（2017）を改稿したものである．

率にどのような影響を与えているのかをパネルデータを用いて検証する．第3節では，中国からの工業製品の輸出が，輸出先の国・地域の製造業に対してどのような影響を与えているのかを検証する．第4節では，中国の貿易と直接投資がどのように絡み合っているかについて，アフリカを対象に検討する．最後の第5節では，本章での分析を踏まえ，中国が工業力をますます高め，他の新興国の多くが一次産品モノカルチャーに向かう趨勢をどう評価すべきか論じる．

2.　中国の輸入の変動が他の国にもたらすインパクト

　かつて経済ジャーナリズムでは「アメリカがくしゃみをすると世界が風邪をひく」という言い方がよくなされた．これはアメリカへの輸出に依存している国が，アメリカの景気動向によって大きく影響されることを指した表現である．それだけ輸入大国としてのアメリカの存在感が大きかったことを示している．

　中国の輸入額はまだアメリカに及ばないものの，中国が世界の輸入総額に占める割合は2000年の3.3％から2014年には10.3％，2016年には9.8％と推移し，2017年時点でアメリカの76％に達している．これだけ輸入が拡大してくると，中国の「くしゃみ」によって影響される国が出てくる可能性がある．

　例えば，世界の鉄鉱石の輸出国は，中国の鉄鋼業の動向によって振り回されてきた．中国は国際的に取引されている鉄鉱石の3分の2を輸入しているので，中国の鉄鋼業の動向が鉄鉱石の国際価格に大きな影響を与えている．2005年4月から2011年4月にかけて鉄鉱石の国際価格が約6倍に高騰したのは，中国の鉄鋼業の拡大が主たる要因だと考えられているし（Wilson 2012），その後2015年末までの間に鉄鉱石価格が5分の1程度に急落したのも，中国の鉄鋼業の成長が止まった影響であろう．こうした価格の激しい変動は，鉄鉱石の輸出国の景気に多かれ少なかれ影響を与えるに違いない．

　以下では，世界でどのような国が中国への輸出に依存しているのか，中国の景気動向が中国の輸入を通じて世界各国の経済状況にどのような影響を与

表 2 - 1　対中国輸出比率が高い国々とその最大輸出品目

	対中国輸出比率			2006〜2014年平均(%)	最大輸出品目(2014年)	最大品目が対中国輸出全体に占める比率(%)	他の主要輸出品目
	2006年(%)	2010年(%)	2014年(%)				
ソロモン諸島	103	128	105	101	木材	100	
モンゴル	74	88	88	78	銅鉱石	52	
バハマ	24	89	87	54	古紙	85	
モーリタニア	29	47	60	52	鉄鉱石	80	
スーダン	34	59	35	51	原油	89	
台湾	39	42	48	43	集積回路	19	液晶パネル
ガンビア	4	22	35	40	木材	88	
アンゴラ	34	45	50	40	原油	99	
マーシャル諸島	1	16	67	38	冷凍魚	100	
コンゴ民主共和国	14	47	41	37	原油	28	銅，コバルト
フィリピン	37	31	34	36	集積回路	29	ニッケル鉱石
イエメン	34	34	37	34	原油	66	
コスタリカ	21	33	37	33	集積回路	89	
ラオス	6	34	67	31	木材	44	銅鉱石
オマーン	28	27	45	31	原油	95	
韓国	28	30	33	30	集積回路	26	
オーストラリア	16	29	40	28	鉄鉱石	56	
ミャンマー	6	11	141	27	貴石及び半貴石	76	
南アフリカ	7	16	49	26	その他	60	鉄鉱石
シエラレオネ	0	3	89	26	鉄鉱石	98	
トルクメニスタン	0	16	54	24	天然ガス	99	
ザンビア	7	36	32	23	粗銅	51	精製銅
チリ	10	25	28	22	精製銅	42	
マレーシア	15	25	24	22	集積回路	45	
日本	18	23	24	22	集積回路	8	乗用車
イラン	13	18	31	21	原油	76	

出所：UN Comtrade, Bureau of Foreign Trade（Taiwan）.

えているのかを検証する．

　表2-1では世界各国のなかで輸出全体に占める中国向け輸出の比率（2006〜2014年の平均）が20％を超える26カ国・地域を列挙し，対中国輸出比率の変化，2014年においてHS4桁分類のレベルで見た時にもっとも重要な輸出品目，およびその品目の輸出が中国向け輸出全体のなかで何％を占めているかを示している[1]．

　表のなかで対中国輸出比率が 100％以上という不合理な数字があるのは，ある国の対中国輸出比率を計算する時に，中国の X 国からの輸入額／X 国の輸出総額，という計算式で計算しているからである．

　なぜ分子に X 国の対中国輸出額を用いずに，中国の X 国からの輸入額を用いるのかというと，それは前者と後者の間には時として大きな違いがあり，一般には後者の方が輸出の実態に近いと考えられるからである．

　当該国から中国への輸出額と，中国の当該国からの輸入額がもっともはなはだしく食い違っている例は，中国と南アフリカとの間の貿易である．南アフリカ側の統計では，2014 年に中国に対して 87 億ドルの輸出があったことになっているのだが，中国側の統計では，南アフリカから 446 億ドルもの輸入があったと記録されている．中国の南アフリカからの輸入額が南アフリカの対中国輸出額を大幅に上回る状況はこの年ばかりでなく，2008 年頃からずっとそうなのである．

　この食い違いの原因は，金の貿易にあると推測されている（Sandrey *et al.* 2015）．南アフリカの貿易統計では，輸出先国が特定されていない輸出がかなりあり，それは金の輸出だとされている．また，金が第三国を経由して中国に輸入されることもある．中国側の貿易統計では，金の輸入があれば，品目分類としては「その他」（HS コード 9999）として扱い，その原産国は南アフリカだということで，南アフリカからの輸入にカウントする．こうして中国と南アフリカの貿易統計との間に，大幅な食い違いが生じるのである．

　中国と日本との間でも貿易統計の食い違いが見られるが，その主な原因は香港を通じた中継貿易にある．例えば，日本から香港を経由して中国に財を輸出した時，日本側の統計では香港向け輸出としてカウントするのに対して，中国側統計では財の原産国が日本だということで日本からの輸入としてカウントする．中国から香港を経由して日本に輸出される財についても同様のことがあるため，日本の対中国貿易収支が赤字の時に中国の対日本貿易収支も赤字という不思議なことが起きる．

---

　　1)　実はツバルーの平均対中輸出比率はトルクメニスタンよりやや高いのだが，輸出額がきわめて小さい上に，その動きもきわめて不安定であるため，表 2-1 には表示しなかった．

　こうした問題を回避する知恵は，二国間貿易を検討する際に，より原産地主義が徹底されている各国の輸入統計のみを使うことである．表 2-1 で各国の対中国輸出額ではなく，中国の各国からの輸入額を使っているのは，そうした配慮に基づく．ただ，中国で輸入品が通関する際に原産国の申請が正確でなかったり，原産国での輸出から中国での輸入の間に年をまたいだりするために，時として原産国における輸出総額を，中国の当該国からの輸入額が上回ってしまうということが起きる．

　さて，表 2-1 を見ると，対中国輸出比率の高い国の 3 類型を抽出することができる．第 1 は，中国と地理的に近接しているアジアの国・地域である．これらと中国とは直接投資によっても深く結びついているため，対中国輸出比率がもともと高く，かつ安定的である．具体的にはモンゴル，台湾，フィリピン，韓国，マレーシア，日本がこのグループに含まれる．ソロモン諸島も対中輸出比率が高くかつ安定しているため，このグループに含めてもよい．

　第 2 は，中東やアフリカの産油国である．具体的にはスーダン，アンゴラ，イエメン，オマーン，イランで，これらの対中国輸出比率も 2006 年時点ですでに高く，その後は必ずしも顕著に上昇しているわけではない．

　第 3 は，原油以外の一次産品の輸出国である．具体的にはモーリタニア，ガンビア，マーシャル諸島，コンゴ民主共和国，ラオス，オーストラリア，南アフリカ，シエラレオネ，トルクメニスタン，ザンビア，チリがこのグループに含まれる．このグループに共通しているのは，2006 年から 2014 年の間に対中国輸出比率が急速に高まっていることである[2]．つまり，この期間に中国が原油だけでなく，鉄鉱石，木材，銅などを世界中から大量に輸入するようになったため，対中国輸出比率が高い国が増えたのである．

　表 2-1 から，対中国輸出比率が高い国，特に一次産品輸出国の多くは特定の品目の輸出に極端に偏っていることがわかる．主要輸出品目が製造品である国でも，コスタリカとマレーシアは中国との貿易関係において「集積回路

2）　表 2-1 の数字の動きだけ見ると，ミャンマーもこのグループに含まれるように見える．だが，中国のミャンマーからの輸入は 2014 年だけ異常で，前年に比べて 5 倍以上に増え，翌 2015 年には 3 分の 1 に減少している．中国が一時的に宝石を大量輸入したからミャンマーの対中国輸出比率が急上昇しただけで，第 3 グループの他の国々とは状況が異なる．

モノカルチャー」とでも言いうるような状況になっている．表2-1に示した国・地域のなかで，最大品目が対中国輸出に占める割合が3割を超えず，かつ製造品を多く輸出しているのは日本，韓国，台湾，フィリピンだけである．

　中国から各国への輸出の状況は次節で詳しく検討するが，輸出の95％は工業製品であり，衣服や雑貨，鉄鋼，電気機械までさまざまな分野に広がっている．中国から各国へはさまざまな工業製品を輸出し，各国から中国へは単一の一次産品を輸出するという構造は，かつてプレビッシュやシンガーが南北貿易の構造として批判的に分析した状況を彷彿とさせる．彼らは一次産品の工業製品に対する交易条件が長期的に低下する傾向を見出し，低開発国は一次産品輸出国にとどまっていたのでは豊かになれないとして，「南」の国々での工業化を推進する活動を展開した．

　プレビッシュとシンガーは，一次産品の工業製品に対する交易条件が悪化する傾向にある理由を，先進工業国と低開発国の構造的な違いに求めた．先進工業国では労働組合が強いために，工業の生産性の上昇を製品価格の低下ではなく，賃金・所得の上昇に結びつけることができる．一方，低開発国では一次産品が小規模な生産者によって競争的に生産されているため，生産性の上昇が価格の低下をもたらしてしまう．また，一次産品に対する需要の所得弾力性が相対的に小さいことも，価格が相対的に低下する要因である（Prebisch 1950, Singer 1950）．

　この「プレビッシュ＝シンガーの命題」は，その後石油価格の上昇によって産油国が富裕化したため説得力を失ったかに見えたが，サックスとワーナーが「天然資源の呪い」という新たな名前をつけて再び同様の説を唱えた（Sachs and Warner 2001）．彼らによれば，仮に一次産品の工業製品に対する交易条件が悪化していないとしても，やはり一次産品が豊富な国ほど成長の速度が遅いのだという．それは一次産品の豊富さがもたらす所得増大によって非貿易財の価格が上がり，それによって工業製品の生産コストが上昇して輸出が困難になり，製造業が衰退するからだ，と説明している．なお，「天然資源」（natural resources）というと石油，石炭などの地下資源を思い浮かべるが，彼らは農産品も天然資源に含めているので，一次産品と読み替えることができる．

　表 2-1 に挙げた各国は中国への輸出の比率が高く，かつ多くは特定の品目に対中輸出が集中しているため，中国経済の変動によって影響を受けやすいとみられる．中国自身が発展途上国なので，その変動は大きく，それによって他国がより激しく揺さぶられている可能性がある．

　そこで，各国から中国への輸出の変動が，各国の経済にどの程度の影響を与えているのかを検証してみよう．言い換えれば，中国が「くしゃみ」をすることで各国がどのような影響を受けるかを計測する．世界のなかには表 2-1 のように対中国輸出比率が高い国がある一方で，データが得られる 187 カ国・地域のなかで対中国輸出比率が 3% 未満の国・地域も 88 カ国・地域もあり，そうした国では中国への輸出の変動が大きな影響を与えるとは考えにくい．以下の分析では，対中国輸出比率が 2007 〜 2014 年の平均で 9% 以上の 54 カ国・地域のみを対象とし，対中国輸出額（実際には中国の各国からの輸入額）の変動が，各国の GDP 成長率にどのような影響を与えたのかをパネル分析によって検証する．検証に用いたモデルは以下の通りである．

$$Growth_{it} = A + b_1 Investment_{it} + b_2 Inflation_{it}$$
$$+ b_3 GrowthExChina_{it} + \gamma_i + \varepsilon_{it}$$

　被説明変数は，各国の 2007 〜 2015 年における各年の GDP 成長率（$Growth_{it}$）である．2015 年の成長率の一部は国際通貨基金（IMF）による推計を用いている．説明変数の 1 つめは，総投資額／ GDP で，成長率にプラスの影響を与えると予想され，Sachs and Warner（2001）の分析でも正の影響が確認されている．2 つめは，各国・各年のインフレ率で，これは Barro（1995）の分析で成長率に負の影響を与えるとされている．3 つめが，中国への輸出額の対前年伸び率である．パネル分析を行うことで，各国の成長率の水準に影響を与える固有の制度的，地理的要因はおおむね各国の固有効果（γ_i）のなかに吸収されることになるはずである．

　分析結果は表 2-2 の (1)(2) に示した．なお，6 カ国については一部のデータが欠落していたため，分析対象となったのは 48 カ国・地域である．総投資額／ GDP は予想通り成長率にプラスの影響を，インフレ率も予想通りマイナスの影響を与えている．分析の焦点である対中国輸出成長率の係数は

表 2-2　対中国輸出伸び率と GDP 成長率に関するパネル分析

被説明変数：GDP 成長率

	(1)		(2)		(3)		(4)	
総投資額／GDP	0.094 **	(2.00)	0.064 **	(1.96)	0.28 ***	(4.40)	0.16 **	(3.61)
インフレ率	-0.099 ***	(-2.91)	-0.071 **	(-2.49)	-0.15 ***	(-2.68)	-0.089 *	(-1.83)
対中国輸出成長率	0.002 *	(1.87)	0.002 **	(1.97)	0.005 ***	(2.85)	0.006 ***	(3.13)
定数	2.446 **	(1.99)	2.985 ***	(3.20)	-1.910	(-1.18)	0.465	(0.36)
モデル	固定効果		変量効果		固定効果		変量効果	
観察数	430		430		207		207	
国・地域数	48		48		23		23	
R2 乗	0.27				0.27			
F 検定：$\gamma_i = 0$	2.75 ***				3.51 ***			
LM 検定：$\mathrm{Var}(\gamma) = 0$			39.62 ***				21.7 ***	
ハウスマン検定			3.71				10.64 **	

注：カッコ内は t 値．*** は 1%，** は 5%，* は 10% 水準で有意．

正で有意であり，中国向けの輸出が 1% 伸びれば各国の成長率が 0.002% ポイント押し上げられるという推計結果が得られた．

　なお，F 検定と LM 検定により，固定効果モデルと変量効果モデルの方がプーリング回帰モデルよりも望ましいことがわかるが，ハウスマン検定によれば，変量効果モデルの方が固定効果モデルより正しいという仮説は棄却できない．

　中国向け輸出の増減が各国の成長率に与える効果は，対中国輸出比率が高い国ではより大きいと考えられる．表 2-2 の (3)(4) は，対中国輸出比率の平均が 20% を超える 23 カ国・地域，すなわち表 2-1 にあげた国・地域[3]に絞って同じモデルによるパネル分析を行った結果を示している．ハウスマン検定の結果，固定効果モデルの方がより正しいと考えられるので，その推計結果 (3) を見ると，中国向けの輸出が 1% 増えればこれらの国・地域の GDP 成長率は 0.0051% 高まることがわかる．実際のところ，これらの国・地域の中国向け輸出は毎年大きく変動しており，2010 年，2011 年，2012 年はそれぞれ平均で 58%，47%，78% も伸びているので，それによって各国・地域の GDP 成長率は 2010 年には 0.30% ポイント，2011 年には 0.24% ポイント，2012

---

　3)　なお，表 2-1 に挙げた国のうちマーシャル諸島，ラオス，トルクメニスタンは総投資額のデータが得られなかったため分析対象から外した．

年0.40％ポイント押し上げられたことになる．2015年は中国向け輸出が平均で17％減少したので，各国・地域のGDP成長率はそれによって0.09％ポイント押し下げられた．

　以上の分析から，特に表2-1にあげたような対中国輸出比率の高い国においては，中国向け輸出の変動がGDP成長率に影響を与えていることがわかった．例えば，中国の鉄鋼の過剰生産の影響で，粗鋼生産量が2015年に2.2％減少したことは，中国にとっては「くしゃみ」の一つだったかもしれない．しかし，それにより鉄鉱石の価格が急落し，中国の鉄鉱石輸入額は38％減少し，もっぱら鉄鉱石ばかりを中国に輸出しているシエラレオネとモーリタニアの対中国輸出額はそれぞれ90％，34％減少した．シエラレオネのGDPは2015年に2割以上下落したが，その主因は鉄鉱石価格の下落に伴う鉄鉱山の生産停止と，エボラ出血熱の流行にあるとされる（Gbandia 2015）．ブラジルも2015年には成長率がマイナス3.5％であったが，鉄鉱石輸出額の減少も一定の影響を与えたであろう．

3.　中国の輸出拡大が各国の製造業に与えるインパクト

　次に中国の輸出拡大が各国の経済にどのような影響を与えるかを検討したい．

　中国は2009年にドイツを抜いて輸出額が世界最大となり，2016年には世界の輸出の13.1％を占めた．中国の輸出のおよそ95％は工業製品なので，中国の輸出拡大はそれと競合する製造業を持つ国にとっては脅威となる可能性がある．

　例えば，南アフリカでは製造業の就業者数が1990年には150万人以上だったのが，2010年には35万人減って120万人以下となった．雇用減少分のうち約10万人は中国製品の輸入拡大が原因で生じたと分析されている（Jenkins and Edwards 2012）．とりわけ衣類，履物，紡織業，家具などの産業は中国製品流入の打撃を強く受けており，南アフリカ政府は自国の衣服産業を保護するために2007年に輸入数量制限を始めた．

　南アフリカの製造業にとって，中国はいろいろな経路から圧迫を加える存

在である．第1に，中国製品の南アフリカ市場への流入によって，南アフリカの製造業が圧迫される．第2に，南アフリカの製造業が主たる輸出市場としていたサブサハラ諸国に中国製品が流入し，南アフリカからの工業製品輸出が圧迫される．第3に，中国が南アフリカの鉄鉱石などの天然資源を大量輸入することによって南アフリカの通貨の増価や製造業のコスト上昇をもたらし，輸出を困難にする．上記の10万人の雇用喪失というのは，このうち第1の経路によって生じたものだが，第2の経路によって2001年から2010年の間に南アフリカは9億ドル程度の輸出市場をサブサハラ諸国において中国に奪われたと推計されている（Jenkins and Edwards 2012）．

　上記の第2，第3の経路を通じた製造業の輸出に対する圧迫は，南アフリカだけでなく，ブラジルやインドネシアなど製造業が発達しているが同時に一次産品の輸出も盛んな国で起きうる．実際，ブラジルでは輸出に占める工業製品[4]の割合は1980年の39％から2000年には63％まで上昇したが，中国が世界貿易機関（WTO）に加盟した2001年以降は低下傾向に転じ，2016年には42％に下がった．同様にインドネシアでも輸出に占める工業製品の割合は1980年の4％から2000年には59％まで上がったのが，2011年には38％に低下し，2016年には50％まで戻している．表2-3では一次産品の輸出が多いが工業も発達している7カ国の，世界全体および中国向け輸出に占める一次産品の比率を示している．タイ以外の6カ国では，2000年よりも最近の方が一次産品の輸出比率が高い．またどの国でも中国向け輸出の方が一次産品輸出の比率が高い傾向がある．つまり，中国が工業製品の貿易大国として台頭するなかで，工業化が進展していた国々は逆に一次産品輸出国の方へ押し戻された．

　中国による工業製品輸出が各国の製造業に与える影響のうち，第2，第3の経路を通じた影響は，各国のおかれた状況によってさまざまに現れるので国別の分析を要するのに対して，第1の経路を通じた影響は，「中国からの輸入の増大が自国の製造業に負の影響を与える」といった単純な論理をすべての国に当てはめて分析しても問題はなさそうである．そこで以下では，も

4）　ここではSITC分類における266，5〜9を工業製品とみなしている．

表 2-3　各国の輸出における一次産品のシェア

(%)

	一次産品の輸出シェア	2000 年	2005 年	2011 年	2016 年
フィリピン	対世界	7	10	17	14
	対中国	25	6	16	21
マレーシア	対世界	18	23	35	28
	対中国	32	27	32	28
インドネシア	対世界	41	50	62	50
	対中国	62	70	82	70
タイ	対世界	21	21	27	21
	対中国	40	31	36	34
ブラジル	対世界	37	43	63	58
	対中国	78	78	93	91
南アフリカ	対世界	28	28	37	36
	対中国	48	50	84	71
オーストラリア	対世界	58	62	74	74
	対中国	80	84	92	92

出所：UN Comtrade より筆者作成.

っぱら第 1 の経路を通じた影響を明らかにすることに焦点を絞ることにする.

　この第 1 の経路に視野を限定した場合, 中国からの輸出の影響を強く受けるのは, 総輸入額のなかで中国からの輸入の比率が相対的に高い国だと考えられる. そこで表 2-4 では中国からの輸入の比率が 20％を超える国・地域を列挙した. なお, ここではすべて中国の貿易相手国側の輸入統計を用いている. 表 2-1 と比べて一見して明らかなのは, 中国の特別行政区である香港, マカオを除けば, 対中国輸入比率がきわめて高い国は少なく, 30％を超えるような国・地域はないことである. 表には示していないが, 対中国輸入比率が極端に低い国も少なく, 191 カ国・地域のうち 3％未満の国は 25 カ国・地域だった. つまり対中国輸入比率の分散の方が, 対中国輸出比率の分散よりも小さい[5]. また, 対中国輸入比率はおおむね上昇する傾向にあるものの, 対中国輸出比率のように極端に上昇するケースは見られず, 比較的安定的に

---

[5]　対中国輸出比率の標準偏差が 14％であるのに対して, 対中国輸入比率の標準偏差は 6％だった.

表 2 - 4　対中国輸入比率が高い国・地域

(%)

| | 対中国輸入比率 | | | | 2006 ~ 2015 年平均 | 対中国輸入のうち工業製品* |
	2006 年	2010 年	2014 年	2015 年		
香港	45.8	44.7	44.7	47.1	45.2	96
マカオ	39.3	30.5	32.8		33.7	69
モンゴル	27.2		33.1		29.9	87
パラグアイ	26.7	34.2	25.3	23.5	28.0	99
ミャンマー		27.1			27.1	97
カンボジア	17.5	24.2	39.3		26.0	98
ベトナム	16.5	23.8	29.5		23.4	92
ニジェール	12.5	43.8	22.6		22.3	93
エチオピア	12.3	24.0	26.5	27.8	21.7	99
日本	20.5	22.1	22.3	25.6	21.7	93
キルギスタン	14.3	20.7		25.3	20.2	94

注：*ミャンマーは 2010 年，キルギスタンは 2015 年の貿易統計をもとに計算した．他はすべて 2014 年の
　　貿易統計をもとに計算した．
出所：UN Comtrade より筆者作成．

推移している．

　また，中国からの輸入品目を見ると，工業製品が圧倒的な割合を占めてい
る．マカオとモンゴルは工業製品の割合が 9 割以下だが，これは中国に隣接
していることが影響している．マカオの場合，中国からの輸入の 11.6％は電
力（ここでの分類では工業製品に含まれない），7.7％が食料である．モンゴルの
場合は輸入の 5.8％が電力で，他に石油や食料を中国から輸入している．こ
れらを例外として，他の国・地域は中国からの輸入の 9 割以上は工業製品で
あり，それも衣服，雑貨から電気機械に至るさまざまな製品を輸入している．
各国・地域から中国への輸出は特定品目に偏っているため輸出額の変動が大
きいが，中国からの輸入はさまざまな工業製品に分散しているため，比較的
安定している．

　中国からの工業製品の輸入が，それと競合する国内の産業を圧迫し，負の
影響を与えることは一見して自明であり，検証することは容易なように思わ
れるが，実は必ずしも簡単ではない．なぜなら，中国からの輸入が伸びた時

に，競合する国内の製造業の生産が減少する効果ばかりでなく，国内の製造業の生産が成長する可能性もあるので，後者の効果と前者の効果とをより分ける工夫が必要だからである．

　例えば，国内需要の拡大は，中国からの工業製品輸入を増大させ，同時に国内の製造業の成長をももたらすであろう．また，国内の製造業と中国の製造業との間に産業連関がある場合，国内の製造業が成長する時に中国からの中間財輸入が増大したり，また中国からの最終製品の輸入が増大する時に国内から中国への中間財輸出が増大したりすることが考えられる．このように，中国からの工業製品輸入と国内の製造業の成長とが同方向に変化する要因も考えられるので，中国からの輸入増大が国内の製造業に与えるマイナスの影響だけを取り出すことは容易ではない．

　中国からの輸入の変化→国内の製造業の変化，という方向の影響を，国内の製造業の変化→中国からの輸入の変化，という逆方向の影響から区別するため，ある年の国内の製造業の変化をその前年の中国からの輸入の変化で説明するという分析を行う．つまり，ある年の国内の製造業の生産の減少が，その前年における中国からの輸入増大に起因するということは考えられるが，ある年の国内の製造業の生産増加が，その前年の中国の輸入増加をもたらすということは考えにくい．また，国内の製造業の変化に確実に影響を与えるであろう国内需要の変化は，同じ年の GDP 成長率に代表させ，説明変数に加える．なお，被説明変数としては，製造業の雇用数に関するデータが得られる国・地域は限られているので，より多くの国・地域のデータが得られる製造業の付加価値の実質成長率を被説明変数とした．分析する期間は 2008 〜 2014 年の 7 カ年で，その各年の製造業の成長率を同年の GDP 成長率，及びその前年における中国からの輸入伸び率で説明した．

　分析結果を表 2-5 に示している．対中国輸出に関する分析（表 2-2）と同様にパネル分析も試みたが，各国固有の要因は GDP 成長率に吸収されてしまうので，F 検定で見るように固定効果モデル（表 2-5 の(2)(4)）の方がプーリング回帰モデルより正しいとは言えない．

　分析結果を見ると，GDP 成長率が製造業成長率に有意な正の影響を与えることは当然のことであるが，対中国輸入伸び率が製造業成長率に有意な負の

表 2-5　対中国輸入伸び率と製造業成長率に関する分析

被説明変数：製造業付加価値実質成長率

	(1)	(2)	(3)	(4)
GDP 成長率	1.05 *** (17.94)	1.12 *** (14.90)	1.40 *** (12.73)	1.57 *** (10.85)
対中国輸入伸び率 (-1 年)	-0.008 *** (-2.65)	-0.008 ** (2.27)	-0.028 ** (-2.55)	-0.031 *** (-2.59)
定数	-0.994 *** (-3.26)	-1.18 *** (-3.49)	-2.02 *** (-3.14)	-2.65 *** (-3.35)
モデル	プーリング回帰	固定効果	プーリング回帰	固定効果
観察数	955	955	350	350
国・地域数	153	153	53	53
R2 乗	0.26	0.26	0.33	0.33
F 検定：$\gamma_i = 0$		1.03		0.87

注：カッコ内は t 値．***は 1%，**は 5%，*は 10% 水準で有意．

影響を与えることも明らかになった．データが得られる 153 カ国・地域すべてを対象に行った分析（表 2-5 の(1)）では，中国からの輸入が 1% 伸びると，翌年の当該国の製造業の成長率は 0.0082% ポイント下がる．中国からの輸入が輸入全体の 10% 以上を占める 53 カ国・地域に限定した分析（表 2-5 の(3)）では，中国からの輸入が 1% 増えると，翌年の製造業の成長率は 0.028% ポイント下がる．

　なお，表 2-5 には載せなかったが，製造業成長率を同じ年の中国からの輸入の伸び率と GDP 成長率で説明する分析も行ってみた．その結果，対中国輸入伸び率の係数は正でかつ有意ではなかった．つまり，中国からの輸入が国内の製造業に与える負の影響と，国内の製造業と中国からの輸入とが相互に促進しあうなど正の相関関係とがあって，両者が相殺しあうため有意な結果が得られなかったとみられる．

4. 中国のアフリカに対する直接投資

　本章ではもっぱら貿易データから中国が他国の経済にどのような影響を与えているのか分析したが，貿易はしばしば投資や援助など他の経済活動と連携している．中国の貿易と投資，援助との関連性も検証すべきテーマだが，貿易に比べて中国の対外直接投資と援助については分析に耐えうるデータが

入手できない．表 2-1 を見ると，中国への輸出依存度が高く，かつ一次産品を中心に輸出している国のなかにアフリカの国が少なくないことが注目される．そこで以下では，主に文献を頼りに，中国のアフリカに対する直接投資の実例から，直接投資と貿易の関連性について検証してみよう．

　中国のアフリカに対する直接投資は日本よりもかなり多く，2015 年末時点での日本のアフリカに対する直接投資の残高は 103 億ドルであったのに対して，中国のそれは 347 億ドルであった．中国からアフリカへの投資は，国有企業や大手の民間企業が投資を行うのみならず，アフリカで一旗揚げようと単身乗り込んで商業，農業，鉱工業の事業を興す人も少なくない（French 2014）．

　アフリカの多くの国では，中国の投資は国有企業による鉱業への大型投資，および零細な企業家たちによる商業などへの投資が主となっている．例えばジンバブエでは，安徽省外経建設集団有限公司が建設事業を手掛けてきたが，2009 年からダイアモンドの採掘業にも進出し，世界最大級のダイアモンド採掘業を営んでいる．他方で，中国人商人が多数の零細な商店を営み，安価な衣類や雑貨を販売している（Mapaure 2014）．

　また，ガボンでは中国石油化工集団公司が石油採掘を行っている他，寧波に本社をおく民間コングロマリット華布島集団の子会社，華州鉱業が中信集団（CITIC）との合弁でマンガン採掘を行い，中国機械進出口集団有限公司と攀枝花鋼鉄公司がガボン政府と共同で鉄鉱石の採掘を行っている．コンゴ民主共和国では 2008 年に中国水利水電建設集団（Sinohydro），中国中鉄（CREC），コンゴの政府系企業との合弁企業 Sicomines が設立され，そこに中国輸出入銀行が 90 億ドルの大型融資を行った．この合弁企業は銅とコバルトの採掘権を獲得する見返りに，コンゴで 3,600 キロメートルの道路を建設するなどさまざまなインフラ建設を実施する．他方で，多数の中国からの中小・零細企業がコンゴで銅などの採掘に当たっており，鉱石のままでの輸出が禁止されると今度は銅精錬業も始めた（Jansson, Burke, and Jiang 2009）．

　以上挙げた中国からの直接投資の事例は，各国の一次産品の生産力を強化するものであり，一次産品モノカルチャーを強める結果になる．短期・中期には各国の輸出による外貨獲得を助けるものの，長期的には「天然資源の呪

い」をかけることになる.

　ただし，アフリカのなかで中国の最大の投資先である南アフリカでは，資源採掘以外に工業化に寄与するような投資も見られる．中国から南アフリカへの代表的な投資案件としては，中国中鋼集団公司（Sinosteel）や中国五鉱集団公司（China Minmetals）によるクロム鉱山への投資など資源採掘もあるものの，大手セメントメーカーの冀東発展集団（Jidong Development Group）によるセメント工場の投資，中国第一汽車集団（FAW）によるトラック工場の建設[6]，家電メーカーの海信（Hisense）による家電製品工場の投資など製造業の分野で中国の大型企業による投資も行われている（Alden and Wu 2014）.

　なかでも，海信は1997年に80万ドルの小規模な投資でスタートし，2000年に韓国大宇の工場を買収して生産を開始した[7]．当初の拠点はヨハネスブルグにあったが，治安の問題もあり，2013年にはケープタウン郊外のアトランティスにあったソニーの工場を買収して拠点を移した．海信は南アフリカ市場では2016年にテレビで22％（台数ベース），冷蔵庫で26％のシェアを持つトップブランドとなった．アトランティスはもともと1970年代にアパルトヘイト政策のもとで有色人種を隔離するために作られた人工の町で，その後は失業の増加に苦しんでいた．海信はアトランティスの工場で従業員を700名雇用するとともに，部品サプライヤーや構内の清掃，警備などの外注によって3,000名の雇用を創出した．こうした雇用への貢献は南アフリカ政府や西ケープ州政府に好意的に受け止められている（Grimm, Kim, and Anthony 2014）.なお，海信，冀東のセメント工場，第一汽車のトラック工場は中国アフリカ発展基金（CAD Fund. 中国が50億ドルを出資して設立した，中国企業のアフリカ進出を支援するための基金）の支援を受けている．製造業のアフリカ進出を支援することで，アフリカでの中国のイメージを改善したいという意向を中国政府が持っていることがうかがわれる.

　このように一部で製造業投資も見られるものの，中国からアフリカ諸国へ

---

6) 年産5,000台の生産能力を持ち，生産したトラックの4割を南アフリカ国内で販売し，6割を輸出する予定だという．（「中国一汽締造南非新歴史」2014年7月10日　http://auto.163.com/14/0711/16/A0ST6OIC00081G98.html）

7) 以下は，劉興林氏（Hisense SA）が中国経済経営学会（2017年11月12日，桃山学院大学）で行った報告に基づく.

の直接投資の多くが各国の一次産品モノカルチャーをいっそう強める方向性を持っている. その先には果たして持続的な経済成長が待っているのだろうか.

　表 2-1 で見たように, 中国は少なからぬアフリカの国々にとって重要な輸出先となっているし, 直接投資や援助も供与しており, アフリカの経済発展に大きな影響を与えつつある. しかし, 中国がアフリカの持続的な発展に対してどのようなビジョンを描いているかは明らかではない. 中国の対外援助の実態は不透明であり, 先進国の援助プロジェクトとの調整にも熱心ではない.

5.　おわりに——「中進国」が「中心国」になる世界

　本章での分析をまとめると次の通りである.

　第 1 に, 中国の輸入が拡大することによって世界のなかには中国への輸出比率が高い国が数多く出現しており, その多くは中国に対して特定の一次産品に偏った輸出を行っている. 中国への輸出比率が 9% 以上の 48 カ国・地域を対象にした分析によれば, 中国向け輸出の伸び率がその国の GDP 成長率に小さいながらも有意な正の影響を与えることがわかった. 中国への輸出比率が 20% 以上の 23 カ国・地域に限定して分析を行うと, その影響はいっそう大きく, 2010 ～ 2012 年には GDP 成長率を 0.24 ～ 0.40％ ポイントぐらい引き上げる効果があった.

　第 2 に, 中国は工業製品の大輸出国であるが, その輸出増大は輸入先国の製造業の衰退を招く可能性がある. 中国からの輸入増大がその翌年の製造業に影響を与えるというモデルで分析したところ, 中国からの輸入増大が各国・地域の製造業の成長に有意なマイナスの影響を与えていることがわかった. 中国からの輸入比率が 10% を超える 53 カ国・地域に限定すると, 中国からの輸入が 1% 増えると, 翌年の当該国の製造業の成長率は 0.028％ ポイント下がる.

　中国の一次産品の輸入増大は, 資源輸出国の経済をいっそう一次産品モノカルチャーの方へ誘導し, 中国による工業製品の輸出増大は, 工業化に向か

って歩み始めた国の製造業の足を引っ張る．本章の分析で示されたような状況が今後も継続すると，世界の製造業がますます中国に集中し，他の国は一次産品の輸出に特化する方向に向かう．つまり，中国と新興国との経済関係はかつての南北問題の構図を再現するものとなっている．

　自由貿易を通じて各国がそれぞれの比較優位を発揮することが，もっとも効率的な資源配分の実現につながると考える者はこうした状況を問題視しないが，「天然資源の呪い」説が言うように，一次産品の輸出を盛んに行っている国の成長速度が相対的に遅いのであれば，一次産品の輸出拡大の傍らで製造業が衰退するのを喜んで見ていることはできない．鉱業や農業よりも製造業を発展させるのが望ましい理由として，製造業には産業の前方連関及び後方連関を通じて発展する特徴や，「経験を通じた学習」の効果があるので，製造業はその拡大によって外部経済も高まる特徴を持っていることが指摘されている（Sachs and Warner 1995; Lall, Weiss, and Oikawa 2005）．

　本章での分析結果は，中国の貿易の拡大が多くの国々に「天然資源の呪い」をもたらしている可能性を支持するものであったが，それに対して中国の研究者からの反論もある．すなわち，Su, Wei, and Tao（2016）は，各国の成長率を中国への資源輸出に回帰させる分析を行い，「天然資源の呪い」説が言うような成長への負の効果は見られないと結論する．しかし，この論文の分析期間は中国が今日のような輸入大国になる以前（1995 ～ 2007 年）である．また，同論文は中国向けの資源輸出だけを抜き出して分析しているのだが，他の国に資源を輸出する場合には「天然資源の呪い」が起き，中国向けに輸出する場合に限って起きないということも考えにくいので，わざわざ中国向け資源輸出だけ抜き出して分析することに意味があるのかも疑問である．

　一般に，中国への輸出増大は輸出国にとって外需の増大を意味するから，年単位の短期的な分析では輸出国の経済成長にプラスの影響を及ぼすと考えられ，実際に本章第 2 節の分析でもそうした結果が得られた．しかし，「天然資源の呪い」説が教えていることは，短期的な資源ブームに浮かれて製造業への産業構造転換を怠っていると，長期的には経済成長の力が衰えていくということである．したがって，Su, Wei, and Tao（2016）のような年単位の分析で「天然資源の呪い」の存在を検証しても反論にはならない．

「天然資源の呪い」そのものが依然として存在するのかどうか検証することは本章の範囲を超えるが[8]，少なくとも中国は貿易を通じて少なからぬ国々を一次産品の輸出に特化する方向に押しやっているとは言えよう．かつて中国も1980年代には石油などの一次産品の輸出に頼っていた時期もあり，1985年には総輸出の53％が一次産品だった．しかし，外資導入や工業製品の輸出促進政策などによって製造業が輸出競争力をつけ，最近では輸出の95％前後が工業製品となった．中国の製造業における比較優位はもともと備わっていたものではなく，製造業を成長させるためのさまざまな政策や経験の蓄積によって成し遂げられたものであり，製造業こそが中国の高度成長の主役だった．その経験から見て，中国は他の新興国を一次産品モノカルチャーの方に追いやるのではなく，他の新興国でも製造業が発展するように導くべきである．製造業の発展を通じて貿易相手国の所得水準が上がるのであれば，それは中国からの輸出拡大にもつながる．貿易相手国での製造業の発展に協力することは単に「成長の果実を分かち合う」という意義を持つだけでなく，狭い意味での中国の経済的利益をも増進するであろう．

　問題は中国がまだ自らが発展途上国だという自己認識を強く持っており，製造業のさらなる強化を重視していることだ．中国政府が2015年に公布した包括的な産業政策である「中国製造2025」は「核心技術とハイエンド装備」はまだまだ先進国に依存しているので，中国国内で自主開発できるようにすることを目標としている．つまり，中国は「中進国」としてさらなる輸入代替を目指しているのであり，「中国製造2025」のシナリオが実現した時には世界の製造業がますます中国に集中するであろう．GDPや貿易の規模と内容から言えば「中心国」である中国が，自らが「中進国」だとの自己認識に固執し，自国の発展ばかりを追求することの弊害は大きい．

　もっとも，本書第1章で取り上げた「一帯一路」構想やアジアインフラ投資銀行（AIIB）の設立，前節で触れた中国アフリカ発展基金などは，中国が

---

8)　Marukawa（2016）では，2006年における各国の輸出に占める一次産品（SITC0〜4，ただし266を除く）の割合と，2006年から2014年にかけての1人当たり実質GDP成長率の関係を散布図で示したが，両者の間にはやはり弱い負の相関があるように見える．（r＝-0.07）

他の新興国の発展を支援する目的を持った「中心国」らしいイニシアティブだと言えよう．中国の対外直接投資が 2000 年代後半以降急増し，2014 年には投資額が初めて日本を上回ったことも，中国の「中心性」の強まりを示す現象だと言えよう．既存の先進国はこうした動きをライバル視して中国を単独行動主義に追いやるのではなく，中国が世界経済の平等かつ安定的な発展のためにその経済力に応じた責任を果たすことを支持すべきであろう．

参考文献

〈日本語文献〉

丸川知雄（2015）「貿易・投資大国化のインパクト」丸川知雄・梶谷懐『超大国中国のゆくえ 4　経済大国化の軋みとインパクト』東京大学出版会，71-113 頁．

〈英語文献〉

Alden, C. and Y. Wu (2014), "South Africa and China: The Making of a Partnership," Global Power and Africa Programme Occasional Paper, No. 199, South African Institute of International Affairs. http://www.saiia.org.za/wp-content/uploads/2014/10/saia_sop_199-GPA-alden-wu_20141006.pdf

Barro, R. J. (1995), "Inflation and Economic Growth," NBER Working Paper, No. 5326.

French, H. W. (2014), *China's Second Continent: How a Million Migrants are Building a New Empire in Africa,* New York: Knopf.（ハワード・W・フレンチ著，栗原泉訳『中国第二の大陸アフリカ── 一〇〇万の移民が築く新たな帝国』白水社，2016 年）

Gbandia, S. (2015), "Sierra Leone Economy to Contract 22% on Iron Ore, Ebola," *Bloomberg,* Sept. 15, 2015. http://www.bloomberg.com/news/articles/2015-09-15/sierra-leone-economy-to-contract-22-percent-on-iron-ore-ebola

Grimm, S., Y. Kim, and R. Anthony (2014), "South African Relations with China and Taiwan: Economic Realism and the 'One-China' Doctrine," Research report, Centre for Chinese Studies, Stellenbosch University. http://www0.sun.ac.za/ccs/wp-content/uploads/2014/02/Research-Report_FEB-2014_Formatting.pdf

Jansson, J., C. Burke, and W. Jiang (2009), "Chinese Companies in the Extractive Industries of Gabon & the DRC: Perceptions of Transparency," A research undertaking by Centre for Chinese Studies, University of Stellenbosch. https://eiti.

org/sites/default/files/documents/Chinese_Companies_in_the_Extractive_Industries_of_Gabon_and_the_DRC._CCS_report_August_2009.pdf

Jenkins, R. and L. Edwards (2012), "Chinese Competition and the Restructuring of South African Manufacturing," DEV Research Briefing, No. 4, University of East Anglia.

Lall, S., J. Weiss, and H. Oikawa (2005), "China's Competitive Threat to Latin America: An Analysis for 1990-2002," *Oxford Development Studies*, Vol. 33(2), pp. 163-194.

Mapaure, C. (2014), "Chinese Investments in Zimbabwe and Namibia: A Comparative Legal Analysis," Research report, Centre for Chinese Studies, Stellenbosch University. http://www0.sun.ac.za/ccs/wp-content/uploads/2014/10/CCS_PhanW_Clever_2014.pdf

Marukawa, T. (2016), "The Impact of China's Economic Fluctuations on the Global Economy," *Social Science Japan* (Newsletter of the Institute of Social Science, The University of Tokyo), No. 55, pp. 3-6.

Marukawa, T. (2017), "The Economic Nexus between China and Emerging Economies," *Journal of Contemporary East Asia Studies*, Vol. 6(1), pp. 29-41.

Prebisch, R. (1950), *The Economic Development of Latin America and its Principal Problems*, New York: United Nations.

Sachs, J. D. and A. M. Warner (1995), "Natural Resource Abundance and Economic Growth," NBER Working Paper, No. 5398.

Sachs, J. D. and A. M. Warner (2001), "The Curse of Natural Resources," *European Economic Review*, Vol. 45(4-6), pp. 827-838.

Sandrey, R., E. M. Mpitsa, J. Vermaak, and M. de Beer (2015), "Assessing South Africa's Trading Relationship with China," in: R. Sandrey, B. Nyhodo, H. G. Jensen, E. Williams, S. Ntombela, M. Moobi, Y. Potelwa, G. van der Nest, E. M. Mpitsa, and J. Vermaak, *Africa's Trade Relations: Old Friends, Good Friends and New Friends*, Stellenbosch: Trade Law Centre, pp. 309-331.

Singer, H. W. (1950), "The Distribution of Gains between Investing and Borrowing Countries," *American Economic Review*, Vol. 40(2), pp. 473-485.

Su, F., G. Wei, and R. Tao (2016), "China and Natural Resource Curse in Developing Countries: Empirical Evidence from a Cross-Country Study," *China & World Economy*, Vol. 24(1), pp. 18-40.

Wilson, J. D. (2012), "Chinese Resource Security Policies and the Restructuring of the Asia-Pacific Iron Ore Market," *Resources Policy*, Vol. 37(2), pp. 331-339.

第 II 部

中国と ASEAN の水平・垂直関係

第3章

東南アジアに南進する中国

末廣　昭

1. はじめに

　東南アジアに向かう中国，もしくは南進する中国，これが本章の課題である．中国の東南アジアへの経済的関与が始まったのは，1990年代以降のことである．2000年代に入ると，両者の関係は一段と深まった．それ以前の時期，例えば1950年代から70年代は，社会主義外交を軸とする「アジアとアフリカの時代」であった．そして，1980年代から90年代半ばまでは，自らを発展途上国として位置付け，アジア太平洋の経済協力に関心を示す「アジア太平洋の時代」が続く（青山 2013）．中国政府が大平正芳政権の「環太平洋連帯構想」に強い関心を示し，同構想の研究を進めていたのも，この時代である．

　1992年の大メコン圏（GMS: Greater Mekong Subregion）での地域開発協力への参加を転機に，中国のターゲットは東南アジア，そして，地域協力の枠組みとして存在感を増していた「組織としてのASEAN」（東南アジア諸国連合）に向かうようになる．ASEANの「協議パートナー」，さらに「対話国」になることで，東南アジア地域における自らの居場所を見出そうとしたのが，1990年代の中国の姿であった．

　それが2000年代に入ると，逆に中国が主導する形で，ASEAN諸国との関係を強化する方針に転じる．その象徴的な出来事が，2006年10月の第3回

中国 ASEAN 博覧会の開幕式，そこで実現した実質上の「中国・ASEAN 首脳会議」であった[1]．ASEAN 首脳会議のあとに定期的に開かれる，ASEAN が主導する「ASEAN・中国首脳会議」（1997 年から）とは対をなす，北京が主導する，もう一つの「中国・ASEAN 首脳会議」が実現したからである．メンバーは同じであるが，首脳会議を推進する主体（イニシアチブ）が全く違う点に，まずもって注目しておきたい．

　このように，アジア地域に限らず，中国が主導しつつ，自国にとって望ましい環境，あるいは，制度・組織を意図的につくっていく動きを，ここでは「中国化」（Sinicization）と呼んでおきたい．中国のなかには，中央政府と地方政府，国務院（内閣）と中国共産党，国有企業と民間企業など，さまざまなアクターが含まれる．また，つくっていく環境には，公式のものもあれば非公式のものもあり，制度的なものもあれば，ネットワーク的なものもありえる．これらを総称して本章では「中国化」と呼ぶ．本章はこの「中国化」のプロセスを，東南アジア地域で検証することを目的とする．

　第 2 節では，地域協力と地域協力の枠組み（地域制度）をキーワードにして，ヨーロッパとアジアで展開している地域主義（Regionalism）を比較する．その上で，ASEAN（組織としての ASEAN）の特徴，さらに中国の東南アジアへの関与の特徴を明らかにする．

　第 3 節では，中国の対外経済活動を，貿易（輸出），外貨準備，直接投資，対外援助，対外経済合作の 5 つの動き（1990 年から 2017 年のデータ）に基づいて概観する．そして，東南アジア地域において，中国と日本の経済プレゼンスがどのように推移していったのかを，投資受入国側のデータを整理しながら比較検討する．

　第 4 節では，1992 年以降の中国と東南アジア諸国の関係，あるいは，中国と ASEAN との関係を時系列的に追っていき，節目となったイベントや制度的枠組みを紹介する．

　第 5 節では，① 1992 年から始まった「大メコン圏（GMS）開発」，② 2004 年から広西チワン族自治区の南寧市で始まった中国 ASEAN 博覧会（CAEX-

---

1)　もっとも，このときは ASEAN 諸国の首脳が一堂に会しただけであって，特定のテーマについて議論したり，特定の宣言を採択したわけではない．

PO)，の 2 つを事例として「中国化」の実態を見る．この節は本章の中心的
部分をなす．

　第 6 節では，以上の点を踏まえた上で，それまでの中国の東南アジア関係，
あるいは，地域戦略が 2013 年末に発表された「シルクロード経済ベルトと
21 世紀海上シルクロード構想」（一帯一路イニシアチブ）とどのような関係に
あるのかを考えてみたい．

2. 多様な地域協力と地域制度

　日本とアジアの関わりを精力的に研究している大庭三枝（2014）は，地域
主義を分析する概念装置として，①地域化，②2 つの「地域」，③地域制度
の 3 つを取り上げている．

　①の地域化というのは，ある地理的範囲がソトと区別しうる一つのまとま
りとなっていく過程を指す．次に，②の 2 つの「地域」とは，「アリーナ（場）
としての地域」と「われわれとしての地域」を指す．経済的相互依存が進展
することでまとまりを示す東アジアは，前者の事例（アリーナとしての地域）
であり，ASEAN のメンバーという「われわれという意識」を持つに至った
東南アジアは，後者の事例（われわれとしての地域）に該当する．さらに，地
域制度の設立には，政策決定に関わるアクターの間で地域主義の共有と，「わ
れわれという意識」の共通了解が不可欠の条件となる（大庭 2014，第 1 章）．

　この点を念頭において，地域主義の特徴を，①制度化の有無，②まず規範
ありきか，それとも事実上か，③相互に共有するものは何か，④地域協力の
目的は何か，⑤地域協力の範囲，⑥コア大国・機関の存在の有無，これら 6
つの指標を使って整理したものが表 3-1 である．

　表 3-1 に従って，ヨーロッパとアジアの地域主義を比較すると，ヨーロッ
パ（EEC や EU など）は，すべて A の欄の特徴へ，アジアの地域主義は，ほぼ
すべて B の欄の特徴にあてはまることがわかる．このような比較は，ヘトゥ
ネとセーデルバウム（Hettne and Söderbaum 2000）が，ヨーロッパの地域主義
を公式的で公的な地域主義（formal, de jure regionalism），アジアのそれを非公
式的で事実上の地域主義（informal, de facto regionalism）と対比させた議論と

表 3 - 1　地域主義の分類と ASEAN

番号	項目	A	B
1	制度化の有無	公式（formal）	非公式（informal）
2	事実上かどうか	規範先行（de jure）	事実上（de facto）
3	共有するもの	規範，われわれという意識の共有	領域・空間の共有
4	地域協力の目的	包括的，非経済目的含む	経済目的に重点
5	地域協力の範囲	メンバー限定方針，閉じられた地域主義（close regionalism）	メンバー拡大方針，開かれた地域主義（open regionalism）
6	コアの大国・機関	特定の大国・機関の主導	協力・参加型

注：アジアの地域主義は，一般的に 1B, 2B, 3B, 4B, 5B, 6B の特徴を，ASEAN の地域主義（ASEAN Way）の方は，
　1A, 2B, 3A, 4A, 5B, 6B の特徴を持つ.
出所：筆者作成.

重なるだろう.

　また，ヨーロッパの地域主義の特徴が，法律や規範の共有に始まり，国レベルとは異なる EU 全体の立法機関や執行機関を制度的に持つのに対し，アジアのそれは，深化する経済の相互依存に支えられた実体を基礎に置き，共有すべき法律や規範がなく，メンバーの条件についても明確なルールを持たない. その意味で，「開かれた地域主義」（open regionalism）を特徴とする. カッツエンシュタインや白石隆たちが，アジアにおける地域主義の特徴を，ネットワークパワーによって支えられた集まりと捉えたのも，似たような発想と言える（Katzenstein and Shiraishi 1997）.

　以上の議論から見ると，「組織としての ASEAN」はハイブリッドタイプの地域主義である. 1967 年に発足した ASEAN は，その根底に共産主義勢力への対抗の意図を持っていた. ただし，大国であるアメリカの軍事力に依存せず，安全保障を前面に出さず，緩やかな経済・社会面での協力と，会議外交（conference diplomacy）を通じた人の交流によって，徐々に地域のメンバーであるというアイデンティティをつくり上げていった. つまり，「われわれという意識」を醸成していったのである. そして，全員一致の原則，国名の ABC 順に移動していく議長国制度，協議を何より重視する「ASEAN の流儀」（ASEAN Way）を確立していった[2].

　表3-1に戻って検討すると，制度化の有無，「われわれという意識」の共有，目的の包括性は「ヨーロッパ地域主義」の特徴と重なるが，ネットワーク（人的交流）を尊重し，開放的な対応を重視し，コアとなる大国が域内に存在せず，メンバー間の参加と協力で万事を運営するというスタイルは，「アジア地域主義」に近い．文字通り両者のハイブリッドなのである．

　ところで，この節の冒頭に紹介した大庭は，ASEANの最大の特徴を，「ASEAN諸国がASEANとして自分たちが中心となって域外の大国と連携強化を深めることで，自分たちにとって望ましい地域環境を創出しようとする戦略的行動が地域の安定化をもたらした」と捉えた（大庭 2014, 12頁）．ちょうどASEANが東南アジア地域で時間をかけて醸成し，域内のメンバー，そして，域外大国とつくり上げてきた「自分たちにとって望ましい地域環境」．それと同じ発想で，しかし中国が主導権を握って，別の地域環境をつくろうとしてきたのが，「中国化」の動きである．

　「中国化」という言葉は，カッツエンシュタインが編集した2012年の本のタイトルに由来する．カッツエンシュタイン自身は，グローバル世界における中国の台頭は，世界や東アジアに経済革命をもたらすような「断裂」（Rupture）でもなければ，伝統的なやり方への「回帰」（Return）でもなく，古いものと新しいものの「再結合」（Recombination）のプロセスであると主張している（Katzenstein 2012a, pp. 4-7）．そして，「広い意味では，中国化とは世界を，中国や中国人にとって活動しやすい世界に変えることを意味する．中国にとって居心地のよい環境をつくり出すことは（the creation of comfortable milieus），国家の枠を超え，すべての社会に及ぶ．それは政府の政策と社会の活動の両方に及ぶのである．……（中略）……中国文明は，かつての文明の波及のように，単純に中心から外側へと一方向的に伝わるのではない．中国化のプロセスは非単線的であり，重層的な構造を持ち，多様な方向性を示すからである」（ibid., p. 9）とも主張している．

　一方，同じ本のなかで，中国の経済的台頭が東南アジア諸国に与えたイン

　2）この過程と「ASEANの流儀」を，アチャリヤ（Acharya 2001）は「社会化」，佐藤考一は「ASEANレジーム」（佐藤 2003），鈴木早苗は「合意形成の政治」（鈴木 2014）と，それぞれ呼んだ．

パクトを検証した白石隆は，そのインパクトが画一的でないことを確認した
あと，次のように述べる．「中国の国家と非国家的アクターは，日本やアメ
リカの対抗相手と同様に，自分たちにとって居心地がよく，かつ効率的に活
動することができる環境をつくろうとしているのである．これこそがアジア
地域レベルでの中国化の内容であった」(ibid., p. 147) と．

　筆者も，「中国化」を中国政府や企業にとって居心地のよい環境づくりと
捉える議論に賛成である．ただし，東南アジアの現実を見た場合，「中国化」
の動きは，経済活動や文化・教育活動 (孔子学院など) にとどまらず，既存制
度の活用 (もしくは取り込み) や新しい制度・組織の創設という面でも，着実
に進んでいるのではないかと考えている．その典型が，第 5 節で見る GMS
の取り込みであり，CAEXPO の開催・運営であった．

3.　中国の貿易・直接投資・対外援助・対外経済合作

3.1　長期的な推移と「四位一体論」

　「中国化」を検証する前に中国の対外経済活動の推移を見ておきたい．表
3-2 は，輸出，外貨準備，直接投資，対外援助 (以下，援助)，対外経済合作
の 5 つについて，1990 年から 2017 年 (一部は 2016 年) の推移を見たものであ
る．本格的な動きが始まる 2001 年を基準年にとって指数も示しておいた．

　最初に，5 つの活動の伸びを，1990 年から 2016 年の長期スパンで見ると，
いずれも 2001 年を出発点にして，急速なスピードで金額が増加しているこ
とが判明した．2001 年は，中国にとって「国際化元年」と呼ぶにふさわしい
年なのである．また，活動別に 2001 年から 2016 年の間の金額の伸びを見る
と，倍率の高い順に，直接投資 (27.7 倍)，対外経済合作 (18.7 倍)，外貨準備
(14.2 倍)，援助 (8.9 倍)，輸出 (7.9 倍) であった．

　注目してほしいのは，2000 年代に入ってから，ずっと右肩上がりで伸びて
きた対外経済活動の一部が，2014 年を境に低下の傾向に転じている点である．
輸出と外貨準備がこれに該当する．ただし，援助支出と対外経済合作契約金
額の 2 つは，「一帯一路イニシアチブ」戦略の展開やアジアインフラ投資銀
行 (AIIB: Asian Infrastructure Investment Bank) への出資によって，引き続き

表 3 - 2 中国の輸出，外貨準備，直接投資，対外援助，対外経済合作（1990-2017 年）

（100 万ドル）

年次	輸出金額	指数 2001=100	外貨準備	指数 2001=100	中国からの 直接投資	指数 2001=100	対外援助 支出	指数 2001=100	対外経済 合作契約金額	指数 2001=100
1990	62,090	23	28,594	13	830	12	375	50	2,604	20
1992	84,940	32	19,443	9	4,000	56	345	46	6,585	51
1994	121,010	45	51,620	24	2,000	28	334	45	7,988	61
1996	151,050	57	105,029	50	2,114	30	387	52	10,273	79
1998	183,710	69	144,959	68	2,634	37	449	60	11,773	90
2000	249,210	94	164,000	77	916	13	554	75	14,943	115
2001	**266,160**	**100**	**212,170**	**100**	**7,092**	**100**	**743**	**100**	**13,039**	**100**
2002	325,600	122	286,370	135	2,700	38	799	108	15,055	115
2004	593,320	223	609,930	287	5,498	78	972	131	23,844	183
2006	968,936	364	1,066,344	503	21,170	299	1,481	199	66,005	506
2008	1,430,693	538	1,946,030	917	55,910	788	2,498	336	104,562	802
2010	1,577,750	593	2,847,338	1,342	68,811	970	3,900	525	134,367	1,031
2012	2,048,710	770	3,311,589	1,561	87,803	1,238	5,200	700	156,529	1,200
2014	2,342,290	880	3,843,018	1,811	123,119	1,736	5,400	727	191,756	1,471
2015	2,273,470	854	3,330,362	1,570	145,667	2,054	6,600	888	210,074	1,611
2016	2,097,630	788	3,010,517	1,419	196,149	2,766	6,600	888	244,050	1,872
2017	2,262,929	850	3,139,949	1,480	124,630	1,757	n.a.	*	265,280	2,035

注：1）2001 年以降の対外援助は，①二国間贈与もしくは無利子の貸与，②二国間商業借款，③国際機関への出資の合計額（元）で，アジア開発銀行が発表している対ドル為替レートで算出した．項目が異なるため，2000 年までの数字とはつながらない．
　　2）対外経済合作契約金額は，①建設事業請負，②労務提供，③プラントなどの設計業務の 3 つの合計．
出所：1）輸出金額は 2016 年までは『中国統計年鑑』，2017 年は国家海関総署より．
　　2）外貨準備は 2017 年末までは日本総合研究所『アジア・マンスリー』巻末統計資料．
　　3）対外援助支出について，1990 ～ 2000 年は小林誉明（2007, p. 112），2001 ～ 2008 年は Kitano and Harada（2014），2010 ～ 2016 年は Kitano（2018, p. 7）より．
　　4）中国からの直接投資は 2001 年までは国際収支表，2002 ～ 2016 年までは商務部国家統計局『中国対外直接投資統計公報』並びに『中国統計年鑑』，2017 年は UNCTAD（2018）の数字．
　　5）対外経済合作の金額は，2016 年までは『中国統計年鑑』の「17-22　対外経済合作」の契約金額，2017 年は商務部対外投資和経済合作司発表データより，末廣昭・伊藤亜聖作成．

活発な動きを示していることがわかる.

　次に 5 つの活動の金額を比較してみよう. 2014 年（ピークの年）の外貨準備の 3 兆 8430 億ドル, 輸出金額の 2 兆 3423 億ドルは別格である. ちなみに, 同じ年の日本の外貨準備は 1 兆 2600 億ドル, 輸出金額は 6900 億ドルで, それぞれ中国の 3 分の 1 以下の規模であった.

　注意すべきは, 世界の関心を集める中国政府の援助（2016 年）が年間 66 億ドルなのに対して, 対外経済合作の方は, 同じ 2016 年には 2440 億ドルにも達している点である. 援助は『中国統計年鑑』の中央財政欄に載っている数字ではなく, JICA 研究所の北野尚宏たちが, ①二国間贈与もしくは無利子の貸与, ②二国間商業借款, ③国際機関への出資金額のデータ（AIIB を含む）を独自に集計したものであり, 中国の援助に関する数字としては, 最も信頼性の高いものである（Kitano and Harada 2014, Kitano 2018）.

　一方, 対外経済合作（Economic Cooperation with Foreign Countries）は, 通常, ①建設請負, ②労務提供, ③プラントなどの設計業務の 3 つから成る. 例えば, 東南アジアのある国のダム建設に対して中国が援助を行ったとしよう. この場合, ダム建設の設計, コンクリートや発電機などの資材・機材の提供, 建設に必要な労働者の派遣は, 中国側が行う. 派遣元は多くの場合, 雲南省など地方政府が所有する建設コンサルティング会社やゼネコンである. その結果, 中国は援助を行った国から, 設計手数料, 建設請負の契約報酬, 資材・機材の輸出代金, 労働者に支払われる賃金といったさまざまな形で, 金銭的報酬を受け取る. 恐らく, その金額は援助額の数十倍に及ぶものと推計される. 表 3-2 の「対外経済合作契約金額」の数字はその一部であり, 中国人労働者の賃金報酬や資材・機材の輸出代金は含んでいない.

　対外経済合作と並んで, 2001 年から急速な伸びを示したのが, 中国からの「対外」直接投資である. 従来は, 中国が受け入れる「対内」直接投資, つまり, 外国人直接投資（FDI）の方が注目されてきた. ところが, 2000 年代に入ると, 貿易, 援助, 対外経済合作の急増と歩調を合わせる形で, 中国企業の対外直接投資が関心を呼ぶことになる. 実際, 2000 年の対外直接投資 9 億 1600 万ドルは, その年の対内直接投資 407 億ドルの 2% 程度でしかなかった. それが, 2010 年には 688 億ドルと, 対内直接投資 1147 億ドルの 60% に

増加し，2014 年には 1231 億ドルと，ついに同年の対内直接投資 1196 億ドル
を上回るに至った[3]．さらに 2016 年には，両者の数字はますます開き，対外
直接投資の 1961 億ドルは，対内直接投資 1260 億ドルの 1.56 倍にまで膨れ上
がっている．もっとも，政府が 2016 年末から対外投資の規制を強化したこ
とと，海外で M&A を積極的に展開していた安邦保険集団の呉小暉会長が，
腐敗容疑で逮捕されたことなどから，2017 年の対外直接投資は前年比 35％
以上もの減少となった．

　中国の対外経済活動を議論する場合には，しばしば貿易，投資，援助の
「三位一体」的展開，あるいは貿易，投資，援助，対外経済合作の「四位一
体」的展開が指摘されてきた．例えば，国際協力銀行で援助業務に携わって
いた小林誉明は，「近年急増している（中国の［引用者]）アフリカを中心とし
た資源国への援助に着目した場合，優遇借款をはじめとした中国政府からの
資金サポートによって競争力をつけた中国企業が，中国から大量の労働者
（対外労務協力），プラント（対外請負契約），技術（対外設計コンサルティング），
資本（対外直接投資），物資（対外貿易）等を送り込むことによって，援助受入
国の資源等の開発を行うという仕組が確立されている」（小林 2007，136-137
頁）と述べている．これなどは「四位一体論」の代表的なものであろう．ま
た，白石・カロライン（2012）が紹介するラオスの事例も，貿易，投資，援
助，対外経済合作の 4 つが相互に絡んでいる実態を活写している．

　とはいえ，4 つの活動を地域別に見た場合，相互の関係は必ずしも自明で
はない．例えば，アジア（香港を除く）が世界の輸出（2014 年）に占める比重
は 29％，直接投資（2013 〜 14 年）は 12％（香港を含むアジアは 70％），対外経
済合作（2014 年）は 29％，援助（2010 〜 12 年）は 30％で，直接投資を除くと
似たようなウエイトを示している．しかし，アフリカを例にとると，輸出（5
％），直接投資（3％）に比べて，対外経済合作（37％）と援助（52％）の比重
が極端に高く，大きなばらつきが見られた．したがって，中国の対外経済活
動を「四位一体」の観点からのみ捉えることには慎重であるべきであろう．

---

3)　中国のアジア向け対外直接投資の実態を，そのアクターの違い（中央政府か地方政
　府か，国有企業か私有企業かの違い）に注目して分析したのは，伊藤（2014）である．

3.2　ASEAN諸国と日本，中国

　次に，ASEAN諸国との経済関係に絞って，日本と中国の比較を行ってみたい．図3-1は，1990年から2016年に至る日本とASEAN諸国の輸出入の合計金額と，中国とASEAN諸国のそれを比較したものである．

　図3-1から一目瞭然のように，2000年までは日本の数字が中国のそれを大きく上回っていた．ところが，2000年代に入ると，中国の輸出が急増し，2006年には両国は早くも拮抗し，2008年にはついに，中国のASEAN諸国との輸出入合計額が日本のそれを上回ることになった．その後は一方的に両者の金額は開いていき，2014年には，日本ASEAN貿易の2291億ドルに対して，中国ASEAN貿易は4639億ドルと，日本の2倍以上の規模にまで増加している．また2016年には，中国ASEAN貿易は4613億ドルと横ばいを示したものの，日本ASEAN貿易との差額2595億ドルは，2014年の2348億ドルよりも拡大した．この数字は，ASEAN地域における両国の経済的プレゼンスの違いを如実に語っている．

　それでは，なぜ，中国とASEAN諸国は2000年代以降，急速なスピードで輸出入を増加させることができたのか．その理由は両者の輸出入の補完的な構造にある．

　まず，ASEAN諸国から中国に輸出される品目を見ると，2000年代半ばから主な製品は2つのグループにより構成されるようになった．一つは，原油，石油製品，パーム油，コメ，天然ゴム，砂糖，合板など，ASEAN諸国が豊富に保有する天然資源か農産物を加工したものである．もう一つは，中国とASEAN諸国に進出した日本企業や欧米企業が，現地の子会社の間で部品や完成品のやりとりを行う「企業内貿易」で，特にIT製品に多く見られる．他方，ASEAN諸国が中国から輸入する品目は，ASEAN諸国が輸出するものと同じIT製品（企業内貿易のため）と，中国が製造する繊維・衣類などの労働集約的工業製品や小型船舶などであった．

　したがって，ASEAN諸国は中国に対して，天然資源・農産物加工品（A）とIT製品（B1）を輸出し，逆に中国からは，労働集約的な工業製品（C）とIT製品（B2）を輸入する．AとCは伝統的な国と国の比較優位にたった垂直

（100万ドル）

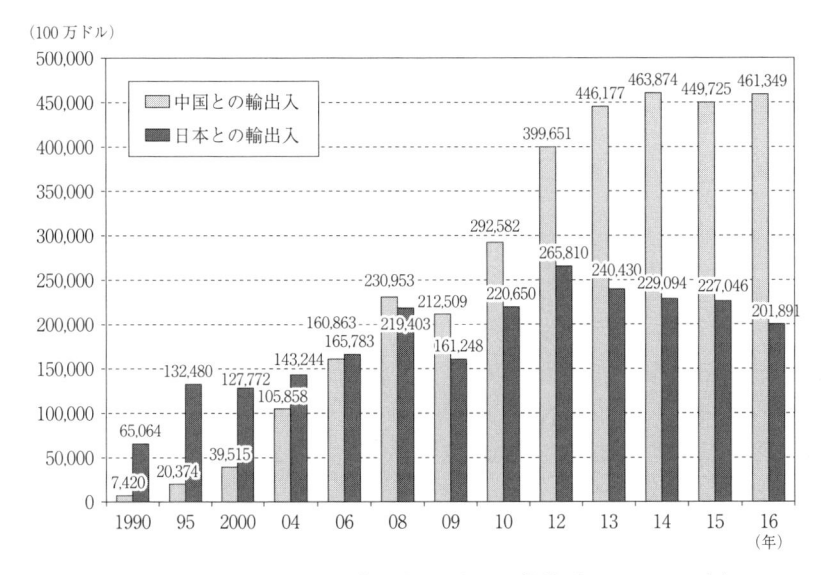

図3-1　ASEAN諸国と日本，中国の貿易の推移（1990～2016年）

注：中国との貿易は香港を含む.
出所：中国ASEAN貿易は2012年までは Global Trade Atlas，2013年以降はASEAN事務局の統計より筆者
　　集計. https://data.aseanstats.org/trade.php（2018年5月15日アクセス）.

貿易であり，B1とB2は，同一企業内の本社や子会社の間でやりとりされる水平貿易である．このうち，天然資源・農産物は，2000年代後半から国際価格の上昇（一次産品ブーム）に伴って輸出金額が一気に膨らんだ．同じく，IT製品の取引も，中国を組立加工基地とする生産ネットワークの急速な拡大のもとで，その輸出金額を急増させていった．中国とASEANの貿易関係は，だれもが認める「WIN＝WIN」の関係だったのである[4].

　ところが，図3-1に見るように，2015年になって中国・ASEANの輸出入の合計は前年から減少を示した．これは，一次産品ブームが終わり，天然資源・農産物の国際価格が大きく下落したことと，中国とASEAN諸国で分業体制にあった企業間関係が変容したことによる．つまり，中国国内で部品や原材料の内製化が進み，中国に進出した企業や中国企業の部品の対外依存

---

4)　中国とASEANの貿易構造の特徴と変化については，本書の第4章（宮島・大泉論
　　文）のほか，末廣ほか（2014）の第4章（大泉論文）と第5章（宮島論文）も参照.

度が下がったことが考えられる.

　実際，ASEAN 諸国と中国の輸出入の推移を見ると，2000 年から 2013 年までは，一次産品の国際価格の上昇などを反映して ASEAN 諸国側がほぼ出超であった．ところが，2015 年には 29 億ドルの入超に転じる．そして，2016 年には入超幅が一気に拡大し，ASEAN 諸国から中国への輸出 2226 億ドルに対して，中国からの輸入 2388 億ドルと，入超幅（貿易赤字額）は 162 億ドルを超えた．両者の「WIN = WIN」の関係は終焉を迎えつつある．

　次に，直接投資の状況を，タイとカンボジア，ラオス，ミャンマー，ベトナム（CLMV）の 5 カ国で見てみよう．表 3-3 は，投資受け入れ国のデータ（認可ベース）を使って，中国と日本のプレゼンスを比較したものである．図 3-1 の貿易の構図とかなり違っている点に，注意していただきたい[5]．

　まず，前期（1988〔95〕〜 2003 年）と後期（2004 〜 2016 年）の 2 つの時期に分けると，CLMV の 4 カ国では，海外からの直接投資が，後期に入って大きく伸びている点が重要である．そして，中国のプレゼンスが後期に一気に上昇したのが CLM の 3 カ国であった．具体的に 2 つの期間の中国の比重の推移を見ると，カンボジアは 13％から 40％へ，ラオスは 5％から 34％へ，ミャンマーは 3％から 51％へと，それぞれ大幅に拡大した．一方，タイは 3％から 7％へとやや増加し，ベトナムは 10％から 8％へと逆に低下している[6]．

　次に日本に目を転じてみよう．タイでは前期と後期を通じて，日本は海外からの直接投資累計額の 4 割以上を占め，最大の投資牽引役としての役割を果たしてきた．しかし，CLM については，日本企業の関心自体は高いものの，投資リスクなどを考えて，投資金額は中国に大きく引き離されているのが現状である．確かに，日本政府は「日・メコン協力」（首脳会合，2008 年から）を通じて，タイと CLV に働きかけている．しかし，大陸部東南アジアでの

　5）　両者の違いは末廣（2009，40-41 頁）を参照．受入国側の数字が「認可ベース」，中国側の数字が「実行ベース」という違いもあるが，ダミー会社を使ったり受入国の華人の名前を使ったりで，ASEAN 諸国における中国企業の進出の実態は解明されていない．

　6）　CLMV の外国直接投資については，石田（2005），末廣ほか（2011，94-97 頁），石田・梅﨑・山田（2017）も参照．

表 3 - 3 - 1　タイ，CLMV への直接投資と「中国＋香港」の比重
1988（1995）〜 2016 年

（タイのみ 10 億バーツ，他は 100 万ドル）

国名	合計	中国＋香港	%	合計	中国＋香港	%
タイ	1995 〜 2003 年			2004 〜 2016 年		
	2,084	54	2.6	4,529	328	7.2
カンボジア	1991 〜 2003 年			2004 〜 2016 年		
	5,602	712	12.7	29,490	11,905	40.4
ラオス	1992 〜 2003 年			2004 〜 2016 年		
	5,449	265	4.9	15,861	5,417	34.2
ミャンマー	1989 〜 2003 年			2004 〜 2016 年		
	7,592	235	3.1	43,568	22,340	51.3
ベトナム	1988 〜 2003 年			2004 〜 2016 年		
	44,787	4,444	9.9	203,288	15,862	7.8

注：ラオスは 2012 年，2013 年の統計が欠如．
出所：1) 1988 〜 2003 年，2004 〜 2011 年：日本 ASEAN センター，ジェトロ『貿易投資報告』各年版ほか．
　　　2) 2012 〜 2016 年：Office of ASEAN Secretary-General, "Flows of Inward Foreign Direct Investment by Host Country and Source Country". https://data.aseanstats.org/fdi_by_country.php（2018 年 5 月 15 日アクセス）

表 3 - 3 - 2　タイ，CLMV への直接投資と日本の比重
1988（1995）〜 2016 年

（タイのみ 10 億バーツ，他は 100 万ドル）

国名	合計	日本	%	合計	日本	%
タイ	1995 〜 2003 年			2004 〜 2016 年		
	2,084	911	43.7	4,529	2,051	45.3
カンボジア	1991 〜 2003 年			2004 〜 2016 年		
	5,602	18	0.3	29,490	524	1.8
ラオス	1992 〜 2003 年			2004 〜 2016 年		
	5,449	20	0.4	15,861	521	3.3
ミャンマー	1989 〜 2003 年			2004 〜 2016 年		
	7,592	238	3.1	43,568	190	0.4
ベトナム	1988 〜 2003 年			2004 〜 2016 年		
	44,787	3,745	8.4	203,288	24,422	12.0

出所：表 3-3-1 に同じ．

経済協力について，主導権を握っているとは，とても言いがたい[7].

4. 中国・ASEAN 関係の進展

　ここでは，1990 年代から現在に至る中国と東南アジア諸国，そして，中国と「組織としての ASEAN」との関係を時系列的に追ってみたい.

　中国が本格的に東南アジア諸国に関与するようになったのは，1992 年の大メコン圏経済協力事業（以下，GMS 開発）への参加，そして翌 1993 年の昆明進出口商品交易会（以下，昆明フェア）の開催決定である．これらの動きは，ベルリンの壁崩壊（1989 年）に始まる冷戦体制の終焉がインドシナ半島にも達し，アジア社会主義諸国の間でも市場経済が導入されるようになったこと，そして，1992 年 2 月の第 7 期全国人民代表大会第 5 回会議で，李鵬首相が「沿辺開放戦略」の構想を打ち出したことによる.

　「沿辺開放戦略」の目標となったのは，①吉林省ほかの「東北開放区」，②新疆ウィグル自治区を中心とする「西部辺境開放区」，③雲南省，広西チワン族自治区を中心とする「西南辺境開放区」の 3 つで，このうち地方政府が積極的に呼応した地域は，③の「西南辺境開放区」であった（青山 2013, 47-48 頁）．GMS 発足当初の中国代表と昆明フェアの主催の双方を，雲南省地方政府が担ったことは，その意味で象徴的である．青山が言う「中央戦略の地方化」が生じたのである（同上書，206 頁）.

　一方，「組織としての ASEAN」との関係で言えば，1990 年代は中国が ASEAN に対して信頼をかちとろうとする，いわば「求婚の時代」であり，ASEAN 側から見れば，中国という大国を，自分たちの枠組みに取り込んでいくプロセスであった．後者のプロセスを山影進は，「ASEAN が大国を飼い慣らす」と呼んでいる（山影 2012）．具体的には，中国は 1993 年 9 月に ASEAN の「協議パートナー」に指定され，3 年後の 1996 年 7 月には「対話国」へと昇格した．1997 年 12 月には，ASEAN 非公式首脳会議のあと第 1 回 ASEAN・中国首脳会議が開催され，この会議に出席した江沢民国家主席

---

　7)　大陸部東南アジアにおける日本の経済協力については，助川（2011）を参照.

と ASEAN 加盟諸国首脳との間で、「ASEAN・中国 21 世紀に向けた善隣・友好・信頼のパートナーシップ」の協定が結ばれた。

ASEAN・中国の外交関係の仕上げは、2003 年 10 月に、中国が「東南アジア友好協力条約（TAC）」に域外国としては初めて署名を行い、「対話国」から「戦略的パートナー」へと格上げになったことであろう。中国が ASEAN との関係で「受け身」の立場を示していたのは、この年が最後である。なお、ASEAN・日本首脳会議が始まったのは、中国と同じ 1997 年であったが、日本が「東南アジア友好協力条約（TAC）」に加盟したのは、中国より 1 年遅い 2004 年のことであった（アメリカと EU はずっと遅く、2009 年）。

2000 年代に入ると、ASEAN・中国関係は中国側の積極的な働きかけへと転換する。それを支えたのは、1997 年アジア通貨危機後の中国政府のアジアへの経済的コミット、2000 年に採択した近隣諸国との善隣外交という新しい方針、そして、翌 2001 年 12 月の世界貿易機関（WTO）への加盟が関係していた。というのも、2000 年を契機に中国政府は、本格的な国際化の道に踏み出すからである（天児 2005）。

まず、2000 年 11 月、第 4 回 ASEAN・中国首脳会議の場で、朱鎔基首相が ASEAN との自由貿易協定締結の可能性について言及し、2 年後の 2002 年 11 月には、温家宝首相が第 6 回 ASEAN・中国首脳会議の場で、10 年以内に中国・ASEAN の包括的経済協力を完成させるという覚書を提示し、それに合意した（2010 年 1 月にこの計画は完了した）。

この ASEAN との経済関係の強化の動きを転機にして、中央政府と地方政府がいっせいに動き出す。年表に示したように、2002 年 11 月には、第 1 回 GMS サミット（プノンペン）に中国政府が公式のメンバーとして参加し、GMS 開発への本格的コミットが始まった。同時に GMS のメンバーでもあり、経済復興に乗り出していたカンボジア、ラオス、ミャンマー（CLM）に対しては、「アジア債務削減計画」を掲げ、既存債務の帳消しや無償援助を武器に、経済協力を強化する。安全保障の分野では、南シナ海の領土・領海問題を一時的に棚上げにし、平和的交渉を前提とする「南シナ海における関係国の行動に関する宣言」（DOC）を ASEAN と結んだ。同じ 11 月、中国は感染症や災害に対する共同行動など非伝統的な安全保障分野について、ASEAN と協力

年表　中国・ASEAN 関係の進展（1992 ～ 2018 年）

年月	事項
1992 年 10 月	第 1 回 GMS 経済協力会議をマニラで開催．大メコン圏経済協力（Greater Mekong Subregion Economic Cooperation）に合意．CLMV，タイの 5 カ国と雲南省地方政府が参加．
1993 年 6 月	雲南省昆明市に ASEAN 諸国を招聘して，「昆明進出口商品交易会」開催を決定．
1993 年 9 月	ASEAN 事務局使節団が北京を公式訪問．中国を ASEAN の「協議パートナー」にする．
1996 年 7 月	ASEAN 拡大外相会議に銭外交部長を招聘．中国は ASEAN の「対話国」に昇格．
1997 年 12 月	ASEAN 非公式首脳会議（クアラルンプール）のあと，第 1 回 ASEAN 中国首脳会議を開催．江沢民国家主席が参加．「ASEAN 中国 21 世紀に向けた善隣・相互・信頼パートナーシップ」で合意．
1999 年 8 月	雲南省地方政府が，昆明で第 1 回「バングラデシュ・中国・インド・ミャンマー地域協力フォーラム（BCIM）」を開催．⇒ 2014 年，第 1 回中国・南アジア博覧会に発展．
2000 年 11 月	第 4 回 ASEAN 中国首脳会議（ブルネイ）で，朱鎔基首相が ASEAN に自由貿易協定を提案．
2001 年 12 月	中国が世界貿易機関（WTO）に正式に加盟．
2002 年 6 月	昆明進出口商品交易会の ASEAN 諸国展示ブースが，2001 年の 77 から 136 へほぼ倍増．以後，2003 年 243，2004 年 267 と増加する．
2002 年 11 月	第 6 回 ASEAN 中国首脳会議（プノンペン）で，温家宝首相と 10 年以内の「中国 ASEAN 包括的経済協力」の実施に合意．同時に，アーリーハーベスト措置を盛り込む．
2002 年 11 月	中国と ASEAN の間で「南シナ海における関係国の行動に関する宣言」（DOC）を発表．
2002 年 11 月	中国と ASEAN の間で「非伝統的安全保障分野における協力宣言」を発表．
2002 年 11 月	第 1 回 GMS サミットをプノンペンで開催．中国政府が公式のメンバーとして参加．
2002 年 11 月	CLM の債務免除を含む「アジア債務削減計画」を発表する．
2003 年 7 月	「中国 ASEAN 包括的経済協力の枠組み協定」が発効する．
2003 年 8 月	中国の元財務次官，金立群が，アジア開発銀行（ADB）の副総裁に初めて就任．以後，中国の ADB 内での発言が高まる．金立群は AIIB 初代総裁でもある．
2003 年 10 月	中国が ASEAN 域外国としては初めて，「東南アジア友好協力条約（TAC）」に調印．最初の「平和と繁栄のための戦略的パートナーシップ」になる．

（年表）

年月	事項
2004 年 11 月	広西チワン族自治区の南寧市で，第 1 回中国 ASEAN 博覧会（CAEXPO）を開催．
2004 年 11 月	ASEAN 加盟国と中国が「ASEAN 中国包括的経済協力枠組みにおける物品貿易協定」に調印．
2005 年 7 月	第 2 回 GMS サミットを昆明で開催．広西チワン族自治区政府が正式に参加．
2005 年 12 月	商務部と広西チワン族自治区政府が，ASEAN 諸国を中心に「経済貿易協力区」（産業園区）の構想を打ち出す．その後，インドネシア，マレーシア，タイで実現．
2006 年 7 月	南寧市で第 1 回「汎トンキン湾経済協力フォーラム」を開催．いわゆる M 字型戦略を提唱．
2006 年 8 月	胡錦濤国家主席，「中国の外交は国家主権，安全，発展利益の擁護のために役割を果たすべきだ」と主張．外交政策の転機となる．
2006 年 10 ～ 11 月	第 3 回中国 ASEAN 博覧会の開幕式に，ASEAN10 カ国の全首脳，ASEAN 事務局長，温家宝首相，薄熙来商務部長が勢ぞろいする．「もうひとつの中国 ASEAN 首脳会議」が実現する．
2009 年 8 月	「ASEAN 中国投資協定」に合意．中国 ASEAN 投資協力基金を設立する．
2010 年 1 月	ASEAN 加盟国と中国の間で，ノーマルリストの全商品の関税をゼロにする．FTA 枠組みが完成．
2011 年 11 月	ASEAN 首脳会議で，TPP に対抗するため，中国を含む 16 カ国の東アジア広域経済圏構想（RCEP）の推進に合意する．
2012 年 6 月	胡錦濤国家主席，上海協力機構（SCO）の理事会で「鉄道，エネルギーパイプラインなどの互聯互通プロジェクトの建設に努力し，古のシルクロードに新たに意義を付与する」と言明．
2013 年 6 月	昆明市の滇池国際展示場（DCEC）で第 1 回中国・南アジア博覧会（CSA-EXPO）を開催．以後，毎年，ASEAN 中心の「昆明フェア」とは別に開催する．
2014 年 9 月	南寧市の第 11 回中国 ASEAN 博覧会，並びに中国 ASEAN 投資サミットの重点協力に「21 世紀海上シルクロードの共同建設」を掲げる．
2015 年 3 月	国家発展改革委員会，外交部，商務部が合同で発表．「新シルクロード経済ベルトと 21 世紀海上シルクロードの共同建設を推進する展望と行動」（いわゆる一帯一路構想）．
2015 年 6 月	アジアインフラ投資銀行（AIIB）設立協定の署名式．50 カ国代表が署名．
2015 年 6 月	昆明進出口商品交易会の ASEAN 諸国出展ブースが前年の 276 から 722 に急増．
2016 年 1 月	AIIB が開業．加盟は 57 カ国・地域に増加．

（年表）

年月	事項
2016 年 3 月	海南島三亜で，第 1 回「瀾滄江・メコン川協力」（LMC）首脳会議を開催する．メンバーは GMS と同じメコン川流域 6 カ国．
2016 年 6 月	AIIB が第 1 回理事会．第 1 回の融資案件を承認．バングラデシュ（単独），インドネシア，パキスタン，ウズベキスタンの 4 件，計 5 億 900 万ドル．
2016 年 7 月	オランダ，ハーグにある常設仲裁裁判所は，7 月 12 日中国の南シナ海における「九段線」に基づく権益主張に対し，これを否定する裁定を下した．
2016 年 9 月	ASEAN 中国首脳会議（ビエンチャン）で共同声明．南シナ海に関する仲裁裁判所の判決には言及せず，「当事国の交渉により解決を目指す」という中国側の意向を汲んだ表現になった．
2016 年 11 月	マレーシアのナジブ首相が訪中．「一帯一路」構想関連の大型投資プロジェクト 14 件（1440 億 RM）の実施について基本的に合意する．
2016 年 12 月	カンボジア・シェムリアップでの第 2 回「瀾滄江・メコン川協力」外相会議．同会議の開催に先立ち，王毅外相が「LMC は GMS への対抗ではなく，新型のサブ地域協力である」と強調した．
2017 年 3 月	AIIB にカナダ，ベルギー，香港などが加わり，加盟は 70 カ国・地域に．同年 5 月にはチリなどが加わり，77 カ国・地域となった．
2017 年 4 月	タイ，中国から潜水艦（元級 S26T）を 135 億バーツ（430 億円）で購入すると閣議で決定．
2017 年 5 月	北京で「一帯一路国際協力サミットフォーラム」を開催．130 カ国が参加し，29 カ国の元首が出席した．中国が「主場外交」（ホームグランド）を展開する．
2017 年 5 月	インド外務省，「中国 = パキスタン経済回廊」が係争地カシミールを通るとして，中国の「一帯一路」構想を公式に批判．
2017 年 8 月	対外経済戦略のシンクタンク，中国国際発展知識中心（CIKD: China Center for International Knowledge on Development）を開設する．
2017 年 9 月	アモイ市で習近平国家主席とタイのプラユット首相が会談．「一帯一路イニシアチブの共同推進」と向こう 5 年間の中国 = タイ戦略的合作に合意．
2017 年 10 月	中国共産党第 19 回全国代表大会で，党規約に「習近平による新時代の中国の特色ある社会主義思想」と「一帯一路」の文言を盛り込む．習近平核心体制と「一帯一路」構想が不可分の関係に．
2017 年 11 月	「一帯一路イニシアチブの国際会議：CLMVT とのネットワーク形成」をバンコクで開催．昆明 = ビエンチャン = バンコク = シンガポールの新「陸のシルクロード構想」が示される．
2018 年 4 月	タイ政府とアリババ集団の馬雲会長が，「スマート・デジタル・ハブに関する戦略的提携」など，4 件の事業契約に署名した．

出所：末廣ほか（2011），末廣ほか（2014），青山（2013），青山・天児（2015），日本経済新聞の記事検索サイト，『週刊タイ経済』（電子版）などより筆者作成．

する宣言も行った（Arase 2010）.

　総じて，2000 年代初めには，中国は ASEAN の自主性を尊重し，「ASEAN の流儀」に従う姿勢を示した．対照的に，より積極的でリスクテイキングな態度に出たのが，ASEAN 諸国と国境を接する地方政府であった．例えば，ミャンマー，ラオス，ベトナムと 4060 キロにわたって国境を接する雲南省地方政府は，1994 年から開催していた「昆明フェア」の規模を拡大する．その結果，ASEAN 諸国が出展するブースの数は，2001 年 77，2002 年 136，2003 年 243，2004 年 267 と，急速に増加していった（雲南省商務部のデータ）．一方，ベトナムと 1020 キロにわたって国境を接する広西チワン族自治区政府も，商務部と連携しながら，2004 年 11 月から南寧市で CAEXPO を開催し（後述），2006 年 7 月には，ベトナムと連携して，同じ南寧市で第 1 回「汎トンキン湾（汎北部湾）経済協力フォーラム」を開催するのである[8].

　2000 年代は，中国と日本が ASEAN や大陸部東南アジアに対して，地域協力のビジョンを提示して，文字通り「張り合った」時期でもあった．例えば，朱鎔基首相の中国 ASEAN 自由貿易協定の動きに対しては，2002 年 1 月に，小泉純一郎首相が東南アジア歴訪の旅の最終地シンガポールで，「東アジア・コミュニティ」（an East Asian community）構想を発表し[9]，2005 年 4 月からは中国に対抗して，日・ASEAN 包括的経済連携協定の交渉を開始した（2007 年 12 月に大筋合意）．また，「アジア債務削減計画」に代表される中国政府の CLM への関与の強化に対抗する形で，2004 年 11 月に，日・CLV 首脳会議（ビエンチャン）を開催し，2008 年からはこれを「日・メコン協力」に発展させている（助川 2011）．中国抜きのインドシナ開発協力である点に注意しておきたい.

　さらに，中国の対外援助と中国企業によるインフラ投資に対しては，2008 年 8 月の「ASEAN + 6」経済担当大臣会合の席で，二階俊博経済産業大臣が，「東アジア産業大動脈」構想を発表し，運輸・交通，物流インフラ，都市開

8）　汎北部湾経済協力の経緯と実態については，細川（2011）を参照.

9）　外務省が発表した「東アジア・コミュニティ」の英語訳は「an East Asian community」であり，EEC（The European Economic Community）と異なり，The と大文字ではなく an と小文字の共同体で，「開かれた地域主義」の考え方を反映させている.

発に日本が積極的に協力することを表明した．しかし，中国がさまざまな地域制度や地域協力構想を繰り出して，東南アジア地域の「中国化」を着々と進めていったのに対して，日本は明確なビジョンを出せないまま現在に至っている[10]．

5. 大メコン圏（GMS）開発と中国 ASEAN 博覧会

5.1 GMS と中国の内陸開発

第3節では中国 ASEAN 間の貿易と直接投資の動きを，第4節では中国と ASEAN の外交関係と経済交渉を見てきた．どちらの場合も，2000年代に入ってから急速に中国による働きかけが進んできたことが特徴である．そこで以下では，大メコン圏（以下，GMS）開発と中国 ASEAN 博覧会の2つを事例にして，中国がこれらの制度・組織を使って，いかに自国にとって都合のよい環境をつくろうとしていったのかを見ていきたい．

アジア開発銀行（ADB）が，メコン川流域国に対して広域経済協力を呼びかけたのは，前出の年表で見たように，1992年10月のことである．それに至る経緯は次のようなものであった（末廣 2009, 18頁）．

まず，1986年にベトナムが「ドイモイ政策」を，次いでラオスが「新思考政策（チンタナカーン・マイ）」を発表し，市場経済への移行を開始する．1988年にはタイのチャートチャーイ政権が「インドシナを戦場から市場へ」というスローガンを掲げて，近隣諸国との貿易・投資の拡大をもくろんだ．そして，1989年にはカンボジアからベトナム軍の撤退が完了し，1991年には中国とベトナムの間で国交正常化が，カンボジアでは当事者四派を中心にパリ和平協定が締結される．こうした「ポスト冷戦」という政治環境の実現のもとで，①インドシナ諸国の経済復興，②当該国の市場経済化，③経済の自由

---

[10] 大庭（2014）は，日本，中国，ASEAN という3つのアクターに注目しながら，アジアでは地域協力や地域制度が「重層的」に展開してきたことに注目した．一方，白石隆（2016）は，東アジア／アジア太平洋では，日米・中国の間で「力の均衡の政治」が実施されるとともに，どの分野でどのようなルールをつくり，地域協力をどう進めていくかをめぐって「協力のゲーム」が展開されていると指摘した．日本のアジア政策に関する筆者の見解は末廣（2014a）を参照されたい．

化と市場統合という3つの課題を同時に実現しようとしたのが，1992年3月にADBが決定した野心的な試み，つまり，メコン川流域6カ国（この時点では，中国は雲南省地方政府）に対する地域技術援助であった．

この決定を受けたあと，ADBは1992年10月に，マニラ本部で「サブ地域経済協力」のための6カ国経済閣僚会議を開催する．このとき合意したGMS開発事業は，①交通・運輸，②エネルギー開発，③環境保全，④人的資源開発，⑤貿易・投資，⑥観光促進の6分野であった．そして，翌1993年8月に開催した第2回経済閣僚会議から，「大メコン圏経済協力（GMS）」の名称を，ADBは正式に採用することになった（白石昌也 1998）[11]．

さて，GMS開発事業は，1995年から2003年までに発足した11の作業グループやフォーラムによって運営されている．1995年には，観光部門作業グループ，電力フォーラム，交通フォーラム，環境作業グループ，通信フォーラム，サブ地域投資フォーラムの6つがいっせいに発足し，翌1996年にはGMS人的資源開発作業グループが，1998年には電力の相互接続と取引に関する専門グループが，1999年には貿易促進作業グループが，2000年にはGMSビジネスフォーラム（GMS-BF）が，そして最後に，2003年にはGMS農業作業グループが，それぞれ発足した．ビジネスフォーラムと農業開発を除けば，他の9つは発足時にもともと目標とされた分野である（石田・工藤 2007, 20-21頁）．

GMS開発事業のなかでもとりわけ目玉となっているのは，4つの経済回廊（Economic Corridors）と6つの支線もしくはサブ回廊である．すなわち，①ベトナム中部のティエンサ港からラオス，タイを通ってミャンマーのモーラミャインに至る東西経済回廊（1,502キロ．そのほか3つの支線）．②バンコクからチェンラーイ，ミャンマーのターチレック，マインラーを経て景洪，さらに昆明に至る南北経済回廊「ミャンマールート」（1,909キロ），③バンコクからチェンラーイ，ラオスのフアサーイ，ボーテンを経て景洪，さらに昆明に至る南北経済回廊「ラオスルート」（1,805キロ），昆明からラオカイを経てベトナムのハイフォン港に至る支線，④バンコクからカンボジアのポイペト

---

11)　GMSの概要については，ADB（2012）のほか，石田（2005），石田・工藤（2007），末廣（2009）を参照．

を経由してプノンペン，ベトナムのホーチミン，ブンタウ港に至る南部経済回廊（1,024 キロ，そのほか 2 つのサブ回廊）が，それである（末廣 2009, 15-16 頁）．現在では，GMS の共同事業の関心と重点は，これらの経済回廊の建設とエネルギー・電力開発に向かっている．

　そこで，GMS 開発事業の第 1 期（1994 ～ 2007 年），第 2 期（2008 ～ 2012 年），第 3 期（2012 ～ 2022 年）の 3 つに分けて[12]，事業分野別の投資金額の分布と，主な出資者を整理したものが表 3-4 であった．

　表 3-4 からわかるように，事業分野別には経済回廊の建設を含む「運輸・交通」が，第 1 期は投資総額 99 億 7000 万ドルのうち 82％を，第 2 期は総額 154 億 5000 万ドルのうち 73％を，第 3 期は総額 657 億 2200 万ドルのうち 85％を，それぞれ占めていた．これに 2 番目の「エネルギー・電力」を加えると，第 1 期はこの 2 つだけでじつに 99％，第 2 期も 94％という圧倒的な高さを示した．

　興味深い問題は，それではこうしたインフラへの投資をだれが出資したのかという点である．主な出資者は次の 4 つのグループに分けられる．① GMS 開発事業を統括する ADB 自身，②メコン川流域開発に参加する 6 つの国の政府，③世界銀行などの国際金融機関，④日本の JICA／JBIC や域外国の経済協力機関などによる共同出資の 4 つである．

　そもそも GMS 開発事業は，複数の国にまたがる協力事業でないと承認されない．したがって，道路などは自国の領域内で実施する建設部分については，ADB を別にすれば，当該国の政府が応分に出資すべきものである．しかし，実際の主な出資者を見ると，第 1 期と第 2 期のどちらも，主たる出資者は ADB，中国，共同出資の 3 つであり，この 3 者で全体の約 9 割を占めた（第 3 期は 7 割強に低下）．

　第 1 期の投資プロジェクトの総件数は 34 件．これを出資者別に集計すると，共同出資を別にすれば，1 位がプロジェクト管理者である ADB（34％），これに次ぐのが中国（27％）であった．ところが，第 2 期になると，投資総額が 99.7 億ドルから 154.5 億ドルへ 1.5 倍に増える中で，ADB のシェアは 2

---

12)　第 1 期，第 2 期，第 3 期は筆者の便宜的な分類であり，第 2 期は「ビエンチャン行動計画」，第 3 期は「ハノイ行動計画」の期間をカバーする．

表 3-4　GMS 開発計画：第 1 期と第 2 期，認可ベース

投資期間	第 1 期 (1994 ～ 2007 年) 34 件		第 2 期 (2008 ～ 12 年) 110 件		第 3 期 (2012 ～ 22 年) 143 件	
投資金額，割合	100 万ドル	％	100 万ドル	％	100 万ドル	％
(1) 事業分野別	9,970	100.0	15,450	100.0	65,722	100.0
運輸・交通	8,157	81.8	11,315	73.2	55,753	84.8
エネルギー・電力	1,727	17.3	3,181	20.6	2,230	3.4
環境保全	0	0.0	185	1.2	560	0.9
観光開発	47	0.5	268	1.7	1,430	2.2
国境経済	–	–	–	–	2,085	3.2
農業開発	–	–	–	–	1,695	2.6
人的資源開発，健康	39	0.4	103	0.7	702	1.1
その他[1]	–	–	398	2.6	1,267	1.9
(2) 国別・機関別	9,970	100.0	15,450	100.0	52,771	100.0
アジア開発銀行	3,426	34.4	3,420	22.1	7,874	14.9
中国	**2,686**	**26.9**	**4,980**	**32.2**	**22,340**	**42.3**
タイ	0	0.0	201	1.3	6,245	11.8
ベトナム	208	2.1	490	3.2	472	0.9
カンボジア	82	0.8	5	0.0	33	0.1
ラオス	102	1.0	17	0.1	113	0.2
ミャンマー	0	0.0	0	0.0	21	0.0
共同出資ほか[2]	3,466	34.8	6,337	41.0	15,674	29.7
検討中，金額不明	0	0.0	0	0.0	12,951	–

注：1) 事業分野の「その他」には，電気通信，都市開発，貿易の制度整備などを含む．
　　2) 共同出資ほかは，世界銀行，AIIB，日本の JICA/JBIC，中国国家開発銀行，フランス，スウェーデン，
　　　　オランダなど．
　　3) 第 3 期の国別機関別分布は，総額 657 億 2200 万ドルから「検討中，不明」129 億 5100 万ドルを除いた
　　　　527 億 7100 万ドルで算出している．
出所：ADB (2008a)，ADB (2008b)，ADB (2018) より筆者作成．

位（22%）に下がり，逆に中国が 1 位（32%）に浮上していることが判明した．
それでは，この逆転をどのように解釈すればよいのか．

　最大の理由は，中国の中央政府や地方政府が，経済回廊の整備を看板に掲
げて，国境付近の高速道路の整備を精力的に行ったことによる．つまり，中

国の内陸開発（当時は「西部大開発」と呼ばれた）を，ADB が進める GMS 開発事業と結びつけることで，国際資金を活用する道を開いたのである．もちろん，中国政府自身が投入した資金は，自国の道路建設などでは最大のシェアを占める．しかし，ミャンマー，ラオス，タイ，ベトナムとの運輸・交通の結合（GMS 開発）という「地域協力」という看板の下で，国際資金を最大限活用していった点は軽視すべきではない．

　この点は，2012 年から 2022 年の 11 年間をカバーする「投資プロジェクト」では，より明確になっている．2018 年 3 月の第 6 回 GMS サミット（ハノイ）で承認された『GMS 地域投資枠組み 2022 年の概観』（ADB 2018）によれば，投資案件は全部で 143 件に増加し（運輸・交通が 85 件，エネルギーが 11 件，観光開発が 12 件，農業開発が 11 件ほか），投資予定額も 657 億 2200 万ドルに達した．第 2 期の 4.25 倍の投資規模である．

　次に，2018 年 3 月に ADB が発表した報告書の投資案件別データを，出資者別に集計してみると，出資者が「検討中」か「不明」を除いた合計金額は，527 億 7100 万ドルに達した．この投資金額のうち，ADB の出資分は第 2 期の 22％ から第 3 期の 15％ にさらに下がり，逆に中国が分担する金額は，同時期に 32％ から 42％ に 10 ポイントも上昇していることが判明した．中国以外の国が負担する投資金額は，タイの 12％ を除くと，CLMV いずれも 1％ にも達していなかった．

　つまり，GMS 開発事業は，すでに中国の開発事業へと組み込まれつつあるのである．これは，メコン川流域（大陸部東南アジア）における既存の地域協力枠組み（地域制度）を利用した「中国化」の動きの一つにほかならない．あるいは，中国による既存の地域協力枠組みの「取り込み」と呼ぶことができるかもしれない．そもそも，投資金額の 4 割以上を特定の国が負担する地域の事業を，多国間の協力事業と呼ぶこと自体が難しいであろう．

　そういうなかで，アジア地域のインフラ整備事業に対して，日本とアメリカが意思決定に大きな影響力を及ぼす ADB ではなく，中国が直接影響力を行使できる新しい国際開発金融機関の創設を構想しても，それは決して不思議ではないだろう．2015 年 12 月に発足したアジアインフラ投資銀行（AIIB）は，まさにそうした役割を果たすための金融機関であった[13]．それは，ADB

ではなく中国自身が主導権を握ることで，自らに有利な環境をつくろうとする「中国化」の試みということもできた．

　GMS との関連で，もう一つ重要な「中国化」の試みは，2015 年 12 月に中国の提案で開催された「瀾滄江・メコン川協力」（The Lancang-Mekong Co-operation）外相会議である．「瀾滄江」はメコン川上流の中国側の呼称であり，メンバーは GMS と全く同じメコン川流域の 6 カ国で構成する．この「瀾滄江・メコン川協力」は，翌 2016 年 3 月には海南島三亜市で第 1 回首脳会議を開催し，2016 年 12 月と 2017 年 12 月には第 2 回と第 3 回の外相会議を，2018 年 1 月には第 2 回首脳会議をカンボジアのプノンペンでそれぞれ開催し，GMS とは別の地域協力の事業を検討している．

　もっとも，第 2 回外相会議に先立つ記者会見で，中国の王毅外相は「この協力枠組みは既存のメコン川協力メカニズム（GMS［引用者］）に対抗したり，取って代わるものでは決してなく，あくまで 6 カ国が自主的につくった新型の地域協力メカニズムである」ことを強調した（『中国国際放送』2016 年 12 月 24 日）．

5.2　中国化の仕掛けとしての CAEXPO

　2004 年から始まる中国 ASEAN 博覧会（以下，CAEXPO）の開催は，2000 年 11 月に，朱鎔基首相が明らかにした「中国 ASEAN 自由貿易協定」締結の方針に呼応したものである．その後，2003 年 10 月の第 7 回 ASEAN 中国首脳会議の場で，温家宝首相が CAEXPO を南寧市で開催する構想を公式に発表した．開催場所として南寧市が選ばれたのは，主に次の 4 つの理由による．

　すなわち，①ベトナムと国境を接すること（国境の友誼関からハノイまでは陸路で 174 キロ），②「西部大開発」の一部をなす「広西ハイテク産業開発地区」が存在すること，③ GMS 開発事業のもとで建設が予定されている南北経済回廊（昆明とハイフォン港を結ぶ道路と鉄道）の拠点都市になっていること，④

---

13)　議決権票のトップ 3 カ国を見ると，アジア開発銀行（ADB）の場合は，日本（12.84 ％），アメリカ（12.75％），中国（5.47％）の順であった．これに対して，アジアインフラ投資銀行（AIIB）の 2016 年時点における順位は，中国（26.06％），インド（7.51％），ロシア（5.92％）であった（Wan 2016, p. 82）．

広西民族大学が広州の暨南大学と並んで中国における東南アジア研究のメッカであったこと，などによる（末廣 2014b, 49 頁）[14]．

　同時に，南寧市が選ばれた背景には，広西チワン族自治区政府と共産党が，辺境開発にきわめて熱心であったことも関係している（益尾 2010）．CAEXPO は北京の商務部（第 1 回開催時の商務大臣は薄熙来）が管轄していたが，商務部と協力しつつ周到に準備を進めていったのが，広西チワン族自治区政府であった．実際，2004 年 3 月には，呉儀副首相と広西チワン族自治区の李金早副主席を団長とする代表団が，ラオス，カンボジア，ミャンマーの 3 カ国を訪問し，同年 4 月には，広西チワン族自治区の陸兵主席を団長とする代表団が，カンボジア，タイ，韓国，日本の 4 カ国を訪問した．カンボジアではフンセン首相，タイではタックシン首相とそれぞれ面談し，CAEXPO への参加を要請している（『中国 – 東盟年鑑 2004』91 頁）．

　2004 年の時点では，CAEXPO のターゲットは，雲南省がすでに開催していた「昆明フェア」と同様，主としてタイと CLMV の 5 カ国であった．しかし，ASEAN10 カ国の首脳が一堂に会した第 3 回 CAEXPO の準備工作では，広西チワン族自治区政府がフルに活動している．まず，2006 年 3 月 28 日から 4 月 12 日にかけて，陸兵主席を団長とする政府代表団が，フィリピン，ブルネイ，シンガポール，ミャンマーの 4 カ国を訪問し，すべての国で当該国の首脳と会談を行った．次いで，4 月 13 日から 25 日には，自治区党書記の曹伯純が率いる代表団と，李金早副主席が率いる広西経済投資代表団の 2 つが，ベトナム，マレーシア，ラオス，カンボジアの 4 カ国と香港を訪問して，CAEXPO への参加を呼びかけた（『中国 – 東盟年鑑 2007』152-153 頁）．

　そうした準備工作が功を奏して，2006 年 10 月 31 日の第 3 回 CAEXPO 開幕式には，ASEAN10 カ国の首脳全員（ブルネイは国王），オン・ゲンヨング（王景榮）ASEAN 事務局長，温家宝首相，薄熙来商務大臣，陸兵主席，曹伯純党書記の 15 名が勢ぞろいした．これは，ASEAN が大国を招聘して首脳会合の場を設定する「ASEAN プラス 1」（ASEAN 中国首脳会議など）の枠組みに満足しない中国側の対応，つまり，中国があくまで主導する「もう一つの

14）　CAEXPO については，公式サイトのほか，許・古『中国 – 東盟年鑑』（各年版），鄭『中国・東盟商務年鑑』（各年版）を参照．

中国 ASEAN 首脳会議」の試みに他ならなかった，と筆者は考える（末廣 2014b, 61 頁）.

　CAEXPO の当初の目的は中国と ASEAN 諸国の物産展である．同じ目的で 1994 年から開催されている「昆明フェア」と比較すると，2006 年当時，ASEAN 諸国が出展するブースの数は，「昆明フェア」が 207，南寧市の CAEXPO が 837 であった．加えて，CAEXPO の場合には，ASEAN 域外の外国が 163，中国の各省や中国企業が 2,663 のブースを出していたため，ブースの総数は 3,350 にも達した（表 3-5 を参照）.

　しかしながら，「昆明フェア」と CAEXPO の本当の違いは，ブースの数や物産展の規模の違いではない．最大の違いは CAEXPO の多様な行事と，その背後にある政治的経済的な目的の方である.

　CAEXPO は，① ASEAN 諸国が出展する「国別のパビリオン」，② ASEAN 諸国と中国の各省，産業組合，個別企業が出展するブース（工業製品，食品，機械類など），③ ASEAN 諸国と中国企業，あるいは中国企業同士の「ビジネス投資サミット（CABIS）」，④「魅力之城」（Cities of Charm）と呼ばれる，各国の主要観光都市を宣伝するブースの設置（2005 年の第 2 回から），⑤通貨・金融協力，国境交通など共通の問題を議論する政策フォーラム，⑥毎年交代で担当する ASEAN の幹事国（the Country of Honor）と中国の間の二国間の多様な交渉（首脳会談，貿易・投資交渉，資源開発など）[15]，⑦ゴルフ大会，テニス大会などの懇親会，そして，⑧一大イベントであり，各国の首脳クラス，もしくは貿易や経済担当大臣が出席する開幕式と，少なくとも 8 つの分野から構成されていた.

　例えば，2011 年 10 月 21 日から 26 日まで開催された「第 8 回 CAEXPO」を例にとってみよう.

　10 月 21 日の午前には，南寧国際会議場で開幕式が開催されたが，実はそれに先立って幹事国であるマレーシア政府が出資する「マレーシア欽州工業

---

15)　「幹事国」制度は第 4 回（2007 年）のブルネイから導入され，ASEAN 議長国と同様に，国名の ABC 順に持ち回りで分担する．第 15 回（2018 年）はカンボジア．一方，第 11 回（2014 年）からは新たに「特別ゲスト国」制度も導入され，2014 年オーストラリア，2015 年韓国，2016 年スリランカ，2017 年カザフスタンが，それぞれ招聘された（CAEXPO の公式サイトより）.

表 3 - 5　中国 ASEAN 博覧会（CAEXPO）の発展（2004 ～ 2016 年）

CA EXPO	EXPO 開催	参加	参加人数	出展ブース数			貿易成約	投資成約（100 万ドル）		
	年月日	企業数	（人）	合計[1]	ASEAN10	中国	（100 万ドル）	外国と[2]	中国国内	
第 1 回	2004 年 11 月 3 ～ 6 日	1,505	18,000	2,506	626	1,749	1,080	4,968	5,864	
第 2 回	2005 年 10 月 19 ～ 22 日	2,000	25,000	3,300	696	2,518	1,150	5,290	6,124	
第 3 回	2006 年 10 月 31 日 ～ 11 月 3 日	2,000	30,000	3,350	837	2,663	1,270	5,850	6,945	
第 4 回	2007 年 10 月 28 ～ 31 日	1,908	33,480	3,400	1,124	2,274	1,420	6,150	7,651	
第 5 回	2008 年 10 月 22 ～ 25 日	2,100	36,538	3,400	1,154	2,076	1,597	6,364	8,807	
第 6 回	2009 年 10 月 20 ～ 24 日	2,450	48,619	4,000	1,158	2,726	1,654	6,440	9,054	
第 7 回	2010 年 10 月 19 ～ 23 日	2,200	49,125	4,500	1,138	3,379	1,712	6,690	9,962	
第 8 回	2011 年 10 月 21 ～ 26 日	2,300	50,600	4,700	1,161	n.a.	1,807	7,420	11,316	
第 9 回	2012 年 9 月 21 ～ 25 日	2,280	52,000	4,500	1,254	3,300	1,878	8,204	12,708	
第 10 回	2013 年 9 月 3 ～ 6 日	2,300	55,000	4,500	1,294	n.a.	1,910	9,056	14,538	
第 11 回	2014 年 9 月 16 ～ 19 日	2,330	55,700	4,500	1,223	3,341	870	9,823	16,196	
第 12 回	2015 年 9 月 18 ～ 21 日	2,207	55,000	4,500	1,247	3,304	n.a.	n.a.	n.a.	
第 13 回	2016 年 9 月 11 ～ 14 日	2,570	55,000	5,800	1,459	n.a.	n.a.	n.a.	n.a.	

注：1）出展ブースの合計は，ASEAN10，その他の国，中国の 3 つの合計を指す．
　　2）「外国」とは，中国企業（中国進出外国企業を含む）と ASEAN 等の企業の間の投資成約を指す．「中国国内」は中国企業同士の投資成約を示す．
出所：1）第 1 回から第 10 回は，『中国－東盟年鑑』2003 年版から 2011 年版（中国語），鄭軍健主編『中国・東盟商務年鑑 2014 年版』，436 頁．
　　2）第 10 回から第 13 回のデータは，「中国－東盟博覧会」（CAEXPO）の公式サイト．http://www.caexpo. org/ に筆者アクセス（2016 年 6 月 9 日，2017 年 7 月 16 日，2018 年 5 月 15 日）．2017 年以降の具体的な数字は，政府の方針により公表しなくなった．

団地」の調印式と着工式が行われた．午後になると，中国 ASEAN「対話国」20 周年記念式典，マレーシアのナジブ首相，ムスタバ・モハメッド通商産業大臣と中国の高虎城商務副大臣，中国有力企業の CEO（中国輸出入機械有限公司など）の間の円卓会議も開かれている．また，6 日間の期間中には，第 3 回「中国 ASEAN 金融協力・開発フォーラム」（議長は中国人民銀行）など，少なくとも 9 つの政策フォーラムが開催された（末廣 2014b, 60-61 頁）．

　ここで注意すべきは，金融協力・開発フォーラムなどは，全く同じテーマを，「ASEAN＋3」財務担当大臣会議で実施している点である．あるいは，10 月 22 日の午前に開催された，第 1 回中国 ASEAN 閣僚による国境交通協定協力会議などは，GMS のサミットや作業部会で議論すべき課題と全面的に重なっていた．しかしながら，中国は仮に同じ課題であっても，自分自身が議長の席に座り，あくまで自分たちが主導する枠組みを使って議論を進めようとする．ASEAN 加盟国が議長を務める政策フォーラムではなく，CA-EXPO の場を借りた「もう一つの政策フォーラム」の創設が中国の狙いであった．

　CAEXPO にはもう一つの特徴がある．それは，表 3-5 の出展ブース数の「中国」の欄，そして，投資成約の「中国国内」の数字に端的に示されている．投資成約の「中国国内」というのは，沿岸部の中国企業が内陸部の中国企業に投資するようなケースを指す．その合計金額は，中国企業と ASEAN 諸国を含む外国企業との間の投資金額より一貫して多く，2014 年の場合には，1.65 倍にも達していた．これは，ASEAN 諸国との経済関係の強化を謳う CAEXPO が，国内の「西部大開発」「辺境開発」の目的にも使われていることを示唆するものである[16]．

　したがって，CAEXPO は中国が東南アジア地域を対象に進めている「中国化」の試みの一つであると同時に，国内の内陸部開発にも資する枠組みにもなっているとみなすことができる．この点は，雲南省の他，内陸部の重慶，四川，貴州，広西，チベットの 5 省・市・自治区と成都市人民政府が開催に全面的に協力している「昆明フェア」にも共通する特徴だった（末廣 2009,

---

16)　この点を検証するための具体的な統計数字は，『中国・東盟商務年鑑』にも CAEX-PO の公式サイトにも，現在は掲載されていない．

52-53頁).

6. おわりに――「一帯一路」構想，AIIBと地域の「中国化」

　習近平国家主席が「一帯一路」構想（現在は，Belt and Road Initiative）を発表したのは，2013年のことである．まず，2013年9月，訪問中のカザフスタンのナザルバエフ大学で「シルクロード経済ベルト」（陸のシルクロード）について語り，同年10月にはインドネシアの国会で演説して，「21世紀海上シルクロード」について提唱した．陸の方は中央アジア，ロシア，中東からヨーロッパの一部を含み，海の方は東南アジアを真ん中に，南シナ海・太平洋とインド洋の双方をカバーする．「一帯一路」構想が対象とする国は65カ国，44億人に達し，従来の中国の世界戦略のなかでも「最も宏大な構想」と言われた．そして，この構想を金融面で支えるものとして，シルクロード基金の他，中国を最大出資者とするアジアインフラ投資銀行（AIIB）が設立された．

　「一帯一路」構想とAIIB誕生のきっかけについては，いくつかの議論がある[17]．アメリカ（オバマ政権）のアジア太平洋への回帰と環太平洋経済連携協定（TPP）の推進が，アメリカによる「中国包囲戦略」と受け止められ，それへの対抗戦略として構想されたという議論，世界銀行のチーフエコノミストであった林毅夫などが主張していた，発展途上国向けの新しい開発協力金融機関の構想＝中国版マーシャルプランを実現したという議論，胡錦濤国家主席が上海協力機構（SCO）の会合で提唱した「いにしえのシルクロードの再建」に端を発するという議論などである．

　また，AIIBの設立についても[18]，新興国で急増するインフラ需要に資金を供給するのは，経済大国・中国の国際的責務であること，国内の経済的停滞を克服するために，内陸部開発が不可欠となっていること，鉄鋼産業の過剰設備と膨れ上がった外貨準備という「2つの過剰」に対処するためには，

---

17)　「一帯一路」構想とAIIBについては，伊藤（2015），渡辺紫乃（2015），Aoyama（2016），Suehiro（2017）のほか，本書の第1章（伊藤論文）も参照．

18)　AIIB設立の背景とそのプロセスについては，『週刊東洋経済』の副編集長（当時．現在は編集長）であった西村（2015），そして，朝日新聞社の鯨岡（2016）や吉岡（2017）がビビッドに伝えている．

近隣諸国のインフラ事業への支援が有効な手段になること，経済成長を続けるためには，中央アジアと東南アジアのエネルギー資源確保が今後とも不可欠であること，などが指摘されている（倉都 2015）．いずれにせよ，2015 年3 月には，国家発展改革委員会，商務部，外交部が連名で「一帯一路」構想に関する公式声明を発表し，2 カ月後の 5 月には，AIIB の設立協定に 50 カ国の代表が署名した（2017 年 5 月には加盟国は 77 カ国・地域に増加した．年表も参照）．

　それでは，「一帯一路」構想や AIIB と，これまで述べてきた中国による地域の「中国化」とは，どのような関係にあるのか．例えば，ASEAN が強調している域内でのコネクティビティ（連結性）の強化については，AIIB は重要な資金供給源となりえる．したがって，GMS の経済回廊建設とは補完関係になるだろう．また，CAEXPO は，第 11 回（2014 年），第 12 回（2015 年），第 13 回（2016 年）と，3 年間続けてその重点領域に「21 世紀海上シルクロードの共同建設」を掲げた．このことは，CAEXPO の開催が単に ASEAN 諸国との関係強化だけでなく，中国のより広い地域戦略のなかに位置付けられたことを示唆する．

　2000 年代に ASEAN 諸国と「WIN = WIN」の関係を築いてきた中国は，2010 年代以降になると，南シナ海の領域問題に示されるように，外交の方針を自国利益中心の態度に変えてきた[19]．この転換の出発点は，すでに述べたように，2006 年の胡錦濤国家主席による「中国の外交は経済発展だけではなく，国家主権と安全を擁護する役割を果たすべきである」という発言にある．この発言は，国連海洋法条約（中国は 1996 年に締結）が要求する 12 海里の領海に加えて，排他的経済水域（EEZ）をどの範囲に定め，国際委員会に申告するのかという政府の判断と密接に絡んでいた．その結果，2000 年代後半から，中国の海洋政策は「争議の棚上げ，共同開発」から「領有権の主張と擁護」へとシフトした（青山・天児 2015，65 頁）．

　なお，胡錦濤国家主席の発言は，習近平国家主席により，2013 年 1 月に再確認のうえ，強調されている．そして，アメリカのアジア太平洋復帰に危機意識を強めた習近平政権は，アメリカに対抗して西と南に外交上の活路を

---

19)　南シナ海の領域問題については，佐藤（2011），Zhao（2014），ヘイトン（2015），趙（2017）を参照．

見出そうとした（西進南下）．それが，「一帯一路」構想の狙いであったというのが，青山・天児の見解である（同上書，66頁）．

　表3-2や図3-1でも見たように，2015年以降になると，中国とASEAN諸国の経済関係は次第に「WIN＝WIN」の関係でなくなりつつある．また，中国の国益重視の姿勢も習近平政権のもとでより明確になってきた．そうだとすると，「一帯一路」構想は，「中国化」の方針を東南アジアから世界に向けて拡大するための転轍装置になるのだろうか．

　筆者は必ずしもそうは考えない．例えば，2016年6月，AIIBは第1回理事会を北京で開催し，バングラデシュ，インドネシア，パキスタン，ウズベキスタンへの融資4件，合計5億900万ドルを承認した．このうちAIIBの単独融資はバングラデシュの案件のみで，あとはそれぞれ世界銀行，ADB，欧州復興開発銀行との協調融資である．また今後の融資予定額は，2016年度12億ドル，17年度25億ドル，18年度35億ドルと，当初の意気込みに比べてきわめて控えめであった．ADBの2015年度の融資承認額166億ドルや，GMSのハノイ行動計画の657億ドルと比べると，AIIBの慎重さはだれの目にも明らかであろう．

　むしろ，中国政府は，露骨な「中国化」戦略に対しては，抑制的な姿勢を取り始めているように思われる．AIIBの慎重なスタートは，投資案件の選定が国際ルールを一定尊重していることの反映であるし，2015年12月にパリで開催された「COP21」での中国代表団の対応も，国際世論を意識したものであった．2016年7月にハーグの国際仲裁裁判所が下した中国の南シナ海に関する主張に対する「無効」の判定については，感情的な反発を示したものの，その後のASEANとの交渉では，国際世論を意識した態度を示し始めている．

　したがって，中国が傍若無人に世界制覇に乗り出すという判断はあまり現実的ではない．むしろ，今後「中国化」を進める場合にはよりスマートに，そして，国際的なルールにも一定配慮しつつ，自国の影響力の維持拡大に努める可能性は高い．

　その一方で，2017年の中国共産党第19回全国代表大会で，習近平国家主席は自らの権力基盤をいっそう強化した．2035年までに真の「世界の大国」

の実現を目指す習近平国家主席が,「一帯一路」構想を利用しつつも, もはや「一帯一路」ではなく,「多帯多路」の攻勢的な対外戦略に出ることも十分考えられる[20]. この硬軟織り交ぜた中国の戦略に対して, ASEAN 諸国や日本がどのように対応していくのか. この点を検討することは, アジアの新しい地域秩序を考える上で, きわめて重要な要因となっているのである.

参考文献

〈日本語文献〉

青山瑠妙（2013）『中国のアジア外交』東京大学出版会.

青山瑠妙・天児慧（2015）『超大国・中国のゆくえ 2　外交と国際秩序』東京大学出版会.

天児慧（2005）「新国際秩序構想と東アジア共同体論——中国の視点と日本の役割」『国際問題』第 538 号（2005 年 1 月号）, 27-41 頁.

石川幸一（2017）「ASEAN 経済共同体の創設——成果と課題」大庭ほか（2017）, 41-66 頁.

石田正美編（2005）『メコン地域開発——残された東アジアのフロンティア』日本貿易振興機構アジア経済研究所.

石田正美・梅﨑創・山田康博編（2017）『タイ・プラス・ワンの企業戦略』ERIA-TCER アジア経済統合叢書第 6 巻, 勁草書房.

石田正美・工藤年博編（2007）『大メコン圏経済協力——実現する 3 つの経済回廊』日本貿易振興機構アジア経済研究所.

伊藤亜聖（2014）「中国 ASEAN 経済関係の諸相——南進しているのは誰か？」末廣ほか（2014）, 81-118 頁.

伊藤亜聖（2015）「中国「一帯一路」の構想と実態——グランドデザインか寄せ集めか？」『東亜』第 579 号（2015 年 9 月号）, 30-40 頁.

大庭三枝（2014）『重層的地域としてのアジア——対立と共存の構図』有斐閣.

大庭三枝・石川幸一・菅原淳一・奥田聡・遊川和郎（2017）『経済統合とアジアの針路』亜細亜大学アジア研究所.

---

20)　少なくとも, 当初の「一帯」（One Belt）は, 昆明からバンコクをへてシンガポールに行き着く帯, 昆明からミャンマーを経てインドのコルカタに行く帯, 内陸部のカシュガルからパキスタンのカシミールを経てインド洋のグワンダル港に行く帯, 北京からロシアのイルクーツクに行く帯など, 合計 6 つの帯に増えている. 末廣（2018a）を参照.

北野尚宏（2013）「中国の経済協力の現状」『ジェトロ中国経済』2013 年 4 月号，
　　39-55 頁．

鯨岡仁（2016）『ドキュメント TPP 交渉——アジア経済覇権の行方』東洋経済新報社．

倉都康行（2015）「長期化する経済低迷とアジアインフラ投資銀行の意味」『世界』第
　　870 号（2015 年 6 月号），149-157 頁．

小林誉明（2007）「中国の援助政策——対外援助改革の展開」『開発金融研究所報』（国
　　際協力銀行）第 35 号（2007 年 10 月号），109-147 頁．

佐藤考一（2003）『ASEAN レジーム—— ASEAN における会議外交の発展と課題』
　　勁草書房．

佐藤考一（2011）「南シナ海紛争と中国」『海外事情』第 59 巻第 4 号，39-58 頁．

白石隆（2016）『海洋アジア vs. 大陸アジア——日本の国家戦略を考える』ミネルヴ
　　ァ書房．

白石隆，ハウ・カロライン（2012）『中国は東アジアをどう変えるか—— 21 世紀の
　　新地域システム』中公新書．

白石昌也（1998）「ポスト冷戦期インドシナ圏の地域協力」礒部啓三編『ベトナムと
　　タイ——経済発展と地域協力』大明堂，38-86 頁．

末廣昭（2009）「GMS をどう捉えるか？　メコン川流域開発・国境経済圏・中国の対
　　外戦略」末廣ほか（2009），9-61 頁．

末廣昭（2011）「中国の対外経済戦略と CLMV ——対外直接投資・資源確保・電力
　　事業」末廣ほか（2011），39-98 頁．

末廣昭（2014a）「日本のアジア認識・政策の変容—— 2001 年以降の「通商白書」を
　　中心として」宮城大蔵編『歴史のなかの日本政治 5　戦後アジアの形成と日本』
　　中央公論新社，245-286 頁．

末廣昭（2014b）「南進する中国と中国 ASEAN 博覧会（CAEXPO）」末廣ほか（2014），
　　41-80 頁．

末廣昭（2018a）「アジアのゲートウェイを目指すタイ」（連載「タイと中国・CLMV」
　　第 1 回）『タイ国情報』第 52 巻第 1 号（2018 年 1 月号），2-19 頁．

末廣昭（2018b）「「中所得国の罠」の克服——「Thailand 4.0」とタイ大企業の対応能
　　力」『経済志林』第 85 巻第 4 号，67-129 頁．

末廣昭・伊藤亜聖・大泉啓一郎・助川成也・宮島良明・森田英嗣（2014）『南進する
　　中国と東南アジア——地域の「中国化」』東京大学社会科学研究所現代中国研究
　　拠点研究シリーズ No. 13．

末廣昭・大泉啓一郎・助川成也・布田功治・宮島良明（2011）『中国の対外膨張と大
　　メコン圏（GMS）・CLMV』東京大学社会科学研究所現代中国研究拠点研究シリ
　　ーズ No. 7．

末廣昭・宮島良明・大泉啓一郎・助川成也・青木まき，ソムポップ・マーナランサン

（2009）『大メコン圏（GMS）を中国から捉えなおす』東京大学社会科学研究所現代中国研究拠点研究シリーズ No. 3.

助川成也（2011）「日メコン協力――MJ-CI 行動計画における産業界からの提言」末廣ほか（2011），137-160 頁.

鈴木早苗（2014）『合意形成モデルとしての ASEAN ――国際政治における議長国制度』東京大学出版会.

趙宏偉（2017）「報告 II　中国の東シナ海・南シナ海政策――習近平の世界戦略の視点から」『中国研究月報』第 71 巻第 1 号，17-36 頁.

西村豪太（2015）『米中経済戦争　AIIB 対 TPP ――日本に残された大逆転のチャンス』東洋経済新報社.

ヘイトン，ビル，安原和見訳（2015）『南シナ海――アジアの覇権をめぐる闘争史』河出書房新社.

細川大輔（2011）『中国 - ASEAN 経済圏のゆくえ――汎北部湾経済協力の視点から』大阪経済大学研究叢書 71，明石書店.

益尾知佐子（2010）「世界に飛び立つ南寧――中国の地域主義の展開における広西地方政府の役割」『中国研究月報』第 64 巻第 11 号，28-40 頁.

山影進（2012）「大国を「飼い慣らす」ことをめざす小国の戦略――東南アジア諸国連合（ASEAN）の影響力に焦点を当てて」山本吉宣編『日米中関係の中長期的展望』日本国際問題研究所，139-153 頁.

吉岡桂子（2017）『人民元の興亡――毛沢東・鄧小平・習近平が見た夢』小学館.

渡辺紫乃（2015）「中国のシルクロード――経済圏構想の実態と背景」『東亜』第 573 号（2015 年 3 月号），30-38 頁.

渡辺利夫・向山英彦編，さくら総合研究所環太平洋研究センター（2001）『中国に向かうアジア，アジアに向かう中国』東洋経済新報社.

〈中国語文献〉（ピンイン順）

許家康（Xu Jiakang）・古小松（Gu Xiaosong）主編『中国 - 東盟年鑑（China-ASEAN Yearbook）』線装書局，2004 年版から 2012 年版まで.

鄭軍健主編『中国・東盟商務年鑑（China-ASEAN Business Yearbook）』広西人民出版社，2012 年版から 2014 年版.

〈英語文献〉

Acharya, Amitav（2001）, *Constructing a Security Community in Southeast Asia: ASEAN and the Problem of Regional Order*, New York: Routledge.

Aoyama, Rumi（2016）, "One Belt, One Road: China's New Global Strategy," *Journal of Contemporary East Asia Studies*, Vol. 5(2), pp. 3-22.

Arase, David (2010), "Non-Traditional Security in China-ASEAN Cooperation: The Institutionalization of Regional Security Cooperation and the Evolution of East Asian Regionalism," *Asian Survey*, Vol. 50(4), pp. 808-833.

Asian Development Bank (ADB)(2008a), *Evaluation Report: Individual Operations in the Greater Mekong Subregion*, Manila: ADB, February.

Asian Development Bank (ADB)(2008b), *Greater Mekong Subregion: Vientiane Plan of Action for GMS Development 2008-2012*, Manila: ADB, March.

Asian Development Bank (ADB)(2012), *Greater Mekong Subregion Economic Cooperation Program: Overview*, Manila: ADB, March.

Asian Development Bank (ADB)(2015), *Greater Mekong Subregion: Regional Investment Framework Implementation Plan (2014-2018)*, 5th GMS Summit, Manila: ADB, January.

Asian Development Bank (ADB)(2018), *Greater Mekong Subregion Economic Cooperation Program: Overview of the Regional Investment Framework 2022*, GMS 6, Ha Noi: ADB, March.

Hettne, Björn and Fredrik Söderbaum (2000), "Theorizing the Rise of Regionness," *New Political Economy*, Vol. 5(3), pp. 457-472.

Katzenstein, Peter J. (2005), *A World of Regions: Asia and Europe in the American Imperium*, Ithaca, NY: Cornell University Press.

Katzenstein, Peter J. (2012a), "China's Rise: Rupture, Return, or Recombination?" in: Katzenstein (ed.) (2012b), pp. 1-38.

Katzenstein, Peter J. (ed.)(2012b), *Sinicization and the Rise of China: Civilizational Processes Beyond East and West*, Abingdon, Oxon: Routledge.

Katzenstein, Peter and Takashi Shiraishi (eds.)(1997), *Network Power: Japan and Asia*, Ithaca, NY: Cornell University Press.

Kitano, Naohiro (2018), "Estimating China's Foreign Aid Using New Data: 2015-2016 Preliminary Figures — Contribution to AIIB Significantly Increased China's Aid Volume," JICA Research Institute, May 31.

Kitano, Naohiro and Yukinori Harada (2014), "Estimating China's Foreign Aid 2001-2013," JICA Research Institute Working Paper, No. 78, June.

(The) Nation and China Daily (2017), "International Conference 'Belt and Road Initiative: Network Opportunities with CLMVT'," at The Athenee Hotel, Bangkok, November 24.

Saw, Swee-Hock (ed.)(2007), *ASEAN-China Economic Relations*, Singapore: Institute of Southeast Asian Studies.

Shiraishi, Takashi (2012), "The Rise of China and Its Implications for East Asia," in:

Katzenstein (ed.) (2012b), pp. 120-149.

Suehiro, Akira (2017), "China's Offensive in Southeast Asia: Regional Architecture and the Process of Sinicization," *Journal of Contemporary East Asian Studies*, Vol. 6(2), pp. 107-131.

United Nations Conference on Trade and Development (UNCTAD) (2018), *World Investment Report 2018: Investment and New Industrial Policies*, Geneva: UNCTAD.

Wan, Ming (2016), *The Asian Infrastructure Investment Bank: The Construction of Power and the Struggle for the East Asian International Order*, New York: Palgrave Macmillan.

Zhao, Hong (2014), *The South China Sea and China-ASEAN Relations*, Trends in Southeast Asia, No. 6, Singapore: Institute of Southeast Asian Studies.

第4章

深化・分化する中国・ASEAN貿易

宮島良明・大泉啓一郎

1. はじめに

　中国経済の台頭は，ASEANを含めて東アジア地域の貿易構造を大きく変化させた．1990年代前半に「東アジアの奇跡」の担い手として日本や韓国，台湾などと同等の評価を得たASEAN諸国は[1]，1997年にアジア通貨危機を経験し，未曾有の経済調整を余儀なくされた．当初は，1980年代初頭に累積債務危機に見舞われたラテンアメリカ諸国のように，ASEAN諸国にとって2000年代は「失われた10年」となるのではないかとの懸念もあった．

　そのなかで，中国が2001年にWTOに加盟したことを契機とした，中国の世界貿易への本格的な参入が，ASEAN諸国の経済回復に寄与する一方で，ASEAN諸国の成長路線への回帰を阻害する要因になるのではないかとの危惧が高まった．いわゆる「中国脅威論」である．これに対抗するため，ASEANは結束を固め，共同体形成に向けての動きを加速した．

　しかし，実際にはASEAN諸国の経済回復は早く，中国経済の台頭も脅威になることはなかった．むしろ本章で明らかにするように，中国との貿易拡大がASEANの経済成長を促進するように作用した[2]．そして，2005年には

---

[1]　具体的には，シンガポール，タイ，インドネシア，マレーシアの4カ国（The World Bank 1993）．

中国とASEANとの間で「ASEAN中国包括的経済協力枠組協定」の一つと
して，ASEAN中国自由貿易協定（ACFTA）が発効し，2010年には，シンガ
ポール，タイ，インドネシア，マレーシア，ブルネイ，フィリピンのASE-
AN6カ国と中国との間で関税が原則撤廃されている．

　これらを背景として，2000年代以降の中国とASEANとの貿易が，その
量と質においていかに変化してきたかを，貿易額と貿易品目を整理すること
により明らかにすることが本章の目的である．それにより，中国とASEAN
の貿易が，2000年代を通して相互依存関係を深化させてきたことを確認する．

　本章の構成は以下の通りである．第2節では，中国とASEANの貿易の「量」
的な拡大について考察する．2000年代以降，中国とASEANは互いに重要
な貿易パートナーとなってきたことを指摘する．第3節では，中国と
ASEANの貿易の「質」的な変化について検討する．機械機器，特にIT関
連製品の貿易が増えたことを指摘する．第4節では，そのIT関連製品の中
国とASEANの分業体制について，貿易特化係数（産業内貿易指数）を用い
て分析を行う．最後に，2010年代以降の新しい動きについて若干の考察を
加え，ASEAN諸国の対中国貿易のトレンドが分化しつつあることを指摘し，
本章を閉じる．

2.　中国ASEAN貿易の「量」的拡大

2.1　貿易額の急増

　中国の対世界輸出は1995年の1488億ドルから，2015年には2兆2819億
ドルに増加した（UNCTAD）．これによって世界の総輸出に占める中国のシ
ェアは，2.9％から13.8％に上昇した．中国は，2009年以降世界第1位の輸
出大国になっている．工業製品に限れば，2015年に中国の輸出は世界のそれ
の18.6％を占める[3]．中国が「世界の工場」と呼ばれるゆえんである．

---

　2)　この点に関するこれまでの東京大学社会科学研究所現代中国研究拠点における筆者
　　らの研究の成果については，宮島・大泉（2007）（中国とASEANの競合関係），大泉（2011b）
　　（中国とCLMVの貿易），宮島（2010）（東アジア域内貿易），宮島（2011）（中国とベ
　　トナムの貿易），宮島（2014）（中国とASEANの貿易）などを参照．
　3)　工業製品は，SITC5から8に属する品目（ただし667，68を除く）．

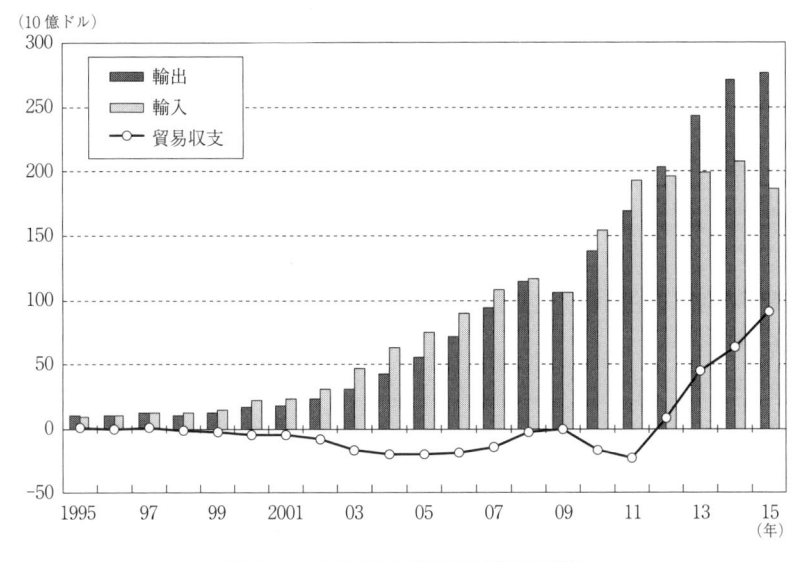

図 4-1　中国の対 ASEAN 貿易の推移

出所：Global Trade Atlas より宮島作成.

　他方，輸入も同期間に 1321 億ドルから 1 兆 6817 億ドルに増加し，世界の総輸入に占める中国のシェアは 2.5% から 10.1% に上昇した．現在はアメリカに次ぐ第 2 位の輸入大国となっており，いまや中国は世界経済のアブソーバー的役割を果たしている．2016 年 9 月に開催された G20 において，中国経済の減速を世界各国が問題視する一つの理由はここにある．

　中国が世界貿易におけるプレセンスを高めるなかで，中国と ASEAN との貿易も急速に拡大した．特に 2000 年代以降の拡大は著しい．

　図 4-1 は，中国の対 ASEAN 輸出入額と貿易収支額の推移を示したものである．輸出は 1995 年の 105 億ドルから 2000 年に 173 億ドルに増加した後，2010 年に 1381 億ドル，2015 年には 2770 億ドルへ急増した．輸入額も同期間に 99 億ドルから 222 億ドル，1543 億ドル，1864 億ドルに増加した．なかでも 2000 年以降の増加が著しい．

　ただし，ASEAN からの輸入は 2010 年代に入って伸び悩んでおり，2000 年代に一貫して赤字を計上してきた中国の対 ASEAN 貿易収支は，2012 年

表 4-1　中国の対 ASEAN 貿易

（上段：1,000 ドル，下段：%）

	輸出			輸入		
	1995 年	2005 年	2015 年	1995 年	2005 年	2015 年
シンガポール	3,500,622	16,632,262	53,139,141	3,397,772	16,514,596	27,557,900
	33.4	30.0	19.1	34.3	22.0	14.6
タイ	1,751,741	7,819,296	38,310,626	1,610,710	13,991,887	37,221,138
	16.7	14.1	13.7	16.3	18.7	19.7
マレーシア	1,280,984	10,606,347	44,192,327	2,070,544	20,093,205	53,257,648
	12.2	19.2	15.8	20.9	26.8	28.1
インドネシア	1,438,137	8,350,368	34,375,284	2,052,137	8,436,960	19,814,522
	13.7	15.1	12.3	20.7	11.3	10.5
フィリピン	1,030,131	4,687,631	26,692,700	275,742	12,869,689	19,019,735
	9.8	8.5	9.6	2.8	17.2	10.0
ベトナム	720,263	5,643,899	66,381,154	332,053	2,552,838	25,127,731
	6.9	10.2	23.8	3.4	3.4	13.3
カンボジア	51,598	536,031	3,770,011	5,724	27,305	666,287
	0.5	1.0	1.4	0.1	0.0	0.4
ラオス	47,730	103,377	1,212,287	6,446	25,545	1,316,053
	0.5	0.2	0.4	0.1	0.0	0.7
ミャンマー	617,793	934,847	9,429,575	149,523	274,395	5,301,349
	5.9	1.7	3.4	1.5	0.4	2.8
ブルネイ	34,474	53,141	1,411,657	25	207,728	97,273
	0.3	0.1	0.5	0.0	0.3	0.1
ASEAN 全体	10,473,472	55,367,200	278,914,763	9,900,677	74,994,148	189,379,637

注：上段は金額，下段は ASEAN におけるシェア．
出所：UNCTAD STAT より大泉作成．

に黒字に転換し，2015 年には 906 億ドルの黒字となっている．

　中国はいずれの ASEAN 各国とも貿易を拡大させているが，それぞれの貿易額と増加率の水準は異なる．表 4-1 は，中国の対 ASEAN 各国の輸出入を整理したものである．

　1995 年において，中国の対 ASEAN 貿易における最大の相手国はシンガポールであり，輸出では全体の 33.4%，輸入では 34.3% を占めた．2000 年代に

入ると，シンガポールのシェアは低下し，2015 年は輸出が 19.1％，輸入が 14.6％となっている．一方，2000 年代以降にプレゼンスを高めたのがベトナムである．金額で 2012 年にシンガポールと肩を並べ，2013 年以降，対 ASEAN輸出における最大の輸出相手国となっている．ベトナムへの輸出シェアは1995 年の 6.9％から，2015 年には 23.8％に上昇した．他方，輸入においてもベトナムのシェアは 3.4％から 13.3％へ大幅に上昇している．ただし，輸入においては，マレーシアが 28.1％と最も多く，タイが第 2 位で 19.7％，シンガポールが第 3 位で 14.6％，ベトナムはそれに次ぐ第 4 位である．

　そのほか金額は少ないものの，カンボジア，ラオス，ミャンマーとの貿易額も急増している．例えば，2005 年と 2015 年を比較すると，対カンボジア輸出が 5 億 3603 万ドルから 37 億 7001 万ドル，輸入が 2731 万ドルから 6 億6629 万ドルに増加した．ラオスについても輸出が 1 億 338 万ドルから 12 億1229 万ドル，輸入が 2555 万ドルから 13 億 1605 万ドルに増加した．ミャンマーは輸出が 9 億 3485 万ドルから 94 億 2958 万ドル，輸入が 2 億 7440 万ドルから 53 億 135 万ドルに増加した．

2.2　貿易パートナーとしての相互の位置づけの変化

　中国と ASEAN 諸国は輸出入ともに金額を増加させるなかで，相互に貿易パートナーとしての重要性を高めている．表 4-2 は，中国の輸出入相手国のランキングの変化を示したものである．ここでは ASEAN 諸国を「一つの国」として扱った．2015 年の輸出において，ASEAN はアメリカ，香港に続く第3 位で，日本を上回っている．輸入では，そのプレゼンスはさらに高く，2015年は韓国を上回り第 1 位である．中国にとって「ASEAN」は，輸出入の双方で重要なパートナーとなっていることが確認できる．ちなみに，日本は2000 年代を通じて中国にとって第 1 位の輸入相手国であったが，2013 年に韓国に首位の座を譲り，2015 年にはアメリカと台湾も下回っている[4]．

　次に ASEAN 側から貿易における中国のプレゼンスを見ておこう．表 4-3は，ASEAN 各国の主要輸出入相手国の上位 5 位をリストアップし，2000 年

---

4)　このような日本の中国向け輸出の鈍化には，さまざまな要因が作用している．大泉（2015）参照．

表4-2 中国の輸出入上位相手国とASEAN

【輸出】 (10億ドル)

年	1995	2000	2005	2010	2015
1	香港 35.9	アメリカ 52.2	アメリカ 163.2	アメリカ 283.8	アメリカ 410.8
2	日本 28.5	香港 44.5	香港 124.5	香港 218.3	香港 334.3
3	アメリカ 24.7	日本 41.7	日本 84.0	ASEAN 138.2	ASEAN 278.9
4	ASEAN 10.5	ASEAN 17.3	ASEAN 55.4	日本 121.0	日本 135.9
5	韓国 6.4	韓国 11.3	韓国 35.1	韓国 68.8	韓国 101.5
6	ドイツ 5.7	ドイツ 9.3	ドイツ 32.5	ドイツ 68.1	ドイツ 69.2

【輸入】 (10億ドル)

年	1995	2000	2005	2010	2015
1	日本 29.0	日本 41.5	日本 100.4	日本 176.7	ASEAN 189.4
2	アメリカ 16.1	台湾 25.5	韓国 76.8	ASEAN 154.7	韓国 174.6
3	台湾 14.8	韓国 23.2	ASEAN 75.0	韓国 138.3	アメリカ 150.5
4	韓国 10.3	アメリカ 22.4	台湾 74.7	台湾 115.7	台湾 145.0
5	ASEAN 9.9	ASEAN 22.2	アメリカ 48.8	アメリカ 102.7	日本 143.1
6	香港 8.6	ドイツ 10.4	ドイツ 30.7	ドイツ 74.3	ドイツ 87.7

出所：UN Comtrade より大泉作成.

と2015年について比較したものである.

　2000年の時点では，ASEAN諸国のなかで中国を最大の輸出入相手国（第1位）とした国は存在しなかった. ベトナムの第2位の輸出相手国，ミャンマーの第2位の輸入相手国が最高位であった程度である. またシェアもそれぞれ10.6％, 19.5％と必ずしも高いとは言えない. 中国が輸出入相手国の上

表 4 - 3　ASEAN の貿易における中国のポジション

【2000 年】 (%)

国名	輸出					輸入				
	1	2	3	4	5	1	2	3	4	5
ブルネイ	日本 46.0	韓国 11.9	タイ 11.8	SIN 8.4	アメリカ 7.5	SIN 23.8	MYS 20.8	アメリカ 9.3	日本 6.5	香港 5.1
カンボジア	アメリカ 56.0	香港 7.3	イギリス 6.8	ドイツ 6.2	SIN 3.7	SIN 17.1	タイ 16.8	香港 15.0	台湾 11.1	中国 8.1
インドネシア	日本 23.2	アメリカ 13.7	SIN 10.6	韓国 7.0	中国 4.5	日本 20.1	韓国 9.1	中国 8.0	アメリカ 7.8	SIN 5.2
ラオス	ベトナム 29.1	タイ 20.6	フランス 9.8	イギリス 6.8	ドイツ 6.3	タイ 56.4	ベトナム 22.5	SIN 4.6	日本 3.1	中国 3.0
マレーシア	アメリカ 20.5	SIN 18.4	日本 13.1	香港 4.5	オランダ 4.2	日本 21.2	アメリカ 16.8	SIN 14.5	台湾 5.7	韓国 4.5
ミャンマー	アメリカ 25.7	タイ 13.2	インド 9.4	中国 6.3	日本 6.1	タイ 19.8	中国 19.5	SIN 17.1	韓国 11.4	MYS 9.1
フィリピン	アメリカ 30.0	日本 14.7	SIN 8.2	オランダ 7.8	台湾 7.5	日本 18.8	アメリカ 18.4	韓国 7.8	SIN 6.8	台湾 6.6
シンガポール	MYS 18.2	アメリカ 17.3	香港 7.9	日本 7.5	台湾 6.0	日本 17.2	MYS 17.0	アメリカ 15.1	中国 5.3	台湾 4.4
タイ	アメリカ 21.4	日本 14.7	SIN 8.7	香港 5.0	中国 4.1	日本 24.7	アメリカ 11.8	SIN 5.5	中国 5.4	MYS 5.4
ベトナム	日本 17.8	中国 10.6	AUS 8.8	SIN 6.1	台湾 5.2	SIN 17.2	日本 14.7	台湾 12.0	韓国 11.2	中国 9.0

【2015 年】 (%)

国名	輸出					輸入				
	1	2	3	4	5	1	2	3	4	5
ブルネイ	日本 36.6	韓国 15.4	タイ 9.9	インド 9.3	台湾 6.2	MYS 21.1	SIN 14.0	中国 10.4	アメリカ 10.3	韓国 9.1
カンボジア	アメリカ 22.6	イギリス 9.2	ドイツ 8.7	日本 6.8	カナダ 6.0	中国 26.6	タイ 25.3	ベトナム 12.9	香港 6.4	SIN 5.5
インドネシア	日本 12.0	アメリカ 10.8	中国 10.0	SIN 8.4	インド 7.8	中国 21.9	SIN 16.0	日本 8.5	韓国 5.6	MYS 5.5
ラオス	タイ 36.1	中国 32.4	ベトナム 14.5	インド 3.7	日本 2.4	タイ 63.4	中国 18.4	ベトナム 8.0	韓国 2.6	日本 1.6
マレーシア	SIN 13.9	中国 13.0	日本 9.5	アメリカ 9.5	タイ 5.7	中国 18.9	SIN 12.0	アメリカ 8.1	日本 7.8	タイ 6.1
ミャンマー	タイ 30.4	中国 30.4	香港 14.4	インド 8.2	日本 3.1	SIN 29.3	中国 25.9	タイ 11.3	IDN 6.4	韓国 6.2
フィリピン	日本 21.1	アメリカ 15.0	中国 10.9	香港 10.6	SIN 6.2	中国 16.4	アメリカ 10.9	日本 9.6	台湾 7.8	SIN 7.0
シンガポール	中国 13.8	香港 11.4	MYS 10.9	IDN 8.2	アメリカ 6.7	中国 14.2	アメリカ 11.2	MYS 11.1	台湾 8.3	日本 6.3
タイ	アメリカ 11.2	中国 11.1	日本 9.4	香港 5.5	MYS 4.8	中国 20.3	日本 15.4	アメリカ 6.9	MYS 5.9	ARE 4.0
ベトナム	アメリカ 20.7	中国 10.2	日本 8.7	韓国 5.5	香港 4.3	中国 29.8	韓国 16.6	日本 8.6	台湾 6.6	タイ 5.0

注：SIN はシンガポール，MYS はマレーシア，AUS はオーストラリア，IDN はインドネシア，ARE はアラブ首
　長国連邦．
出所：UNCTAD STAT より大泉作成．

位 5 位に入っているのは，輸出で 4 カ国，輸入で 7 カ国であった．他方，日本は輸出ではブルネイ，インドネシア，ベトナムの 3 カ国で第 1 位であり，輸入ではインドネシア，マレーシア，フィリピン，シンガポール，タイの 5 カ国で第 1 位であった．

　ところが 2015 年に様相は一変している．中国は，輸出ではシンガポールにおいて第 1 位になったほか，ラオス，マレーシア，ミャンマー，タイ，ベトナムにおいて第 2 位，インドネシア，フィリピンで第 3 位と，ブルネイ，カンボジア以外の国で 5 位までに入っている．中国が，ASEAN にとって重要な輸出先（アブソーバー）となっていることがわかる．

　他方，輸入では，ブルネイ，ラオス，ミャンマーを除く 7 カ国で第 1 位となっている．ラオス，ミャンマーにおいても第 2 位，ブルネイでも第 3 位と，中国のプレゼンスは高い．これに対して，日本は ASEAN 各国の輸出先としてはブルネイ，インドネシア，フィリピンで第 1 位と存在感を維持しているものの，輸入相手としては第 1 位になっている国はなく，タイの第 2 位が最高位である．ASEAN 市場における中国のプレゼンスの向上と，日本のその低下が対照的である．

　このように，中国と ASEAN は，2000 年代以降，輸出入双方で貿易額を急増させるだけでなく，相互依存関係を急速に深めてきたことが確認できた．それでは，中国と ASEAN の貿易における相互依存関係は，どのようにして形成されたのか．この点について，次節で検討を行う．

3. 中国 ASEAN 貿易の「質」的変化

3.1　貿易品目の変化

　本節では，2000 年代以降の中国と ASEAN との貿易の「質」的な変化を見る．表 4-4 は，対 ASEAN 貿易を製品構成別に区分し，その金額の変化を見たものである．

　もっとも大きな特徴は，「機械機器（HS コード 84 〜 91）」が，輸出入双方で金額とシェアを伸ばしたことである．中国の ASEAN 向け「機械機器」輸出は，1995 年の 33 億ドルから 2005 年には 285 億ドル，2015 年には 1206 億ド

表 4 - 4　中国の対 ASEAN 貿易（品目別）

【中国の対 ASEAN 輸出】　　　　　　　　　　　　　　　　　　　　　　　（100 万ドル）

年	1995	2000	2005	2010	2015
食料品	1,374	1,257	2,179	6,933	13,640
加工食品	1,000	395	906	2,128	4,047
油脂その他の動植物生産品	235	86	174	380	590
原材料および同製品	4,131	5,418	18,385	41,684	97,306
鉱物性燃料	468	1,360	4,399	8,081	7,966
繊維および同製品	1,163	1,967	5,600	14,795	35,616
卑金属および同製品	1,695	1,419	6,224	13,176	34,707
化学品	1,156	1,719	4,738	13,111	25,813
機械機器	3,255	8,288	28,505	67,950	120,566
一般機械	1,270	2,590	10,338	25,370	36,667
電気機器	1,187	4,150	14,106	27,758	58,013
輸送機器	648	1,197	2,143	10,110	17,918
精密機械	150	352	1,918	4,712	7,969
雑製品	297	565	1,281	8,045	20,893
その他	26	0	106	56	107
合計	10,473	17,332	55,367	138,160	278,915

【中国の対 ASEAN 輸入】　　　　　　　　　　　　　　　　　　　　　　　（100 万ドル）

年	1995	2000	2005	2010	2015
食料品	1,083	584	1,502	4,613	10,306
魚介類	52	93	155	347	644
穀物	426	112	197	269	1,357
加工食品	439	117	237	1,128	2,245
油脂その他の動植物生産品	951	805	2,101	6,427	6,191
原材料および同製品	4,540	7,897	13,936	36,517	44,650
鉱物性燃料	2,313	3,522	7,496	20,494	19,879
繊維および同製品	375	546	872	1,736	4,525
卑金属および同製品	270	708	1,872	4,314	3,902
化学品	1,302	3,406	10,403	23,959	24,781
機械機器	1,955	9,382	46,763	82,343	98,256
一般機械	706	3,529	12,547	23,378	18,867
電気機器	770	5,469	32,658	56,229	72,016
輸送機器	427	50	142	387	1,123
精密機械	51	334	1,416	2,349	6,250
雑製品	25	42	197	698	2,254
その他	45	0	94	120	2,941
合計	9,901	22,115	74,994	154,678	189,380

出所：UN Comtrade より大泉作成.

ルに増加した．これにより ASEAN 向け輸出に占める「機械機器」のシェア
は，同期間に 31.1％から 51.5％，43.2％と推移した．

　他方，中国の ASEAN からの「機械機器」の輸入は，1995 年の 20 億ドル
から 2005 年に 467 億ドル，2015 年には 983 億ドルに増加した．中国の ASEAN
からの輸入に占める「機械機器」のシェアは，同期間に 19.7％，62.4％，51.9
％と推移した．シェアは輸出では 2006 年，輸入では 2005 年がピークでその
後低下傾向にあるが，2000 年代以降の中国と ASEAN の貿易は，「機械機器」
の輸出入が牽引してきたと言える．

　もちろん，「機械機器」の取引だけが中国と ASEAN の貿易拡大を牽引し
てきたわけではない．中国から ASEAN 向け輸出では，「卑金属および同製
品（HS コード 72 ～ 83)」や「化学品（HS コード 28 ～ 40)」，「繊維および同製
品（HS コード 50 ～ 63)」も 2000 年代を通じて増加し，かつ一定のシェアを維
持した．鉄鋼関連製品を中心に「卑金属および同製品」は，1995 年の 17 億
ドル（輸出全体に占めるシェアは 16.2％，以下同じ）から 2005 年に 62 億ドル（11.2
％），2015 年には 347 億ドル（12.4％）に増加した．「化学品」は同期間に 12
億ドル（11.0％）から 47 億ドル（8.5％），258 億ドル（9.2％）に，「繊維および
同製品」は 12 億ドル（11.1％），56 億ドル（10.1％），356 億ドル（12.8％）に増
加した．

　他方，中国の ASEAN からの輸入については，エチレン重合体などの石油
化学製品や天然ゴムとその加工品を含む「化学品」や，原油・石炭などの「鉱
物性燃料（HS コード 27)」が 2000 年代以降増加している．「化学品」は 1995
年の 13 億ドル（13.0％）から 2005 年に 104 億ドル（13.9％），2015 年には 248
億ドル（13.1％）に増加した．また「鉱物性燃料」は，同期間に 23 億ドル（23.4
％）から 75 億ドル（10.0％），199 億ドル（10.5％）に増加した．ASEAN が中
国に対し，原材料やエネルギーなどの供給地としての役割を果たしているこ
とがわかる．

3.2　電子製品の貿易の増加

　中国と ASEAN との機械機器の取引の内訳を見ると，電気機器が多い．中
国から ASEAN への輸出では 2 ～ 3 割，中国の ASEAN からの輸入では 3 ～ 4

割を占める．そしてこれらの取引は主として，タイ，マレーシア，フィリピン，シンガポール，ベトナムを主要相手とするものである．また電気機器のなかでは，コンピュータ関連の製品・部品や集積回路が多いのが特徴である．

　表 4-5 は，中国の輸出入のなかでもっとも金額の大きい品目を，ASEAN10 カ国および日本，アメリカ，世界について整理したものである[5]．表中では，コンピュータ関連製品 (8471)，コンピュータ関連部品 (8473)，集積回路 (8542) の IT 関連製品の 3 品目に網掛けをした．

　表 4-5 から明らかなように，1995 年において ASEAN との貿易で，IT 関連製品 3 品目のいずれかが第 1 位の品目となったのはシンガポール向け輸出だけであった（コンピュータ関連製品）．ところが，2000 年以降，タイ，マレーシア，フィリピン，シンガポールの 4 カ国との輸出入で IT 関連 3 品目が主要品目になった．

　これは 2000 年代以降に入って，中国が電子製品の世界的な生産拠点になったことを反映するものである．実際，2000 年代に入って中国の輸出における第 1 位の品目は，コンピュータ関連製品となっている[6]．この中国から輸出されるコンピュータ関連製品は，東アジア各国から調達したさまざまな部品から構成されている．つまり，2000 年代以降，電子関連製品のサプライチェーンが中国を中心に展開され，その部品の一部は ASEAN から調達されるようになったのである．1990 年代に電子部品の生産拠点となっていたマレーシアからの集積回路の輸入は多く，2015 年には同国からの輸入の 48.5％を占める．中国との距離が近いフィリピンからの集積回路の輸入も増えており，同国からの輸入の 31.5％を占める．フィリピンでは第 2 位のコンピュータ関連部品と第 3 位のコンピュータ関連製品を加えると，IT 関連 3 品目のシェアは 52.1％に上昇する．本書第 2 章で指摘されているように，両国は「集積回路モノカルチャー」あるいは「コンピュータ関連部品モノカルチャー」と呼べる貿易構造にある．

　もっともこの機械機器をお互いに輸出し合うという水平的な分業体制は，

---

　5)　ここでは長期間の変化を追うため，UN Comtrade の HS コード 1992 年版を使用した．
　6)　特に日本向けとアメリカ向けが増加した．また，2012 年に，中国のデスクトップ型 PC の生産は世界の約 7 割を占めた（末廣 2014）．

表 4 - 5　中国の対 ASEAN 貿易に

相手国		1995 年		2000 年	
シンガポール	輸出	コンピュータ関連製品 (8471)	274	コンピュータ関連部品 (8473)	561
	輸入	石油精製品（2710）	1,135	石油精製品（2710）	726
タイ	輸出	その他の船舶（軍艦，救命艇 など）（8906）	171	コンピュータ関連部品 (8473)	335
	輸入	ショ糖（1701）	345	コンピュータ関連部品 (8473)	525
マレーシア	輸出	鉄鋼フラットロール製品（熱 間圧延）（7208）	59	デジタルカメラを含む記録媒 体（8525）	240
	輸入	パーム油（1511）	685	集積回路（8542）	1,038
フィリピン	輸出	葉巻（2402）	244	集積回路（8542）	203
	輸入	軽油（2711）	90	集積回路（8542）	638
インドネシア	輸出	原油（2709）	74	原油（2709）	203
	輸入	原油（2709）	735	原油（2709）	966
カンボジア	輸出	葉巻（2402）	7	綿織物（5208）	19
	輸入	合板用単板（4408）	3	合板用単板（4408）	30
ラオス	輸出	葉巻（2402）	12	亜麻織物（5309）	3
	輸入	乾燥果実（0813）	3	原木（4403）	4
ミャンマー	輸出	葉巻（2402）	66	特殊船舶（8905）	31
	輸入	原木（4403）	54	原木（4403）	60
ベトナム	輸出	葉巻（2402）	67	オートバイ（8711）	419
	輸入	原油（2709）	106	原油（2709）	730
ブルネイ	輸出	セメント（2523）	12	起重機関連部品（8431）	3
	輸入	綿織物（5208）	0	原油（2709）	61
日本	輸出	原油（2709）	1,449	女性用スーツ（6204）	1,774
	輸入	集積回路（8542）	1,330	集積回路（8542）	3,507
アメリカ	輸出	皮履物（6403）	1,758	コンピュータ関連製品 (8471)	3,802
	輸入	配合肥料（3105）	1,221	携帯電話を含む通信機器 (8517)	1,504
世界	輸出	女性用スーツ（6204）	3,600	コンピュータ関連製品 (8471)	10,994
	輸入	特殊機械（8479）	4,098	原油（2709）	14,861

注：コンピュータ関連製品（8471），コンピュータ関連部品（8473），集積回路（8542）の 3 品目を網掛けした．
出所：UN Comtrade より大泉作成．

おける輸出入第 1 位品目の変化

(100 万ドル)

2005 年		2010 年		2015 年	
集積回路（8542）	1,626	集積回路（8542）	3,787	集積回路（8542）	5,213
集積回路（8542）	4,063	集積回路（8542）	5,673	集積回路（8542）	5,839
コンピュータ関連部品（8473）	655	コンピュータ関連製品（8471）	1,062	携帯電話を含む通信機器（8517）	2,115
コンピュータ関連製品（8471）	2,705	コンピュータ関連製品（8471）	7,375	コンピュータ関連製品（8471）	4,105
コンピュータ関連部品（8473）	1,659	集積回路（8542）	2,021	集積回路（8542）	2,576
集積回路（8542）	9,704	集積回路（8542）	23,074	集積回路（8542）	25,839
集積回路（8542）	580	集積回路（8542）	730	合金鋼棒（7228）	1,027
集積回路（8542）	7,949	集積回路（8542）	5,752	集積回路（8542）	5,994
石油精製品（2710）	984	石油精製品（2710）	1,874	携帯電話を含む通信機器（8517）	1,056
原油（2709）	1,592	石炭（2701）	4,345	パーム油（1511）	2,142
メリヤス編物（6006）	82	メリヤス編物（6006）	332	メリヤス編物（6006）	822
製材（4407）	8	天然ゴム（4001）	38	加工した毛皮（4302）	120
オートバイ（8711）	10	携帯電話を含む通信機器（8517）	38	特殊航空機（8802）	151
原木（4403）	9	銅鉱（2603）	376	銅鉱（2603）	355
鉱物性ろう（2712）	42	オートバイ（8711）	232	特殊船舶（8905）	778
原木（4403）	129	貴石（7103）	142	貴石（7103）	1,936
石油精製品（2710）	870	石油精製品（2710）	1,168	携帯電話を含む通信機器（8517）	4,206
原油（2709）	1,289	石炭（2701）	1,317	集積回路（8542）	4,250
鉄鋼棒（その他）（7214）	6	家具部品（9403）	166	特殊船舶（8905）	209
原油（2709）	208	原油（2709）	622	原油（2709）	53
コンピュータ関連製品（8471）	7,542	コンピュータ関連製品（8471）	7,489	コンピュータ関連製品（8471）	8,527
集積回路（8542）	9,286	集積回路（8542）	14,099	集積回路（8542）	12,769
コンピュータ関連製品（8471）	22,190	コンピュータ関連製品（8471）	45,585	コンピュータ関連製品（8471）	46,616
集積回路（8542）	4,247	大豆（1201）	11,329	特殊航空機（8802）	16,886
コンピュータ関連製品（8471）	76,299	コンピュータ関連製品（8471）	148,803	コンピュータ関連製品（8471）	153,290
集積回路（8542）	82,202	集積回路（8542）	158,314	集積回路（8542）	231,904

タイ，マレーシア，フィリピン，シンガポールの 4 カ国に限られた特徴であり，他の ASEAN 諸国との貿易構造は，中国が工業製品を輸出し，後発 ASEAN 諸国が天然資源や軽工業品を輸出するという垂直的なものである．

　例えば，2015 年では，中国からカンボジア向け輸出の第 1 位はメリヤス編物（6006）であり，ラオスは特殊航空機（8802），インドネシア，ミャンマーとベトナム向けは携帯電話を含む通信機器（8517）となっている．他方，これらの国からの輸入の第 1 位は，ラオスが銅鉱（2603）で，ミャンマーが貴石（7103），カンボジアが毛皮（4302），インドネシアがパーム油（1511）であった．ただし，ベトナムから中国への輸出の第 1 位は集積回路となっていることを特記しておきたい．

　また，これらの国からの輸入は特定の品目に偏る傾向にある．ブルネイからの原油の輸入は 54.0%，ミャンマーからの貴石は 36.5%，ラオスからの銅鉱は 27.0% を占める．また，輸入上位 5 品目が全体に占めるシェアは，ブルネイが 99.4%，ミャンマーが 84.2%，ラオスが 80.4% と高い[7]．

4.　中国と ASEAN の貿易の深化の背景

4.1　分析の方法

　上記のような，中国と ASEAN 諸国との IT 関連製品の相互貿易の拡大は，「分業体制の深化」としてとらえられてきた[8]．

　そこで，本節では，2000 年代以降の中国と ASEAN との分業体制の拡大，深化の特徴を，Global Trade Atlas の HS4 桁分類によって考察する．分析には，宮島・大泉（2008）で行った手法を援用した．まず，HS4 桁（約 1,280 品目）について，それぞれの品目の貿易特化係数（産業内貿易指数）を算出した．

　貿易特化係数（産業内貿易指数）は，以下の式で求められる．

中国の対 ASEAN 貿易品目の貿易特化係数

　　＝（中国の対 ASEAN 輸出額 − 中国の対 ASEAN 輸入額）／

　　　（中国の対 ASEAN 輸出額 ＋ 中国の対 ASEAN 輸入額）

　貿易特化係数の値は，1 から −1 の範囲をとり，例えば A 製品の輸入額が「ゼロ」の場合，A 製品の貿易特化係数の値は 1 となる．逆に，輸出額が「ゼロ」の場合，A 製品の貿易特化係数の値は −1 をとる．

　そして，この係数は，分子（輸出額 − 輸入額）が小さければ小さいほど，また，分母（輸出額 ＋ 輸入額）が大きければ大きいほど，その値は 0 に近付く．これは当該国における A 製品の輸出が多く，また同時に輸入も多いことを示す．このことから，この係数は，産業内貿易指数とも呼ばれる．つまり，値が 0 に近いほど，A 製品は「産業内」で貿易が盛んに行われていることになるので，「水平型」の分業体制が進んでいるとみなす．

　ここでは，この貿易特化係数を以下の 5 つのカテゴリーに区分した．

　①中国が輸出に特化した品目（0.6 超）

　②中国がやや輸出に特化した品目（0.2 超 0.6 以下）

　③特化してない品目（−0.2 以上 0.2 以下）

　④ ASEAN がやや輸出に特化した品目（−0.6 以上 −0.2 未満）

　⑤ ASEAN が輸出に特化した品目（−0.6 未満）

　この区分に基づいて，貿易総額（輸出額 ＋ 輸入額）に対するシェアをそれぞれの区分ごとに計算し，その推移を示したものが，図 4-2 である．左端の細い枠の点集合部分が，「①中国が輸出に特化した品目（0.6 超）」，右端の細い枠の斜線部分が「⑤ ASEAN が輸出に特化した品目（−0.6 未満）」の割合を示している．これら両端の細い枠部分は，お互いに「異なる製品」を貿易しているから，「垂直型」の貿易・分業（垂直分業）とみなせる．

　他方，太い枠で示した中央の 3 つのカテゴリーは，左から「②中国がやや輸出に特化した品目（0.2 超 0.6 以下）」，「③特化してない品目（−0.2 以上 0.2 以下）」，「④ ASEAN がやや輸出に特化した品目（−0.6 以上 −0.2 未満）」であり，これらは，お互いに輸出も行い，同時に輸入も行う品目であり，「水平型」

の貿易・分業（水平分業）とみなせる[9].

4.2　水平分業と垂直分業の加速

　図4-2から明らかなように，2000年代以降の中国とASEANの貿易が「量」的に拡大するなかで，その中央に位置する3つの区分（水平分業とみなす）のシェアが拡大してきたことが確認できる．このシェアは1995年の21.3%（②7.5%，③5.6%，④8.2%）から2000年には39.8%（②7.6%，③12.7%，④19.5%），2005年に43.2%（②9.7%，③15.2%，④18.3%）に拡大した．2010年は34.0%（②9.6%，③11.1%，④13.3%），2015年は31.3%（②15.1%，③11.4%，④4.9%）と若干シェアを低める傾向にあるが，それでも水平的な分業が3割以上と重要な位置を占めている．

　この水平的な分業に分類される具体的な品目としては，前節で検討したIT関連製品を中心とする機械機器がこれに該当する．本章の分析の対象としてきた期間（2000年代以降），世界の経済および社会にもっとも大きなインパクトを与えたのは，パソコンや携帯電話，スマートフォンなどのICTおよびインターネット関連の製品の登場とその普及であろう．当然のことながら，これらの製品はアジア各国の経済社会にも大きな影響を与えたことは言うまでもない[10].

　これら製品が全世界的規模で急速に普及したのは，いわゆる「端末」の価格が低下したからである．この世界的な需要に応えたのが東アジア地域であり，その中心となった中国とASEANは分業体制を築くことで，貿易を拡大し，経済成長を維持することに貢献した．

　ただし，中国とASEANの2000年代以降の貿易拡大の理由を，上記の水平分業にだけ求めるのは正確ではない．IT関連製品の水平分業以外に，2000年代には垂直分業に分類できる貿易の拡大も顕著であったからである．特に2000年代半ば以降は，むしろこの垂直分業に分類できる貿易の拡大が顕著と

---

　9)　ただし，アジアの場合，水平分業のなかにも「垂直型」のものが多いという指摘もある（吉冨 2003）．

　10)　この間のアジア経済社会の変化については，大泉（2011a），末廣（2014）などを参照．

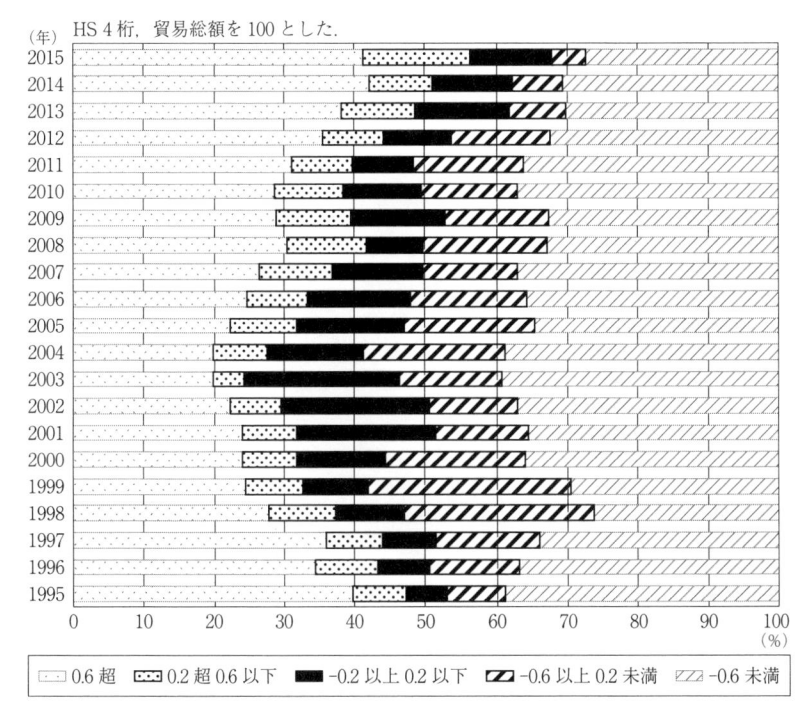

（年）　HS 4 桁，貿易総額を 100 とした.

凡例：□ 0.6 超　▣ 0.2 超 0.6 以下　■ -0.2 以上 0.2 以下　▨ -0.6 以上 0.2 未満　▨ -0.6 未満

図 4 - 2　中国の対 ASEAN 貿易：産業内貿易指数による分類ごとの推移

出所：Global Trade Atlas より宮島作成.

なり，2010 年代以降にその傾向はさらに強まっている．具体的にどのような製品が垂直分業の担い手となったかを見ておこう．

　表 4-6 は，中国の対 ASEAN 貿易における輸出入上位 10 品目の変化を表したものであるが，前項の 5 つのカテゴリーにより垂直分業に分類できる品目には，「★」印（①中国が輸出に特化した品目（0.6 超））と「○」印（⑤ ASEAN が輸出に特化した品目（-0.6 未満））を品目名の前に付した．2015 年の「①中国が輸出に特化した品目（0.6 超）」を確認すると，第 5 位の合金鋼棒（7228），第 6 位の一般船舶（8901），第 8 位の照明器具部品（9405），第 10 位の家具部品（9403）などの工業製品である．

　一方，「⑤ ASEAN が輸出に特化（中国が輸入に特化）した品目（-0.6 未満）」は，第 1 位の集積回路（8542），第 5 位の軽油（2711），第 6 位の天然アスファ

表 4 - 6　中国の対 ASEAN 貿易

【輸出】

	1995 年			2000 年			2005 年
	品目名	金額	%	品目名	金額	%	品目名
1	★葉巻（2402）	555	5.3	コンピュータ関連部品（8473）	1,026	5.9	コンピュータ関連部品（8473）
2	★コンピュータ関連製品（8471）	288	2.7	石油精製品（2710）	820	4.7	石油精製品（2710）
3	★鉄鋼半製品（7207）	244	2.3	★オートバイ（8711）	623	3.6	○集積回路（8542）
4	○石油精製品（2710）	233	2.2	○集積回路（8542）	614	3.5	★デジタルカメラを含む記憶媒体（8525）
5	★鉄鋼フラットロール製品(熱間圧延)（7208）	216	2.1	コンピュータ関連製品（8471）	428	2.5	コンピュータ関連製品（8471）
6	★その他の船舶（8906）	210	2.0	○原油（2709）	411	2.4	通信機器部品（8529）
7	○原油（2709）	154	1.5	★とうもろこし（1005）	369	2.1	★鉄鋼半製品（7207）
8	★無線受信機器（8527）	136	1.3	再生機部品（8522）	359	2.1	レーザー（9013）
9	★鉄鋼フラットロール製品（冷間圧延）（7209）	124	1.2	デジタルカメラを含む記憶媒体（8525）	329	1.9	原油（2709）
10	★綿織物（5208）	123	1.2	通信機器部品（8529）	262	1.5	携帯電話を含む通信機器（8517）
総額		10,474	100		17,334	100	

【輸入】

	1995 年			2000 年			2005 年
	品目名	金額	%	品目名	金額	%	品目名
1	○石油精製品（2710）	1,166	11.8	○集積回路（8542）	2,630	11.9	○集積回路（8542）
2	○原油（2709）	932	9.4	○原油（2709）	2,007	9.0	コンピュータ関連製品（8471）
3	○パーム油（1511）	800	8.1	コンピュータ関連部品（8473）	1,623	7.3	原油（2709）
4	○合板（4412）	700	7.1	コンピュータ関連製品（8471）	1,176	5.3	石油精製品（2710）
5	○コメ（1006）	424	4.3	石油精製品（2710）	912	4.1	コンピュータ関連部品（8473）
6	○天然ゴム（4001）	404	4.1	○化学木材パルプ（4703）	596	2.7	半導体デバイス（8541）
7	○ショ糖（1701）	352	3.6	○天然ゴム（4001）	572	2.6	○天然ゴム（4001）
8	○特殊船舶（8905）	338	3.4	○木材（4407）	499	2.2	○パーム油（1511）
9	コンピュータ関連部品（8473）	177	1.8	○軽油（2711）	470	2.1	通信機器部品（8529）
10	○木材（4403）	175	1.8	陰極線管（8540）	466	2.1	○エチレン重合体（3901）
総額		9,901	100		22,181	100	

注：①中国が輸出に特化した品目（0.6 超）に属する品目には★，⑤ ASEAN が輸出に特化した品目（－ 0.6 未満）
出所：Global Trade Atlas，日本関税協会『実行関税率表』（各年版）より宮島作成.

：輸出入上位 10 品目の変化

(100 万ドル，%)

金額	%	品目名	金額	%	品目名	金額	%
		2010 年			2015 年		
3,721	6.7	コンピュータ関連製品 (8471)	7,318	5.3	携帯電話を含む通信機器 (8517)	15,660	5.6
3,024	5.5	○集積回路 (8542)	6,904	5.0	○集積回路 (8542)	9,173	3.3
2,908	5.2	石油精製品 (2710)	6,754	4.9	コンピュータ関連製品 (8471)	6,929	2.5
2,391	4.3	携帯電話を含む通信機器 (8517)	5,391	3.9	石油精製品 (2710)	6,723	2.4
2,252	4.1	★一般船舶 (8901)	4,426	3.2	★合金鋼棒 (7228)	4,924	1.8
1,818	3.3	★レーザー (9013)	2,893	2.1	★一般船舶 (8901)	4,687	1.7
1,287	2.3	コンピュータ関連部品 (8473)	2,629	1.9	半導体デバイス (8541)	4,132	1.5
1,119	2.0	★家具部品 (9403)	2,605	1.9	★照明器具部品 (9405)	3,905	1.4
1,049	1.9	★綿織物 (5208)	1,659	1.2	レーザー (9013)	3,870	1.4
607	1.1	トランスフォーマー (8504)	1,648	1.2	★家具部品 (9403)	3,581	1.3
55,459	100		138,236	100		278,900	100

(100 万ドル，%)

金額	%	品目名	金額	%	品目名	金額	%
		2010 年			2015 年		
23,664	31.5	○集積回路 (8542)	38,738	25.1	○集積回路 (8542)	45,216	24.3
8,200	10.9	コンピュータ関連製品 (8471)	14,044	9.1	コンピュータ関連製品 (8471)	8,786	4.7
3,794	5.1	石油精製品 (2710)	7,367	4.8	半導体デバイス (8541)	5,170	2.8
2,536	3.4	○石炭 (2701)	5,830	3.8	携帯電話を含む通信機器 (8517)	4,840	2.6
2,419	3.2	○天然ゴム (4001)	5,596	3.6	○軽油 (2711)	4,408	2.4
1,965	2.6	○パーム油 (1511)	4,698	3.0	○天然アスファルト (2715)	4,037	2.2
1,815	2.4	○半導体デバイス (8541)	4,252	2.8	コンピュータ関連部品 (8473)	3,989	2.1
1,778	2.4	コンピュータ関連部品 (8473)	3,207	2.1	○天然ゴム (4001)	3,858	2.1
1,411	1.9	○原油 (2709)	3,200	2.1	○パーム油 (1511)	3,700	2.0
1,173	1.6	○配合ゴム（未加硫）(4005)	2,958	1.9	○エチレン重合体 (3901)	3,225	1.7
75,017	100		154,346	100		186,396	100

に属する品目には○を付した.

ルト（2715），第 8 位の天然ゴム（4001），第 9 位のパーム油（1511），第 10 位のエチレン重合体（3901）である．第 1 位の集積回路を除けば[11]，天然資源や農産品などの原材料が主要な品目となっている．

つまり，IT 関連製品を含む機械機器の水平分業とは別に，中国と ASEAN の貿易は，中国から ASEAN へ工業製品が輸出され，ASEAN から中国へは天然資源や農産品などの原材料が輸出されるという，垂直分業による貿易も拡大している．

5.　おわりに──2010 年代以降の中国の対 ASEAN 貿易

2000 年代以降，中国と ASEAN の貿易は「量」と「質」の両面で大きく変化してきた．しかし，2000 年代以降のその傾向は不変的なものではない．また，中国との貿易が ASEAN 経済に及ぼす影響についても，経済成長を促進するものだけでなく，阻害するものも出てくるかもしれない．すでに第 2 章で指摘されているように，「集積回路モノカルチャー」や「天然資源の呪い」，中国の工業化の進展による ASEAN 各国の工業化の阻害などについては，今後も研究を深めていく必要がある．

実際に，2000 年代以降に続いてきた中国と ASEAN との分業体制の深化による共栄関係は，2010 年頃から変化が見られる．例えば，2012 年に中国の対 ASEAN 貿易の収支が黒字に転じ，その後，黒字幅が拡大している．中国の貿易収支は，2010 年にはブルネイ，ラオス，マレーシア，フィリピン，タイの 5 カ国で赤字を計上したが，2015 年には，ラオスとマレーシアの 2 カ国だけになった．そもそもラオスとの貿易額は少額であり，赤字は恒常的なものではない．マレーシアとの貿易赤字は 90 億ドルと規模は大きいが，すでに述べたように同国から大量の集積回路を輸入した結果であり，今後の多国籍企業の生産拠点の動きに影響を受けるかもしれない．なぜなら，中国の

---

11)　集積回路は，貿易特化係数による分類では，「⑤ ASEAN が輸出に特化した品目」となり，垂直分業に区分される．ただし，中国の対 ASEAN 輸出の第 2 位の品目でもあり，また，その生産プロセスを考えると，実質的には水平分業の品目と考えるべきであろう．

国内企業の技術水準が高まっており，今後，多国籍企業の生産の中国移転や，地場企業の国内生産により，マレーシアからの輸入が置き換わる可能性があるからである．

最後に，第2章が指摘した，中国からの工業製品の流入が，ASEAN諸国の工業化におよぼす負の影響について考察しておきたい．ここでは，以下のような指標で中国の工業製品の流入の影響を考える．

A国の工業化への影響

= （A国の工業製品の全輸出−A国の中国からの工業製品の輸入）／

（A国の工業製品の全輸出＋A国の中国からの工業製品の輸入）

これは，貿易特化係数の考え方を援用したものである．値は−1から1の範囲をとるが，多くのASEAN諸国では中国からの工業製品の輸入よりも工業製品の輸出額が多いため，指標はプラスの値となる．ただしASEAN諸国のなかには，中国からの工業製品の輸入額が，工業製品の全輸出額を上回る国もある．

次に，注目したいのは，その推移である．中国との分業関係が深化して中国からの工業製品の輸入が増えても，それを利用して中国向けを含めた工業製品の輸出全体が増える場合，指標は上昇する．逆に，中国の工業製品の輸入額の伸び幅が，当該国の工業製品の輸出の伸び幅を上回る場合，指標は低下する．

これらを踏まえ，ASEAN各国の同指標を算出した結果が表4-7である．

まず，いずれの国の指標も低下傾向にあり，中国の工業製品が各国の市場に浸透する勢いが強いことが確認できる．

ただし，トレンドは以下の3つに区分できそうである．

第1が，シンガポール，タイ，マレーシア，フィリピンというグループである．これらの国の指標は水準が高い．これらの国は中国に電機電子製品を輸出し，分業関係を形成している国である．ただし，指標は緩慢であるものの低下傾向にあり，分業関係の変化には注意を要する．

第2は，インドネシア，ベトナム，カンボジアのグループである．2000年

表 4 - 7　中国からの工業製品輸入と ASEAN 各国の
工業製品輸出の関係

年	1995	2000	2005	2010	2015
ブルネイ	0.7	0.9	0.8	-0.3	0.2
カンボジア	0.7	0.8	0.7	0.7	0.5
インドネシア	0.9	0.9	0.8	0.5	0.4
ラオス	0.6	0.7	0.4	0.0	-0.5
マレーシア	1.0	0.9	0.8	0.8	0.6
ミャンマー	-0.5	0.3	0.3	-0.4	-0.8
フィリピン	0.9	1.0	0.9	0.7	0.7
シンガポール	0.9	0.9	0.8	0.8	0.8
タイ	0.9	0.9	0.8	0.7	0.6
ベトナム	0.8	0.7	0.6	0.5	0.4

注：指標は，工業製品について（全輸出 − 中国からの輸入）／（全輸
出 + 中国からの輸入）で算出.
出所：UNCTAD STAT より大泉作成.

代後半から低下傾向が増している．前述のグループと違って，中国との電機電子製品の分業体制を築けていない．もっともベトナムは，近年，急速に中国との分業関係を確立しているので，今後変化する可能性はある．インドネシアでは「天然資源の呪い」というような事態が起こっているのかもしれない．カンボジアでは，中国から繊維原料を輸入し，繊維製品の生産，加工後に海外へ輸出するというサプライチェーンを築きつつあるが，それは中国からの工業製品を食い止める威力を持たない．

　そして第 3 が，ラオス，ミャンマー，ブルネイで，指標の低下が著しく，その水準もマイナスあるいはゼロ付近にあるグループである．これらの国は輸出できる工業製品が少なく，中国からの工業製品が一方的に流入するという，かつての「南北問題」を彷彿とさせるかのような関係にある．中国からの工業製品の輸入増加は，これらの国の工業化を阻害しているのかもしれない．実際に，中国の工業製品とこれら各国の工業部門とが，どのように競合しているのか否かについては，今後の研究課題としたい．

参考文献

〈日本語文献〉

大泉啓一郎（2011a）『消費するアジア──新興国市場の可能性と不安』中公新書.

大泉啓一郎（2011b）「中国と CLM の貿易関係」末廣昭ほか（2011），183-226 頁.

大泉啓一郎（2014）「中国・ASEAN 貿易の担い手はどう変化したか？──貿易結合度指数を用いて」末廣昭ほか（2014），119-170 頁.

大泉啓一郎（2015）「中国の輸入市場における日本のプレゼンスの変化」『JRI レビュー』（日本総合研究所），第 5 巻第 24 号，35-58 頁.

大野健一・桜井宏二郎（1997）『東アジアの開発経済学』有斐閣アルマ.

末廣昭（2014）『新興アジア経済論──キャッチアップを超えて』岩波書店.

末廣昭・大泉啓一郎・助川成也・布田功治・宮島良明（2011）『中国の対外膨張と大メコン圏（GMS）・CLMV』東京大学社会科学研究所現代中国研究拠点研究シリーズ，No. 7.

末廣昭・伊藤亜聖・大泉啓一郎・助川成也・宮島良明・森田英嗣（2014）『南進する中国と東南アジア──地域の「中国化」』東京大学社会科学研究所現代中国研究拠点研究シリーズ，No. 13.

日本貿易振興機構編（2015）『ジェトロ世界貿易投資報告　2015 年版──グローバル・ビジネスの深化に向けた新たな取り組み』日本貿易振興機構.

丸川知雄（2016）「中国の台頭と ASEAN」トラン・ヴァン・トゥ編『ASEAN 経済新時代と日本──各国経済と地域の新展開』文眞堂，301-321 頁.

宮島良明（2010）「自立に向かう東アジア──域内貿易の拡大と分業体制の形成」『RIM 環太平洋ビジネス情報』第 10 巻第 38 号，30-49 頁.

宮島良明（2011）「世界に向かうベトナムの貿易と南進する中国」末廣昭ほか（2011）227-273 頁.

宮島良明（2014）「南進する中国と北進する ASEAN の貿易── Global Trade Atlas（1995-2012）の分析から」末廣昭ほか（2014），171-196 頁.

宮島良明・大泉啓一郎（2007）「ASEAN4 と中国の競合関係──「アジア化するアジア経済」の深化過程を探る」東京大学社会科学研究所ディスカッションペーパーシリーズ，No. J-156.

宮島良明・大泉啓一郎（2008）『中国の台頭と東アジア域内貿易── World Trade Atlas（1996-2006）の分析から』東京大学社会科学研究所現代中国研究拠点研究シリーズ，No. 1.

吉冨勝（2003）『アジア経済の真実──奇蹟，危機，制度の進化』東洋経済新報社.

〈英語文献〉

The World Bank (1993), *The East Asian Miracle: Economic Growth and Public*

Policy, A World Bank Policy Research Report, Oxford University Press.（世界銀行著，白鳥正喜監訳，海外経済協力基金開発問題研究会訳『東アジアの奇跡──経済成長と政府の役割』東洋経済新報社，1994年）

〈貿易データなど〉

日本関税協会『実行関税率表（各年版）』日本関税協会.

Global Trade Atlas.

UNCTAD STAT.

UN Comtrade.

第 III 部

「世界の工場」中国がもたらす対外衝動

第5章

中国の食生活の向上と新興国への影響

李　海訓

1.　はじめに

　中国では，経済発展とともに食生活の高度化が進んでいる．表5-1には，1990年代以降の中国における食生活の高度化の実態を確認するために，1人当たり主要食料の供給量を掲げている[1]．主食用の米，小麦の消費量が減少し，砂糖，植物油，野菜，果物，アルコール類，肉類，卵，ミルク，水産物いずれも消費量が大幅に増加している[2]．

　さらに，果物，野菜，アルコール類には，量的増加のみならず多様化が見られる．データは示していないが，果物は，従来はりんごと柑橘類がメインであったが，近年はブドウ，モモ，バナナ，その他熱帯果物などの消費も増加した．アルコール類について見ると，中国では歴史的に白酒，黄酒などの

---

1)　「食料供給量」なので，厳密には「食料消費量」とは異なるが，本章では食料供給量によって1990年代以降の中国における1人当たり食料消費量の変遷を把握する．『中国統計年鑑』には，都市部1人当たり主要食料購買量のデータや農村部1人当たり主要食品消費量のデータが載っているが，項目が細分化されていないため，本章では，FAO統計を使用する．FAO統計のデータは「供給量」を示しているため，野菜や肉類の消費量を見るには明らかに過大評価であると考えられるが，時系列的な変化を把握するには差し支えないと判断される．ただし，砂糖（粗糖換算）については，FAO統計データより信頼性の高いISO（国際砂糖機構）が刊行している *SUGAR YEAR BOOK* の1人当たり消費量データを使用した．

表 5-1　主要食料の 1 人当たり食用供給量推移

(kg／年)

年	1990	1995	2000	2005	2010	2013
穀物	172.5	168.2	162.1	153.5	150.1	150.9
小麦	78.0	79.0	73.8	67.9	62.8	63.4
米	81.8	77.2	78.6	76.4	78.2	78.2
トウモロコシ	4.3	6.9	6.5	7.0	7.4	6.8
イモ類	67.5	68.6	77.0	79.9	68.9	68.7
ジャガイモ	13.9	15.0	33.3	39.4	41.8	41.4
サツマイモ	51.7	51.1	41.4	38.2	24.1	24.3
砂糖（粗糖）		6.6	6.7	9.0	10.2	10.8
油糧作物	5.1	6.6	6.9	6.6	7.7	8.2
大豆	3.5	4.4	3.8	3.9	4.0	3.7
落花生	1.4	2.0	2.7	2.4	3.2	3.9
植物油	5.7	6.0	6.2	7.1	7.8	7.2
野菜	99.3	149.3	243.0	283.5	332.3	353.1
果物	14.1	29.8	42.3	57.9	77.1	93.9
アルコール類	12.3	21.5	23.6	31.6	41.5	45.0
ビール	5.91	12.58	17.42	23.62	32.91	36.51
ワイン	0.22	0.56	0.84	1.06	1.39	1.50
肉類	23.7	34.3	44.0	48.4	56.8	61.1
卵	6.2	12.3	15.4	16.8	18.4	18.8
ミルク	5.0	6.4	8.5	22.7	30.6	32.7
水産物	10.4	20.3	24.1	26.7	32.2	34.5

注：砂糖（粗糖換算）は 1 人当たり消費量（kg／年）の数字.
出所：砂糖は *SUGAR YEAR BOOK*, 各年版より. その他は FAOSTAT により作成.

---

2)　ジャガイモの消費量が増加しているのは興味深い. かつて米, 小麦などの主食用穀物の量が足りない時期にジャガイモは重要な主食であった. しかし, 今日においては, 主食というより野菜, 澱粉原料, 飼料原料, ポテトチップスなどの加工食品の原料として使用されている. こうしたジャガイモ消費量の増加が, 近年中国が進め始めた馬鈴薯を主食にする食糧安全保障政策の一つの根拠になったと思われる. 2016 年 2 月 23 日に中国農業部が発布した「関於推進馬鈴薯産業開発的指導意見」では, 2020 年までに馬鈴薯の作付面積を 1 億ムー（666.7 万 ha）まで拡大させ, 馬鈴薯総消費量の 30% が主食用消費量になるようにするとの目標が掲げられた.

ようなアルコール度数の高いアルコール飲料が好まれてきた．90 年代以降になると，ビールの消費量も増加し，重量からして中国で最も飲まれるアルコール飲料になった．他方で，近年はワインの消費量が，まだアルコール飲料全体に占める割合は少ないものの急速に増加している．大都市や中小都市以外に農村部においてもワインの消費量が増加しているという（劉 2014）．

　このように食生活の高度化が進む中で，中央の政策責任者も農産物の完全自給は不可能であるとの認識を示している．中国農業農村政策の実質的な責任者であった陳錫文中共中央農村工作領導小組弁公室主任（2016 年 6 月まで）と他 2 名による共著『中国農村改革 30 年回顧与展望』では，「我が国が現在の条件を前提にした場合，すべての農産物に対する国内自給が可能なのか？……答えは多くの人が望むようなものではない．我々は，すべての農産物に対する基本的な国内自給を実現することはできない」と述べられており，大豆，糖料作物，棉花，木材，天然ゴム，食用植物油，羊毛などの農産物は長期的に不足状態であり，輸入を必要とする局面を変えることは難しいと指摘されている（陳・趙・羅 2008, 418-419 頁）．

　2015 年秋以来，中国ではトウモロコシにかかわる政策が見直されている．背景には，国内の生産増と輸入増，在庫増が同時進行するトウモロコシの過剰問題がある．陳錫文（2016）では，依然として中国は食糧の完全自給は不可能だとの認識を示しながら，近年のトウモロコシ過剰については，国内価格が国際価格より高いこと，ここ 2，3 年における非関税割当品目でかつ関税率も低い（2〜5%）大豆，大麦，高粱，DDGS[3]およびキャッサバ（ASEAN からの輸入はゼロ関税）などの飼料のうち，トウモロコシと代替関係のある品目の輸入増を挙げている．例えば，2015 年における大麦，高粱，DDGS およびキャッサバの輸入量（3927 万トン）にトウモロコシの輸入量（473 万トン）を足すと，合計は国内トウモロコシ生産量の 20%に相当する（陳錫文 2016）．すなわち，トウモロコシ過剰現象は，国内生産が国内需要を上回ったというよりは，むしろ安価な自由貿易対象品目の輸入増加のため，その分の国内産トウモロコシの飼料用販路が失われたことに起因するのであり，中国が農産

---

3)　穀物残渣．distiller's dried grains with solubles の略語．

物を完全自給できない状況は変わっていない.

　中国が一部の農産物を輸入に依存せざるを得ない状況のもとで, 食生活の向上が進むとき, 14 億人近い人口を抱える国なので, 必然的に膨大な農産物の輸入需要を発生させる. 中国の国全体としての農産物消費量がきわめて大きいため, 日本では中国による食料の「爆食」と表現されることがある.

　実のところ, 本章の主たるテーマである植物油を見ると, 中国の 1 人当たり消費量は 2013 年時点で日本の半分, 韓国の 4 割にすぎない.「爆食」という表現から中国人が大食漢だというイメージを持つとしたらそれは誤りである. ただ, 平均すると日本人の半分の消費量でも, それに日本の 10 倍以上の人口を乗じた時, その輸入需要はきわめて大きく, 植物油やその原料の輸出国に大きな影響を及ぼす.

　以下の第 2 節では, まずここ 20 年における中国の農業生産状況と輸出入状況を検討する[4]. それを踏まえて, 第 3 節から第 5 節では, 輸入依存度が最も高い植物油 (油糧種子を含む) を事例に, 植物油輸入の実態, および中国の食料輸入が輸入先国にどのような影響を及ぼしたのかを検討する. 本章ではこれらの点を明らかにすることを課題とする.

　結論をあらかじめ述べておくと, 中国は基本的には国内自給を目指しており, 不足分を世界各国から輸入しているが, 最も輸入依存度の高い植物油を事例とした見た場合, 中国と植物油輸入先国の間には Win-Win 関係が形成されているように見える.

2. 主要農産物供給状況

2.1　農産物の輸出入

　表 5-2 では農産物の品目ごとの国内生産と輸出入の状況を示しているが, これによると中国の農産物は,「純輸出が増加している品目」[5]と「純輸出が減少している品目」[6],「純輸入が増加している品目」に分けられる. さらに,「純輸入増加品目」は,「国内生産増加・純輸入増加品目」と「国内生産減少・

---

　4)　各種スパイスや茶, コーヒー, ココアなどの消費量も増加しているが, これらは重量から見て量が少ないため, 本章では取り上げない.

表5-2　主要農産物の供給状況

		年	1995	2000	2005	2010	2016
農作物		万 ha	14,988	15,630	15,549	16,068	16,665
食糧作物		万 ha	11,006	10,846	10,428	10,988	11,303
		万トン	46,662	46,218	48,402	54,648	61,625
穀物		万 ha	8,931	8,526	8,187	8,985	9,439
		万トン	41,612	40,522	42,776	49,637	56,538
稲・モミ・米*	生産	万 ha	3,074	2,996	2,885	2,987	3,018
		万トン	18,523	18,791	18,059	19,576	20,708
	輸出	万トン	6	296	69	62	40
	輸入	万トン	165	25	52	39	356
	純輸出	万トン	-159	271	16	23	-316
小麦*	生産	万 ha	2,886	2,665	2,279	2,426	2,419
		万トン	10,221	9,964	9,745	11,518	12,885
	輸出	万トン	23	19	60	28	11
	輸入	万トン	1,163	92	354	123	341
	純輸出	万トン	-1,140	-73	-294	-95	-330
トウモロコシ*	生産	万 ha	2,278	2,306	2,636	3,250	3,677
		万トン	11,199	10,600	13,937	17,725	21,955
	輸出	万トン	12	1,050	864	13	0
	輸入	万トン	526	0	0	157	317
	純輸出	万トン	-515	1,050	864	-145	-317
大豆	生産	万 ha	813	931	959	852	720
		万トン	1,350	1,541	1,635	1,508	1,294
	輸出	万トン	38	22	41	17	13
	輸入	万トン	30	1,042	2,659	5,479	8,391
	純輸出	万トン	8	-1,020	-2,618	-5,461	-8,378
落花生	生産	万 ha	381	486	466	453	473
		万トン	1,024	1,444	1,434	1,564	1,729
	輸出	万トン	49	56	78	52	41
	輸入	万トン	0	0	0	2	―
	純輸出	万トン	49	56	77	50	41
ナタネ	生産	万 ha	691	749	728	737	733
		万トン	978	1,138	1,305	1,308	1,455
	輸出	万トン	0	0	0	0	―
	輸入	万トン	9	297	30	160	357
	純輸出	万トン	-9	-297	-30	-160	-357
食用植物油	輸出	万トン	52	11	23	10	12
	輸入	万トン	363	187	621	826	688
	純輸出	万トン	-311	-176	-599	-817	-677
甘蔗	生産	万 ha	113	119	135	169	153
		万トン	6,542	6,828	8,664	11,079	11,383
甜菜	生産	万 ha	70	33	21	22	17
		万トン	1,398	807	788	930	957

(表 5-2)

	年		1995	2000	2005	2010	2016
砂糖	輸出	万トン	48	42	36	9	15
	輸入	万トン	295	68	139	177	306
	純輸出	万トン	-247	-26	-103	-167	-291
棉花	生産	万 ha	542	404	506	485	336
		万トン	477	442	571	596	530
	輸出	万トン	3	30	1	1	1
	輸入	万トン	100	25	275	313	124
	純輸出	万トン	-97	5	-274	-312	-123
麻類	生産	万 ha	38	26	34	13	9
		万トン	90	53	111	32	26
葉煙草	生産	万 ha	147	144	136	135	127
		万トン	231	255	268	300	273
イモ類	生産	万 ha	952	1,054	950	875	894
		万トン	3,263	3,685	3,469	3,114	3,356
野菜	生産	万 ha	952	1,524	1,772	1,900	2,233
		万トン	25,723	42,400	56,451	65,099	79,780
	輸出	万トン	214	321	682	845	1,010
	輸入	万トン	2	10	11	15	25
	純輸出	万トン	212	311	671	830	985
茶	生産	万 ha	112	109	135	197	290
		万トン	59	68	94	148	241
	輸出	万トン	17	23	29	31	34
	輸入	万トン	0	0	0	1	2
	純輸出	万トン	17	23	29	30	32
果物	生産	万 ha	810	893	1,004	1,154	1,298
		万トン	4,215	6,225	16,120	21,401	28,351
	輸出	万トン	71	136	365	507	512
	輸入	万トン	24	98	122	275	418
	純輸出	万トン	47	38	243	232	94
肉類	生産	万トン	5,260	6,014	6,939	7,926	8,538
豚肉	生産	万トン	3,648	3,966	4,555	5,071	5,299
牛肉	生産	万トン	415	513	568	653	717
牛乳	生産	万トン	576	827	2,753	3,576	3,602
卵	生産	万トン	1,677	2,182	2,438	2,763	3,095
畜産物	輸出	億ドル	28	26	36	48	56
	輸入	億ドル	15	27	42	97	234
	純輸出	億ドル	13	-1	-6	-49	-178
水産物	生産	万トン	2,517	3,706	4,420	5,373	6,901
	輸出	億ドル	33	38	79	138	207
	輸入	億ドル	10	18	41	65	94
	純輸出	億ドル	23	20	38	73	113

注：*モミ，玄穀，同粉．
出所：『中国農業年鑑』各年版，『中国統計年鑑』各年版，『中国農業統計資料』，『中国農産品
　　貿易発展報告』各年版により作成．

純輸入増加品目」に分類される.

「国内生産増加・純輸入増加品目」には,「純輸入状態が慢性的に続いているケース」と「純輸出から純輸入に転じたケース」が見られる. 前者には, 小麦[7], ナタネ, 甘蔗（砂糖）[8]が含まれており[9], 後者には米, トウモロコシ, 畜産物[10]が含まれている. これらの農産物は, 国内生産量が大幅に増加しており, 輸入も近年増加しているが, ほとんどが関税割当[11]の枠を超えておらず, 基本的に国内生産が国内需要を満たしてきたといえる. 砂糖の場合, 2011 年以降関税割当の枠を超える輸入が行われている[12]が, これは, 二次関税[13]をかけても輸入糖の方が国産糖に比べ安価であるためといわれている（農業部農産品貿易弁公室・農業部農業貿易促進中心 2015, 44 頁；同 2016, 44 頁）. 将

---

5)　純輸出が増加したのは野菜, 水産物, 茶である. 耕作農業である野菜について見ると, 重量合計は, 一貫して国内生産も純輸出も増加している. 野菜は種類が多様であり, さらに野菜の中にはシイタケ, キクラゲなどの菌類（非土地利用型）も含まれており, これらの輸出に占める割合が大きいため, 重量合計で議論するには限界がある. しかし, 国内消費が継続的に増加してきたことを考慮すると, 中国がいつまでも野菜純輸出の増加を維持できるかという疑問が生じる. 大島ほか（2015）によると, 従来日本に野菜を輸出していた日系企業も, 中国向け商品販売に戦略を転換しているとのことである.

6)　2016 年時点で, 純輸出減少品目のうち輸出が輸入を超過していたのは落花生と果物であるが, その中で純輸出量の多いのは果物であった. 果物は野菜と同様に種類が多様である. 果物重量合計から見ると, 純輸出量が 2010 年からは減少に転じた. 表 5-1 で見るように, 1 人当たり果物消費量が急速に増加したため, 国内生産は増加したものの, 純輸出量が減少し始めたということになる.

7)　小麦の場合, 表 5-2 には掲げていない年次のうち, 2002 年, 03 年, 06 年, 07 年, 08 年は輸出超過であり, そのため, 正確には, 純輸入→純輸出→純輸入との流れである.

8)　甜菜・甘蔗の直接輸入はない.

9)　棉花, 麻類, 葉煙草は食料ではないため, ここでは記述を省略する.

10)　畜産物の貿易には, 皮類や毛類なども含まれているため, 単純な「食料」ではないが, 畜産物の輸入の中で乳製品の輸入が最も多く, さらに豚肉, 牛肉も純輸入であるため, 代用しても差し支えないと考えられる. HS コード別に見ると, 卵類は純輸出を維持しているものの, 乳製品, 豚肉, 牛肉, 家禽類はいずれも純輸入となっている（GTA による）.

11)　小麦の関税割当量は 963.6 万トンであり, 米は 532 万トン, トウモロコシは 720 万トン, 砂糖は 194.5 万トンである.

12)　砂糖（HS コード 1701）輸入量は, 2011 年に 292 万トン, 2012 年に 375 万トン, 2013 年に 455 万トン, 2014 年に 349 万トン, 2015 年に 485 万トン, 2016 年に 306 万トン, 2017 年に 229 万トンと関税割当量を超えている（GTA による）.

13)　砂糖の一次関税率は 15％で, 二次関税率は 50％と, 比較的低い.

来的には国内砂糖需要の増加に伴い，輸入がさらに増加すると思われるが，2014 年時点では，輸入糖の増加により国内供給が国内需要を上回ったといわれている（農業部農産品貿易弁公室・農業部農業貿易促進中心 2015, 44 頁）．国内供給には輸入糖も含まれており，国内産砂糖価格が砂糖の国際価格よりも高いため，近年は国内需要を上回る砂糖が輸入されているのである [14]．

　「国内生産減少・純輸入増加」には大豆と甜菜が含まれる．大豆と甜菜の国内生産量の減少が油糧作物・植物油，砂糖の輸入増につながったことは否定できない．歴史的に大豆と甜菜の主産地は東北であった．東北の場合，大豆と甜菜の衰退は競争作物である稲，トウモロコシなどの食糧作物の増産と表裏の関係である（次項で詳述）．「食糧」[15] とは，中国語では「糧食」と呼ばれており，米，小麦，トウモロコシなどの穀物以外に豆類とイモ類が含まれる．大豆も食糧に含まれるが，90 年代以降における用途の実態としては，直接食用消費や豆乳・豆腐・味噌・醤油などの伝統的な大豆製品の消費は僅少で，大部分が圧搾消費，すなわち大豆油および（搾油粕の）飼料としての消費 [16] である．中国の分類によると，大豆は食糧作物であるが，実態は油糧作物なのである．食糧事情の厳しい時期における「食糧」の定義が今日においても使用されているため生じている，実態とのずれである．

---

14)　そのため，2014 年 11 月以降，政府は割当外の砂糖輸入を「貨物自動輸入許可管理」（後述）の対象に追加し，2015 年には中国国内の製糖企業間で，割当外の砂糖輸入を年間 190 万トン以内に抑えるとの合意に至ったといわれている（中国軽工業網ウェブサイト，2018 年 7 月 26 日アクセス．http://www.clii.com.cn/zhhylm/zhhylmHangYeJuJiao/201502/t20150204_3866948.html）．関税割当量が 194.5 万トンであるから，全体として砂糖輸入量を 384.5 万トン以内に抑えることが目標だと思われるが，実際には 2015 年における砂糖輸入量は 485 万トンであり，制限量を超えていた．業界内合意がなかったら輸入量がさらに増えた可能性はある．安価な輸入糖の増加により，国内産砂糖価格が下落したため，国内の甘蔗作付面積も 2013 年の 181.6 万 ha から 2016 年には 152.7 万 ha までに減少した．砂糖輸入量の増加が国内砂糖産業全体に大きな影響を及ぼしているため，2016 年になると自動輸入許可管理を続けるとともに，商務部は 9 月 22 日から広西糖業協会の申請により，2011 年 1 月 1 日から 2016 年 3 月 31 日までの期間中に輸入された砂糖に対して保障措置立案調査を始めた．これらの結果，砂糖の輸入量は減少することになった（農業部農産品貿易弁公室・農業部農業貿易促進中心 2017, 45 頁）．ただし，関税割当量を超えている状況には変わりない．

15)　野菜，肉類なども含む概念である「食料」とは異なる．

16)　圧搾された大豆の重量の約 2 割が大豆油であり，約 8 割は大豆粕である．

　食糧作物は一貫して中国における農業政策の要であったが，大豆，甜菜は必ずしもそうではなかった．例えば，近年においても中国の農業政策文件では「糧油棉糖」または「糧棉油糖」という用語がよく出現する．これは，食糧作物，油糧作物，棉花，糖料作物を統合的に表す用語であるが，こうした用語からも，中国の農業政策においてまず重要なのは食糧作物であり，油糧，糖料作物は政策順序からして食糧作物に劣っていることがわかる．しかし，一方において棉花以外はいずれも人々が生活を営む上で欠かせない重要な食料であり，食料の観点からみれば，食糧作物の次に重要なのが油糧作物と糖料作物ということになる．

2.2　主産地における甜菜・大豆生産の衰退

　データは示していないが，黒竜江省は今も甜菜と大豆の重要な生産地である．しかし，黒竜江省においていずれも作付面積が減少している．甜菜と大豆は稲，トウモロコシなどの競争作物に敗けたのであり，その主要な要因は作物特性にある．

　黒竜江省における甜菜の衰退は，計画性を高度に必要とするその作物特性によるものである[17]．甜菜糖業は，農業部門と工業部門という両輪によって成り立っており，またこの両輪間の均衡が重要である．なぜなら，農業部門で生産される甜菜は製糖工場で砂糖に加工されないとほぼ無価値であるため，工業部門は農業部門で生産される原料甜菜を腐らせることなく加工できるほどの機械設備が必要であり，製糖業は装置産業であるため，充分な原料甜菜の供給を必要とする．さらに甜菜糖工場の場合は，操業期間が短く[18]，そのため操業可能な時期において最大限に稼働できるほどの甜菜確保が必要になる．計画経済期においては，甜菜糖業は発展したが，それは政府当局の計画の下で，原料が調達され，生産された砂糖は政府機関が固定価格により統一

---

17)　北海道の甜菜糖業が今日においても維持できているのは，計画性の強い輪作体系と補助金制度があるためと思われる．

18)　黒竜江省の甜菜糖工場は，半年操業・半年設備修繕の日程だった．甜菜糖業が半年以上操業できないのは，原料甜菜の保存可能な期間が収穫した時期から翌年春までの約半年間である（春以降気温が上昇すると原料甜菜は腐ってしまい，保存できなくなる）ためである．

的に買い付け，決められたルートで販売（統購包銷・指定価格制度で販売）して
いたためである．しかし，80 年代以降，一連の制度改革が行われるようにな
った．農業部門には生産責任制が導入され，84 年春までに黒竜江省の 98％
の地域で実施されるようになった．一方，工業部門においては，85 年から製
糖工場が原料調達のために，作付前に農民との間で契約を結ぶことになり，
92 年からは砂糖の販売も製糖工場が自ら行うようになった．さらに，同じく
92 年に砂糖の販売価格に対する政策が緩められ，政府が指定する固定価格
から政府が指導する価格（指導価格）に変わった．こうした制度改革は黒竜
江省の甜菜栽培の衰退を招いた．

　すなわち，農業部門においては，生産責任制の導入により，各々の農家が
耕作する作物やその作付面積を決めるようになったため，甜菜栽培が小麦，
トウモロコシ，大豆などの競争作物に比べて収益性がよくないと農家は甜菜
を栽培しない．製糖工場は原料甜菜が必要であるため，買付価格を引き上げ
る．他方，製糖工場で生産された砂糖は南方で生産される甘蔗糖や輸入糖と
の価格競争に遭い，甜菜糖工場は経営難に陥り，90 年代以降その多くが閉
鎖された．製糖工場の経営難により，甜菜を製糖工場に販売した農家は代金
を受け取れない事態が多発し，農家は甜菜栽培をやめるようになった[19]．

　90 年代以降，黒竜江省における甜菜栽培は一貫して減少したが，大豆の
栽培面積は 2009 年までは増加しており，その後減少に転じた．ただし，黒
竜江省において農作物の作付面積が増加する中，大豆の栽培面積増加はトウ
モロコシ，稲作ほどの勢いではなかった．これは大豆の単収が低いことに起
因する．稲やトウモロコシは新品種の投入や窒素肥料使用量の増加により単
収の増加がもたらされたが，大豆は，窒素肥料による単収の増加は限定的で
あった．こうした差異は大豆が収益性の面においてトウモロコシ，稲などの
競争作物に比べ劣る要因であった．その結果，大豆栽培は衰退することにな
った．黒竜江省においては，甜菜も大豆も作物特性のために競争作物である
稲，トウモロコシなどに敗けたということになる．近年黒竜江省は新たな食

---

19) 筆者は，黒竜江省における甜菜糖業の発展・衰退について，2016 年 3 月に日本農
　業史学会にて報告（「中国東北における糧糖相克と製糖業」）しており，それを基にし
　た論説を現在執筆中である．

糧基地としての地位を確立しているが, それには甜菜・大豆など競争作物の作付面積の減少を伴っている.

2.3　植物油・砂糖の供給構造

それでは, 中国東北部で大豆・甜菜の作付面積が減少する中, 中国では代替する油糧作物と糖料作物をどのように確保してきたのか. 国内で大豆に代わる油糧作物, 甜菜に代わる糖料作物の増産をはかるとともに, 不足分は輸入に頼ってきたといえる. すなわち油糧作物も糖料作物も, 大豆と甜菜のみではなく複数存在する. 糖料作物の場合, 甜菜栽培が衰退する一方で, 南方の甘蔗栽培は増加し続けた. 中央政府が広西, 雲南などの地域での甘蔗栽培を進めたためである（司 2015）が, 甘蔗生産は甜菜の減産以上に増加しており, 今や国内産砂糖のほとんどが甘蔗糖である[20]. 既述のように, 今後国内砂糖需要の増加により砂糖輸入が大幅に増加する可能性は大きいが, 2010 年までは関税割当量の範囲内の輸入であった. このような状態の維持を可能にしたのは, 広西, 雲南の劣等地における甘蔗栽培の拡大である.

これに対し, 油糧作物は, 大豆に代替する油糧作物の国内生産も増加したものの, 90 年代半ば以降, 大豆の輸入が大幅に増加している. 国内では落花生とナタネが増産しており, 2014 年の生産量はいずれも大豆生産量より多い. さらに, 落花生は輸出が輸入を上回っている. しかし, その量は大豆やナタネ, 植物油の純輸入量とは比べ物にならない. つまり, 国内で甜菜, 大豆に代わる油糧作物・糖料作物が増産されたとはいえ, 国内生産で完全に自給が可能になったわけではなく, 不足分については海外から油糧作物・植物油, 砂糖を調達してきた. ただし, 砂糖は現在関税割当制の対象であり, 上述のように関税割当の枠を超える輸入が行われるようになったのは 2011 年以降である. これに対し, 大豆・植物油は現在関税割当制の対象ではなく, 90 年代半ば以降, 国内の植物油に対する需要の増加を背景に低関税の下で輸入を増やしてきた. 砂糖の国内需要は, 東北での甜菜生産は減少したものの, 近年まで基本的に国内生産により賄われていたが, 植物油は国内生産よりはむ

---

20)　広西, 雲南の甘蔗栽培地は, 丘陵地などの劣等地である.

しろ輸入大豆や輸入植物油に依存してきたのである.

つまり, 甜菜・大豆の主産地である黒竜江省の視点から見た場合, 国内では「選択的な自給」傾向が見られるということである. 甜菜と大豆の作物特性が影響したとはいえ, 甜菜・大豆の栽培が減少する一方で, 食糧作物の栽培が増加し, 他方で, 他の地域では東北とは種類の異なる油糧作物と糖料作物の生産が増加した. しかし, 近年まで砂糖は国内で自給されてきたのに対し, 植物油は, 国内自給が実現できず, 90 年代半ば以降輸入に頼ってきた. 大豆・植物油は中国の自給対象から外された典型的な農産物なのである.

この点は, 中国の農産物貿易制度からも確認できる. WTO 加盟に伴い, 農水産品については, 米, 小麦, トウモロコシ, 大豆油, ナタネ油, パーム油, 砂糖, 棉花, 羊毛などで関税割当制が導入され, その他は関税のみが課されることになった. ただし, WTO 加盟時の約束により植物油の関税割当制は 2006 年以降廃止されている (中国 WTO 加盟に関する日本交渉チーム 2002). つまり, 糧棉油糖にかかわる主要な農産物に関しては, 関税割当制が導入されたことになるが, 大豆が関税割当制対象に入っていないことや植物油の関税割当制が 2006 年以降廃止されたことを考えると, 植物油は自給せず海外からの輸入に依存するのが中国の食料戦略であるといえよう.

以下では輸入に最も依存している植物油に焦点を絞って, その輸入のあり方と輸入先国への影響について検討する.

3. 大豆・パーム油の輸入と WTO

3.1 植物油の消費構造

表5-3 は, 90 年代以降の中国における食用植物油の 1 人当たり供給量の内訳を示したものである. 最も供給量の多かった植物油は, 90 年代にはナタネ油だったのに対し, 2000 年代には大豆油, さらに近年はパーム油に替わったことがわかる. 中国では植物油消費における地域性が見られ, 消費者は, 伝統的にその地域で生産される油糧作物を原料として加工された食物油を消費している. 例えば, 東北では大豆油, 長江流域ではナタネ油, 山東, 北京, 広東などの地域では落花生油が消費されていた (王 2006). 全国的に植物油

表5-3 食用植物油の1人当たり供給量の内訳

(kg／年)

年	1990	1995	2000	2005	2010	2013
植物油	5.69	5.99	6.20	7.11	7.76	7.17
大豆油	0.76	0.93	1.50	2.04	1.85	1.77
落花生油	0.64	0.91	0.94	0.83	0.65	0.63
ヒマワリ油	0.34	0.28	0.27	0.15	0.13	0.14
ナタネ油	1.93	1.89	1.55	1.64	1.91	1.51
綿実油	0.67	0.59	0.56	0.64	0.48	0.57
パーム核油	0	0	0.01	0.03	0.06	0.07
パーム油	1.04	1.07	0.95	1.35	1.99	1.86
ココナッツ油	0.03	0.04	0.07	0.11	0.23	0.09
ゴマ油	0.12	0.12	0.15	0.15	0.16	0.16
オリーブ油	0	0	0	0	0.02	0.03
こめ油	0.07	0.06	0.08	0.07	0.07	0.08
トウモロコシ油	0.03	0.05	0.06	0.03	0.16	0.18
その他	0.05	0.05	0.06	0.06	0.07	0.08

出所：FAOSTAT により作成.

の消費が増加するとともに，中国で消費する食用油の中で大豆油，パーム油が上位に登場し，品種構成上大きな変化が見られた．大豆油とパーム油が中国の増加する食用油需要を満たしてきたといえる．

　その場合，大豆油とパーム油は輸入によるものであり，輸入には油脂形態の輸入と油糧種子形態の輸入が見られた．大豆油の場合，油脂形態と油糧種子形態の輸入があったのに対し，パーム油の場合，油脂形態の輸入のみであった．

3.2　油糧種子の輸入

　まず油糧種子形態の輸入について見ておこう．表5-2で見るように，ナタネも純輸入を行っているが，ここでは，大豆のみを検討対象とする．

　大豆は，1995年まで，不足時には海外から輸入していたものの概ね純輸出を維持していた．純輸入に転じたのは1996年からであるが，表5-2で見る

ように，今や 8300 万トンの大豆を輸入している．1995 年以前における中国は，多くの場合，国内の需給状況に応じて，その年の輸入割当量を臨時的に決めていた．1996 年から，中国は大豆の輸入割当制を暫時的に廃止し，輸入関税率を 114％ から 3％ に引き下げた．そして，2001 年の WTO 加盟協定書の中で大豆の輸入割当制を廃止し，関税制度に切り替えることを正式に許諾した（余・喬 2006）．1996 年から 2000 年まで，形式的には関税割当制が採られていたが，関税割当の制限がなく，すべての輸入大豆に対し 3％ の関税をかけており（黄 2003，湯 2001），実質的には 1996 年段階で輸入割当制，高関税は廃止され，輸入大豆に対しては低い関税率[21]が適用され，大豆は自由貿易品目になった[22]（朱・江 2014）．土地資源の制約や単収の伸び悩みなどの国内要因により，国内の大豆生産は需要の増加に追い付けず，大豆油は輸入大豆に頼らざるを得なかったということになるが，WTO 加盟を申請しているという時期的な背景も影響しているように思われる．

　図 5-1 では，中国の国別大豆輸入量の変遷を示した．90 年代における大豆の主な輸入先はアメリカであった．しかし，2000 年代に入ると，アメリカ大豆だけでは中国の大豆需要を満たすことができず，ブラジル，アルゼンチンなどの南米新興国からの大豆輸入が急速に増えることになった．

　ちなみに，データは示していないが，90 年代において，アメリカは，中国にとっての 2 番目の大豆油輸入先（1 番目はブラジル）であった．しかし，2002 年以降はアルゼンチンとブラジルが中国の大豆油の最も重要な輸入先になり，かつ両国からの輸入量は全輸入量の 8 割以上を占めている．中国の WTO 加盟の交渉において，アメリカは自国の大豆・大豆油の中国への輸出拡大を目指していたと考えられるが（池上 1999，2001），今やアメリカには中国の需要増に相応するほどの大豆生産能力がないということになる．

3.3　油脂形態の輸入

　表 5-4 には，中国の主要食用植物油の貿易状況を示した．食用植物油は 1995 年以降一貫して純輸入状態である．また，1995 年時点では大豆油の輸

21）　2007 年 10 月 1 日から 12 月 31 日まで大豆の輸入関税は 1％ に引き下げられていた．
22）　2010 年以降「貨物自動輸入許可管理」対象になった．

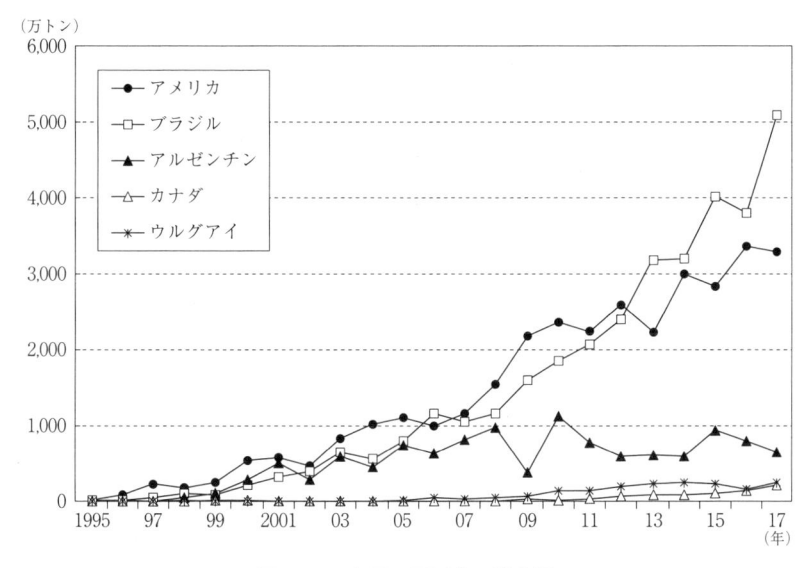

図 5-1　中国の国別大豆輸入量

出所：GTA により作成.

入が最も多かったが，2000 年以降になると，パーム油の輸入量が圧倒的に大きくなった．パーム油は，オイルパーム（アブラヤシ）から得られるが，オイルパームは熱帯で生産される．中国南方の熱帯地域でも生産されているとされるが，『中国農業年鑑』には 1990 年代半ば以降統計が記載されなくなった[23]．つまり，中国国内でオイルパームが栽培されるとしてもその規模がかなり小さいことは推測できる．中国の熱帯地域といえば，海南，広東，広西，雲南などの省・自治区が含まれているが，これらの地域では，ゴム，バナナなどの熱帯果物や甘蔗などの栽培が急増し，オイルパームはこれらの作物との耕地争奪戦で敗退したことになる．

　WTO 加盟時の約束から，中国では 2002 年から植物油に対して関税割当制を適用したが，2006 年に廃止し，自動輸入許可管理を実施し，輸入数量に制限をかけなくなった（大連商品交易所 2016d，6 頁）．自動輸入許可管理は 2004

---

23)　FAO 統計によると，中国のアブラヤシ栽培面積は現在 5 万 ha 程度である．

表 5-4　食用植物油の貿易状況

（万トン）

年		1995	2000	2005	2010	2016
食用植物油	輸出	51.7	11.2	22.8	9.6	11.5
	輸入	362.7	187.1	621.3	826.2	688.4
	純輸出	-311.0	-175.9	-598.5	-816.6	-676.9
大豆油	輸出	6.6	3.5	6.3	5.9	8.1
	輸入	148.2	30.8	169.4	134.1	56.0
	純輸出	-141.6	-27.3	-163.1	-128.2	-47.9
パーム油	輸出	—	—	—	—	—
	輸入	139.7	139.1	433.0	569.6	447.8
	純輸出	-139.7	-139.1	-433.0	-569.6	-447.8
ナタネ油	輸出	17.1	5.4	3.1	0.4	0.5
	輸入	63.1	7.5	17.8	98.5	70.0
	純輸出	-46.0	-2.1	-14.7	-98.1	-69.5
落花生油	輸出	1.1	1.5	2.0	0.8	0.9
	輸入	1.4	1.0	0.0	6.8	10.7
	純輸出	-0.3	0.5	2.0	-6.0	-9.8

出所：『中国農産物貿易発展報告』2017 年版による.

年に発布された「貨物自動輸入許可管理弁法」[24]に基づくものである．中国は WTO 加盟時に「特定商品に係る自動登録制度は単に統計上の情報収集を目的とするものであり，ライセンス協定第 2 条にしたがって加盟時に自動許可制度を導入する」（中国 WTO 加盟に関する日本交渉チーム 2002, 90 頁）と約束している．ただ，加盟時には間に合わず，2 年遅れたことになる．「貨物自動輸入許可管理弁法」により，自動輸入許可管理の対象商品は，輸入を行うごとに，商業部からの自動輸入許可証が必要とされる．これは，国が一部の商品の輸入について監視するためであると理解されるが，同弁法第 15 条

24)　「2015 年自動輸入許可管理貨物目録」によると，2015 年の自動輸入許可品目には豚肉，牛肉，羊肉，鶏肉，乳製品，大豆，ナタネ，植物油，砂糖，大豆粕，たばこなどの農産品が含まれている．大豆，ナタネ，大豆粕は 2010 年 1 月に，関税割当枠外の砂糖は 2014 年 11 月に，それぞれ「自動輸入許可管理貨物」の対象になり，2015 年 9 月からは大麦，高粱，キャッサバ，DDGS も「自動輸入許可管理貨物」の対象となった．

によれば，国が対象とする商品の輸入に対し，臨時的な輸入禁止や数量制限といった措置をとる場合があるとされる．理論的には国内農業に対し深刻なマイナス影響を及ぼす時には許可証の発行を禁止することにより，輸入量を制限することが可能となるが，2006 年以降の植物油の輸入量の推移を見ると，植物油に対する自動輸入許可管理は，WTO 加盟時の約束の下で運営されているように考えられる．

　植物油に対する関税割当制は 4 年間だけ実施されていたが，実施期間においてもそれほど機能しなかった．大豆油，パーム油，ナタネ油それぞれの関税割当の状況は表 5-5 の通りである．大豆油の割当量が最も多く，次にパーム油，ナタネ油の順であった．しかし，実際の輸入量を見ると，パーム油の輸入量が最も多く，大豆油とナタネ油が割当量を消化しきれていないのに対し，パーム油は 2003 〜 2005 年まで関税割当の枠を超えて輸入した．このように輸入植物油がパーム油に集中したのは，パーム油が安価だからである．図 5-2 では，1995 年以降の中国のパーム油，大豆油，ナタネ油の輸入価格を示した．パーム油がほぼ一貫して最も安いことがわかる．2002 〜 2005年まで中国ではこの 3 種の植物油に対し，割当枠内では 9 ％の関税率（一次関税率）を適用し，割当枠外の場合は，割当外関税率（二次関税率）を適用した．二次関税率は 2002 〜 2005 年の各年にそれぞれ 52.4％，41.6％，30.7％，19.9％であり，2004 〜 2005 年の場合，二次関税率を適用したとしてもパーム油の輸入価格は大豆油，ナタネ油の輸入価格より安価であった[25]．

　パーム油がその他の植物油に比べ相対的に安価なのは，原料のオイルパームが通年にわたって果実の収穫が可能で，収穫量も安定的であり，単位面積当たりの油生産量が，他の植物油の数倍もあるためである（藤田 2011, 95 頁）．しかし，上述のように，中国の熱帯農業においては国内でパーム油の生産規模を拡大することができなかった．

---

25)　GTA によると，2004 年のパーム油，大豆油，ナタネ油の輸入価格はそれぞれ 0.48 ドル／ kg，0.62 ドル／ kg，0.62 ドル／ kg であった．大豆油，ナタネ油の輸入価格に割当関税の 9 ％を掛けた場合，0.676 ドル／ kg であるのに対し，パーム油の輸入価格に割当外税率の 30.7％を掛けた場合，0.627 ドル／ kg であり，パーム油の輸入価格のほうが安いことを確認できる．2005 年の場合も同様な計算をし，パーム油の輸入価格が安いことを確認できた．

表 5-5　WTO 加盟後の中国植物油関税割当状況

	年	2002	2003	2004	2005
大豆油	割当量（万トン）	251.80	281.80	311.80	358.70
	輸入量（万トン）	87.00	188.00	252.00	169.40
パーム油	割当量（万トン）	240.00	260.00	270.00	316.80
	輸入量（万トン）	222.00	332.00	285.70	433.00
ナタネ油	割当量（万トン）	87.89	101.86	112.66	124.30
	輸入量（万トン）	8.00	15.00	36.00	17.80

出所：中国期貨業協会（2010）52 頁の表 4-1 を一部修正.

　中国におけるパーム油消費の内訳を見ると，インスタントラーメン製造用の消費が 20%，食品加工・飲食業での消費が 33%，家庭調理用 22%，石鹸製造用 16%，化学製品生産に 6% 消費されており，75% が食用消費であった（中国期貨業協会 2010, 29 頁）. 近年は若干低下したものの，それでも 6 〜 7 割が食用消費である [26]. 食用消費がメインである国内のパーム油需要に対し，国内生産は見込めず，パーム油の輸入を増やしてきたのである.

　パーム油の輸入先は主にマレーシアとインドネシアであるが，マレーシアでは天然ゴム園をオイルパームの生産地に変えたのに対し，インドネシアではオイルパーム生産地の拡大によって森林減少が進んでいる（藤田 2011）.

　以上述べてきたように，油糧種子形態の輸入では大豆がメインであり，油脂形態の輸入ではパーム油が最も顕著である. 大豆の輸入先はアメリカのほか，ブラジル，アルゼンチンであり，パーム油の輸入先は主にマレーシアとインドネシアである. つまり，南米と東南アジアの新興国が中国へ植物油を供給しているのである.

26）　2013 年から 2015 年までのパーム油の輸入量はそれぞれ 598 万トン，532 万トン，591 万トン（GTA による）であり，国内食用消費量は 357 万トン，378 万トン，375 万トンであった（大連商品交易所 2016d, 7 頁）. したがってパーム油の食用消費比率は 59.7%（2013 年），71.1%（2014 年），63.5%（2015 年）という計算になる.

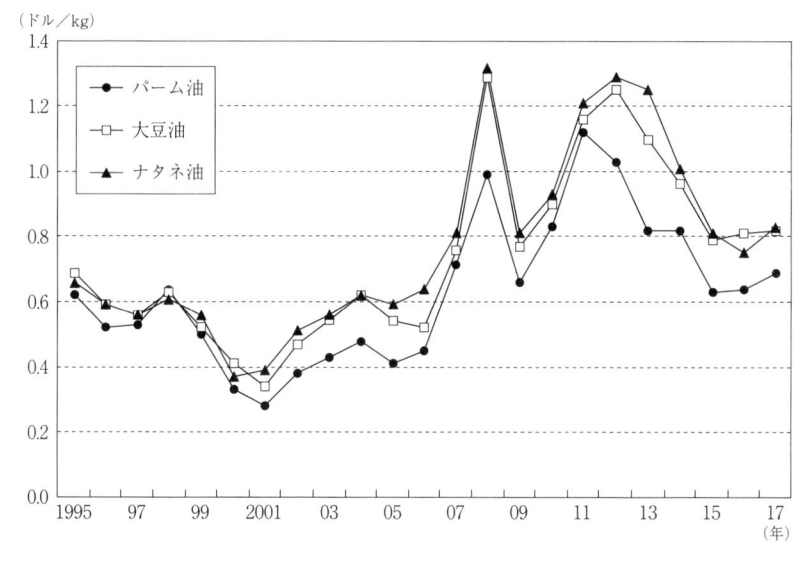

図 5 - 2　中国の主要食用油の輸入価格

出所：GTA により作成.

4. 大豆とパーム油の輸入形態の差異

　世界には 10 種類を超える植物油があるが，その中で最もメジャーなのが大豆油とパーム油である．中国の植物油の輸入形態を見ると，大豆油は油糧種子形態で輸入しているのに対し，パーム油は油脂形態で輸入している．つまり，パーム油は大豆に比べ，より付加価値の高い形態で中国に輸入されているということである．こうした差異を生む理由は何か．

　その理由として，作物の特性，農業開発の主体，政府の政策が挙げられる．まず，作物特性について．オイルパームは，果房を収穫してから 24 時間以内に搾油しないと遊離脂肪酸の増加に伴い油の品質が劣化するため，オイルパーム産地の近くで搾油処理を行う必要がある（岩佐 2005, 122 頁）．そのため，オイルパームの搾油工場は生産地立地でなければならない．ただし，パーム油の製造は，パーム果房→パーム粗製油（原油）→パーム精製油という段階

を経るため，比較的付加価値の低い状態であるパーム粗製油形態での貿易も可能であるが，実態としてはほとんどが付加価値のより高いパーム精製油形態で中国に輸入されている[27]．一方，大豆油の原料である大豆は種子形態で貿易可能であり，大豆の搾油工場は生産地立地でも消費地立地でもよいが，実態としては，消費地立地である．

　中国最大の大豆輸入先であるブラジルにおける大豆産業の発展史を見ると，1940 年代に南部において大豆栽培が開始されるが，1970 年代になり，2 億 ha の面積を持つセラード（Cerrado）の開発，熱帯適性種子の開発，低利融資などの政府の強力な政策の下，大規模経営が進み，世界有数の大豆生産国に成長した．1980 年代の経済自由化により政府による政策金融は縮小し，90 年代以降のブラジルにおける大豆生産の急拡大に大きな役割を果たしたのはオランダのブンゲ（Bunge Limited）をはじめとする穀物メジャーであった．穀物メジャーはブラジルで直接大豆生産に参加したのではなく，ブラジルの農家に対し，生産資材を提供したり，それを購入するための融資を行うことで，農家の大豆生産を促した．その結果，ブラジルの大豆生産は大きく拡大したが，穀物メジャーがブラジルの大豆取引を支配するようになった．穀物メジャーは，ブラジルの搾油産業に参入するとともに，手に入れた大豆を世界に輸出した．一方，政府は大豆の国際競争力を高めるために農産物輸送網を整備するなどの政策を打ち出した．中国関連で見ると，最初，穀物メジャーは，大豆を中国の搾油工場へ供給したが，2000 年以降，自らが中国の搾油業界に参入するようになった（小池 2007，阮 2008）．

　つまり，初期にブラジル大豆産業の発展を支えたのは政府であるが，90 年以降のそれは穀物メジャーだった．穀物メジャーは，ブラジルの大豆を支配するようになったが，対中国の植物油輸出を見ると，原料生産地であるブラジルに搾油工場を置いたのではなく，消費地に置く戦略を取っている[28]．そのため，ブラジルは付加価値の比較的少ない大豆形態で中国に大豆油を輸

27）甘蔗糖の場合も，甘蔗→粗糖→精製糖という製造段階がある．甘蔗状態で輸入することは，鮮度の問題や輸送の効率性（甘蔗は 3 m 以上成長する）を考えると非効率的である．この点においては，パーム油と類似しているが，中国に輸入されている砂糖はほとんど粗糖であり，中国国内で精製されるという点において，パーム油と対照的である．

出していることになる.

　表 5-6 で見るように，ブラジルから中国への大豆輸出が拡大したのは，
2000 年以降であり，今やブラジルの大豆輸出全体の 7 割以上のシェアを中国
向けが占めるようになった．中国において，大豆油の食用消費が全消費量の
85％を占め，工業や医薬産業では全体の 10 〜 15％程度しか消費しない（大
連商品交易所 2016b）．中国の食生活の高度化による植物油需要がブラジルの
大豆生産を促したことになる.

　他方，パーム油はなぜ付加価値のより高いパーム精製油形態で中国に輸入
されているのかというと，これは，パーム油輸出国の政策によるものである．
マレーシアとインドネシアはパーム油の世界二大生産国・輸出国であるが，
マレーシアではパーム粗製油の輸出割当制をとっており，それによってパー
ム粗製油の輸出を制限している．インドネシアでは，パーム粗製油に輸出関
税をかけている（曹・潘・楊 2009）．国内での付加価値を高めようとするのが
両国の目的であろう.

　表 5-7 では，中国のパーム油の輸入状況を HS コード別に示した．パーム
オレインとは精製油のうち液体油，パームステアリンとは固体脂である．よ
り付加価値の高いパーム精製油の輸入が圧倒的に多く，その中でも融解点の
より低いパームオレインの輸入が多い.

　パーム油は半固体の油脂で，液状部分と固体部分が共存する．融解点が 19
〜 24 度の部分がパームオレイン，融解点 44 〜 56 度部分がパームステアリ
ンとよばれる．パームオレインは，中国で 24 度パーム油ともよばれており，
温度が 24 度以下の時には凝固が始まり，固体脂になるパーム油である．華
南地区では，気温が年中比較的高いため 24 度パーム油が直接食用に使われ
るが，北方地区では気温の影響を受け，パーム油の消費には季節性が見られ
る．ただし，こうした状況にも近年変化が見られる．24 度パーム油をさらに
加工することにより，融解点が 18 度，14 度，12 度，8 度などのパーム油を
得ることができるようになった．そのため，気温の比較的低い北方において
もパーム油を直接食用に使用することができ，季節性がそれほど明確でなく

---

28)　中国に大豆粕の需要が多いことも，搾油工場を消費地である中国に設置する要因の
　　一つであろう.

表5-6 ブラジルの大豆（HS1201）の輸出状況

(万トン)

年	世界	中国	日本	中国向けの割合（%）
1996	364.7	1.5	31.7	0.4
1997	834.0	30.2	47.4	3.6
1998	927.5	94.5	28.8	10.2
1999	891.7	62.0	36.4	7.0
2000	1151.7	178.4	53.0	15.5
2001	1567.6	319.2	76.8	20.4
2002	1597.0	414.3	71.2	25.9
2003	1989.0	610.2	62.5	30.7
2004	1924.8	567.8	38.1	29.5
2005	2243.5	715.8	41.8	31.9
2006	2495.8	1076.9	22.0	43.1
2007	2373.4	1007.2	38.8	42.4
2008	2449.9	1182.4	49.8	48.3
2009	2856.3	1594.0	58.7	55.8
2010	2907.3	1906.4	50.7	65.6
2011	3298.6	2210.5	53.6	67.0
2012	3246.8	2255.9	54.8	69.5
2013	4279.2	3224.7	61.1	75.4
2014	4569.2	3266.4	58.1	71.5
2015	5432.4	4092.6	47.4	75.3
2016	5158.2	3856.4	45.4	74.8
2017	6815.5	5379.7	46.7	78.9

出所：UN Comtrade により作成.

なり，24 度パーム油は南方のみならず全国で消費されるようになり，人豆油やナタネ油よりも全国的に消費される植物油になった（中国期貨業協会 2010）.

　中国のパーム精製油の輸入先を見ると，90 年代以降一貫してマレーシアが一番だったが，2015 年にマレーシアは 1 位の座をインドネシアに奪われている．インドネシアの農園開発には，近年外国資本が積極的に投資するように

表 5 - 7　中国のパーム油の HS コード別輸入状況

（単位：万トン）

年	対世界輸入					対インドネシア輸入					対マレーシア輸入				
	パーム油 (1511)	パーム粗製油 (151110)	パーム精製油 (151190)	パームオレイン (15119010)	パームステアリン (15119020)	パーム油 (1511)	パーム粗製油 (151110)	パーム精製油 (151190)	パームオレイン (15119010)	パームステアリン (15119020)	パーム油 (1511)	パーム粗製油 (151110)	パーム精製油 (151190)	パームオレイン (15119010)	パームステアリン (15119020)
1995	139.7	13.0	126.7			10.2	1.4	8.8			108.3	10.7	97.7		
1996	100.9	29.5	71.5			16.5	6.3	10.2			77.1	22.6	54.4		
1997	114.6	37.7	76.9			29.0	12.6	16.5			81.4	24.9	56.4		
1998	93.0	16.7	76.3			18.7	3.5	15.2			70.9	13.2	57.7		
1999	119.4	4.1	115.2			35.5	0.8	34.7			78.1	3.3	74.8		
2000	139.1	1.5	137.6			46.4	0.4	46.0			90.9	1.1	89.8		
2001	152.0	1.5	150.6	103.5	15.7	35.2	0.3	34.9	22.7	7.0	115.1	1.1	114.0	80.0	8.0
2002	222.1	0.9	221.2	156.0	52.6	50.2	0.0	50.1	30.8	17.8	169.8	0.8	169.0	125.0	32.8
2003	332.6	2.9	329.7	224.4	99.7	87.6	2.8	84.8	49.4	35.0	243.3	0.0	243.3	174.5	63.5
2004	385.1	0.6	384.4	233.8	146.3	114.7	0.2	114.5	57.9	56.6	268.6	0.4	268.2	175.7	88.2
2005	432.0	10.4	421.6	266.3	149.0	137.2	5.5	131.7	71.3	60.3	293.9	4.8	289.1	195.1	87.9
2006	514.1	65.6	448.5	350.0	92.9	163.3	27.6	135.7	93.5	42.2	343.4	31.3	312.2	256.5	50.1
2007	509.7	43.2	466.5	394.1	70.8	140.1	19.6	120.5	97.1	23.5	361.2	16.7	344.5	297.0	46.0
2008	528.3	58.4	469.8	403.7	63.5	168.4	27.7	140.7	112.9	25.4	355.8	27.3	328.5	290.7	37.5
2009	644.2	59.0	585.1	451.4	132.7	250.6	33.7	216.9	144.6	71.5	392.4	25.3	367.1	306.8	60.0
2010	569.6	20.2	549.4	410.9	138.2	224.5	14.3	210.2	148.4	61.6	343.4	5.6	337.8	262.5	75.2
2011	591.3	9.2	582.1	460.9	121.1	211.9	7.3	204.6	156.6	48.0	378.0	1.6	376.4	304.3	72.0
2012	634.2	5.9	628.3	517.2	111.1	287.3	4.7	282.6	238.9	43.7	343.1	1.2	341.9	278.2	63.6
2013	598.0	10.9	587.1	476.5	110.5	242.8	6.4	236.3	203.0	33.4	350.0	4.5	345.5	273.5	71.9
2014	532.8	0.5	532.3	396.7	135.5	245.4	0.0	245.4	178.3	67.0	287.5	0.5	287.0	218.4	68.4
2015	591.0	1.3	589.6	428.9	159.7	344.9	0.8	344.1	243.3	100.4	245.1	0.2	244.9	185.7	58.7
2016	447.9	2.0	445.8	307.0	132.2	264.4	1.5	262.9	184.6	72.8	182.9	0.0	182.9	122.4	59.4
2017	507.9		507.9	343.1	161.4	321.6	0.0	321.6	219.6	100.3	186.2	0.0	186.2	123.4	61.1

注：カッコ内は HS コード.
出所：GTA により作成.

なっているが，その中でもマレーシア資本が目立つ．マレーシア国内の土地制約や労働力不足のため，マレーシア企業はインドネシアに進出しているといわれている（頼 2012，岩佐 2005）．そのため，以下では，パーム油産業の先発国であるマレーシアのパーム油産業の発展史を見ておこう．政府の政策が如何に重要だったかを確認できる．

オイルパームは 19 世紀後半に西アフリカからマレーシアに持ち込まれた．パーム油産業がマレーシアで本格的に成長し始めたのは，1960 年代にゴムや錫への過度な依存からの脱却を進める政策が採られて以降である．従来マレーシアではイギリス系商社エステートがオイルパーム生産を主導していたが，政府の農村開発政策により連邦土地開発庁（FELDA．政府系開発機構）が未開拓地を開墾し，開拓した土地をマレー系農民に付与し，オイルパームの栽培を積極的に進めた．また，連邦土地開発庁が主体となり，インフラ整備や搾油工場を建設した．70 年代になると，輸出構造の高度化と「マレーシア資本化」が進んだ．政府はパーム粗製油輸出には高い輸出税をかけ，パーム精製油に対しては，加工段階による輸出税の軽減・免除を進めた．この結果，77 年にはパーム精製油の輸出量がパーム粗製油の輸出量を超えるようになった．これには，国内の精製所の増設が伴ったが，主に地場資本によるものであった．80 年代前半にかけて，マレーシア国内では精製業が大きく成長したが，連邦土地開発庁やその他農園所有企業の川下への進出のほか，華人系や外資系企業の進出も見られた．結果として，80 年代前半に原料であるパーム粗製油の供給不足が起こり，精製業界では，合理化・集約化が進められた．この時期に精製所の数は減少したものの，パーム油の処理能力は急拡大した．80 年代におけるこのような変化は，マレーシアのパーム精製油の国際競争力を高め，90 年代以降の一層の発展につながった（小井川 2015）．

要するに，天然ゴムや錫への過度な依存からの脱却を目指してオイルパームの一大生産国になったマレーシアにおいては，オイルパームの作物特性のため，パーム粗製油工場が生産地立地となり，さらに政府の貿易政策により，パーム油精製業もマレーシア国内で発展を遂げた．そのため，マレーシア内部にパーム油のサプライチェーンが形成されており，比較的付加価値の高いパーム精製油を中国に輸出しているのである．

　こうしたマレーシアのパーム油産業は，いうまでもなく，世界に需要があったからこそ発展することができた（小井川 2015）．既述のように，中国のパーム油消費の中で6〜7割が食用消費であり，中国の食生活の向上に伴う需要増加がマレーシアのパーム油産業の発展に寄与したことは否定できない．表5-8で見るように，90年代以降，中国はマレーシアのパーム油輸出量の1〜2割を占めてきており，2000年代に入り，中国への輸出量は大幅に増加した．ちなみに，同表からは中国がインドネシアパーム油輸出量の1割以上を占めており，インドネシアの重要な輸出先であることも確認できる．インドネシアでは，パーム油生産が1980年代半ば以降，輸出を目指す政府の奨励の下で成長してきた（頼 2012）．中国の食用油需要の増大が，とりわけ2000年代以降のインドネシアパーム油産業の発展にもプラスの役割を果たしたといえよう[29]．

5.　中国の需要増加が輸入先国に与える影響

　作物の特性，農業開発の主体，政府の政策により，中国の大豆油とパーム油の輸入形態には差異が見られるものの，中国の経済発展による食生活の高度化と中国国内の食料政策に伴う需要増大により植物油の国際市場[30]が拡大したため，大豆やパーム油の輸出が拡大し，ブラジルの大豆産業やマレーシアのパーム油産業はそれぞれの国の経済発展に寄与した[31]．とりわけ，付加価値の高いパーム精製油を輸出するマレーシアの経済発展に対する貢献が大きい[32]．

　ブラジルやマレーシア・インドネシアの中国への大豆・植物油の輸出は，

---

29)　表5-8で見るように，2016年の両国パーム油輸出量は減少しているが，これはエルニーニョ現象による乾燥気候の影響で，パーム油の生産量が減少したためである（農業部農産品貿易弁公室・農業部農業貿易促進中心 2017，42頁）．

30)　無論，中国以外の新興国における経済発展による植物油消費の増加も植物油の国際市場の規模が拡大する重要な要因である．

31)　ラテンアメリカ研究では，「一次産品輸出がラテンアメリカの経済発展の重要な柱となりえる」と主張する研究（星野 2007）があり，マレーシア研究では，マレーシア経済における資源利用型産業の重要性を確認し，パーム油を事例に「資源利用型キャッチアップ工業化」を強調する研究（小井川 2015）もある．

表5-8　マレーシアとインドネシアのパーム油輸出状況

(万トン，%)

	マレーシア			インドネシア		
	対世界	対中国	中国の割合	対世界	対中国	中国の割合
1990	474	60	12.7	82	5	6.1
1991	470	61	12.9	117	13	11.1
1992	476	46	9.8	103	10	9.7
1993	511	65	12.6	137	2	1.5
1994	567	121	21.3	163	9	5.5
1995	550	93	16.8	127	9	7.1
1996	613	88	14.3	167	9	5.4
1997	635	103	16.3	297	40	13.5
1998	655	86	13.1	148	14	9.5
1999	766	68	8.9	330	34	10.3
2000	764	94	12.3	411	44	10.7
2001	903	127	14.0	490	36	7.3
2002	927	162	17.5	633	48	7.6
2003	1,052	184	17.5	639	80	12.5
2004	1,005	201	20.0	866	108	12.5
2005	1,065	210	19.7	1,038	135	13.0
2006	1,279	299	23.4	1,210	176	14.5
2007	1,163	320	27.5	1,188	144	12.1
2008	1,333	334	25.1	1,429	177	12.4
2009	1,392	345	24.8	1,683	265	15.7
2010	1,473	280	19.0	1,629	217	13.3
2011	1,578	321	20.3	1,644	203	12.3
2012	1,561	278	17.8	1,885	284	15.1
2013	1,524	283	18.6	2,058	234	11.4
2014	1,514	220	14.5	2,289	236	10.3
2015	1,543	184	11.9	2,647	363	13.7
2016	1,381	126	9.1	2,276	266	11.7

出所：UN Comtrade により作成．

各国の土地資源の賦存状況から説明できる．これらの国の大豆，パーム油の発展史を見ると，ブラジルは未開拓地を開墾して大豆生産を進め，マレーシアは未開拓地の開拓に加え，合成ゴムの登場により，相対価値の下がった天然ゴム林をオイルパーム農園に変え，インドネシアでは熱帯雨林という「未開拓地」をオイルパーム農園に変えた．ブラジルやマレーシア，インドネシアは，相対的に豊富に存在する土地を集約的に利用する大豆・パーム油に比較優位を持つのである．

　国際貿易理論が教えているところによると，自国が比較優位を持つ財を輸出することは有利なことである．新興国の一次産品輸出も経済発展の重要なルートであるが，こうした理論は 1950 年代以降批判されることになった．批判的な論者の一人がヌルクセであった[33]．

　ヌルクセは，一次産品に対する需要の低下により新興国の一次産品輸出が停滞すると主張した．その理由として，先進国の工業構造が製品に含まれる原材料の比率が高い軽工業から低い重工業に移ったこと，電解メッキ法や金属の合成的補強・再生により，工業の原料としての天然資源（一次産品）の大幅な節約が可能になったこと，合成品や人工代替品など一次産品の様々な代替品が登場したこと，食用穀物などの一次産品に対する需要の所得弾力性の低下，農業保護主義などを挙げている（ヌルクセ 1960）．こうしたヌルクセの挙げている理由から考えてみると，ヌルクセが念頭においている一次産品とは，鉱産物や天然ゴムなどの工業原料と食用穀物であったことがわかる．

　しかし，本章で取り上げた植物油は，工業用原料としての用途もあるが，基本的には食用消費であり，中国において大豆油もパーム油も 6 ～ 7 割は食用消費である．食用消費であるため，合成品や人工代替物の広範囲な普及は難しいと考えられる．さらに，既述のように中国において植物油は中国の自

---

32)　マレーシアでは，パーム油を原料としたより付加価値の高いマーガリンなどの食用製品や石鹸，洗剤，化粧品などの工業製品も開発しているが，現時点ではほとんど国内消費向けであり，輸出できるレベルには達していない（小井川 2015）．輸出商品としては，依然としてパーム油の存在が大きい．

33)　プレビッシュも批判的な論者であった．彼は一次産品の交易条件が悪化するため，一次産品輸出に特化することは新興国の経済発展にとって不利だと論じた．本書第 2 章ではプレビッシュ説が検討されている．

給対象から外された典型的な農産物であり，関税割当の対象ではなく，農業保護の程度が米・小麦に比べてはるかに低い．今後中国の消費者の健康意識の向上により，植物油消費が減少する可能性が全くないとは言えない．しかし，これまでの中国における植物油消費の増加の経緯を見ると，経済発展による食生活の高度化によってもたらされたものであり，また，FAO 統計によれば，2013 年時点で中国の 1 人当たり植物油消費量は，近隣の韓国や日本に比べかなり少なく[34]，今後も消費量が増加する可能性が高い．つまり，ヌルクセの議論は，中国と新興国間の植物油貿易には当てはまらないのである．

　中国とブラジルやマレーシア間の植物油貿易を例に考えると，中国の場合，国内では自給困難な大豆・植物油を輸入することにより利益を享受している．他方，ブラジルやマレーシアは，土地という豊富に賦存している要素を集約的に利用して，大豆・パーム油を輸出しており，輸出によって各国は経済的に利益を享受している．付加価値の高いパーム精製油を輸出しているマレーシアの利益享受はとくに顕著であると思われる．中国の食生活の向上による需要の増加は，自然環境にはマイナスの影響を与えているものの，各国の経済発展にはプラスの影響を与え，2000 年代を通して中国とブラジル・マレーシアの間には Win-Win 関係が形成されている．

6.　おわりに

　本章では，90 年代以降における中国の食生活の高度化による需要増大がどのように満たされてきたかを検討し，それを踏まえて，中国が最も輸入に依存している食料である植物油を事例に，植物油輸入の実態，中国の食料輸入が輸入先国にどのような影響を及ぼしたのかを検討してきた．主な結論を述べると以下のようになる．

　中国の農産物供給状況の検討から，中国は基本的には国内自給を目指しつつ，不足分を世界各国から輸入していることが指摘できる．

---

[34]　2013 年における中国の 1 人当たり植物油供給量が 7.17 kg ／年であるのに対し，韓国と日本のそれは，それぞれ 17.96 kg ／年，15.27 kg ／年であった（FAOSTAT）．

　中国国内では,「選択的な自給」ともいえる傾向が見られたが, 食生活の高度化に伴い消費量が増加した植物油は中国の自給対象から外された典型的な農産物である. 近年中国で最も消費量の多い植物油は大豆油とパーム油であるが, これらはいずれも輸入に頼っており, 大豆は96年以降, 大豆油やパーム油はWTOとの関連で2006年以降自由貿易品目となった. いずれも自由貿易品目であるが, 大豆油は付加価値のより低い原料大豆形態で輸入されており, パーム油は付加価値のより高いパーム精製油形態で輸入されている. こうした輸入形態の差異は, 作物特性や農業開発の主体, 輸入先国の政策によるものである.

　大豆の主要な輸入先は南米であり, パーム油の主要な輸入先は東南アジアである. ブラジルとマレーシアにおける大豆・パーム油産業を事例として見た場合, 中国の植物油に対する需要の増加が, それぞれの国の大豆産業, パーム油産業の発展に大きく寄与したことがわかる.

補足

　本章を脱稿後に, 米中貿易摩擦が本格化し, 中国がアメリカ産大豆の輸入に対して25％の追加関税をかけた. これは中国と主要な大豆輸出国との関係に大きな変化をもたらす可能性があるので, 以下補足したい.

　本書序章でも触れられているように, 米中貿易摩擦はアメリカが2018年7月に中国からの輸入品818品目（340億ドル分）に対して25％の制裁課税を発動し, 中国が即日同規模の報復をしたところから本格化した. 中国が報復関税を課した545品目の中に大豆が含まれているが, 中国のアメリカからの大豆輸入総額は2016年に138億ドルであり, 2017年のそれは140億ドルだった（GTA）. つまり, 340億ドルのうち41％が大豆である.

　図5-1で確認できるように, 中国は近年アメリカから年に3000万トン以上の大豆を輸入している. これに25％の報復関税が課されることになったことは, 今後の中国の大豆貿易にどのような影響を与えるのか, 以下ではこの点を議論してみたい.

　2017 年における中国の大豆輸入量は合計 9554 万トンであり，そのうちブラジルから 5093 万トン，アメリカから 3285 万トン，アルゼンチンから 658 万トン，ウルグアイから 257 万トン，カナダから 205 万トン輸入している．仮に今後も中国において毎年 9000 万トンの大豆輸入が必要だとすると，アメリカ大豆に代わる 3000 万トンの大豆（またはその代替品）を調達することは可能だろうか．

　いくつかの方法が考えられる．まず 1 つ目は，大豆に代替するその他の品目の輸入を増やすことである．2 つ目は国産大豆の生産拡大であり，3 つ目がアメリカ以外の輸入先から大豆輸入を増やすことである．この 3 点を，順序を追って検討しよう．

　油糧作物の中で大豆に代替できる作物は存在するのだろうか．量的に最も可能性の高いのはナタネである．ナタネは，重量の 35 〜 45％がナタネ油となり，残りの約 6 割がナタネ粕になる．既述のように，ナタネ油は現在中国でパーム油と大豆油に次いで消費量の多い植物油である．表 5-2 で確認できるように，2016 年の国内ナタネ生産量は 1455 万トンであり，輸入量は 357 万トンである．国内需要量の 25％が輸入ナタネによってまかなわれていることになるが，輸入量の 96％（344 万トン）はカナダ産である．カナダのナタネ生産量は 2016 年現在 1842 万トンであり，そのうち 1061 万トンが輸出されている．カナダナタネ協会（Canola Council of Canada）のウェブサイト[35]によれば，同協会は 2025 年までにナタネ生産量を 2600 万トンまで拡大することを目標に掲げている．同協会は既に「2015 年ナタネ生産目標 1500 万トン」計画を 2013 年で達成した実績を持っており，「2025 年の 2600 万トン」もそれほど厳しい目標ではないように思われる．こうした状況を踏まえると，中国のナタネ輸入量は将来増加する可能性はある．

　ただし，ナタネ粕は大豆粕に比べ，飼料としては品質が劣っており，使用量に限界がある．すなわち，ナタネ粕にはグルコシノレート（Glucosinolates）が含まれているが，このグルコシノレートそのものは毒がないものの，加工過程において有毒物質ニトリル（nitrile）を発生させる．ニトリルは動物の成

35）　https://www.canolacouncil.org/news/canada's-canola-industry-sets-bold-new-targets-for-2025/（2018 年 10 月 21 日アクセス）.

長を抑制し，また動物の肝臓や腎臓の腫れを引き起こす．そのため，有毒物質の処理過程が必要となる．さらに有毒物質の処理後においても，飼料としてのナタネ粕の使用量は一定割合以下であることが望ましい．例えば，養豚用飼料の場合[36]は，ナタネ粕を飼料重量の 10 〜 15％に抑えているが，それでも豚脂肪の膨張の恐れがある（大連商品交易所 2016a, 鄭州商品交易所 2008, 鄭州商品交易所 2012）．そのため，ナタネ粕に対する需要は限られ，ナタネ加工企業の輸入需要を抑制しているのである（農業部農産品貿易弁公室・農業部農業貿易促進中心 2017, 39 頁）．ナタネは植物油としての大豆代替は可能であっても，飼料用としての大豆を代替するには限界がある[37]．

　次に，3000 万トン以上の大豆をアメリカ以外から調達することは可能であろうか．この点を検討するために，まず世界の大豆生産事情を確認しておこう．表5-9 には，2016 年において大豆生産量が 100 万トンを超えた国々の大豆生産量および輸出量，そして輸出量のうちの対中国輸出量を示した．全世界の大豆生産量は 3 億 3489 万トンとされるが，そのうち生産量が 100 万トンを超える国は，中国を含めわずか 12 カ国しか存在ない．

　まず，中国産大豆の生産拡大の可能性について検討してみよう．中国における大豆の平均単収は 1.8 トン／ha である[38]．3000 万トンの大豆を生産するには，大雑把に 1667 万 ha の農地が必要になる．これは中国の総作付面積の 1 割に等しい数字であり，3000 万トンの大豆すべてを国産大豆に切り替えるのは不可能である．

　また，仮に農地が確保できるとしても，農業経営体が栽培作物として大豆

---

36)　一般的に養豚用飼料に占める大豆粕の重量は 25％である．

37)　ナタネ粕は，家禽類や肉牛・乳牛，羊の飼料としても優れてはいない．ひよこの飼料としては避けられており，ブロイラー飼料の場合は重量の 10％以下，採卵鶏飼料としては重量の 8％以下に抑えられている．一方，養殖魚飼料の場合は，ナタネ粕を重量の 30 〜 40％まで使用することができ，実際に中国で生産されるナタネ粕の半分以上は養殖魚飼料として使用されている（鄭州商品交易所 2012）．

38)　FAO 統計によると，2016 年における世界の主要大豆生産国の大豆単収は，アメリカ 3.5 トン／ha, ブラジル 2.9 トン／ha, アルゼンチン 2.7 トン／ha だった（FAOSTAT）．中国の大豆単収はこれらの国に比べてかなり少ないが，その理由はアメリカ，ブラジル，アルゼンチンの大豆は GM（遺伝子組換え）大豆であるためとされる（大連商品交易所 2016c）．

表 5 - 9　大豆生産量が 100 万トンを超える国々の生産量・
輸出量（2016 年）

（万トン）

国名	生産量	輸出量	輸出量のうち対中国輸出量
アメリカ	11,721	5,777	3,597
ブラジル	9,630	5,158	3,856
アルゼンチン	5,880	895	779
インド	1,401	15	–
中国	1,196	13	–
パラグアイ	916	540	–
カナダ	583	442	179
ウクライナ	428	126	0
ボリビア	320	9	–
ロシア	314	42	39
ウルグアイ	221	227	39
イタリア	108	3	–
世界合計	33,489	13,489	8,391

注：パラグアイ対アルゼンチンの輸出量は 66 万トン，パラグアイ対ウルグア
イの輸出量は 16 万トンである．ウクライナの対中国輸出量は 3,500 トン．
出所：FAOSTAT.

を選択するとは限らない．本章の冒頭に述べたように，主産地においては，大豆はトウモロコシや稲と農地をめぐる競争関係にあり，とりわけトウモロコシとの競争が顕著である．多くの大規模農業経営体は長年トウモロコシを栽培しており，すでにトウモロコシ用機械を整備しているため，急に大豆栽培に転じるのは現実的ではない．こうした状況の下では，大豆の生産所得がトウモロコシより高くならない限り，農業経営体は大豆生産に乗り出さない．

　近年，中国では農業政策が見直されており，黒竜江省の場合，トウモロコシに対しては 2016 年以降，大豆に対しては 2017 年から生産者補助金制度（生産者に対する直接支払い制度）が導入されている[39]．当該制度の下では，トウモロコシも大豆も価格は市場で決まる一方で，政府はトウモロコシや大豆の生産者に対し，面積を基準とした固定額の補助金を支払う．ここでいう生産者補助金は，それまでの最低支持価格の廃止にともなう市場価格の下落が

39）　近年の農業政策の見直しについては，池上（2017）を参照されたい．

農家生活に与える影響をカバーするために導入された補助金である.

　2017 年の生産者補助金の水準を見ると, 大豆は 2,602 元／ha, トウモロコシは 2,002 元／ha だった（黒竜江農業信息網）. 黒竜江農業信息網に公開されている黒竜江省巴彦県のデータをもとに, 2017 年のトウモロコシと大豆の生産所得（販売額＋補助金額－生産費用[40]）を計算すると, 大豆は 1 ヘクタールあたり 3,319 元, トウモロコシは同 3,901 元で, トウモロコシの方が生産所得が高かった.

　こうした事情を踏まえ, 2018 年になると生産者補助金水準が調整され, 大豆は 3,000 〜 3,150 元／ha, トウモロコシは 1,500 元／ha になった. 農業経営体は春先の大豆・トウモロコシ価格と補助金水準から栽培する作物を選択する. 2018 年春先における期待生産所得は大豆 3,645 元／ha, トウモロコシは 4,479 元／ha であり, やはりトウモロコシのほうが, 生産所得が高かった. 2018 年秋になると春に比べ, 大豆価格が上昇し, トウモロコシ価格が下落したため, トウモロコシと大豆の生産所得差は大差なくなってきた. しかし, 大豆のほうがトウモロコシに比べ確実に生産所得が高いような状況にならない限り, 農業経営体はトウモロコシ生産を選択する. つまり, 現状の市場環境, 政策状況を前提に考える場合, 中国産大豆の生産量が短期間に大幅に増加する可能性は低い.

　次にアメリカ以外の国からの大豆輸入はどこまで増やすことができるのか. 表 5-9 で見る生産量 100 万トン以上の 12 カ国中, インド, 中国, ボリビア, ロシア, イタリアは, いずれも輸出量が 50 万トン以下で輸出余力があるとは言えない. また, ウルグアイ, パラグアイ, ウクライナは, 100 万トン以上の輸出能力はあるものの, 3000 万トンの穴を埋めるには少なすぎる生産量である. つまり, アメリカ以外に 1000 万トン以上の大豆輸出が可能なのは, ブラジルとアルゼンチンのみと言ってよい.

　中国やアメリカなどの北半球における大豆作付期は 4 〜 5 月, 収穫期は 9 〜 10 月であるのに対し, ブラジル, アルゼンチンなどの南半球における大

---

40)　自家労賃, 自作地地代は算入していない. 以下の 2017 年と 2018 年の生産費用は, 2016 年のそれと大きく変わっていないと仮定し, 国家発展和改革委員会価格司（2017）のデータを使用した.

豆作付期は 9 〜 11 月，収穫期は翌年の 3 〜 5 月である．アメリカ農務省の 2018 年 10 月における予測によれば，2018 ／ 2019 年度におけるブラジル大豆の作付面積・生産量は増加するものの，輸出量は 2017 ／ 2018 年度の 7478 万トンから 7440 万トンに減少する．アルゼンチンにおいては，作付面積・生産量とも増加し，輸出量も 2017 ／ 2018 年度の 410 万トンから 925 万トンに増加する（USDA: PSD Online）[41]．2017 年における中国のブラジルとアルゼンチンからの大豆輸入量はそれぞれ 5100 万トンと，658 万トンだったので，2019 年に中国がブラジルとアルゼンチンの輸出大豆をすべて買えるとしても，増加分は計 2570 万トン（2300 万トンと 270 万トン）で，3000 万トンには届かない．こうした世界の大豆生産量・貿易生産量から考えると，中国がアメリカ大豆をまったく輸入しない可能性は少ない．

　一方，中国の大豆輸入量は世界の大豆輸出量の 6 割を占めるため，大豆の国際市場価格に与える影響は大きい．中国のアメリカ大豆に対する追加関税（25％）の発動を受け，中国の対ブラジル大豆，アルゼンチン大豆への需要が高まり，アメリカ大豆に対する需要は減少した．その結果，ブラジル大豆とアルゼンチン大豆は価格が上昇し，アメリカ大豆価格は下落した．

　図 5-3 は，アメリカ・ブラジル・アルゼンチンの大豆輸出価格（FOB）の推移を示したものである．2018 年 5 月までは，アメリカ・ブラジル・アルゼンチンの大豆輸出価格は類似した推移を示しており，大きな価格差はなかった．2018 年 6 月以降，アメリカ大豆の価格は下落し，一方でブラジル・アルゼンチン大豆の価格は上昇した．9 月における平均輸出価格は，ブラジル大豆 397 ドル／トン，アルゼンチン大豆 380 ドル／トンであったのに対し，アメリカ大豆 312 ドル／トンであった（USDA: PSD Online）[42]．つまり，FOB 価格から見た時，9 月には，アメリカ大豆に 25％の追加関税をかけても，アメリカ大豆のほうがブラジル大豆に比べ安価だったのである．2018 年 9 月現在の価格状況を見ると，アメリカ大豆に 25％の追加関税が課されても中国に立地している大豆圧搾業者がアメリカ大豆を買わないとは思えない．

---

41)　https://apps.fas.usda.gov/psdonline/app/index.html#/app/downloads（2018 年 10 月 19 日アクセス）．

42)　注 41 に同じ．

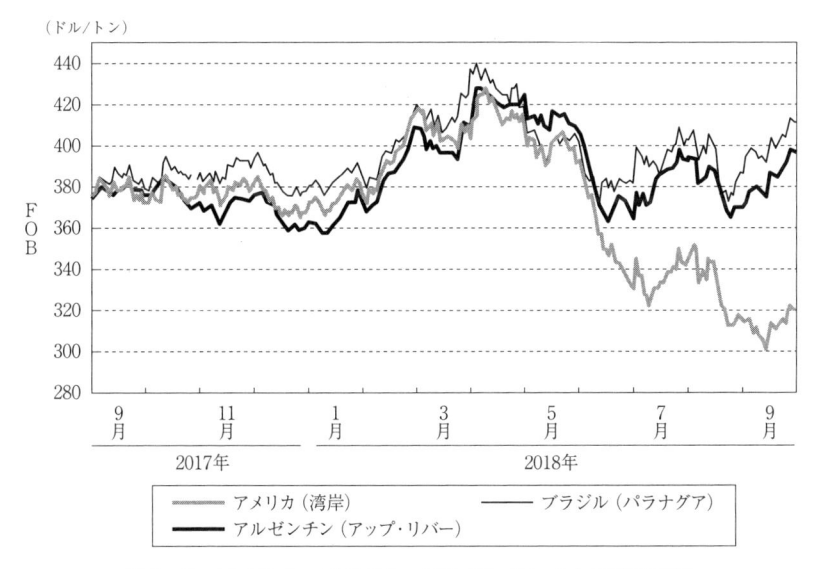

（ドル／トン）

図 5-3　アメリカ・ブラジル・アルゼンチンの大豆輸出価格

出所：USDA PSD Online（October 2018）.

　また，こうした価格の下では，中国以外の大豆輸入国は，安価なアメリカ大豆への依存を高めることになる．中国のアメリカ大豆離れ，そして南米大豆への依存が高まることにより，今後世界の大豆貿易の構図が変わる可能性がある．本章の文脈でいうと，中国と新興国間の関係がより深まると言える．

　以上まとめると，長期的に考えると，国内飼料配合技術の向上，それによるナタネなどの大豆に代わる品目の輸入増加，国産大豆の増産などの形で輸入大豆の需要量を一定程度は減少させることができるだろうが，結果的には中国が輸入大豆に依存する状況は変わらないだろう．そうした中で，少なくても短期的な視点から見た場合，中国がアメリカ大豆をまったく輸入しないというようなことは起こらないと考えられる．

〈付記〉本章は，平成 28 ～ 31 年度科学研究費助成〈若手研究（B）課題番号16K21267〉による研究成果の一部である．

参考文献

〈日本語文献〉

池上彰英（1998）「農業保護政策の現状」『1997 年の中国農業——食糧生産過剰に悩む中国農業』日中経済協会，40-52 頁.

池上彰英（1999）「WTO 加盟と中国農業」『農業と経済』第 65 巻第 8 号，40-47 頁.

池上彰英（2000a）「中国の WTO 加盟と農業政策の課題」『国際農林業協力』第 23 巻第 1 号，2-11 頁.

池上彰英（2000b）「中国の WTO 加盟と穀物生産・貿易の見通し」『輸入食糧協議会報』第 623 号，1-7 頁.

池上彰英（2001）「中国の WTO 加盟と農業政策の課題」『日本農業の動き』第 137 号，78-97 頁.

池上彰英（2017）「「転換点」後の農業問題」田島俊雄・池上彰英編『WTO 体制下の中国農業・農村問題』東京大学出版会，25-66 頁.

岩佐和幸（2005）『マレーシアにおける農業開発とアグリビジネス——輸出指向型開発の光と影』法律文化社.

小井川広志（2015）「マレーシア・パーム油産業の発展と資源利用型キャッチアップ工業化」『アジア経済』第 56 巻第 2 号，41-71 頁.

大島一二（1997）「農産物輸出入制度」『1996 年の中国農業——功を奏した食糧増産政策』日中経済協会，105-111 頁.

大島一二・菊地昌弥・石塚哉史・成田拓未（2015）『日系食品産業における中国内販戦略の転換』筑波書房.

加藤秋男編（1990）『パーム油・パーム核油の利用』幸書房.

阮蔚（2008）「高まりつつある中国の米州大陸への食料依存——穀物メジャーの参入で変わる中国・ブラジルの大豆産業」『農林金融』第 61 巻第 3 号，123-137 頁.

小池洋一（2007）「ブラジルの大豆産業」星野妙子編『ラテンアメリカ新一次産品輸出経済論——構造と戦略』日本貿易振興機構アジア経済研究所，31-72 頁.

司偉（2015）「中国の砂糖産業の動向および問題点」『砂糖類・でん粉情報』（農畜産業振興機構調査情報部）第 31 号，65-77 頁. https://www.alic.go.jp/joho-s/joho07_001100.html

沈金虎（2014）「輸入自由化後の中国大豆需給変化とその将来の見通し——大豆関連政策の問題点と今後の改善方向」『生物資源経済研究』第 19 号，33-58 頁.

中国 WTO 加盟に関する日本交渉チーム（2002）『中国の WTO 加盟——交渉経緯と加盟文書の解説』蒼蒼社.

ヌルクセ, R, 大畑弥七訳（1960）『外国貿易と経済発展』ダイヤモンド社.

藤田哲（2011）『食用油脂——その利用と油脂食品〔改訂版〕』幸書房.

星野妙子（2007）「ラテンアメリカ新一次産品輸出経済論」星野妙子編『ラテンアメ

リカ新一次産品輸出経済論——構造と戦略』日本貿易振興機構アジア経済研究所, 3-30 頁.

頼俊輔 (2012)『インドネシアのアグリビジネス改革——輸出指向農業開発と農民』日本経済評論社.

〈中国語文献〉(ピンイン順)

曹旭平・潘傑・楊暁東 (2009)「1998 ～ 2007 年中国棕櫚油的貿易地位及進口結構演変」『市場開発与市場』2009 年第 11 期, 1003-1005 頁.

陳萌山・王小虎 (2015)「中国馬鈴薯主食産業化発展与展望」『農業経済問題』2015 年第 12 期, 4-11 頁.

陳錫文・趙陽・羅丹 (2008)『中国農村改革 30 年回顧与展望』北京・人民出版社.

陳錫文 (2016)「落実発展新理念 破解農業新難題」『農業経済問題』2016 年第 3 期, 4-10 頁.

大連商品交易所 (2016a)『豆粕期貨交易手冊』電子版・大連商品交易所.

大連商品交易所 (2016b)『豆油期貨交易手冊』電子版・大連商品交易所.

大連商品交易所 (2016c)『黄大豆期貨交易手冊』電子版・大連商品交易所.

大連商品交易所 (2016d)『棕櫚油期貨交易手冊』電子版・大連商品交易所.

国家発展和改革委員会価格司 (2017)『全国農産品成本収益資料彙編 2017』北京・中国統計出版社.

黄勝忠 (2003)「中国大豆産業的貿易選択」『農業与技術』第 23 巻第 6 期, 1-4 頁.

劉樹琪 (2014)『葡萄酒産業密碼』北京・人民出版社.

農業部農産品貿易弁公室・農業部農業貿易促進中心編 (2015)『中国農産品貿易発展報告 2015』北京・中国農業出版社.

農業部農産品貿易弁公室・農業部農業貿易促進中心編 (2016)『中国農産品貿易発展報告 2016』北京・中国農業出版社.

農業部農産品貿易弁公室・農業部農業貿易促進中心編 (2017)『中国農産品貿易発展報告 2017』北京・中国農業出版社.

湯艶麗 (2001)「加入 WTO 対我国大豆産業的影響」『糧食与油脂』2001 年第 12 期, 14-16 頁.

王永剛 (2006)「我国食用植物油消費増長及其影響因素分析」『農業技術経済』2006 年第 6 期, 54-59 頁.

王永強・馮軍 (2009)「我国植物油産業増長歴史回顧与特徴分析」『現代商貿工業』2009 年第 22 期, 1-2 頁.

余建斌・喬娟 (2006)「貿易政策調整与中国大豆進口」『新疆農墾経済』2006 年第 5 期, 35-39 頁.

鄭州商品交易所 (2008)『菜籽油期貨知識手冊』電子版・鄭州商品交易所. http://www.

czce.com.cn/cn/administrator/AdminArticle/editor/UploadWord/200861385429786.
pdf

鄭州商品交易所（2012）『油菜粕期貨宣伝材料』電子版・鄭州商品交易所. http://www.
czce.com.cn/cn/rootfiles/ycpxczl.pdf

中国期貨業協会（2010）『棕櫚油』北京・中国財政経済出版社.

朱徳満・江東坡（2014）「市場開放下的中国大豆産業発展──基本取向与定位」『農業
現代化研究』第 35 巻第 5 期，543-549 頁.

第6章

中国の石炭輸入転換による国際市場秩序と
新興国へのインパクト

堀井伸浩

1. はじめに

中国は資源国である．エネルギーについて言えば，石油は世界第8位，天然ガスについては第6位の生産国であり，石炭に至っては世界最大であるばかりか，その世界シェアは45.6%にも及ぶ．しかし同時に消費大国でもある．石油はアメリカに次ぐ世界第2位，天然ガスはアメリカ，ロシアに次いで第3位，石炭は言うまでもなく世界シェア50.7%を占める最大の消費国である（いずれも2017年）．

かつては，すなわち経済改革による高度成長を開始する1980年代以前は，資源国らしく資源が主要な輸出品であった時期もある．しかし高度成長が軌道に乗って以降，次第に資源は輸入ポジションに転換する．エネルギーでは，石油（原油）は1992年に，天然ガスは2007年に純輸入国となり，石炭でさえ2009年に突如，輸入量を急激に拡大，純輸入ポジションとなった．中国の資源輸入拡大のスピードは急速で世界市場に巨大なインパクトを与え，2000年代半ば以降の資源価格高騰の元凶としばしば指弾された．しかしこの見方は必ずしも正しくなく，中国の資源消費拡大は価格高騰の一因であったかもしれないが，主因ではなく，商品ファンドを始めとする資源の金融商品化が進んだこと，そこに世界的なカネ余りの状況があったという金融面の

影響が大きいというのが正当な評価であると考えられる（石井 2007）．とは
いえ，一般には資源を「爆食」しながら経済成長に爆走する中国というイメ
ージの下，中国の資源輸入は世界のかく乱要因として見られていた．

　もっとも中国が資源輸入を拡大する過程において，中国政府あるいは中国
企業が無策だったわけではない．それどころか，政府首脳による活発な資源
外交も大いに注目を浴びた．とりわけ石油を巡る資源外交については，特に
アフリカにおいて各国の政府と協定を締結し，周辺インフラ建設まで含んだ
油田開発を進める方式で，中国の国有石油企業は海外進出を急速に進めてき
た．労働者までも労務輸出で送り込むやり方と，資源輸入と引き換えに大量
の中国製品が流入したことでアフリカ国内の製造業が受けた壊滅的打撃など
から，中国の資源開発を「新植民地主義」と呼ぶ向きもある（バージェス
2016）．

　すでに石油や鉱物資源に関しては，資源外交を駆使した中国企業の対外進
出とその影響に関する研究は幅広く存在する（郭 2006，横井・竹原・寺崎 2007
など）．そこで本章はこれまであまり取り上げられてこなかった，石炭を巡
る中国と新興国との関係を分析することとしよう．他の資源ではなく，石炭
ならではの特徴を挙げれば以下のような点が注目に値する．

　まず国際市場における中国のスタンスの変化の大きさである．中国は短期
間ではあったが，2000 年代の半ば頃まで，オーストラリアに次ぐ主要な石炭
輸出国として台頭していた．ところがわずか数年後には純輸入国に転じ，過
去 30 年間，国際石炭市場で高いシェアを占め，市場秩序を形成してきた日
本の輸入量をあっという間に追い抜くこととなった．この急激なスタンスの
変化は他の資源については見られず，その背景に何があったのか，そして中
国の台頭で国際市場の秩序はどのような影響を受けたのかという点は注目に
値しよう．

　また石炭は工業原料に止まらず，転換後の電力も含めれば民生用も含め幅
広い用途に消費されている．そのため経済発展に伴い，消費量を大きく増大
させてきたが，他方でその環境面に及ぼす負荷という要因が，近年需要に強
い影響を及ぼすこととなっている．多くの資源が中国経済の新常態[1]への移
行による需要減の影響を受けているが，石炭は加えて環境規制という別の要

因が今後の需要を左右する面がある．こうした経済的要因以外の政治的影響とその効果について，検証する必要がある．

　政治的要因と言えば，石炭は鉄鋼と並んで過剰生産能力削減政策（「去産能」）の対象となっている．経済成長率の低下と上に挙げた環境規制（あるいはよりクリーンとされる他のエネルギーの成長）による需要減で，石炭の需給ギャップが拡大している．そのため，政策による供給力削減が進められているが，そもそも何故政策による生産能力削減が必要なのか，政策の成否はどう展望できるのか，そして国際市場，とりわけ石炭輸出を行っている新興国に対する影響はどのようなものなのか．「供給側改革」が今後の中国経済の重要テーマになるとしたら，その先駆けとなる石炭について，その推移をケーススタディすることは重要な知見が得られると期待できる．

　以上の問題意識を踏まえ，本章は以下のような内容で構成される．まず第2節では，中国の石炭貿易の推移を確認し，2000 年代半ばまでは有力な輸出国として台頭したのもつかの間，2009 年以降に突如輸入量を急拡大した背景について分析する．また中国に石炭を輸出している国々の構成を確認し，中国の輸入国としての台頭が国際石炭市場の秩序にもたらしたインパクトについて分析するとともに，モンゴルを事例に，石炭貿易を通じた中国との関係性の発生が新興国たるモンゴルに及ぼした影響についても考察する．続く第3節と第4節では，中国と新興国の石炭貿易を通じた今後の関係性を展望する目的の下，中国国内の石炭需給を展望する．実は中国の国内石炭需給は大きな変容を遂げつつある．第3節では，近年進む一次エネルギーに石炭が占める比率が低下（脱石炭化）している背景について，第4節では，2016 年より中国政府が本格的に展開している石炭産業における過剰生産能力削減政策の背景について考察する．おわりに，本章の分析をまとめた上で，中国の主要エネルギーである石炭の需給と輸入に関して，石炭輸出国たる新興国への今後の影響を展望する．

---

1)　中国経済が高度成長から中高速成長へと成長速度を減速させ，今後はそれが通常の状態となるとする認識．中国政府は発展段階の移行による当然の帰結とし，経済構造の高度化や環境問題の解釈など，高度成長が引き起こしてきた積年の課題に取り組み，質的に高い発展を実現する契機と位置づけている．

2. 中国の石炭貿易の推移と新興国および
   国際市場秩序へのインパクト

2.1 石炭の輸出国から輸入国への転換，その背景

　図 6-1 の通り，中国は 2000 年代半ば頃まで一貫して石炭輸出国であり，2003 年には 9510 万トンと，オーストラリアの 2 億 700 万トンに次ぐ世界第 2 位の輸出量であった（第 3 位はインドネシアで 9010 万トン）．しかしちょうど輸出量のピークをつけたその頃から，従来ほとんどなかった石炭輸入量が増加傾向を見せ始めている．そしてほんの 6 年後には純輸入へとポジションが転換し，かつ輸入量は驚異的なスピードで増加，2010 年には日本を抜いて世界最大の石炭輸入国となった．輸入量のピークは 2013 年の 3 億 2702 万トンで，これは当年の石炭の世界貿易量の 23.8%に相当する量であった．

　しかし 2013 年の石炭消費量は 42 億 4426 万トン，生産量は 39 億 7000 万トンであり，輸入依存度は実は 7.7%に過ぎない．中国の石炭消費および生産の規模が巨大であるがゆえに，中国にとってはマージナルな需給バランスの調整で輸入が行われただけであっても，国際市場で取引される貿易量に比して量的に大きく，市場に巨大なインパクトをもたらしている構図である．鉄鉱石など他の資源と異なり，国際貿易シェアで見れば「爆食」しているように見えたとしても，当の中国にとっては需要量の 1 割にも満たない量を「つまみ食い」して輸入しているという認識かもしれない．

　とはいえ，マージナルな需給バランスの調整による輸入であったとしても，ほんの数年の間に輸出国から輸入国へ転換したことは大きな変化である．この輸出国から輸入国への転換は一体どのような要因によって生じることとなったのか．石炭の消費が急増して，あるいは逆に石炭の生産が急減して，量的な需給バランスが急激に崩れたからというわけではない．石炭産業における価格制度が改革され，海外からの輸入が石炭の産地から離れた沿海部などでは割安となったためであり，石炭ユーザーが経済的に合理的な行動をとった結果であった．国内炭と海外炭の価格バランスが変化したのは，市場メカニズムによらず，政府が価格形成への介入や補助金支出を含む政策によって

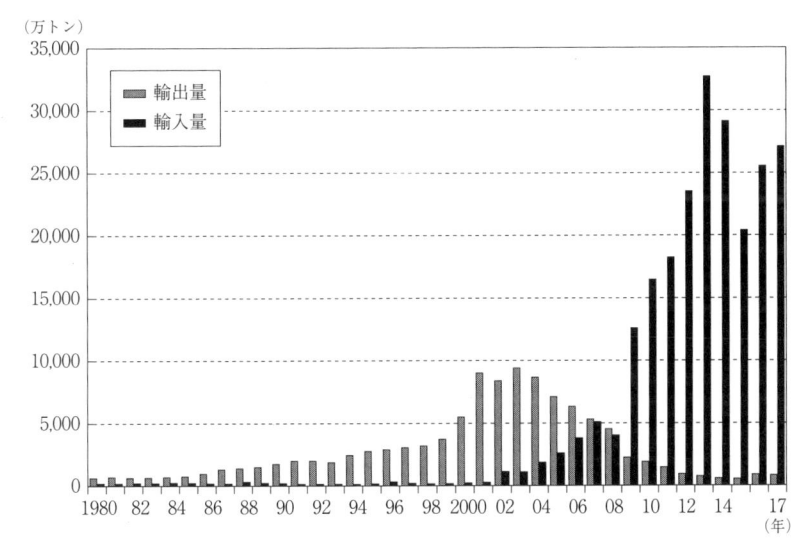

図6-1 中国の石炭貿易量の推移

出所：『中国海関統計年鑑』および国家統計局資料より作成.

石炭価格を安価な水準に誘導していた従来の制度が機能不全を起こし，立ち行かなくなったためであった．以下，その経緯を見ていこう．

経済改革が進み，多くの財が市場メカニズムによって取引されるようになった後も10年以上もの間にわたって，石炭については従前の計画経済体制の下での政府の介入が強いシステムで流通が管理されていた．具体的には毎年石炭企業とユーザー，そして輸送部門が一堂に会して開催される煤炭訂貨会において，翌年の供給計画と価格が交渉されるシステムであった．

1990年代以降の中国の石炭産業の大きな変化として，計画経済期に主力炭鉱であった国有重点炭鉱のシェアが低下し，代わって郷鎮炭鉱が大幅に生産量を拡大してきた点が指摘できるが（堀井 2000），郷鎮炭鉱の石炭取引はこうした煤炭訂貨会を中心とした流通システムの外側で行われており，この計画経済的なシステムは国有重点炭鉱の石炭にのみ適用されていた．しかし全体のシェアこそ減ったものの，国有重点炭鉱の石炭のほとんどが国有の大型発電企業や鉄鋼企業に供給され，そうしたユーザーは使用する石炭の多くを国

有重点炭鉱に依存している．郷鎮炭鉱の石炭の方が大幅に安価であったが[2]，大型ユーザーにとっては供給の安定性と品質の面から国有重点炭鉱の石炭を選好する理由があったのである．

　そのため，煤炭訂貨会は 2000 年代に至っても引き続き存続し，2004 年までは国有重点炭鉱の生産する石炭の 8 割程度が煤炭訂貨会経由で流通していた．しかしその後，煤炭訂貨会は機能しなくなる．原因は石炭企業の離反であった．

　煤炭訂貨会ではかつて指令性価格として政府が価格を決めており，2000 年代に入っても指導性価格という形で政府による参照価格が示され，実際に指導性価格に沿ったレンジで価格形成がなされていた．指導性価格は煤炭訂貨会外で取引されている石炭の価格よりも低い水準で設定されていた．その理由として，政府はインフレ抑制を目的に電力価格を低く抑えており，発電コストの 6 割を占める石炭についても価格を引き下げたい意向があったためである．表 6-1 の通り，指導性価格の影響を受ける電力炭の価格と，比較的市場取引の多い非電力向けの一般炭価格を比較すると，電力炭は非電力向けよりも割引率が示す分，割安に販売され，2004 年以降，割引率は 20％以上で推移している．

　石炭企業に割引価格での販売を認めさせることができていたのは，従来そうした結果生じた赤字については政府が補助金の形で埋め合わせる制度であったためである．2000 年以前の石炭産業はほぼ毎年赤字を計上しており，補助金で赤字を埋め合わせることで低い価格での石炭供給を実施していた．しかし 1998 年に国有重点炭鉱の多くが地方政府に移管されることとなり，その後補助金の支給額は大幅に減ることとなった．

　そうした経緯で補助金による帳尻合わせをしてもらえなくなった石炭企業として見れば，当然ながら同じ石炭を電力向けに安く供給させられることに不満を持ち，2004 年以降は煤炭訂貨会での交渉不調が伝えられるようになり

---

2)　ただし，郷鎮炭鉱が国有重点炭鉱よりも低いコストで生産できるのは，資源の乱掘や環境問題，労災など外部性を拡大することで可能となっていたためであり，1990 年代後半以降は取り締まりの対象となり，閉山を迫られる，あるいは規制対応で投資を行ったことで生産コストが上昇することとなった．詳しくは堀井（2013b）を参照．

表 6 − 1　中国の石炭産業の各種経営指標

年	生産量 （万トン）	投資額 （億元）	利潤額 （億元）	非電力向け 一般炭価格 （元／トン）	電力炭価格 （元／トン）	割引比率 （％）
1998	123,258			140	133	-5.0
1999	104,363			140	121	-13.6
2000	99,917	188		146	127	-13.0
2001	110,559	218	11	151	122	-18.8
2002	141,530	286	25	168	137	-18.2
2003	172,787	414	35	174	141	-18.8
2004	199,735	702	418	206	163	-21.3
2005	215,132	1,144	550	270	213	-21.3
2006	232,526	1,479	676	338	218	-35.5
2007	252,341	1,805	1,022	331	246	-25.7
2008	274,857	2,411	2,348	357	n.a.	n.a.

注：2003 年以前は石炭産業全体，2004 年以降は一定規模以上の企業のみの利潤額．
出所：各種資料より作成．

　始めた．2006 年には数量のみで価格は後日交渉という形となり，表 6-1 が示す価格での取引は，予定量の 2 割に止まったと報道された．そして遂に 2008 年には煤炭訂貨会は廃止され，政府が関与しない業界団体主催による会議へと変更されることとなった．

　こうして煤炭訂貨会が当初の機能を果たさなくなるにつれ，石炭企業は販売価格を引き上げることが可能となり，表 6-1 の利潤額が示す通り，石炭企業の経営状況は大きく好転することとなった．また強気になった経営者は投資額も大きく膨らませることとなり，これが近年，新常態への移行に伴う需要減という状況に直面した際に，過剰生産能力の問題を深刻化させる原因となった（第 4 節で詳述）．

　以上の経緯が石炭価格の推移に反映されている．図 6-2 の通り，指令性価格の下で計画経済的なシステムで石炭が流通していた 1996 年までは，価格はほぼコストと一致していたが，その後石炭企業価格は引き上げられることとなった．価格引き上げの狙いは石炭企業の赤字問題解決のため，補助金依

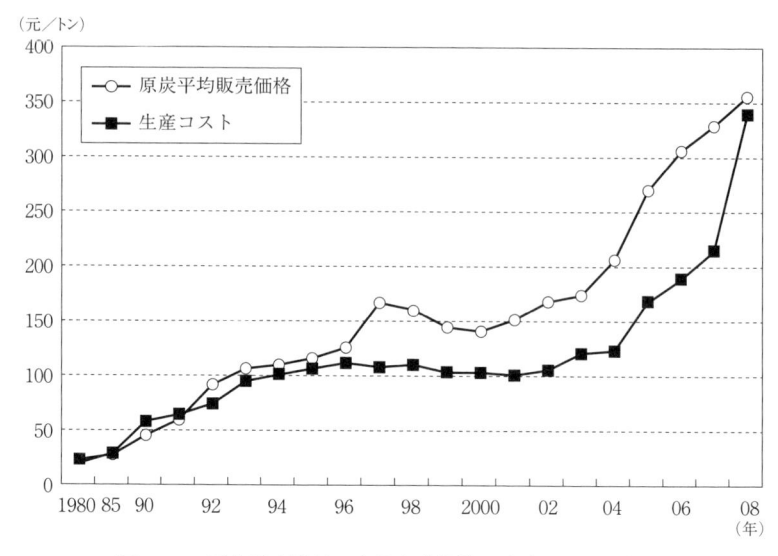

図 6-2　国有重点炭鉱の山元出荷価格と生産コストの推移

注：国有重点炭鉱の「商品煤総合平均価格」を指す．
出所：『中国煤炭工業統計資料匯編』より作成．

存の企業経営に市場意識を持たせようとするところにあったが，他方で最大の需要先である電力向けについては指導性価格という形で価格を抑制する方針であったため，大幅な引き上げとはならなかった．むしろその後，アジア経済危機の影響もあり，需要が低迷した 2000 年前後まで価格は低下することとなった．しかし 2003 年から経済の過熱化で石炭需要が急伸，市場価格と指導性価格の乖離が広がり，煤炭訂貨会が機能不全を起こしたことで，国有重点炭鉱の生産する石炭の多くが市場価格で販売されることとなった．その結果，図 6-2 の通り，2004 年から石炭価格は大きく上昇することとなった．

　従来政策によって割安な水準に誘導されていた中国国内の石炭価格は重石が外れ，急速に上昇した結果，国内の石炭価格と国際価格との差が急速に縮小する状況となった[3]．とはいえ，2008 年第 4 四半期の時点では，例えば広州港着ベースでのオーストラリアあるいはロシア炭は，依然として国内炭の価格に比してそれぞれトン当たり 65 ドル，30 ドル割高であった．しかし 2008 年秋に顕在化したアメリカのサブプライムローン危機に端を発するリー

マンショック，それに伴う世界的な景気後退によって国際石炭市場は冷え込み，2009年の年末には同じく広州港でインドネシア炭は40ドル，オーストラリア炭は29ドル割安となった（林 2015, 92-93頁）．

　その後も中国の国内石炭価格は2012年秋まで高騰したことで，内外価格差はさらに拡大し，その結果，海外炭の経済性向上により石炭輸入量も急増していく．また中国政府のエネルギー安全保障観がエネルギー自給自足にこだわる従来の原則から，平時においてはむしろ積極的に海外のエネルギーを輸入して活用し，長期的に国内の石炭資源を確保する方向へと修正されたことも輸入増の一因として指摘できる．その一つの表れは2006年11月から石炭輸入に課せられていた輸入関税を順次引き下げ，最終的にはいずれの炭種もゼロとした措置がある．東部沿海の発電所や製鉄所を中心に，経済的にメリットを感じたユーザーが海外炭の輸入に雪崩を打って押し寄せた．その結果が2000年代後半の輸出国から輸入国への急転換であったのである．

　図6-3は2011年初頭から2018年5月までの広州港における複数の国内炭と海外炭の価格推移を示したものである．図から2011年から2014年頃までは同じ熱量を持つ石炭であっても（例えば山西，インドネシア，オーストラリアの5,500kcal/kg），価格のバラツキが見られる．すなわち，当初2014年までは国内石炭の価格が割高であったが，その後は次第にそれぞれ品質（熱量）ごとに，海外からの輸入石炭の価格に収斂していることが見て取れる．恐らく当初は必ずしも完全に経済合理性が貫徹しているわけではなく，国内炭の優遇，政策支援など保護主義的な要素が働いていたことを示しているのではないか．そしてそれが国内市況も悪化していく中，競争圧力が強まっていった

3）　価格制度改革以外の重要な要因として，石炭産地の地理的構造が変化したことも挙げられる．従来石炭生産の中心であった山西省は生産量の伸びが停滞し，採炭の歴史の長い東部・中部諸省の炭鉱も減産傾向が明瞭である．その結果，近年は内蒙古の石炭生産が大幅に拡大し，山西省を抜いて世界最大の産地となり，陝西省，新疆のシェアも拡大している．2000年には山西省の全国シェアは24.6％であったが，2012年には23.7％にやや低下した一方，内蒙古，陝西省，新疆の合計シェアは2000年には13.9％に過ぎなかったが，2012年には41.6％にまで大幅に上昇した．内蒙古（特に産炭地が集中している西部），陝西省，新疆はいずれも石炭の主要消費地である東部からは遠距離で，かつ新たに開発された地域であるため，鉄道を始め，輸送インフラの整備が不十分であった．その結果，輸送コストがかさみ，石炭価格の高騰の一因となった．

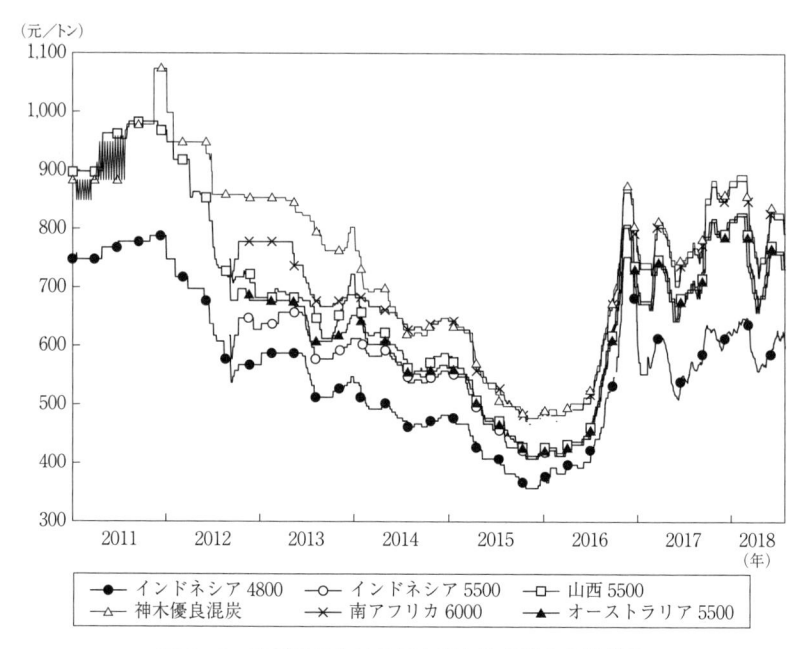

（元／トン）

図 6-3　広州港における国内炭と海外炭の価格推移

凡例:
- ●─ インドネシア 4800
- ○─ インドネシア 5500
- □─ 山西 5500
- △─ 神木優良混炭
- ×─ 南アフリカ 6000
- ▲─ オーストラリア 5500

出所：中国資源網データより作成.

ことで完全に国内市場と海外市場が接続され，同じ品質[4]の国内炭と海外炭の価格差が解消に向かったと考えられる．

2.2　国際市場秩序へのインパクト

こうして中国が 2009 年以降，大幅に石炭輸入を拡大した結果，国際石炭市場における買い手としての中国の存在感は急速に拡大，ほどなく世界最大の輸入国となった．その結果，国際市場秩序は日本がドミナントプレイヤーだった長年の構造から大きく変容を遂げることとなった．

まず中国の石炭輸入の国別構成を示した図 6-4 を見れば，中国に石炭を輸出している最大の国はインドネシアであり，次にオーストラリアが続き，両

---

4)　ただし，熱量だけで石炭の品質は決まるものではなく，灰分や硫黄分の含有量，さらには灰の融解温度の違いなども品質として重要であり，当然価格にも差が出る.

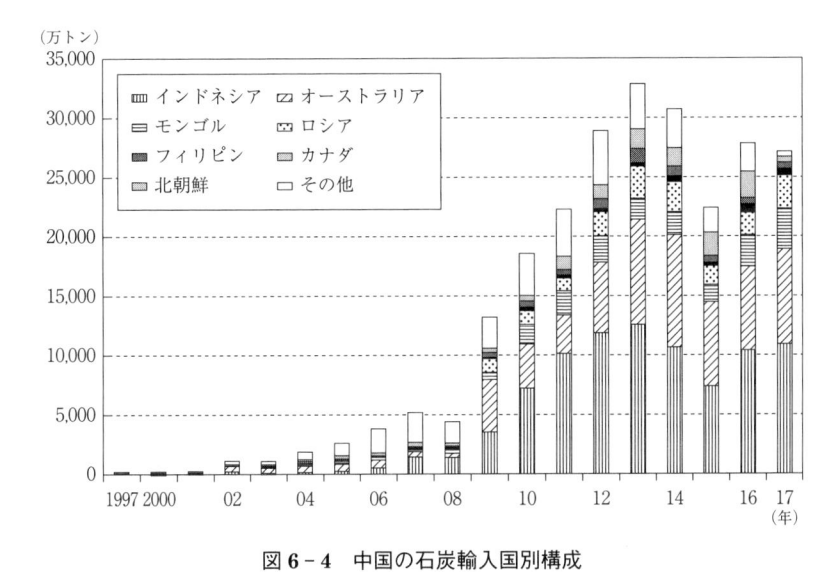

図6-4　中国の石炭輸入国別構成

出所：2013年までは『中国海関統計年鑑』，2014年以降は（独）石油天然ガス・金属鉱物資源機構（JOGMEC）（2018）より作成.

国で常に過半のシェアを占めている．他にはモンゴル，北朝鮮，ロシア，フィリピン，カナダが一定の量を輸出している．

　この輸入国構成で注目すべき点として，まずインドネシアの存在感が指摘できる．例えば，従来石炭の国際市場でメインプレイヤーであった日本は，2017年時点でもオーストラリアからの輸入が61.8％を占め，インドネシアは16.6％に過ぎない．ところが中国は一貫してインドネシアが最大のシェアを有し，2017年は40.2％，オーストラリアは29.5％に過ぎない．これはインドも同様なので，むしろ現在においては日本が特殊だと考えるべきかもしれないが，日本に代わって中国とインドが主要な石炭輸入国として台頭してきたことは国際石炭市場における生産国の構成にも大きな影響を与えた事実をまず指摘しておきたい．

　次に，モンゴル，北朝鮮，フィリピンといった国々は，国際石炭市場において中国向けを除けばほとんど存在感がない．モンゴルは地理的要因から，北朝鮮は政治的要因から，輸出する石炭のほとんどが中国向けとなっている

（モンゴルの場合，2017 年の石炭輸出の 97.3％が中国向けである．日本モンゴル経済委員会事務局（2018）より）．フィリピンに至っては，世界の産炭国リストの中に国名を見ることはほとんどない．その理由は，フィリピンが中国に輸出している石炭のほとんどが褐炭であるためである．熱量も低い褐炭は，商業的に開発されることは少ないため，石炭に関わる統計は褐炭を含めない場合が多く，ましてや国際貿易の対象になることは従来まれであった（熱量単位当たりの輸送費用が割高になってしまうため）．しかし中国は 2017 年に合計 8260 万トンの褐炭を輸入しており，石炭輸入量全体の 30.5％に相当する．

　要するに，中国は石炭を輸入する際にも経済性を非常に重視していると言えそうだ．表 6-2 は各国の対中国石炭輸出金額を輸出量で除した輸出単価である．2011 年は国際価格もほぼ最高値を記録した年であり，他方 2015 年は逆に市況が極度に悪化し，近年の最低値を記録した年である．各国が輸出している石炭は熱量や硫黄含有量などさまざまな点で品質が異なっているため単純な比較には慎重であるべきだが，各国の対中輸出から得ているメリットと中国の輸入スタンスについて示唆するところがある．

　まずシェアの大きなインドネシアとオーストラリアを比較すると，やはりインドネシアはオーストラリアよりもかなり安価な水準で販売していることがわかる．特に一般炭については 2011 年で 27％，2015 年で 14％割安である．またモンゴルの単価の低さは際立っている．いずれの年も他の国と比べると半値以下の水準に止まる．モンゴルが輸出している石炭の品質は非常に良質であるにもかかわらず[5]，である．原因として選炭などの加工が不十分であるのに加え，輸送用の鉄道の敷設が遅れていることでトラック輸送が主となっており，輸送コストが高くなっていることが指摘されているが，中国以外の販路開拓が困難であることの足元を見られて買い叩かれている状況も存在する（後述）．なお，褐炭は他の炭種と比較して熱量が低いので当然であるが，単価は大幅に安い．

　以上の点を踏まえ，中国が最大の石炭輸入国として台頭してきたことが国

---

5)　全量中国向けに輸出するタバントルゴイは 6,500 〜 7,500kcal/kg，マックナリンスハイトは 6,435 〜 6,935kcal/kg と品質が非常に良い（（独）石油天然ガス・金属鉱物資源機構（JOGMEC）2017，467 頁）．

表 6-2　各国の対中国石炭輸出単価

2011 年 （ドル／トン）

	一般炭	原料炭	褐炭
インドネシア	94.9	178.7	74.5
オーストラリア	129.2	220.5	81.8
ロシア	125.1	194.3	83.4
北朝鮮	103.4	-	41.8
モンゴル	57.3	79.2	20.0
カナダ	136.8	233.4	-
フィリピン	78.2		79.1

2015 年 （ドル／トン）

	一般炭	原料炭	褐炭
インドネシア	54.4	74.8	40.3
オーストラリア	63.4	94.0	-
ロシア	54.0	89.4	61.9
北朝鮮	53.5	-	-
モンゴル	5.0	39.5	19.6
カナダ	97.1	97.1	-
フィリピン	-	-	48.4

出所：『中国海関統計年鑑』より作成.

際市場秩序に与えたインパクトを考察しよう. そのためにまず中国が台頭する以前の市場秩序を確認することから始めよう.

　中国が大量の石炭を輸入し始める 2009 年以前, 例えば 2008 年時点では日本の石炭輸入量は 1 億 8551 万トンで世界貿易量全体の 20.1% を占める国際石炭市場のドミナントプレイヤーであった. 同年の日本の輸入国構成を見ると, オーストラリアが 1 億 1408 万トンで 61.5% と圧倒的シェアを占め, インドネシアは 3451 万トンの 18.6% に止まり, オーストラリアに偏重した構成であった. 当時, インドネシアの石炭輸出量は 2 億 220 万トン（シェアは 21.6%）でオーストラリアの 2 億 4360 万トン（同 26.9%）に次ぐ世界第 2 位の輸出国であったが, インドネシアにとって日本への輸出量は 17.1% を占めるに過ぎず, インドネシアは ASEAN 諸国を中心としたその他アジアへの輸出が主であった. さらに遡って 2002 年の状況を見ると, オーストラリアの輸出量は 2 億 430 万トンで世界全体の 30.6% を占め, 当時のインドネシアは 7300 万トン, 10.9% に過ぎなかった. すなわち, インドネシアが石炭輸出国として台頭する上で, 日本はほとんど貢献してこなかったということである.

　それでは中国が輸入を急拡大したことの影響はどうか. インドネシアは中国が石炭輸入を本格化させた 2009 年以降, 輸出量を増大させ, 2014 年には 4 億 820 万トン, 世界シェアは 29.5% となった. オーストラリアの 3 億 8741 万トンを凌いで世界最大の輸出国である. そのうち中国の輸入量は 1 億 636

万トンであり，インドネシアにとって輸出の 26.1％を引き受けてくれる重要顧客である（一方，日本は 3518 万トン，8.6％に過ぎない）．インドネシアがオーストラリアを抜いて世界最大の輸出国となる上で，中国の需要が大きな下支えになったと評価できよう．また北朝鮮，モンゴル，フィリピンは中国が輸入しなければそもそも輸出先を見つけることはできなかったと考えられる．2008 年と 2016 年を比較すると，それぞれ 8.8 倍，6.4 倍，11.3 倍と大きく輸出量を伸ばしている[6]．

　しかし他方で，特にモンゴル炭の輸入価格が示すように，経済性を貫徹して価格交渉においてはシビアな態度で臨み，価格が折り合わなければ輸入量を削減するなど，輸出国にとっては必ずしも信頼のおけるパートナーとも言えない面もある．例えば 2013 年 5 月には，環境規制を理由にインドネシアからの低品位炭の輸入を差し止める措置（「商品煤質量管理暫行弁法」征求意見稿[7]）をとった．その結果，2014 年のインドネシア炭の輸入は前年比 29.9％もの大幅な減少となったが，この措置の背景には安価なインドネシア炭の国内市場への流入を妨げることで国内価格の下落を食い止め，国内石炭産業の支援を行おうとする狙いがあったと考えられる．

　このように経済合理性を前面に押し立てて臨む中国が最大の輸入国となったことで，市場秩序も様変わりすることとなった．従来，日本がドミナントプレイヤーであった時代には基本的に長期契約による相対取引が中心であった．しかし中国はスポットマーケットでの調達を好み，オーストラリアも最大のバイヤーとなった中国に合わせて日本に長期契約ではなく，四半期ごとに価格改定を行う契約へと見直しを要求することとなった．またオーストラリアを含め，各国は新規炭鉱の建設計画の対象を中国が好む低中品位炭を産出する炭鉱を優先し，日本が輸入する高品位炭の供給が今後細ってくると見られている．2015 年にはインドが中国を追い抜き世界最大の輸入国となったが（翌年 2016 年には再び中国が首位を奪還，2017 年も中国が最大），インドも中

6）　2017 年は経済制裁によって北朝鮮の対中石炭輸出は大幅に減少する．したがってここでは 2016 年の数値で計算を行った．

7）　具体的には，鉄道による長距離輸送可能な石炭は灰分 25％以下，硫黄分 1％以下，発熱量 19MJ/kg の条件を満たさなければならない，とされた．

国と同様の行動原理に従っているため，日本が秩序形成を担っていたかつての国際石炭市場とは質的に大きく異なるものとなっている．

2.3　新興国への影響——モンゴルのケース

輸出する石炭のほとんどを中国向けに振り向けている北朝鮮，モンゴルでは両国経済に対中石炭輸出が及ぼす影響は相当大きくなっている．北朝鮮は国際的な政治環境から，モンゴルは内陸国としての地理的な制約から，いずれも貿易関係が限定されており，やや一般化するには適切でない面はあるが，対中石炭輸出の両国経済への影響を見てみよう．

まず対中石炭輸出額の輸出総額に占める比率を見ると，北朝鮮は 2008 年時点では 9.9％に過ぎなかったが，2015 年には 40.9％にまで増大した．モンゴルも 2008 年の 9.6％から 2011 年には 32.5％にまで達し，しかしその後 2015 年には輸出量の大幅な減少に販売価格の低迷が加わって 11.9％に大きく低下したものの，2017 年には輸出量も価格も回復したことで 36.6％にまで再び拡大した．さらに対中石炭輸出額の対名目 GDP 比を見ると，北朝鮮は 2008 年時点の 1.5％から 2015 年には 15.7％にまで上昇，モンゴルは 2008 年の 3.0％から 2011 年に 15.3％にまで上昇した後，2015 年は 9.8％と下がったものの，2017 年は 20.4％と急上昇している．中国の石炭輸入拡大は，中国の経済成長から派生したエネルギー資源需要の増大が新興国に経済機会を提供している事例の一つと捉えることができよう．

ところが例えばモンゴルの国内事情を見ると，必ずしも良い点ばかりではない．従来より主要産業が資源採掘と農業（牧畜，カシミア）に依存したモノカルチャー経済であったモンゴルであるが，2013 年には従来の最大の輸出商品であった銅精鉱を抜いて石炭が最大の輸出品となった．しかし石炭輸出額はその後，2014 年と 2015 年に減少に転じ，特に 2015 年には 2013 年比で数量は 2 割減，金額では半減とまさに急減することとなった．先の図 6-4 で示された 2015 年の中国の石炭輸入の減少が直撃した形である．もちろん資源は通常の財よりも市況の変化が激しく，輸出は市場の荒波に翻弄されがちであるが，モンゴルの石炭輸出のほとんどが中国一国向けとなっているリスクは非常に大きなものであると言うべきであろう．銅価格の変動も激しいが，

銅精鉱は世界市場を対象としていることより，中国一国の需給に振り回される石炭と比べればボラティリティは低い．

　最大の輸出商品となっていた石炭輸出が 2015 年に急減したことで，モンゴル経済は崩壊の瀬戸際に追い込まれることとなる．2011 年に好調な資源市況の下で実質 GDP 成長率は 17.3％を記録した後，2013 年までは二桁成長，2014 年も 7.9％であったが，2015 年には 2.4％に急落，2016 年は 1.2％とさらに低下することとなった．高騰する資源価格に気を良くした当時の政権が対外債務を膨らませ，その償還期限が 2017 年に相次いでやってくるため，デフォルトが懸念される事態にまで陥った．結局 2017 年 2 月に，リーマンショックで資源輸出が急減した 2009 年以来，再び国際通貨基金（IMF）管理下に入り，日中韓やアジア開発銀行（ADB）からの支援も含め，55 億ドル規模の融資を受けることとなった．

　モンゴルの状況を見ると，まさに「資源の呪い」に祟られているという表現がしっくりと来る．「資源の呪い」は天然資源に恵まれた国で，工業化や経済発展の遅れや貧困の深刻化といった現象が見られることを指す言葉であるが，その原因としては資源輸出の増加に伴う自国通貨の上昇による他部門の輸出低迷や，投資の資源採掘部門への偏重などが指摘される．輸出の 9 割を資源に依存し，農牧畜業とその産品の一次加工を行う軽工業を別にすれば経済の圧倒的部分を資源採掘業に依存しているモンゴルは，まさに「資源の呪い」に祟られた典型例と言える．

　加えて，モンゴルの場合は内陸深くに位置する地理的要因から，輸出先が制約されることが厳しい状況に拍車を掛ける．すでに指摘した通り，主力輸出品の石炭はほとんどが中国一国に依存している．しかしそれは輸送コストを考えれば避けようのない事態であるとも言える．ロシア経由で輸出した場合，ウラジオストック港着価格で中国ルートと比較すると 62 ～ 74％も割高となってしまう（（独）石油天然ガス・金属鉱物資源機構（JOGMEC）2017，461 頁）．モンゴルには中国向け輸出以外に選択肢がないというのも事実である．

　そうした弱みもあってだろう，先の表 6-2 で示された通り，モンゴル炭の中国への販売価格は他の国々と比較して大幅に割安な水準となっている．中国側で事情を聴くと，モンゴルからの石炭は選炭などの加工がされてない原

炭のままであるため，その追加コスト分を加味すれば必ずしも割安ではないという説明が返ってくる．しかし良質な原料炭を産出するモンゴルの価格が他の国々と比べて半値以下というのは，選炭コストでは到底説明がつかない（中国国内であれば選炭コストはトン当たり平均 25 元 = 3.7 ドルに過ぎない）．2013年には中国側の輸入企業（中国鋁業公司）が価格の引き下げを要求し，モンゴル側との交渉が不調に終わったことで，輸入量を大幅に削減した事例などもあり，モンゴルからの輸入が一時的に途絶しても他からの輸入でカバーできる中国が，輸出先としては中国にほぼ完全に依存せざるを得ないモンゴルに対して，圧倒的に優位な交渉力を行使している結果と考える方が自然であろう．

　モンゴル政府としても選炭はもとより，石炭を原炭のまま運び出すのではなく，加工を行うことで国内での付加価値を高めようという戦略を当然ながら持っている．2010 年には資源開発に関わる外資規制を強化するなどの措置を講じたが，それは結局新規炭鉱（タバントルゴイ西地区）の開発が何年も着手されず停滞する結果を招き，モンゴルの置かれた立場の弱さが改めて露呈することとなった．

　「資源の呪い」から脱する最も有効な方策は，資源輸出に依存せずに経済発展を遂げる態勢，端的に言えば工業化を実現することであるが，国際市場へのアクセスなどから相当に困難であると言わざるを得ない．そもそもモンゴル政府自身も諦めているようにも見える．例えば，埋蔵量も大きく，良質な原料炭を産出することで期待されるタバントルゴイ西地区の開発が実現した場合には，全国民に 40 ドル程度の「配当金」が支払われることとなっている．本来であれば，炭鉱開発によって上がった収益を工業化実現のための原資として投じることが「資源の呪い」を克服する途であるが，資源収入は国民に広く薄くばらまかれることになるようだ．人口わずか 300 万人という国内市場規模の小ささも大きな制約である．

　以上のように，中国への資源輸出に国民経済全体が大きく依存する状況の下，モンゴルは中国と友好関係を強化するべく尽力してきた．1994 年の友好関係協力条約の締結に始まり，2011 年には中国と戦略的パートナーシップを構築している．実はモンゴルは清朝による支配やチベット（ラマ）仏教を信

仰する関係から，反中意識が一般の国民や政治家にも強いとされる．しかし外交面では，最大の輸出先かつ投資国でもある中国に深く配慮をしている．例えば 2016 年 11 月にダライ・ラマ 14 世がモンゴルを訪問し，中国が強く非難をする事態が生じたが，翌 2017 年には外相会談でモンゴル側が完全降伏する形で関係悪化を修復する方向に動いている．

　中国はモンゴルの炭鉱開発あるいは石炭の高度加工への投資などのアメを与えつつ，厳しい価格交渉や輸出量削減などでムチも振るってきた．モンゴルとしては中国との非対称な依存関係の下，日本を始め，他国との全方位型で友好関係強化に努力しつつも，中国への傾倒を強めていかざるを得ない状況である．もちろんモンゴルは中国への石炭輸出で大きなリターンを得ている．2015 年に 1441 万トン，5.6 億ドルにまで低迷した石炭輸出は 2017 年には 3399 万トン，22 億 6464 万ドルに回復，2017 年の実質 GDP 成長率も 5.2 ％に大幅に上昇した模様である．モンゴル経済の喉元は石炭輸出先である中国に握られている．

　そして中国にとってもオーストラリアに次ぐ原料炭の供給源を近隣に有していることは大きなメリットであるのは言うまでもない．それ以上に根底に反中意識を持つ近隣国と友好な外交関係を維持できるという政治的なメリットも相当に大きなものであろう．モンゴルを始め，中央アジア諸国は上海協力機構の参加国が多く，「一帯一路」構想の主要な対象国でもある．「一帯一路」による中国のこれらの国々への投資拡大は，中国への依存関係を一層強化することにつながるが，資源（石油であればカザフスタン，ガスであればトルクメニスタン）の供給源拡充はもちろんのこと，安全保障の面からも中国に多大なメリットがある点に注目する必要があると考える．

3.　国内需要の構造変化──脱石炭化の背景分析

　第 2 節では中国の石炭輸入が国際市場秩序の構造変化を引き起こすとともに，新興国の経済，さらには外交政策にも多大な影響を及ぼしている状況について分析を行った．本節では，中国国内の石炭需要動向について分析を行い，2008 年以降，一次エネルギーに占める石炭の比率が一貫して低下してお

り，さらに 2013 年をピークに石炭消費量そのものも減少している背景について考察する．近年石炭輸入を大幅に拡大させてきた中国であるが，今後の輸入について展望するためには国内の石炭需要動向を確認しておく必要があると考えるためである．本節では，特に環境規制の影響と石炭価格制度改革に起因するエネルギー間の経済性の変化に焦点を絞る．

3.1　五カ年計画（規画）による環境規制の影響

図 6-5 は中国の一次エネルギー消費量と石炭が占める比率を示したものである．長期的に見れば 1980 年代以前は国内の大油田の相次ぐ発見によって石油への転換が進み，石炭比率はほぼ一貫して低下してきたが，その後改革開放による高度成長期に入り，再び石炭比率は反転上昇した．1990 年代後半はアジア経済危機による成長鈍化に，中小炭鉱の閉鎖政策の影響が加わり，いったん石炭への依存度が低下するが（ただし，統計の誤りの可能性も高い（堀井 2005）），2000 年代の過熱経済の下，2007 年まで再び石炭比率は上昇する．

ここまででは，経済成長が加速すると石炭依存が高まるという 1980 年代以降のパターンを見て取ることができる．ところが 2008 年以降，経済は引き続き堅調な高度成長を継続していたにもかかわらず，石炭比率は低下に転じた．さらに 2014 年から 2016 年には，石炭消費量そのものが減少しており，過去 30 年間のエネルギー構造が変わったことを示唆している．

背景要因として，まず第 11 次と第 12 次の五カ年計画（以下，それぞれ 11・5，12・5 と表記，期間は 2006 〜 2010 年と 2011 〜 2015 年）における環境規制強化が指摘できる．まず従来型大気汚染物質である SO_2 を 11・5 では 10％，12・5 ではさらに 8％削減し，NOx の排出量も 12・5 で 10％削減する目標が掲げられた．さらに水力や原子力，風力，太陽光など，非化石エネルギーが一次エネルギーに占める比率を 2005 年時点の 6.5％から 2015 年には 11.4％まで引き上げるという目標であった．12・5 では CO_2 の排出抑制が企図され，CO_2 の GDP 原単位（GDP1 万元当たりの CO_2 排出量）の 17％改善という目標も掲げられた．

いずれも大気汚染物質の含有量も，CO_2 排出強度も高い石炭にとっては消費抑制につながる効果がある．またエネルギー消費の GDP 原単位を 11・5

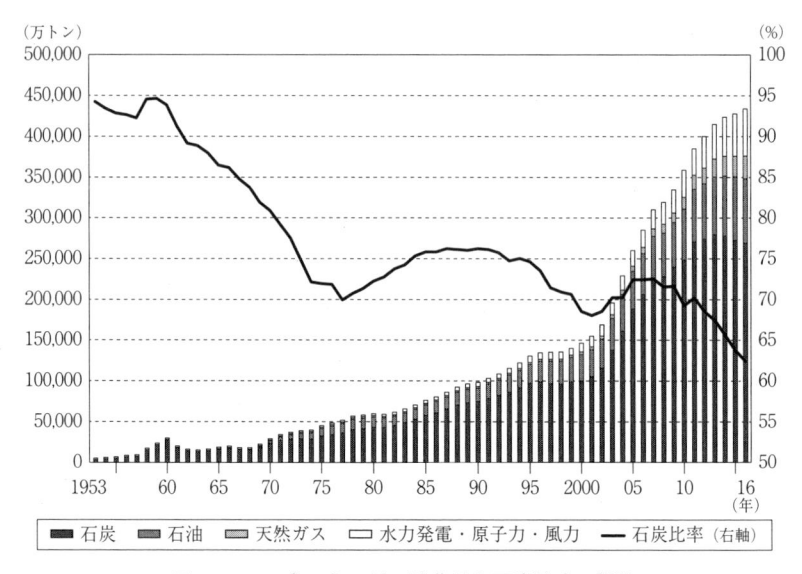

図 6 - 5　一次エネルギー消費量と石炭比率の推移

出所:『中国能源統計年鑑』各年版より作成.

で 20％,12・5 で 16％改善する省エネルギー目標が掲げられ,エネルギー消費量を総量で 2015 年には 40 億トン(標準炭換算)に抑制する目標も導入されていた.省エネルギーは石炭に限らず全てのエネルギーに影響を及ぼすが,主要エネルギーである石炭は当然最も大きな削減圧力を受ける.

　中国では政策が想定通りに実行されない状況がしばしば生じ,その原因として中央政府のモニタリング能力が低いことなどが指摘される(そうした状況を「上に政策あれば下に対策あり」と揶揄する言葉もある).しかし 11・5 と 12・5 では地方政府の業績評価項目としてエネルギー・環境指標を新たに追加し,かつ経済指標よりもエネルギー・環境指標が重視される制度改革が行われた(「一票否決制度」).この制度改革は従来よりも中国のエネルギー・環境政策の実効性を高めることとなった.

　そうした政策の実効性向上も寄与して,11・5 の環境規制はいずれも高めの目標であったが,ほぼ達成した.SO_2 は目標を大きく上回る 14.3％の削減で,省エネルギーについても 2010 年は 2005 年に比べ 19.1％の GDP 原単位

の改善となり[8]，目標の 20%をほぼ達成している．12・5 についても，SO_2 は目標 8%に対し，18%削減，NOx は目標 10%に対し，18.6%削減と大幅な超過達成に成功した．GDP 原単位も同様に 16%の目標に対し，18.2%の改善となった．このように 11・5 と 12・5 の五カ年計画で示された大気汚染物質の削減目標やエネルギー効率の改善目標を達成することに成功したが，その要因として，やはり 2008 年以降，石炭消費量が抑制的に推移したことが大きく寄与したと考えられよう．より直接的に石炭消費量の抑制につながったと見られる非化石エネルギーの比率に関しても，2015 年の目標 11.4%に対し，12%，CO_2 原単位についても目標 17%改善に対し，20%と達成している．

3.2　エネルギー間の経済性の変化による影響

しかし 11・5 と 12・5 の期間中（2006 ～ 2015 年）については，脱石炭化を進めてきた要因として環境規制の強化以外に経済的要因についても注目する必要がある．その契機となったのは第 2 節で分析した石炭産業における価格制度改革である．

石炭は 2006 年以降市場化が進み，現在は大部分の石炭が市場で形成された価格で取引されている．従来の補助金を通じた低価格政策が放棄された結果，人為的に低く抑えられていた石炭価格は急騰し，2008 年の価格は 2000 年比で 2.5 倍に上昇した．他方，生産コストも石炭産業に対する増値税率引き上げや資源税の強化，さらには炭鉱事故防止のための保安規制の強化などが行われたことで，2008 年以降，大幅に上昇している．それまで価格に反映されていなかった資源や環境，さらには保安コストなどの外部性を内部化する改革が進み，2012 年まで価格高騰に拍車が掛かった（堀井 2013b）．

石炭価格の高騰は，当然石炭需要に影響を与える．石炭の最大需要部門は 46%を消費する電力であるが，2011 年には石炭火力の卸売価格が 1kWh 当たり 0.46 元となり，水力の 0.27 元，原子力の 0.45 元より割高となった．風

---

8)　ただし，中国国家統計局は 2015 年 8 月，『中国能源統計年鑑 2014』を出版し，唐突にエネルギー消費量のデータを 2000 年まで遡って修正した．修正データで計算するとこの期間の GDP 原単位の改善幅は 18.6%とやや縮小する．本章の他の部分は全て修正データに基づき計算した結果を示しているが，この部分については五カ年計画の中国政府発表を出所としているため，敢えて元の数値を示した．

力も 0.54 元，ガスはパイプラインガスで 0.57 元，液化天然ガス（LNG）で 0.72 元と石炭火力と比較して大幅に高いというわけでもない．かつての石炭火力の価格競争面での優位性は，石炭の低価格政策が放棄されたことでその裏付けを失ったのである．

　さらに問題は燃料の石炭価格が高騰し，石炭火力のコストが大幅に上昇していたにもかかわらず，政府は石炭火力の卸売価格を 2010 年まで低く抑えていたことがある．その理由としてインフレ抑制，低所得者配慮などが考えられ，そのため電力価格は依然として政府の関与が残っている．その結果，2010 年には 43％の石炭火力発電所が逆ザヤで赤字に陥っていたとされる．電力部門にしてみれば，発電すれば赤字が拡大する状況に当然大きな不満があり，需要増に応じて発電量を拡大することに消極姿勢をあらわにしていた．そのため，政府は 2011 年に卸売価格を前年に比べて 27％も引き上げざるを得なくなった．

　このように 2011 年の電力の卸売価格引き上げに至るまで，石炭価格の上昇によって石炭火力は経済性の取れない状態であったため，図 6-6 の通り，石炭火力への投資は 2007 年以降，急減した．2012 年には従来常に発電所の建設投資の 7 割以上を占めていた石炭火力の投資額が初めて他の電源（水力）に追い抜かれた．また風力，原子力への投資の伸びはともに目覚ましいものである．図 6-6 の下段の図は，電力向け投資額全体に占める各電源の比率を示したものであるが，石炭火力が 2014 年まで急速に競争優位を失ってきた経緯が明瞭であろう．

　ただし，投資から発電所が稼動するまでの建設期間は，石炭火力の場合で中国でも 7 ～ 8 年を要するとされる．したがって図 6-7 の通り，これまで火力の設備容量の成長に停滞は見られないが，図 6-6 で示された近年の火力への投資減退による火力発電設備容量の伸び悩みが，今後現れてくることになるだろう．一方，図 6-7 の折れ線グラフが示す通り，2007 年をピークに火力発電の比率は急速に下がっている（2007 年 77.7％→ 2015 年 65.7％）．これは図 6-7 の棒グラフにも示されている通り，他の電源の設備容量が近年着実に増加してきた結果である．

　他の電源の設備容量が大きく成長してきたのは，もちろん環境規制の強化

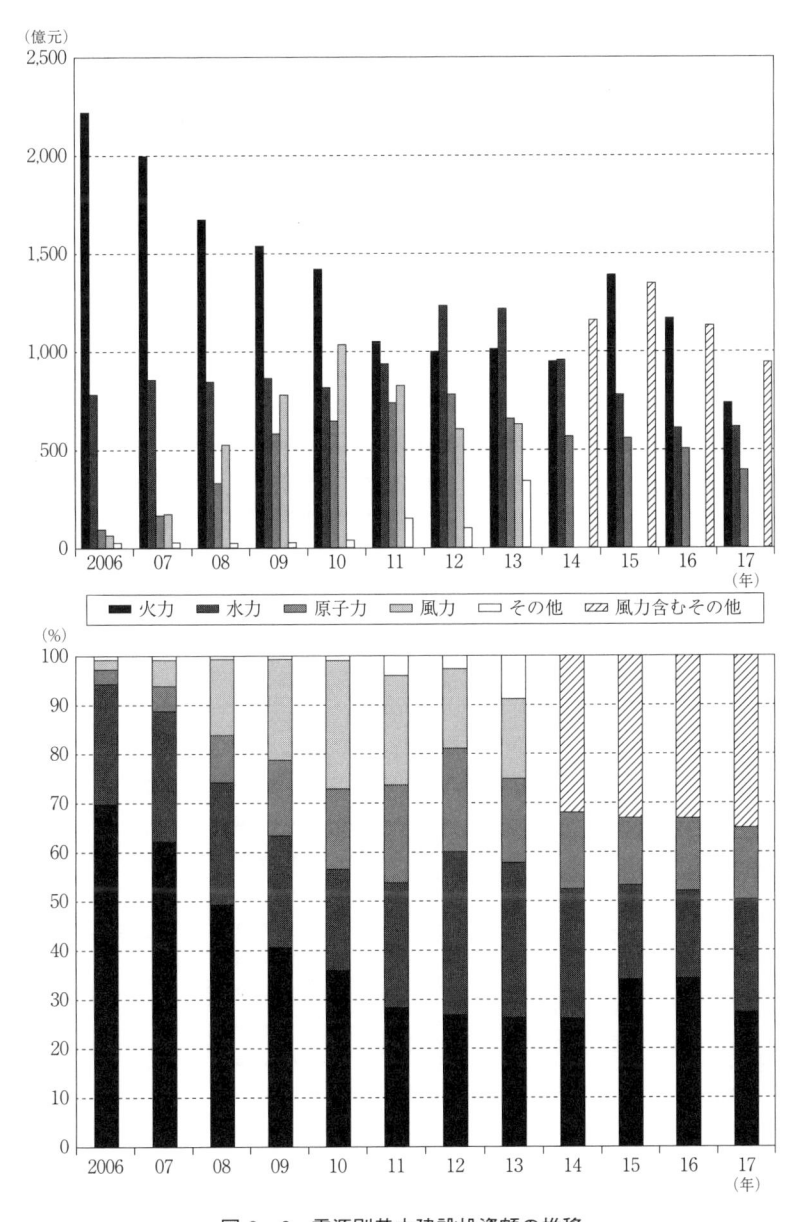

図6-6　電源別基本建設投資額の推移

出所：2013年までは中国電力企業聯合会資料，2014年以降は中国国家能源局資料より作成．

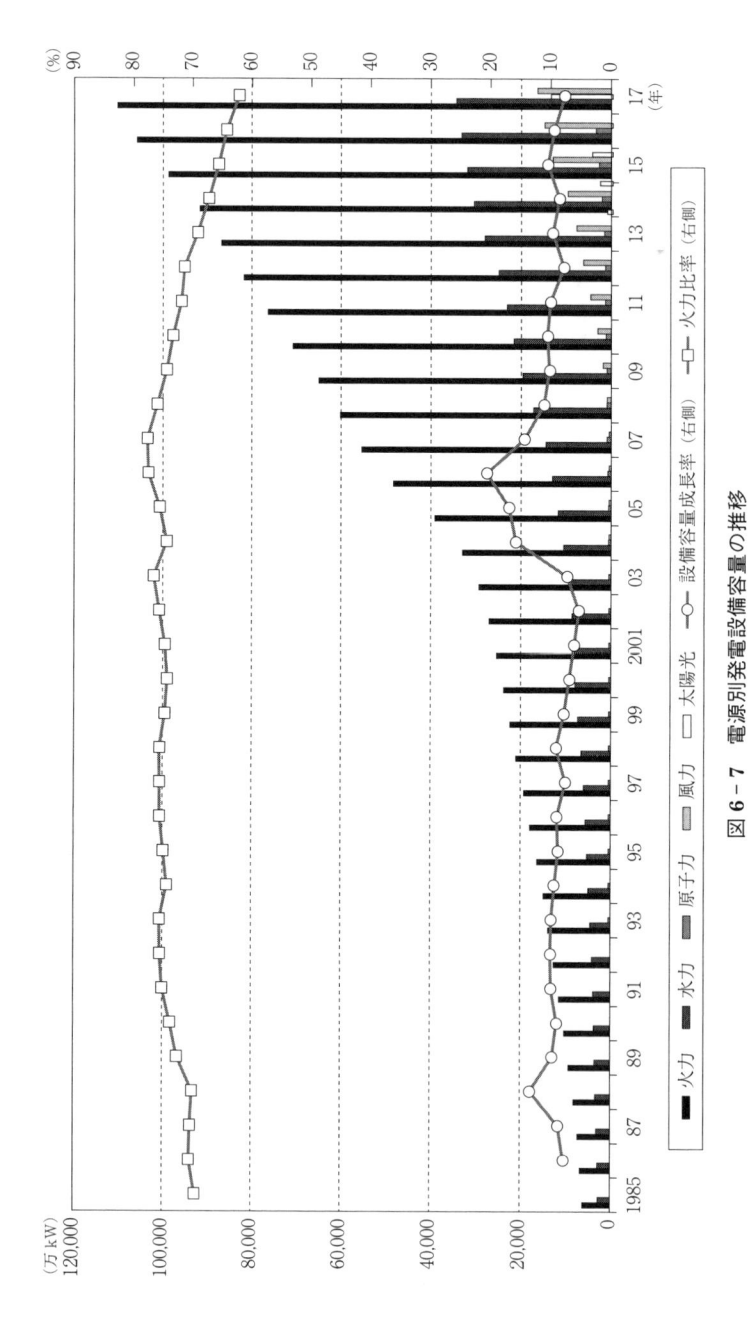

図 6－7　電源別発電設備容量の推移

出所：『中国電力行業発展年報』各年版より作成.

や非化石エネルギー比率の目標が影響したのは確かだろう．例えば風力について言えば，政府が発電企業に対し，2010 年までに保有設備容量合計の 3%分，2020 年までに 8%分の（水力を除く）再生可能エネルギー電源の導入を義務付ける規制（いわゆる再生可能エネルギー割当制度：RPS）を実施したことが，風力の成長を大きく後押しした（堀井 2013a）．

　しかし図 6-6 を再び見ると，2015 年と 2016 年には 2014 年と比較すると火力への投資が再び大きく増加している．これは石炭価格が 2012 年秋以降に急落した結果，石炭火力の経済性が再び復活したために生じた現象だと見ることができる．環境規制は引き続き強化される方向にあったにもかかわらず，石炭火力への投資が回復を示したことは，中国の発電事業者がエネルギー間の経済性を見ながら投資する電源比率を決めていることを示唆している．したがってエネルギー構造の脱石炭化が進んできた要因として，価格制度改革による石炭価格の上昇，その結果として生じた石炭の競争力低下という経済的要因も重要であったと考えることができよう．

3.3　ポピュリズムによる環境政策の暴走

　2012 年秋以降，2016 年に反転するまでの約 4 年の期間，石炭価格はほぼ一貫して下落の一途を辿った．そのため 2015 年の石炭価格はピークの 2012 年のほぼ半値にまで下落し，石炭価格の高騰が始まった 2004 年とほぼ同水準にまで低下していた．この水準では石炭火力はほぼ従来の経済性に裏打ちされた競争力を回復したと考えることができるはずである．その結果，脱石炭化はストップ，あるいは逆戻りするのだろうか？　結論を先取りすれば，2017 年の動向から判断すれば，経済性要因を打ち消す政治的要因の影響が大きく，脱石炭化は今後も当面継続していくものと展望できる．

　まずこれまでの脱石炭化の進展にはそれ自身持続性を担保するメカニズムがある点が指摘できる．ここ数年で導入が進んできた水力，原子力，風力，太陽光はいずれも建設費用がコストの大半を占め，運転費用（特に燃料費）はゼロないし非常に低いという特徴がある．すなわち石炭火力のコストがいくら低下しようと，すでに導入された再生可能エネルギー電源は最大出力で運転しようとする経済的理由がある．その結果，図 6-8 の通り，火力の稼働

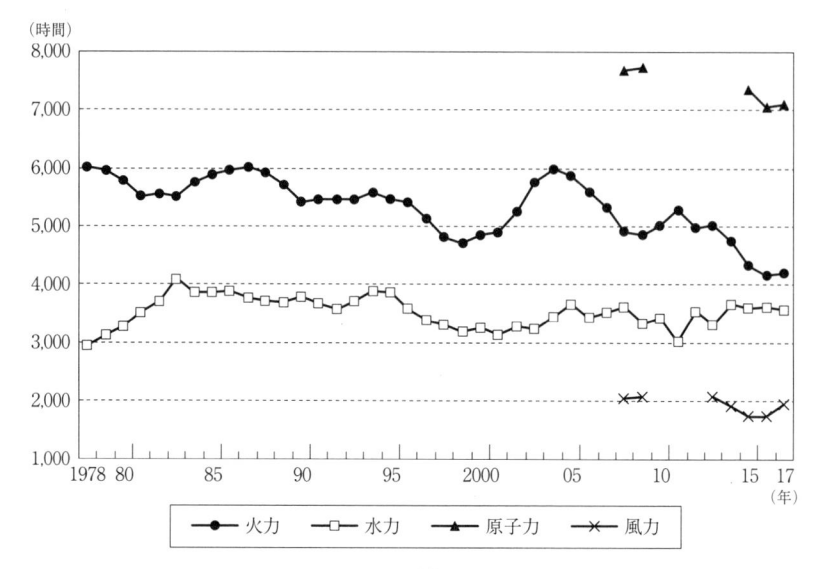

図 6 - 8　電源別設備稼働率の推移

出所：『中国電力行業発展年報』各年版より作成.

率は近年継続して大幅に低下しており，2016 年の稼働率は 43.2％と 1964 年
以来の記録的な低い水準に止まった．風力はそもそも稼働率が低く，原子力
も火力同様に稼働率は低下しているが，いずれも新規電源の投入量が大きく，
かつて火力が担っていた需要を侵食することとなっている．風力や太陽光な
どの非化石エネルギー電源が新規投入された設備に占める比率は，6 割にま
で達しているのである.

　また 2015 年と 2016 年に石炭火力への投資が回復したことに中国政府は業
を煮やし，行政改革の一環で発電所の建設認可権限は地方に移されていたが，
2015 年 11 月に再び中央認可が必要な形に戻され，2016 ～ 2018 年の 3 年間
については新規の石炭火力発電所建設の申請を禁止する措置を講ずるに至っ
た．その結果，経済性に反応した企業の動きは封じられることとなっている.

　加えて，2017 年には政府が PM2.5 対策を経済性を度外視しても強行して
いく姿勢が明らかとなった（堀井 2018）．2011 年末から大々的にメディアが
取り上げることとなった PM2.5 問題に対しては，2013 年 9 月に公表された

「大気汚染防治行動計画」に沿って対策が進められてきた．具体的には，石炭焚きボイラーの規制，エネルギー多消費で環境負荷の高い産業における産業構造転換（旧式設備廃棄，過剰生産能力削減），非化石エネルギー振興（2017年に13%），石炭の品質改善（選炭率70%以上）など間接的に影響を与えるものから，重点地域での発電所新設禁止，市街区での石炭からガス・電力への代替，低品質炭の輸入禁止など石炭利用を直接制限する措置まで含んだ内容である．その上で2017年に一次エネルギーに占める石炭の比率を65%以下とする石炭消費抑制の目標を明示している．

　この行動計画は2017年に目標年を終え，目標を大幅に超過達成する成果を挙げた．全国のPM10濃度については2013年比で10%改善という目標に対し36.4%，華北地域のPM2.5濃度については同25%に対し39.6%，長江デルタは同20%に対し34.3%，珠江デルタは同15%に対し27.7%となっている．また北京市についてはPM2.5濃度を $60\,\mu g/m^3$ 以下に抑えるという目標であったが，これも $58\,\mu g/m^3$ と達成している（2013年比の改善幅は34.8%）．

　しかし2017年の冬には各地で深刻なガス不足が発生，気温が零度以下に下がる寒冷地で暖房供給が停止するような混乱が蔓延した．当初ガス暖房設備を導入したにもかかわらず，肝心のガスの供給が確保できなかったため，電気暖房設備を追加で急遽導入した例なども現地調査では見聞した．寒さに震える人々が続出したばかりでなく，ガスと電気の暖房システムを重複して導入した例などから相当無駄な投資も行われたものと考えられる．

　問題とすべきは，目標年の前年である2016年の時点で，行動計画が掲げた目標は北京市の目標を除けば，すでにきちんと超過達成していたにもかかわらず，2017年に深刻なガス不足の大きな混乱を招く対策が強行された点である．背景要因として習近平政権のポピュリズム体質と，それに過剰反応する地方政府の暴走がある（堀井 2018）．環境経済学では政府は環境改善の目標を設定するだけに止め，目標達成のための具体的な対策については企業に委ねるべきというのが原則である[9]．その原則に照らすと，行動計画は対策の内容を政府が事細かに指定している点から経済的に効率の悪い対策が進めら

---

[9]　例えばPM2.5削減には石炭からガスへの転換だけではなく，除塵装置の導入や省エネ措置の導入など複数の選択肢がある．

れた可能性も高く，ましてや目標を前年に達成済であるにもかかわらず，さらなる対策を強行してガス不足を始めとする混乱を招いた点は決して評価できるものではない．

　行動計画を巡るポピュリズムの暴走を見ていると，今後も経済性を度外視して政治的要因で環境政策の強化が進んでいく可能性が大きいと判断せざるを得ない．

3.4　本節のまとめ

　本節の分析をまとめると以下のようになる．2008年以降進んできた脱石炭化をもたらした要因として，環境規制の強化（そしてその実効性が向上したこと）はもちろん，加えてエネルギー間の経済性変化も指摘できる．11・5以来，5カ年計画の中にエネルギー効率・環境改善目標が盛り込まれ，さらに習近平政権が成立した2012年以降はPM2.5が重要な政策課題となったことで，石炭の利用制限を含む環境規制の強化が実行に移された．他方，石炭価格が市場で形成されるようになったことで価格が上昇，その結果，他のエネルギーと比べて石炭の価格競争力が失われることとなったことも石炭消費抑制に寄与した．非化石エネルギー比率の目標などもあり，風力や太陽光，原子力の導入が進み，石炭火力の稼働率が急速に低下する傾向も明瞭である．

　他方，2013年以降は石炭価格が暴落したことで石炭の経済性は回復，石炭に回帰する動きも見られた．しかし石炭火力の新規建設認可を政策として禁じる措置が講じられるなど，政治的要因が強まる中，2017年にはポピュリズムに根差した環境政策の暴走が，石炭からガスへの転換を「過剰に」進める事態を招き，深刻なガス不足という形で大きな混乱が生じた．

　分析から得られるインプリケーションとしては，脱石炭化という形で今後も石炭需要は弱含みで推移する可能性が高いという点がまず指摘できよう．環境規制は今後も経済性を度外視して強化されていく可能性は高く，その中で気候変動対策の側面からも石炭への逆風がさらに強まる可能性は高い．非化石エネルギーの多くは石炭と比べるとコストは割高であるが，資本コストの比率が高く限界費用が低いため，いったん導入されると優先的に運転され，じわじわと石炭の消費量を削っていく．

　しかし石炭価格の水準が安価な水準で推移すれば，2015 年に石炭火力への投資が再び増加に転じたように，経済性から環境対策コストを負担しても石炭利用を選好する動きは必ず出てくる．それを政策によって押さえつけ続けるのも難しくなる可能性もある．したがって石炭価格の今後の推移を展望するのが次の課題となる．

4. 過剰生産能力削減政策（「去産能」）の背景とその成否

　中国の今後の石炭需給を展望するため，第 3 節では需要面に関して分析を行った．本節では石炭価格に影響を与えるもう一つの要因，供給面に関して分析を行う．

4.1　過剰生産能力削減政策の経緯

　2008 年以来，一次エネルギー消費に占める石炭の比率は低下傾向が続き，2014 年からはついに比率だけでなく，絶対的な消費量が前年より減少する事態となった．前節で分析した通り，新常態への移行による成長鈍化，また環境規制の強化と石炭の経済性の変化によって石炭需要は弱含みで推移してきたためである．それにもかかわらず，石炭価格が高騰を続けていた 2012 年以前に投資された新規炭鉱が続々と稼動してきたことで，需給バランスは供給過剰に陥り，図 6-9 の通り，石炭価格は 2012 年秋から 2015 年 11 月まで急速に下落し，底値圏に到達した時点では中国および世界最大の石炭企業である神華集団を除けば，ほぼ全ての企業が赤字計上を余儀なくされる惨状であったとされる．

　そこで 2016 年 2 月，国務院は鉄鋼産業とともに石炭産業に対して過剰生産能力の削減（いわゆる「去産能」）を強制的に進める政策を開始した．価格下落の原因を供給過剰によるものと捉え，政策介入によってその状況を打破しようとしたものであり，具体的な内容は，当時 57 億トンと見積もられた石炭生産能力を 3 〜 5 年の期間で 5 億トンを廃棄，5 億トンを 3 億トンに再編して合計約 8 億トンを整理する，また 2018 年までの 3 年間は原則として新規炭鉱建設や既存炭鉱拡張の申請を認めないというものであった．

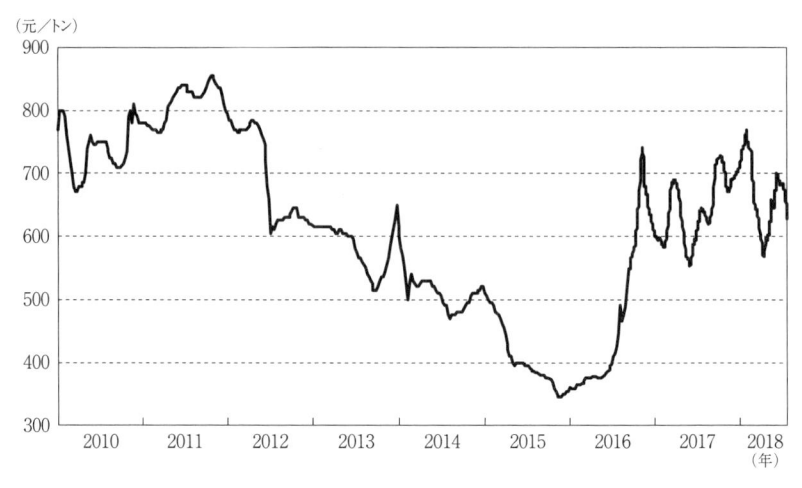

（元／トン）

図 6 - 9　石炭価格の推移

出所：中国資源網データより作成.

　この過剰生産能力削減政策の結果，初年である 2016 年だけで年産 30 万トン以下の中小炭鉱約 1,500 が閉鎖され，2016 年の石炭生産量は 34.5 億トンと前年比 7.9％の減産に成功した．生産能力の削減量は当初 2016 年の目標としていた 2.5 億トンを大幅に上回る 3.0 〜 3.5 億トンに達したとされる．一方，消費量は前年比 1.3％の減少に止まり，需要より供給が大きく減少したことで価格は上昇，秦皇島 5,500kcal/kg 一般炭の 2016 年の年末価格はトン当たり 639 元と年初の 371 元に比べて 72.2％もの上昇となった．山西省ではコークス用原料炭価格が 258％の上昇になるなど，2008 年の水準にまで回復した．その結果，2016 年の石炭採掘・精選産業の利潤は 950 億元で前年比 2.2 倍となり，他方，石炭産業の固定資産投資は 3038 億元で前年比 24.2％の減少となった．

　このように 2016 年の過剰生産能力削減政策はかなりの成功を収めたと言える．しかしその評価を行う上でいくつか考察しなければならない点がある．まずそもそも生産能力が過剰状態にあるとして，なぜ政策による削減を進めなければならないのか，市場メカニズムを活用することではいけなかったのか？ という点である．そして過剰な生産「能力」を削減しただけなのに何

故価格は上昇に転じることになったのか？　価格上昇は上で述べた通り，需要以上に供給量が減少したためと考えられるが，過剰生産能力は元々「過剰」なわけで，その削減で供給量が大きく減少するというのはやや不可思議である．さらに，実は図6-9の通り，2016年6月以降価格が急上昇を始めたことを受けて，同年9月に審査をパスした高効率炭鉱には，国家発展改革委員会が増産を許可することとなった．この措置は改革の後退とも捉えられるが，何故このような措置が取られることとなったのか，その評価をどう下すべきかという点である．

4.2　従来の石炭産業組織政策——「外部性」の管理

以上の諸点を考察する上で，まず中国の石炭産業において過去，これまでにも行われてきた供給過剰解消に向けた取り組みの経緯を振り返る必要がある．まず計画経済期においては，石炭に限らず，エネルギーは供給不足が常態であった．しかし1980年代以降の経済改革によってエネルギー産業の市場経済化が進められたことで，特に石炭は増産に成功することとなった．図6-10の通り，1990年代後半までの増産の立役者は計画経済期の主力炭鉱であった国有重点炭鉱ではなく，従来の石炭供給システムでは外縁に存在していた郷鎮炭鉱であり，規制緩和によって自由に石炭の採掘，販売が可能となった郷鎮炭鉱は，価格競争力を武器に供給を拡大した（堀井 2000）．郷鎮炭鉱による生産シェアが最高に達したのは1995年の46.3％であり，おおよそ半分の石炭が郷鎮炭鉱によって供給されていたのであった．

郷鎮炭鉱の生産拡大は当初は深刻なエネルギー不足を解消する即効薬として大いに支援を受けることとなった．特に郷鎮炭鉱同様，従来の計画経済システムの外側で成長してきた非国有企業は，先述の煤炭訂貨会を通じた石炭供給を受けることができず，そうした需要家に対しては郷鎮炭鉱が石炭を供給する役割を果たすこととなった．1990年代においては郷鎮炭鉱の石炭価格は国有重点炭鉱の3分の1程度に止まり，非国有企業のユーザーにとっては価格面でも望ましい供給者であった．

しかし1990年代も後半になると，深刻な供給不足は解消に向かい，地域によっては供給過剰すら出現することとなった．そうなると覆い隠されてい

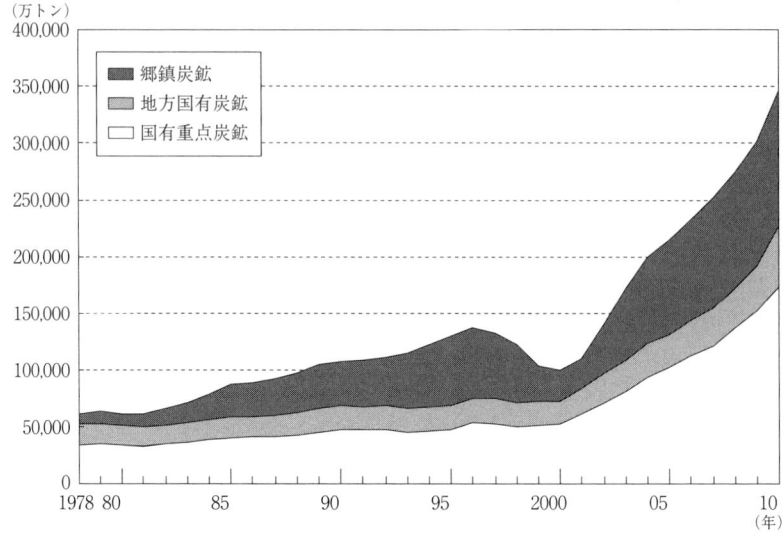

図 6-10　企業タイプ別石炭生産量の推移

出所：『中国煤炭工業年鑑』各年版より作成.

た郷鎮炭鉱の増産による副作用，すなわち資源の乱掘や労災（死亡事故）の頻発，環境問題など[10]が問題視されるようになり（堀井 2000），郷鎮炭鉱を中心とする中小炭鉱の強制閉鎖政策（「関井圧産」）が 1998 年より開始されることとなった．これが中国の石炭産業における最初の減産政策である．具体的内容は，1998 年夏から 2000 年末にかけて 2 万 5800 の炭鉱を閉鎖して総計 2.5 億トンの生産能力削減を行うとしたものであったが，最終的に 4 万 7000 の炭鉱，1996 年比で 27.3％に当たる 3.5 億トンの生産量削減を達成す

---

10)　資源の乱掘については，郷鎮炭鉱を中心とする中小炭鉱の資源回収率は 3 割程度に止まり，7 割以上の石炭資源が回収不能な形で地中に遺棄される状態が頻発していた．原因は採炭方式にあり，炭層を格子状に採炭し，石炭を支保として残置することで支保柱の投資が節約可能となる残柱式を採る炭鉱が 9 割以上に上ったことが背景にある．労災（死亡事故）は，2005 年には公式統計で世界全体の 8 割程度に当たる 5,938 人の死亡者数が報告されていた．生産量 100 万トン当たりの死亡者数は国有重点炭鉱 0.93 人に対し，郷鎮炭鉱は 5.53 人に上り，郷鎮炭鉱において十分な保安対策への投資がなされていなかったことが原因であった．環境問題については，地下帯水層の破壊，地表陥没などが頻発していた．

ることとなった[11]．

　この時の石炭産業における減産政策と，2016 年から開始された今回の生産能力削減政策との間には大きな違いがある．90 年代後半の中小炭鉱の強制閉鎖政策は，対象を郷鎮炭鉱を中心とする中小炭鉱に置いたものであり，その目的は市場の負の外部性の拡大を抑制しようとするところにあった．すなわち資源の乱掘や労災（死亡事故）の頻発，環境問題といった負の外部性への対応コストを負担しないがゆえに中小炭鉱はコスト競争力を保持し，市場競争では淘汰が進まない状況があり，そのため政策による介入が必要だったのである．

　石炭産業は採掘対象とする炭層によって製品である石炭の品質が決まり，中小炭鉱であっても優良な炭層を生産対象としていた場合には資本投下による規模の経済性を上回って競争力を持つこととなる（堀井 2000）．しかしそれは優良な炭層が持つ石炭資源を犠牲にしたものであり，本来は負の外部性を拡大しないために必要な資本投下を行い，その場合，当然投じた資金の回収を可能にするためには一定以上の年産規模が必要となるはずである．このような想定の下，各地域の資源条件を反映した年産規模基準に満たない中小炭鉱に閉山を迫る政策が展開されたのであった．

　政策の効果は表 6-3 の通り，郷鎮炭鉱の炭鉱数の激減と平均年産量の上昇に見て取れる．郷鎮炭鉱の数は 1995 年時点で 7 万を超える莫大な数に上っていたが，2005 年までに大幅に減少し，年産量も 6.5 倍程度に生産規模の拡大が実現している．その結果，資源回収率の向上や労災の大幅な減少など，負の外部性の縮小も確認できている[12]．その後も中小炭鉱の強制閉鎖政策は毎年のように継続されてきた．表 6-3 の通り，2012 年の郷鎮炭鉱の炭鉱数

---

11)　ただし，1997 年から 2002 年までの石炭生産量は図 6-10 を一見してわかる通り，異常な推移を示しており，違法なヤミ操業が行われていた可能性を示唆している．ヤミ操業の正確な規模は把握しようがないが，石炭消費量と生産量の統計上のギャップは最大で 2.5 億トン程度に達し，そうだとすると 2000 年時点での生産能力削減は 1 億トン程度に止まった可能性もある．

12)　郷鎮炭鉱の資源回収率は従来 10 〜 15％とされていたが，現在は 70％以上に向上している．また 2013 年の事故死亡者数は中国全体で 1,067 人に止まり，100 万トン当たりで見ると 0.288 人に改善，従来の郷鎮炭鉱の同数値 5.53 人と比較すると 20 倍近く安全になったということになる．

表 6 - 3　企業タイプ別炭鉱数と平均年産量

	1995 年	2005 年	2012 年
国有重点炭鉱	596 炭鉱 平均年産量： 73.8 万トン	735 炭鉱 平均年産量： 139.3 万トン	1,824 炭鉱 ／ 22.08 億トン 平均年産量： 121.1 万トン
地方国有炭鉱	1,803 炭鉱 平均年産量： 10.9 万トン	1,546 炭鉱 平均年産量： 18.6 万トン	1,370 炭鉱 ／ 5.33 億トン 平均年産量： 38.9 万トン
郷鎮炭鉱	72,919 炭鉱 平均年産量： 7,900 トン	16,276 炭鉱 平均年産量： 5.1 万トン	9,343 炭鉱 ／ 13.88 億トン 平均年産量： 14.9 万トン

注：2012 年の国有重点炭鉱には中央企業の 218 炭鉱／ 7.09 億トンを含む.
出所：各種資料より作成.

が 2005 年時点よりもさらに一段と減少し，平均年産量も 15 万トン近くにまで拡大したことからもうかがい知れよう.

4.3　新常態に適応するための産業構造調整

　したがって現在の過剰生産能力を削減しようとした場合に，もはや中小炭鉱の強制閉鎖によって対応しようとしてもその余地はもはや大きくないということになる. 2015 年末時点で一定規模以上の石炭企業は 6,850 社，炭鉱数 1 万 800，うち小型炭鉱 7,000 余り（年産 9 万トン以下の炭鉱は 5,400 余り）とされ，確かに依然炭鉱数は多く，年産規模の小さな中小炭鉱は残存している. しかし資源条件の良い山西省や内蒙古などではすでに郷鎮炭鉱の「最低」年産量は 30 万トンを超えており，全国レベルで平均年産量が低いのは，資源条件の悪い東部地域の中小炭鉱が平均を押し下げている面がある. 東部の中小炭鉱の生産規模が小さい点には，資源賦存の面から一定の合理性があり（埋蔵量自体は少ない），むしろ貴重な石炭資源の有効回収に貢献していると評

---

13)　1998 年に国有重点炭鉱のほとんどが地方政府に移管されたため，本来は旧国有重点炭鉱と記載するべきかもしれないが，本章では全て国有重点炭鉱と記載を統一する.

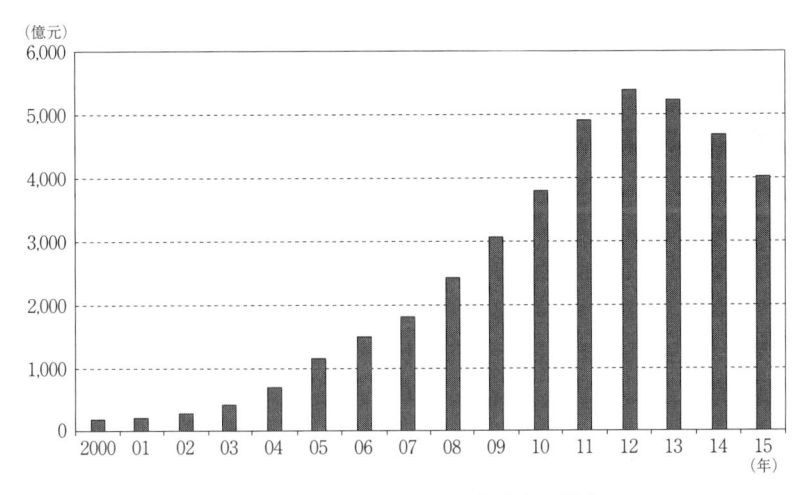

(億元)

図 6-11　石炭産業における投資額の推移

出所：岳（2016）および各種報道より作成

価すべきとも言える．

　実際，今回の過剰生産能力削減政策の注目すべき特色は，国有重点炭鉱[13] が重要な閉鎖対象とされたことである．この点はこれまでの中小炭鉱を対象とした強制閉鎖政策とは一線を画している．しかしそれでは何故今回も行政措置が必要だったのだろうか？　中小炭鉱の場合は外部性の問題であったために市場で解決できなかったわけであるが，今回も市場競争を通じた淘汰に委ねることができなかったのは何故なのだろうか？

　その理由は，2000 年代半ば以降，石炭価格が上昇したことでもたらされた活況の下，石炭産業において空前の投資ブームが続いたことに求められる．図 6-11 の通り，石炭産業における基本建設投資は 2000 年代半ばから急増し，多くの企業はその資金を銀行から借り入れた．石炭価格の上昇によって目覚ましく改善した収益状況に酔った石炭企業の経営者には，借入の返済が滞るリスクはほとんど意識されず，むしろ生産能力を拡大しない場合の機会損失に経営者たちは焦燥することとなった[14]．例えば対負債利潤率を見ると，

　14）　石炭産業の生産能力の稼働率を見ると，2010 年は 103.1％，2011 年も 102.0％と若

2004 年には 8.9％であったが，2008 年には 20.4％にまで大きく上昇しており，石炭企業の経営者が過度の楽観に傾いたこともあながち責められない．

　こうして 2000 年代後半以降，多くの石炭企業が借り入れに依存して競って大幅な生産能力の拡大を進めることとなったが，投資過剰状態の石炭企業にとっては，固定費用が大幅に増大したことで損益分岐点は上昇し，操業停止点との乖離が拡大する状態となっている．そのため，価格が平均費用を下回り，赤字を発生させる水準にまで落ち込んだとしても，操業停止点を上回る水準であれば，一部でも投資費用の返済に回せる売り上げを確保できるため，企業は生産をやめない．実際 2012 年以降，石炭価格が暴落する中でもほとんどの石炭企業は生産を停止することなく，むしろ価格下落による売り上げの減少を埋め合わせようと生産量拡大に向かう現象が見られた．事態をさらに悪化させていたのは，地方政府が一時金として経営が悪化した炭鉱に補助金を支給し，操業を支えたことも指摘できよう．赤字状態にもかかわらず，多くの企業が市場から退出せず踏み止まり（まさにゾンビのように），むしろ増産を行おうとする個々の炭鉱の行動がさらなる供給過剰によってさらなる価格下落を招くこととなった．その結果個々の炭鉱の経営状態はさらに悪化する泥沼にはまっているというのが石炭産業の 2015 年までの状況であった．なお，2015 年には負債額は 3 兆 6809 億元にまで達し，対負債利潤率は 1.2％にまで急低下してしまっていた．

　市場による淘汰メカニズムが少なくとも短期的には働かない状況の下，価格下落に歯止めは掛からず，2015 年は大手 90 社（シェア 7 割）の利潤が合わせて 51 億元に止まり，前年比 9 割減となった．最大手の神華集団以外の全ての企業が赤字状態という惨状であった．市場の調整機能が働かない状況の下，政策による介入が断行された，というのが 2016 年の過剰生産能力削減政策であった．政策の具体的な内容としては，まず保安状況や環境負荷といった指標に加え，資源の賦存状況を反映して省ごとに異なる年産規模で閉鎖

　干ではあるが，能力不足であった．しかし 2010 年から 2013 年にかけて新規生産能力の投入が毎年 4 億トン前後と高水準で続いたため，2013 年より稼働率は 89.7％，86.2％，82.5％と大幅に低下することとなった（林 2016, 90, 252 頁）．そのため 2015 年の新規生産能力は 9190 万トンに急減した．

対象を設定している（例えば大産炭地の内蒙古，山西，陝西などでは年産60万トン以下は閉鎖対象とするなど）．また売り上げ拡大のため，設計能力を超過した生産が横行していたため，年間276日以下の操業時間を基準に，生産能力の設計見直しを行うこととなった．国有炭鉱の閉鎖に伴っては当然就業問題が深刻化すると予想されるが，その対処策として中央財政から1000億元の再就職支援基金が拠出された．

　政策の具体的内容の中で注目すべき点として，今回の政策が初めて国有重点炭鉱を対象としたことが関係していると思われるが，「悪しき」平等主義が見られる点がある．端的に表れているのが操業時間の一律の短縮である．確かに設計能力の超過生産は正しいことではないかもしれないが，炭鉱の設計能力は電力などと違って，かなり可変的であり，例えば労働管理や炭層に合わせた採炭計画などノウハウの適用で生産量を増やすことも可能である．したがって生産量を拡大することで，規模の経済性も含めて高効率に低コストで生産できていた炭鉱は少なからず存在する．そうした高効率炭鉱に対しても一律に減産を要求したことで，コスト競争力のある高効率炭鉱の減産は需給バランス以上に石炭価格をコストプルで上昇させる効果があったものと考えられる．

　一方，2016年の削減計画の地理的分布を見ると，近年急速に投資が進んだ内蒙古や陝西省などはそれぞれ生産能力の0.3%，6.2%に過ぎず，他方で例えば山東省や江蘇省，重慶などは9.0%，41.0%，48.5%などとなっている．効率という点で見れば，優勝劣敗で妥当な措置であると評価すべきであるが，消費地近くの炭鉱の生産が止まったことで東部や南方の諸省に向かう輸送能力に大きな負荷が加わり，輸送費用から価格を押し上げた可能性も考えられる．

　以上の要因から，2016年の過剰生産能力削減政策の進展に伴って，石炭価格が急上昇する結果が生じたものと考えられる．それに対応して，国家発展改革委員会は高効率炭鉱に対して審査を行い，操業時間の延長を認める事実上の政策の見直しに踏み切ることとなった．この見直し措置に関しては，先に述べた通り，操業時間の一律短縮は高効率な生産をも抑制する結果を招いていたため，合理的な政策の修正と評価することができるだろう．図6-9

で示した通り，石炭価格の急激な高騰の結果，到達した水準は，かつて発電所の赤字が蔓延した 2010 年の価格水準に迫るものであり，社会的な混乱を抑えるためにもある程度正当化できるものであったと言える．

　以上のように，今回の過剰生産能力削減政策は，政策を正当化する論理も，市場の外部性拡大を修正するためという従来の政策とは異なり，産業全体が陥った構造的な赤字操業の蔓延，すなわち過去 10 年間の過剰投資の結果，固定費用の比率が高まったことで損益分岐点と操業停止点との間の乖離が拡大し，多くの炭鉱で赤字にもかかわらず生産をやめない泥沼から引き出そうとするものである．

　こうした事態は価格が多くの企業の平均費用を下回る水準に落ち込んだために発生したわけであり，いずれ耐え切れなくなった企業が倒産し始めることで供給が減少し，長期的には競争力のある企業が市場に選別され，価格も回復することが想定される．その意味では，市場に任せて政策で介入する必要はないとも言えるが，そのプロセスには時間がかかり，失業など社会的摩擦も激化する懸念がある．

　こうした観点から，日本でもかつて高度成長が終焉した後，1978 年に特定不況産業安定臨時措置法（特安法）が制定された．政府が過剰設備の処理の促進，それに必要な資金について債務保証を行うという内容であった（渡辺 2016）．日本の特安法では業界の半数以上の企業が赤字に陥った場合が適用条件であったが，その点に照らすと中国の石炭産業は政府の介入が正当化される状態にあると考えることもできる．ましてや中国の場合，地方政府の補助金などさまざまな形で政治的な支援を赤字企業が受けている状況があり，市場の淘汰メカニズムに委ねた場合，相当長期の時間を要し，産業全体で受けるダメージが巨大なものになる可能性も高く，また本来は淘汰されるべき企業が生き長らえるなどゆがみが生じる可能性もある．

　日本の特安法もそうだったが，こうした補助金を含んで講じられる政策は産業（構造）調整政策と呼ばれる．高度成長を前提として行われてきた投資が成長鈍化によって一転，過剰設備に転化してしまうことは人間の将来に対する楽観バイアスによって必然的に生じると言える．経済学理論は市場が過剰設備に対しても調整機能を持つと指摘するが，現実の経済においてはその

調整のコストがきわめて大きなものとなることが考えられる．政策によって調整を円滑に進めることができるならば，政策は正当化されるべきであり，新常態への移行を始めた中国においても，産業調整政策がまずは石炭・鉄鋼の両産業で試みられている．

5.　おわりに

　最後に，本章の分析結果をまとめつつ，中国の石炭需給の今後と石炭輸出国が受けるインパクトに関するインプリケーションを考察してみよう．

　まず中国の石炭輸入は 2009 年に突然輸入ポジションに転換し，その後急激に輸入量を増加させた．その背景には，中国国内の石炭市場における価格制度改革の影響があり，制度改革の結果，それまで政策によって低位に誘導されていた石炭価格が上昇したことで国内炭に比べて海外炭の価格が特に沿海部で割安となり，一気に 3 億トンを超える水準まで輸入が増えることとなった．中国の石炭輸入の構成を見ると，世界の輸出ランキングでも第 1 位と第 2 位を占めるインドネシアとオーストラリアからの輸出が多いものの，モンゴルや北朝鮮，フィリピンなどそもそも中国以外の国に輸出を行っていない国々からも一定量輸入していることが特徴的である．中国が石炭の大量輸入を始めたことはインドネシアを世界最大の石炭輸出国に押し上げる大きな効果があったと考えられる．またモンゴルや北朝鮮などでは石炭輸出が国民経済の主要な柱となるまで存在感を高めており，そして石炭輸出のほとんどが中国向けであるため，中国の輸入動向が両国の国民経済のパフォーマンスを大きく左右することとなっている．

　他方で，中国が日本に代わって国際石炭市場で最大の輸入国となったことで（さらに近年はインドも同程度の輸入量にまで成長している），石炭取引方式が長期契約を主体とした秩序から四半期ごとの短期契約，あるいはスポット市場での調達の比率が上昇することとなった．また従来は国際取引が非常に少なかった褐炭を大量に輸入し，モンゴルには地理的条件から足元を見て低い価格条件を課しているなど，中国の石炭輸入は経済性を非常に重視した方針に則っている．これによって，オーストラリアでも従来の高品位炭の開発よ

りも中国が選好する中低品位炭の新規開発を優先するなど，国際取引される石炭の品質なども影響を受けることとなっている．

　モンゴルでは石炭が最大の輸出品目となり，そのほとんどが中国向けである．石炭輸出は GDP の 20％を占めるまでに増大しており，まさに中国への石炭輸出がモンゴル経済の行方を左右するまでになっている．地理的要因からモンゴルにとっては中国への輸出以外の選択肢がきわめて限られる状況で，中国はモンゴル炭の輸入価格を他の国と比べて低く抑えることに成功しており，また価格交渉が不調に終わった 2013 年には，輸入量を削減する懲罰的な対応を取ったりするなど，アメとムチをうまく使い分けている．モンゴルにとっての中国への石炭輸出の巨大なインパクトに対し，中国にとってはモンゴルからの輸入を他に振り向けることが容易であるという非対称性から，モンゴルと中国の外交的立場は中国が圧倒的に優位な立場にあり，資源輸入を政治的交渉の武器として用いることができている一例である．同様の構図は，石油やガスを中国に輸出している他の中央アジア諸国との間にも当てはまる．

　それでは今後の中国の石炭輸入見通しはどうか？　需要面はこれまでの脱石炭化の背景として当然ながら環境規制の強化があることを指摘した上で，石炭価格が高騰を続けた 2012 年前後までは価格上昇によるエネルギー間の経済性の変化，すなわち石炭がかつてのような圧倒的に安価なエネルギーでなくなったことが脱石炭化を進める重要な要因であったことを示した．その後，石炭価格が暴落したことで石炭は再び経済性を回復し，石炭火力向けの投資が増加するなどしたものの，PM2.5 が政治問題化し，習近平政権のポピュリズム体質から経済性を度外視して環境政策の強化が進められつつある．需要面から見れば，脱石炭化の流れは止まることなく，引き続き進んでいくものと考えられる．

　供給面については，過剰生産能力の削減政策が今後の需給に最も大きな影響を及ぼすことになるだろう．炭鉱の閉鎖は実際には中小炭鉱を中心に 90 年代後半から継続して実施されてきたが，今回は国有重点炭鉱を閉鎖対象としているという点で従来の政策とは一線を画するものである．2016 年の成果は第 4 節で検討した通り良好で，計画以上の削減に成功したが，「悪平等」

による一律の生産量削減によって高効率炭鉱の出炭を制限したことで，石炭価格の急騰を招いた．政府はいち早く政策を修正し，2017 年には主に赤字操業の非効率炭鉱を中心に 1,072 炭鉱，石炭生産能力を 1.83 億トン（目標 1.5 億トン）削減した．2016 年の石炭生産能力削減量の 2.9 億トンを加えると，2 年間で 4.73 億トンとなった．5 億トンの閉山目標はほぼ達成し，今後 2020 年にかけて企業再編によって 3 億トン程度の過剰生産能力の整理が進むことになるだろう．

　2016 年と 2017 年の過剰生産能力削減政策によって，赤字操業の状態にありながら，雇用問題を巡る地元政府との関わりなどで閉山に踏み切れなかった不採算炭鉱が整理され，石炭企業の効率性は向上することとなった．また石炭価格が 2016 年を契機に上昇に転じ，多くの石炭企業は 2015 年時点での厳しい経営不振から脱却，産業全体を窮状から救出する政策目標は達成されつつある．政府は石炭産業の効率化を進めるために，大型の石炭企業による中小石炭企業の M&A を奨励し，生産を継続する石炭企業は全て 300 万トン以上の年産規模とする目標も掲げている．中国の石炭産業で供給過剰が起こりがちだった要因の一つとして，企業数が多く，かつ産業の集中度が低かった構造も指摘できるが[15]，この点を改善しようとする政府の意図が見て取れる．産業・企業構造の転換と高度化という目標についても，炭鉱の集約・大型化が着実に進んでおり，効率の良い炭鉱の生産シェアを上昇させ，中国石炭産業の競争力を高めようとすることが政府の狙いであろう．

　以上を踏まえて，今後の中国の石炭輸入を展望すれば，石炭需要は今後も政策による強い制約が課せられ，成長の余地は限定的と言わざるを得ない．他方，過剰生産能力削減政策によって中国国内の石炭供給能力の削減が進むが，削減対象となっているのは不採算の非効率炭鉱であり，低迷する需要以上に供給量が抑制される可能性は高くないだろう．2016 年に生じた供給不足は，高効率炭鉱に対しても「悪平等」に一律で生産量削減を要求した政策の失敗によるものであり，中国政府が同じ失敗を繰り返すことはないだろう．

---

15)　2000 年の集中度（上位企業の生産量シェア）は上位 4 社で 12.0％，上位 8 社は 19.2％に過ぎなかった．2013 年には上位 4 社が 23.0％，上位 8 社は 33.9％にまで集中度は大きく高まったものの，供給過剰は繰り返された．

こうした需給展望から引き出される輸入見通しは，中国の石炭輸入量が今後大きく伸びることは想定しにくい，ということになるだろう．ただし，赤字操業であっても石炭を供給し続けていた炭鉱が市場から退出したことで，石炭価格には上昇の圧力がかかっている．そのためコスト競争力を有する現在の石炭輸出国からの中国の石炭輸入が今後大きく減少するとも考えられない．そして石炭輸出国にとっても中国への石炭輸出は国内経済を左右する大きなインパクトがあり，輸出確保に向けてさまざまな対策を講じていくことになるだろう．

　なお，2017 年冬のガス不足によって，中国は LNG 輸入量を前年比で 46.5 ％増加させ，2018 年 1 〜 6 月も 38％の増加となっている．背景にあるのは性急な石炭からガスへの転換政策であるが，それが中国と新興国との資源（ガス）貿易を軸とした新たな紐帯を生み出すこととなるだろう．中国の巨大な資源輸入がもたらす新興国との新たな関係はエネルギー供給に止まらず，外交政策全体へと影響が及ぶのは本章のモンゴルの分析が示唆するところである．「一帯一路」のエネルギー関連プロジェクトの分析も含め，今後一層注視していきたい．

参考文献

〈日本語文献〉

石井彰（2007）『石油もう一つの危機』日経 BP 社.

郭四志（2006）『中国石油メジャー——エネルギーセキュリティの主役と国際石油戦略』文眞堂.

（独）石油天然ガス・金属鉱物資源機構（JOGMEC）（2017）「世界の石炭事情調査——2016 年度（2-7 モンゴル）」．http://coal.jogmec.go.jp/content/300336538.pdf（2018年 7 月 20 日アクセス）

（独）石油天然ガス・金属鉱物資源機構（JOGMEC）（2018）「世界の石炭事情—— 2017年度」．http://www.jogmec.go.jp/content/300355315.pdf（2018 年 7 月 20 日アクセス）

日本モンゴル経済委員会事務局（2018）「2017 年のモンゴルの貿易」．http://www.rotobo.or.jp/activities/committees/mn/mntrade2017.pdf（2018 年 7 月 20 日アクセス）

バージェス，トム（2016）『喰い尽くされるアフリカ――欧米の資源略奪システムを中国が乗っ取る日』集英社.

堀井伸浩（2000）「石炭産業――産業政策による資源保全と持続的発展」丸川知雄編『移行期中国の産業政策』日本貿易振興会アジア経済研究所，203-246 頁.

堀井伸浩（2005）「石炭」中嶋誠一・堀井伸浩・郭四志・寺田強『中国のエネルギー産業――危機の構造と国家戦略』重化学工業通信社，35-114 頁.

堀井伸浩（2013a）「風力発電設備産業――キャッチアップ過程に政策の果たした機能」渡邉真理子編『中国の産業はどのように発展してきたか』勁草書房，134-157 頁.

堀井伸浩（2013b）「エネルギー――低価格誘導政策の見直し」渡邉真理子編『中国の産業はどのように発展してきたか』勁草書房，286-310 頁.

堀井伸浩（2018）「急進化する大気汚染対策の光と陰――「煤改気」と「煤改電」のもたらす歪み」『東亜』（霞山会）第 611 号，30-41 頁.

横井陽一・竹原美佳・寺崎友芳（2007）『躍動する中国石油石化――海外資源確保と中下流発展戦略』化学工業日報社.

渡辺純子（2016）「通産省（経産省）の産業調整政策」RIETI Discussion Paper Series, No. 16-J-033.

〈中国語文献〉（ピンイン順）

林伯強（2015）『電煤市場化対電力企業的影響及応対策略』北京・科学出版社.

林衛斌（2016）『中国能源発展――"十二五"回顧及"十三五"展望』北京・経済管理出版社.

岳福斌主編（2016）『中国煤炭工業発展報告 2016 ――煤炭産業脱困発展与供給側結構性改革』北京・社会科学文献出版社.

第7章

中国の鉄鋼超大国化と輸出競争力の源泉

丸川知雄

1. はじめに

21世紀に入ってから中国の鉄鋼業は大きく変貌した. 中国は1996年に日本を抜いて世界最大の鉄鋼生産国になったが, 2000年の段階では日本など他の主要な鉄鋼生産国との生産量の差もそれほど大きくなく, 鉄鋼輸入額が輸出額を大きく上回っていた. 鉄鋼大国ではあっても, 国際競争力はまだ弱かった.

ところが2013年以降, 中国の粗鋼生産は8億トンを超え, 世界の鉄鋼生産の半分を占めるに至った. 鉄鋼の輸出額も輸入額を大きく上回るようになり, 2013年以降は輸出額が世界第1位となった. つまり, 2000年時点では比較劣位部門だった中国の鉄鋼業は, わずか十数年で比較優位部門へ目覚ましい転換を遂げ, 中国は世界唯一の鉄鋼超大国になったのである.

中国はいまや世界の鉄鉱石輸入の3分の2を占めており, その鉄鋼業の動向が鉄鉱石輸出国に大きな影響を与えるようになった (本書第2章). 2015年には中国の鉄鋼生産量が前年に比べて2.3%減少したが, その影響で鉄鉱石の国際価格が大きく下落し, その影響もあって, 鉄鉱石輸出国のシエラレオネとブラジルはマイナス成長に見舞われた. 他方で, 膨大な生産能力を抱えた中国の鉄鋼業は, 粗鋼換算で年に1億トン以上もの鋼材を輸出する, 世

界最大の鉄鋼輸出国である．鉄鋼業は世界で多くの国が主に国内市場向けに生産しているため，中国の輸出攻勢に対する反発は強く，2016 年の 1 年間だけで，アメリカ，カナダ，ブラジル，インドネシア，チリ，南アフリカが中国産の各種鋼材に対するアンチダンピング課税やセーフガードなど，国内の鉄鋼業を保護するための措置の実施に向けた調査を始めた[1]．2018 年 3 月 1 日にはアメリカが，通商拡大法 232 条という 30 年以上使われていなかった法律を持ち出してきて，安全保障上の理由から鉄鋼とアルミの輸入を制限する措置を実施した．アメリカの鉄鋼の主たる輸入先は中国ではないものの，トランプ政権は中国による鉄鋼の過剰生産が，アメリカに多くの鉄鋼が流れ込む元凶だと主張している．

　中国の鉄鋼業は国内向けの色彩が強く，中国政府は鉄鋼輸出を決して奨励していないにも関わらず，中国鉄鋼業の発展が世界に反発を巻き起こしている．それは単に中国鉄鋼業の規模が大きいからだけでなく，中国の鉄鋼業が国際競争力を持つ理由が，よく理解されていないからである．一見して競争力を持ちそうにないように見えるので，それでも大量の輸出が行われているのは，政府が補助金や輸出奨励策を使って輸出を後押ししているからに違いないとみなされ，輸入国の側で反補助金課税などの保護措置をとることが正当化されてしまう．

　本章では中国の鉄鋼業が鉄鉱石輸出国にどのようなインパクトを与えているかを分析するとともに，それがなぜ国際競争力を持つようになったかを明らかにする．本章の前半では，今世紀に入ってからの中国の鉄鋼生産，鉄鋼の輸出入，鉄鉱石輸入の劇的な変動を把握し，中国鉄鋼業の今後を展望する．後半では，今世紀に入ってからのわずか十数年で中国が鉄鋼超大国になり，鉄鋼業が比較劣位部門から比較優位部門に転換した理由を，鉄鋼メーカーのミクロデータを使って解明する．

2. 「国家資本主義」が鉄鋼超大国化をもたらしたのか？

　1996 年に中国の粗鋼生産量は初めて日本を上回り，中国は世界一の鉄鋼

---

1)　中国商務部の「貿易摩擦応対」ウェブサイトより．

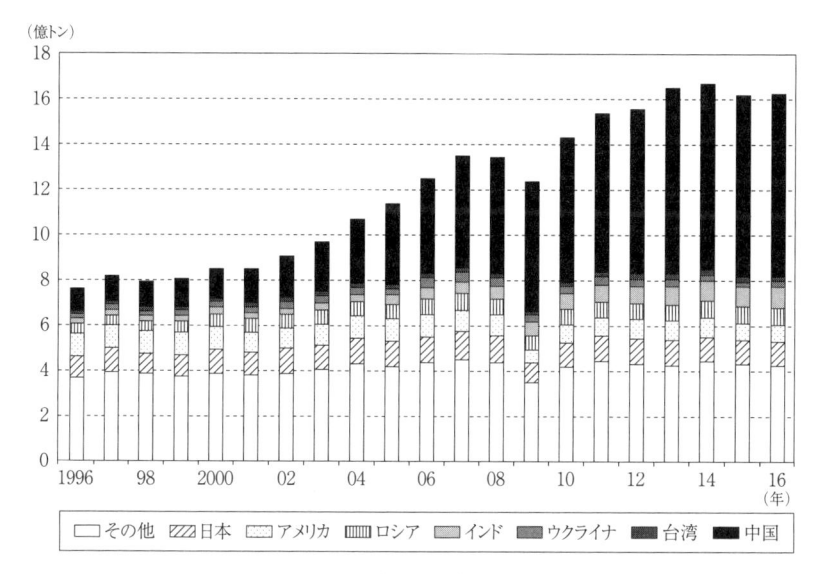

（億トン）

図 7-1　世界の粗鋼生産量

生産国となったものの，中国鉄鋼業が大きく躍進したのは 2002 年以降である．2000 年の時点で 1 億 2700 万トンだった中国の粗鋼生産量は，2005 年には 3 億 5600 万トン，2010 年には 6 億 3900 万トンと増え，2013 年には 8 億 2200 万トンとなった（図 7-1）．その後は頭打ちとなったが，2017 年には史上最高の 8 億 3173 万トンに達した．2013 年以降，世界の鉄鋼生産の 5 割を中国が一国で占めている．

　Brun（2016）や Haley and Haley（2013）は，こうした中国鉄鋼業の急成長は，中国政府が鉄鋼業を優遇する産業政策を実施してきたことによってもたらされたと主張する．たしかに，中国政府は鉄鋼業をコントロールしようという意志を持ち，数年おきに鉄鋼業に関わる産業政策を公布してきた．しかし，産業政策に描かれてきた鉄鋼業の将来像と，実際の展開とを比べてみると，政府が産業政策を使って鉄鋼業の成長を誘導してきたというよりも，むしろ政府は生産の伸びを抑えようとしたのに，生産が予想外に伸びてしまったと言った方が実態に近い．また，鉄鋼業の最大手企業は国有企業で，そ

れらがさまざまな形の「隠れた補助金」を享受した可能性は高い．しかし，そうした大手国有鉄鋼メーカーが中国鉄鋼業の成長を主導したわけではない．

　産業政策と鉄鋼業成長との関係を見てみよう．21 世紀に入ってからの鉄鋼業に関する産業政策をつぶさに検討すると，中国鉄鋼業は政府が指し示す方向に発展してきたというより，むしろ現実は政府の目標や予想を裏切り続けてきたとさえ言える．

　まず，2001 年に公布された「冶金工業第 10 次 5 カ年計画（2001 〜 2005 年）」によれば，その時点での主要課題は過度に分散的な産業組織をより集中化し，生産性を高め，高付加価値の製品の生産を増やしていくことであった．鉄鋼生産の量的拡大は課題とされておらず，2005 年の鋼材見かけ消費量[2]の予測は 1 億 4000 万トンと，2000 年の実績（1 億 2428 万トン）から 1 割しか増えないという見通しだった．しかし，実際には 2005 年の粗鋼生産量と鋼材見かけ消費量は，3 億トンを超えてしまった．

　世界がリーマンショックに見舞われていたさなかの 2009 年 3 月に中国政府が公布した「鉄鋼産業調整・振興計画」を見ると，政府が当面国内の鉄鋼消費が伸びる可能性は全くないと見ていたことがわかる．この計画によれば，2011 年まで国内の粗鋼消費量は 2008 年並みの 4 億 5000 万トンにとどまるので，したがって，2011 年の粗鋼生産量も 2008 年並みの 5 億トン程度に抑えなければならないとしていた．2008 年末時点での粗鋼生産能力は 6 億 6000万トンだったので，1 億トン分以上の過剰生産能力があるということになり，その削減が重要課題とされていた．

　ところが，中国政府が当時打ち出した景気対策が予想をはるかに上回る鉄鋼需要をもたらし，計画 1 年目の 2009 年が終わってみたら，粗鋼消費量は 5 億 7000 万トンを超えていた．その後も鉄鋼消費と鉄鋼生産は順調に伸び，2011 年は粗鋼生産量 7 億トン，粗鋼消費量は 6 億 7000 万トンとなった．

　こうした情勢を受け，中国政府の計画も強気なものに変更された．2011 年11 月に中国工業情報化部が公布した「鉄鋼業第 12 次 5 カ年発展計画」では，2015 年の粗鋼消費量を 7 億 5000 万トンと予測し，その後も消費の増加が続

---

　2)　「見かけ消費量」とは，国内生産量−輸出量＋輸入量で計算される．

き，2015 ～ 2020 年の間のどこかで 7 億 7000 万トンから 8 億 2000 万トンのピークを迎えるだろうとしている．粗鋼生産量の目標値は掲げられていないが，この消費量予測に基づけば 8 億トンを優に超える粗鋼生産が見込めよう．強気の見通しを反映し，第 12 次 5 カ年計画では過剰生産能力を削減するといった課題は掲げられていない．

　ところが中国の鉄鋼消費量は，2013 年以降頭打ちとなった．2013 年に鉄鋼消費量は 7 億 6575 万トンに達したのち，2014 年は 7 億 4038 万トン，2015 年は 7 億 35 万トン，2016 年は 7 億 940 万トンと縮小し，2017 年は再び 7 億 6500 万トン前後になった．このままでは上記の計画で予測していたピーク時の消費量に届かない可能性が高い．

　こうした趨勢を反映して，中国政府の計画も弱気になった．工業情報化部が 2016 年に公布した「鉄鋼業調整・グレードアップ計画（2016 ～ 2020 年）」では，2020 年の粗鋼消費量を 6 億 5000 万トンから 7 億トン，粗鋼生産量を 7 億 5000 万トンから 8 億トンと予想している．中国鉄鋼業の生産能力は 2014 年時点で 11 億 4000 万トンとされているので（Sekiguchi *et al.* 2016），今後需要が伸びる見込みがないとなれば，3 億トン分以上の生産能力が過剰ということになる．この計画では過剰生産能力の削減こそ最大の課題であり，2016 年から 2020 年までに 1 ～ 1.5 億トンの生産能力を削減するとしている．

　以上のような展開を見ると，政府が産業政策を用いて鉄鋼業の発展をリードしてきたというよりも，むしろ産業政策は現実の目まぐるしい展開の後を追っていただけとも言える．これまでの予測が外れ続けたことを考えると，現在進行中の鉄鋼業調整・グレードアップ計画（2016 年）の見通しも外れるかもしれない．今後の中国鉄鋼業の行く末を考えるため，人口 1 人当たりの鉄鋼見かけ消費量を計算したのが図 7-2 である．

　2000 年時点で中国の 1 人当たり鉄鋼見かけ消費量は 134kg で，アジアのなかではタイとほぼ同じぐらい，マレーシアよりかなり少なかった．それが，21 世紀に入ってから急激に伸びて，2012 年以降は 1 人当たり 500kg 前後の鉄鋼を消費しており，この水準はイギリスやアメリカよりもかなり多く，日本やドイツと同水準である．わずか十数年の間に，中国の鉄鋼消費は発展途上国の水準から先進国並みに飛躍した．中国が現実の所得水準ではまだ中進

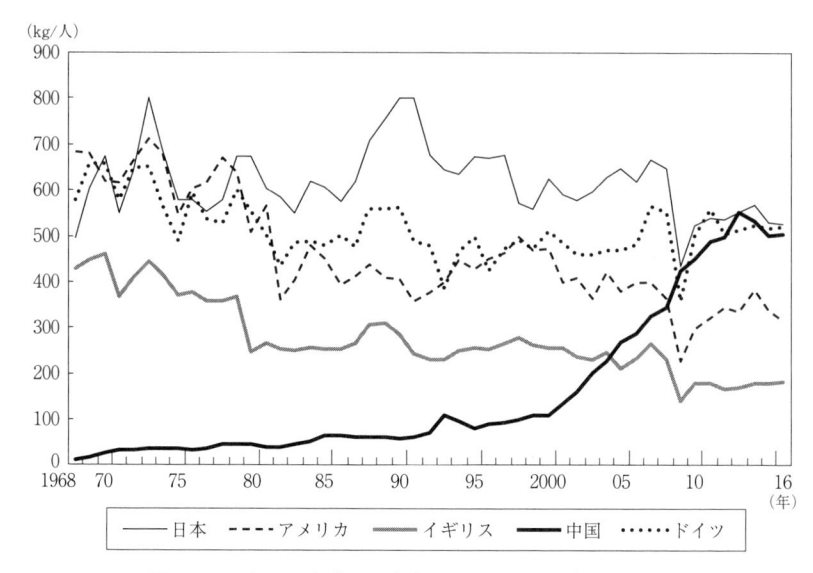

（kg/人）

図7-2　人口1人当たり鉄鋼見かけ消費量（粗鋼換算）

出所：World Steel Association, *Steel Statistical Yearbook*.

国であることを考えると，身の丈に合わない鉄鋼消費をしているのではない
かという懸念も生じる[3]．粗鋼生産量が5億トンを超えた2008年の段階で
中国政府が過剰生産だと判断したのも，中国の所得水準から見れば，その頃
の鉄鋼消費水準（1人当たり337kg）でも多すぎると考えたからであろう．

　ただ，1人当たり鉄鋼消費量と1人当たり GDP との関係は単純な比例関
係ではなく，その国の所得水準に見合った鉄鋼消費量がどのぐらいかを見定
めることは容易ではない．例えば，2015年の韓国の1人当たり鉄鋼消費量
は1,156kg と日本の2倍以上であったが，イギリスの1人当たり鉄鋼消費量
（183kg）はベトナムより少なかった．おそらく中進国から先進国になって間
もないような国では，インフラやビルなどの建設が盛んに行われるので鉄鋼
消費が多く，先進国として成熟してくると鉄鋼消費は減少していく．

　また，先進国のなかでも日本，ドイツ，韓国の鉄鋼消費が多く，アメリカ

---

3)　川端・趙（2014）も「中国は，経済発展の度合いに比して極端に鉄鋼を消費しやす
　　い経済になっている」と指摘している．

とイギリスが少ないのは，自動車，船舶，機械など鉄鋼を多用する製品の輸出の多寡によって説明できる．もしある国が鋼材を輸出する場合，そこに使われる鉄鋼は鉄鋼見かけ消費量から除かれるが，鉄鋼を自動車や船舶などに加工した上で輸出する場合，そこに使われた鉄鋼はその国の鉄鋼見かけ消費量に含まれる．日本，ドイツ，韓国の 1 人当たり鉄鋼消費量が多いのは，これらが自動車など鉄鋼を利用した製品の輸出国であることが寄与している．

　中国は 2008 年以降，高速鉄道や高速道路などのインフラ建設，オフィスビルやマンションの建設を一気に推し進めた．高速鉄道の総延長は 2 万 km を超え，人口 1 人当たりの長さでも日本と肩を並べつつある．また，1 人当たりの高速道路の総延長は日本の 1.2 倍である．大都市に林立する高層ビルやマンションを見ると，中国はすでに先進国並みの都市建設をしてしまったようにも思える．今後，内陸部や中小都市である程度建設が続くとしても，中国の場合は所得水準が先進国レベルに達するよりはるか前に鉄鋼消費のピークを迎えるように思える．また，中国は機械類など鉄鋼を使用した製品も多く輸出しているが，人口が多いため，輸出向け製品の生産に用いる鉄鋼の量も，1 人当たりに換算するとそれほど多くはないはずである．

　以上を勘案すると，中国の鉄鋼見かけ消費量は，現状の 1 人当たり 500kg という水準から大きく伸びる可能性は小さいと思われる．今後しばらくは現状程度の鉄鋼消費が続くが，それが一段落したのちは徐々に減少へ向かうであろう．となると，11 億 4000 万トンある中国の鉄鋼生産能力はやはり 3 億トン分以上が過剰だということになる．ただ，過剰分をすべて削減すべきだとは言えない．2014 年の中国鉄鋼業の設備稼働率は 72％だったが，これはちょうど同年の世界平均と同じである．1976 〜 85 年の日本の鉄鋼業では稼働率が 70％以下だった（川端 2005，120 頁）．

　一口に鉄鋼と言っても，その品目は建築用の鉄筋や形鋼，レール，家電製品や自動車向けの鋼板など多岐にわたり，それぞれに対する需要は異なるサイクルで変化していくので，需要の変動に対するバッファーとして各企業が予備能力を持とうとすることは理解できる．中国政府は 2016 年から 5 年計画で鉄鋼の生産能力を 1 〜 1.5 億トン程度削減する政策を進めているが，それが実現すると稼働率は 80％以上となる．それ以上に能力を削減しようとす

れば，一部の鋼材では不足を生じかねない．実際，2017 年 12 月までに鉄鋼生産能力が 1 億 1500 万トン削減されたが，それによって鋼材価格が回復し，2015 年には赤字に苦しんだ鉄鋼業界も，2017 年には民営鉄鋼メーカーを中心に大きな利益を上げた．

3. 鉄鋼輸入国から鉄鋼輸出国へ

21 世紀に入ってから中国は鉄鋼の輸入国から輸出国へ，そして鉄鉱石の大輸入国へ大きく変貌した．2001 年の段階では中国の鉄鋼[4]の輸出額は 22 億ドルで，輸入額（110 億ドル）の方がはるかに多かった．鉄鋼の輸出額が輸入額を上回るようになったのは 2006 年，翌 2007 年には日本の輸出額を上回った．2009 年にはリーマンショックのあおりで輸出額が激減したものの，2013 年以降は再び日本の輸出額を上回るようになった．2016 年の輸出額は 432 億ドルで，日本の 1.8 倍に達している．なお，中国は鉄鋼製品[5]の輸出も多く，それを加えると鉄鋼・鉄鋼製品の輸出額は日本の 2.9 倍にもなる．

言い換えれば，中国にとって鉄鋼業は比較劣位分野から比較優位分野に劇的に転化した．図 7-3 は川端（2005，13 頁）が行った鉄鋼の競争力指数 ［（輸出額 − 輸入額）／（輸出額 ＋ 輸入額）］ の分析を，2016 年まで延長したものである．日本は一貫して強い国際競争力を有し，タイ，マレーシア，インドネシアは一貫して輸入超過だった．また韓国は 1980 年時点から輸出競争力を持っていたものの，その後はむしろ競争力指数がゼロ近辺を徘徊し，2010 年以降，再び輸出の方が多くなった．

全体として，鉄鋼に比較優位を持つ国と，比較劣位な国とが 30 年以上の間あまり変化していないなかで，ダイナミックな変化を遂げたのが中国とインドである．両国とも 1980 年代前半はインドネシアやマレーシアと同じぐらい比較劣位の状態にあったが，インドの場合，1999 年以降は競争力指数

---

4) HS72，銑鉄，スラブなどの半製品，形鋼，棒鋼，線材，薄板，帯鋼，メッキ鋼板，合金鋼を含む．
5) HS73，鋼矢板，鋼管，軌条，鋼鉄製の構造物，ばね，ボルト・ナット，鋼鉄製の家庭用品などを含む．

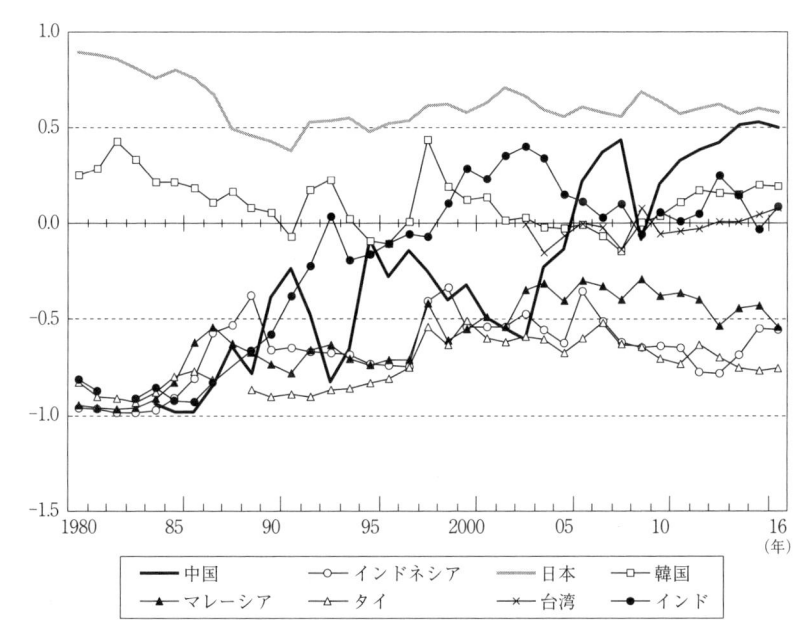

図7-3　アジア各国の鉄鋼の競争力指数

注：競争力指数＝（輸出額－輸入額）／（輸出額＋輸入額）SITC67. ただし台湾は HS72.
出所：UNComtrade より筆者作成. 台湾は Customs Administration, Ministry of Finance.

がおおむねプラスになり, 若干の比較優位を持つようになった. 中国は
2000 年代半ばに競争力指数がマイナスからプラスに移行し, 最近では日本
に近い競争力を持つようになった.

　日本やアメリカでは, 中国の鉄鋼輸出の拡大は国内の過剰な生産能力のは
け口を求めてダンピングを行った結果だと見る向きが多い（例えば, 馬田
2016）. しかし, 図7-3を見ると, 中国の鉄鋼の輸出競争力は 2000 年代半ば
からほぼ恒常的に強いことがわかる. 2009 年は鉄鋼の輸出が対前年比 75％
減少したが, それを除く 9 年は輸出超過である. 中国国内の鉄鋼消費の伸び
が頭打ちになったのは 2013 年以降なので, それ以降はダンピングが行われ
た可能性もあるが, 国内需要が激増していた 2000 年代前半から 2012 年まで
は輸出のためにダンピングを行う動機があったとは思えない. それでもその
時期に中国は輸出競争力を持っていたので, 競争力が高まった要因はダンピ

ング以外にもあったはずである.

ちなみに, 鉄鋼 (HS72) と鉄鋼製品 (HS73) を合計して競争力指数を計算すると, 2005 年にプラスになって以来ずっとプラスで, 2015 年の競争力指数は 0.59 と, 鉄鋼だけで計算した競争力指数 (0.46) より高く, 日本 (0.50) よりも高い.

中国の鉄鋼の輸出先は, 鉄鋼の輸送コストの大きさを反映してやはり近隣国が中心で, 2015 年に輸出額が最も大きかった相手先は韓国, 次いでベトナム, インド, 台湾, タイ, アメリカ, インドネシア, マレーシアと続く. これらのうちタイ以外ではすべて, 中国からの輸出額が日本からの輸出額よりも多かった.

アメリカは 2018 年 3 月に鉄鋼の輸入を制限する措置を打ち出し, 2016 年の大統領選挙の際にもトランプ大統領の対立候補だったヒラリー・クリントンが, 中国の「鉄鋼ダンピング」をやり玉に挙げていた. だが, アメリカの鉄鋼輸入先の第 1 位と第 2 位はカナダとブラジルで, 中国は輸入が多かった 2014 年でも第 4 位 (鉄鋼輸入の 7.6%), 2017 年には第 11 位に順位を落としている. アメリカは実際の影響とは不釣り合いに中国からの鉄鋼輸入を警戒しているように見える.

どうやらアメリカは, 鉄鋼業を中国の台頭のシンボルとしてとらえているようである. 日本の GDP がアメリカの 5 ～ 7 割に迫った 1980 年代から 90 年代半ばにかけて, 日米貿易摩擦が激化したが, その頃アメリカがやり玉に挙げたのは自動車や半導体だった. 2014 年から中国の GDP はアメリカの 6 割を超え, アメリカは中国を脅威とみなすようになっている. 2018 年 3 月以来, トランプ政権は立て続けに中国を叩く措置を打ち出しているが, 特に鉄鋼と通信機器がターゲットになっている. いずれも国力と関係していると見られやすい品目だからであろう.

4. 鉄鉱石輸入の拡大と変動

中国は 21 世紀に入ってから鉄鋼輸入国から鉄鋼輸出国へ変化すると同時に, 鉄鉱石の大輸入国にもなった. 豊富な鉄鉱石資源を有する中国は, 1995

年の段階では国内の鉄鉱石需要の 74％を国内産の鉄鉱石で賄っていた[6]．国内の鉄鉱石生産はその後 2007 年にかけて 3 倍以上に拡大し，国内の鉄鉱石需要の半分程度を賄っていたが，2008 年以降は減少し，2015 年時点では国内の鉄鉱石需要のわずか 11％を国内産鉄鉱石で賄うのみとなった．

　その裏側では中国の鉄鉱石輸入が拡大した．1990 年時点では 1419 万トン，2000 年時点では 6997 万トンだった中国の鉄鉱石輸入は，その後ほぼ一直線で拡大し，2015 年には 9 億 5320 万トンになった．その結果，1990 年には世界の 4％を占めるのみだった中国の鉄鉱石輸入は，2000 年には 15％に拡大し，2013 年以降は世界の 66 ～ 68％を占めるに至っている．

　中国による鉄鉱石輸入の著しい拡大は，鉄鉱石の国際価格を大きく変動させた．鉄鉱石の価格は 1980 年から 2003 年までは，1 トン 10 ～ 15 ドルでずっと推移していた[7]．それが 2004 年には 16 ドル，2005 年には 28 ドル，2008 年には 61 ドルとうなぎ登りで上昇し，2011 年 2 月には 187 ドルにもなった．その後価格は急降下し，2013 年に価格は一度持ち直すものの，2015 年末には 41 ドルまで下落，その後はやや持ち直して 2017 年 6 月には 58 ドルとなっている．

　こうした鉄鉱石価格の激しい上昇，その後の急降下と回復をもたらした需要側の要因は，中国鉄鋼業の変動であることは疑いない．他方で鉄鉱石の供給側ではビッグ 3（Rio Tinto, BHP Billiton, Vale）への寡占化が進み，ビッグ 3 が世界の鉄鉱石輸出の 6 割を占めている．そのため，中国鋼鉄工業協会はビッグ 3 が価格を操作したと批判している．しかし，Hurst（2017, Chap. 4）は，鉄鉱石価格の上昇局面ではビッグ 3 以外の鉄鉱石生産者がより急速に生産を拡大していることや，ビッグ 3 も互いに激しく競争している点を挙げ，ビッグ 3 による価格カルテルの存在には否定的である．彼の分析によれば，価格

---

6)　中国で採掘される鉄鉱石の大半は低品位（鉱石中の Fe 含有割合が低い）である一方，輸入されるオーストラリアやブラジルなどの鉄鉱石は高品位なので，単純に重量で比較すると鉄鉱石の国内自給率を高く見積もることになる．ここでは中国の鉄鉱石生産量として，World Steel Association（various years）に掲載されている「世界平均の Fe 含有割合に換算した生産量」を用いている．

7)　IMF Primary Commodity Prices（http://www.imf.org/external/np/res/commod/index.aspx）に示された中国天津港での鉄鉱石細粒 62％ Fe の輸入価格．

表 7 - 1　中国の鉄鉱石輸入額の推移

(億ドル)

年	2009	2010	2011	2012	2013	2014	2015	2016
世界計	501.4	797.2	1,124.1	956.2	1,061.8	935.2	578.7	580.3
オーストラリア	200.8	348.1	496.1	449.0	551.5	543.1	360.0	356.7
ブラジル	129.1	178.3	257.6	226.5	216.1	179.8	122.1	127.4
南アフリカ	28.8	41.5	64.4	55.4	60.4	48.5	30.8	28.3
ウクライナ	10.3	16.2	23.1	23.8	23.3	22.7	15.1	9.6
カナダ	8.7	6.9	24.4	24.0	21.3	13.8	7.1	6.1
イラン	5.3	17.8	23.7	18.2	23.7	18.6	6.9	8.2
チリ	5.7	9.1	16.1	13.0	13.6	12.7	6.8	7.2
ペルー	5.1	9.4	14.7	12.0	13.2	9.9	5.9	5.8
ロシア	7.7	8.7	27.7	17.7	14.2	6.8	4.5	3.5
モーリタニア	4.6	5.7	8.4	8.3	11.6	9.4	4.1	4.8
ベネズエラ	2.5	7.3	9.5	6.5	5.1	2.5	2.8	3.2
モンゴル	0.9	2.2	5.5	6.1	6.2	4.7	2.6	2.0
シエラレオネ	0.0	0.0	0.0	4.6	13.9	16.5	1.5	1.7
リベリア	0.0	0.2	0.1	1.8	1.3	2.5	1.5	0.2
インド	76.3	112.5	96.6	36.8	14.7	8.3	1.0	8.5
マレーシア	0.7	2.4	6.1	7.3	9.8	6.8	0.9	1.0
インドネシア	3.2	5.9	10.7	7.9	11.6	2.8	0.8	0.7
北朝鮮	1.0	2.0	3.2	2.5	3.0	2.2	0.7	0.7
カザフスタン	4.6	7.9	7.6	7.5	8.1	3.5	0.2	0.5
メキシコ	1.5	3.7	5.9	3.7	10.1	3.7	0.2	0.0
アメリカ	0.6	1.0	4.5	6.6	5.9	3.7	0.2	0.5
ベトナム	1.0	1.6	3.1	1.6	3.8	1.2	0.1	0.4
上位 5 カ国の割合	89%	88%	84%	83%	82%	87%	92%	91%

出所：UNComtrade より筆者作成.

　上昇の真の原因は，鉄鉱石の国際価格が長く低迷していたため，世界の鉄鉱石生産者たちが中国の需要増加の可能性を低く見積もりすぎ，中国の急激な需要増加に生産が対応できなかったためであるという．その後生産態勢が整ったため，価格は下落に転じた．

　鉄鉱石の国際市況の激しい変動は，オーストラリアやブラジルといった鉄鉱石の大輸出国よりも，むしろ限界的な輸出国に大きなインパクトを与えている．表7-1は中国の鉄鉱石輸入の推移を金額で示したものだが，中国の輸入額が 500 億ドルから 1100 億ドルへ増えたのち，600 億ドル以下に落ちたなかで，上位 5 か国からの輸入割合は，輸入額が大きい時は下がり，輸入額が

小さくなると上がっている．輸入額がピークだった 2013, 14 年とその後を
比べてみると，オーストラリアとブラジルからの輸入額は 4 割程度の減少に
とどまっているが，南アフリカやウクライナは 5 割以上の減少，シエラレオ
ネやリベリアに至ってはピーク時から 9 割も減っている．これらの国々は経
済規模が小さいため，鉄鉱石輸出が減少した影響は大きく，シエラレオネは
2014 年には 4.6％だった GDP 成長率が，2015 年にはマイナス 20.5％に落ち，
リベリアも 14 年の 0.7％から 2016 年はマイナス 1.6％に，南アフリカも 14 年
の 1.7％から 2016 年は 0.3％に落ちた．なお，表 7-1 にあげた各国のなかで，
中国向け鉄鉱石輸出が最も激しく収縮したのはインドだが，これはインド国
内の鉄鋼業の発展により内需が増えたためだとみられる．

5. 「隠れた補助金」の検証

　第 3 節で見たように，中国の鉄鋼業は 2000 年代半ばから急に輸出競争力
を高めた．既存研究は中国の鉄鋼業が国際競争力をつけたのは生産性の上昇
によって中国が比較優位を獲得したからではなく，鉄鋼業に対してさまざま
な形で補助金が支給されたからだと主張する（Brun 2016, Haley and Haley 2013）．
すなわち，赤字の国有企業に対する補助や，企業の科学技術開発に対する補
助などといった公表されている政府補助金以外に，企業に対する低利子ない
し無利子の融資，人為的に価格が安く抑えられた原燃料，そして低価格ない
し無償による土地の提供といった形による「隠れた補助金」が膨大な額に上
り，それらがあったおかげで中国は鉄鋼輸出国になったのだという．

　鉄鋼生産には還元材として大量の石炭を使用するが，Haley and Haley
（2013）の分析によれば，中国政府は安価な石炭を通じて膨大な補助金を鉄鋼
業に与えている．彼らの計算では，2000 年から 2007 年上半期の 7 年半に累
計 271 億ドルもの隠れた補助金がエネルギーの低価格を通じて鉄鋼業に与え
られたが，そのほとんど（265 億ドル）は低価格の石炭を通じたものだった.
中国の鉄鋼業は小規模な生産者が分散していて生産性は低いのに，安い石炭
を武器に輸出を拡大しているというのである．

　彼らの研究は一見説得力があるが，分析の期間を 2007 年で終えずに最近

年まで伸ばしてみると，その主張はたちまち説得力を失う．安い石炭を通じて鉄鋼業に補助金が与えられているという主張は，中国の石炭が自由な競争のもとで決まる価格水準よりも低い水準に人為的に抑えられていることが前提である．中国の石炭価格は 2004 年頃まで政府の介入によって抑制されていたため（本書第 6 章），自由な競争のもとではどのような価格になるかはわからない．そこで Haley and Haley（2013）は石炭の国際価格がすなわち自由な競争のもとでの価格だと見なし，それと中国国内での価格を比較して，前者マイナス後者がすなわち隠れた補助金であるとする．

　石炭の輸送コストが大きいこと，中国内陸部に石炭の生産条件が良い地域が多いことを考えると，中国国内の石炭価格が国際価格より低くてもそれがただちに隠れた補助金の存在を証明しているとは言えない．しかし，とりあえずこの算出方法を受け入れるとして，中国産とオーストラリア産の燃料用石炭の価格推移を見てみる（図 7-4）．

　2000 年から 2007 年までの期間を見ると，たしかにオーストラリア産石炭は中国産石炭よりも高いか同水準である[8]．ところが，2010 年以降は一転して中国産石炭の価格がオーストラリア産石炭を大幅に上回っている．つまり，中国の鉄鋼メーカーが中国産石炭を使用しているとすれば，コスト高になって輸出には不利な状況となったはずである．2010 年以降，2 つの価格はほぼ平行していることから，中国の石炭価格と国際価格が連動していることも推定できる[9]．中国産石炭の価格上昇は，石炭に対する内需の拡大を反映しており，石炭の輸入もこの頃から急増している．つまり，2010 年からは中国の鉄鋼の競争力を支えていたとされる安価な石炭という条件は失われたのである．ところが，図 7-3 で見たように，2010 年以降，中国はいっそう鉄鋼の輸出競争力を強めている．この競争力の上昇をもたらした要因は何だろうか．

　安い石炭以外の隠れた補助金としてしばしば指摘されるのが，低利の融資である．果たしてこの主張が正しいかどうか，中国の鉄鋼メーカーが借金に

---

8)　2002 〜 2003 年は中国産石炭の価格の方がやや高いが，その時は Haley and Haley（2013）の推定でも補助金の額はマイナスとなっている．

9)　本書第 6 章によれば，2011 年から 2014 年までは国内炭が海外炭より割高だったが，それ以降は両者の価格差が解消したという．

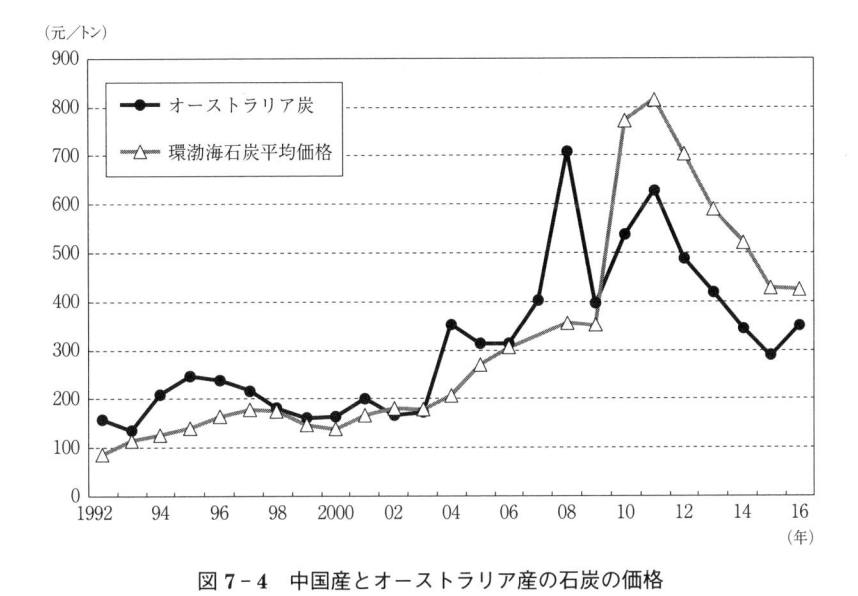

（元／トン）

図 7-4　中国産とオーストラリア産の石炭の価格

出所：オーストラリア炭— IMF Primary Commodity Price. FOB 価格．12,000Btu/Pound の石炭 1 トンの単価を 5,000kcal/kg に換算した．換算の手法は Horii（2014）による．環渤海石炭平均価格— Wu, Qin, and Ren（2016）．

対してどの程度の利息を負担しているのかを調べることで検証する．もし鉄鋼メーカーの利子負担率（＝支払利息÷有利子負債）が一般の金利を下回るようであれば，低利融資を通じて隠れた補助金が支給されていることになる．

　ここでは，中国鋼鉄工業五十年数字匯編編輯委員会（2003）に 2000 年の財務データが掲載されている主要鉄鋼メーカー 68 社の状況をもとに検証する．まず支払利息については，それを直接に示すデータはないものの，「財務費用」の大きな部分が支払利息であるはずなので，ここでは財務費用の数字を用いる．また，各企業の負債に関しては「流動負債」と「長期負債」のデータが得られる．ただし，このうち「流動負債」のなかには買掛金や支払手形など無利子の負債も含まれるので，有利子負債の額を導くにはそれらを除かなければならない．無利子負債のデータはないので，売上原価から推定することにした．中国の代表的な鉄鋼メーカーである鞍山鋼鉄（鞍鋼股份有限公司）の場合，買掛金と支払手形の合計額は売上原価の 11 〜 23％程度であった[10]．

また新日鐵住金の場合，その比率は 14％だった[11]．そこでやや多めに見積
もって買掛金や支払手形などの無利子負債は売上原価の 20％だけ存在した
とみなし，その分を流動負債からさし引いた．つまり，利子負担率は財務費
用／（流動負債＋長期負債－売上原価× 0.2）という数式で推計した．

　その結果，データの印刷ミスが疑われる 1 社を除いた 68 社の利子負担率
の平均は 3.0％となった．2000 年時点での法定貸出金利は流動資金融資が
5.58 ～ 5.85％，固定資産投資融資は 5.58 ～ 6.21％であり，1996 年には 10％
前後だったところから次第に下がっていたので，3.0％という利子負担率はか
なり低いと言える．利子負担率が 6％を超えていたのは 68 社のうちわずか 5
社であった．利子負担率が高い企業は資産規模が小さな企業に集中している
一方，宝山鋼鉄は 1.6％，鞍山鋼鉄は 2.6％と，大手国有鉄鋼メーカーの利子
負担率は低い．ただ，企業規模と利子負担率との間に有意な相関関係は見ら
れない．

　仮に，2000 年時点で中国の鉄鋼メーカーが本来負担すべきだった利子は，
有利子負債の 6％だったとすると，低利資金の提供を通じて 63 社の鉄鋼メー
カーに対して，この 1 年で総計 98 億元（約 12 億ドル）の隠れた補助金が支給
されたという計算になる．

　なお，中国工業企業データベースによって 2007 年の鉄鋼メーカー 65 社の
利子負担率を計算してみると，平均 3.8％だった．国家が過半数を支配して
いる 24 社に絞ると，利子負担率は 3.1％だった．2007 年には中長期融資の法
定貸出金利が 7％台に上がっているので，この時もやはり鉄鋼メーカーは低
利の融資を享受していた．

　本節の分析をまとめると，中国の鉄鋼業の成長を支えたとされる隠れた補
助金の二大源泉，すなわち安価な石炭と低利融資の存在を検証したところ，
中国が鉄鋼の輸出競争力を高めた 2010 年以降はもはや石炭は安価ではなく
なった．一方，少なくとも 2007 年までは鉄鋼メーカーは低利融資を享受し
ていたようである．ただ，鉄鋼の国内生産のうち輸出に回る部分は多い年で

---

10)　鞍鋼股份有限公司の 2008 年度，2016 年度報告から計算．
11)　新日鐵住金の 2016 年アニュアルレポート，新日本製鉄の 2002 年アニュアルレポー
　　トから計算．

も 14％なので，低利資金による隠れた補助金が輸出額を増やす効果はせいぜい 5％程度と見積もられる．

6.　中国の鉄鋼業に規模の経済性はあるのか？

　Haley and Haley（2013）は，中国の鉄鋼メーカーは小規模で分散しているので本来競争力を持つはずがなく，それでも輸出できるのは隠れた補助金があるからに違いないという．つまり，彼らは鉄鋼業はもともと規模の経済性が強く働くものであり，大規模メーカーのみが強い競争力を持つはずだと考えている．

　杉本（2000）は中国の鉄鋼業に規模の経済性があるかどうかを，1988 ～ 89年の各メーカーの工程別の生産コストを比較することで検証している．杉本によれば，どの工程でも年産規模が大きくなるほど，1 トン当たりの生産コストは下がる傾向が見いだせると言う．規模の経済性があるにも関わらず大規模メーカーへの集中が進んでいないのは，鉄鋼の確保と権益擁護を図りたい地方政府が，地元メーカーを保護しているからだと論じている．

　中国政府も鉄鋼業の集中度を上げることによってその競争力が高まると信じており，2001 年から 2016 年に公布された鉄鋼業に対する産業政策や 5 カ年計画では，企業の再編・合併による集中化が重要な政策目標となってきた．表 7-2 では目標年におけるトップ 10 社への粗鋼生産量の集中度（C10）の目標をまとめた．

　ところが，実際の C10 の動きは図 7-5 に見るように，中国の鉄鋼業が急成長を開始した 2001 年から下落し，2005 年から 2010 年までは上昇したものの，2011 年以降は再び下がっている．結局，産業政策の目標（図 7-5 のマーキング）が達成されたことは一度もない．

　こうした状況をどう解釈したらよいのだろうか．

　一つの仮説は，規模の経済性はこの時期の中国にもたしかに存在し，大企業の方が本来は競争力があるのだが，2001 年から 2004 年，および 2011 年以降は地方保護主義など企業間の競争を阻害する要因が強まったために集中度が低くなった，というものである．

表 7 - 2 鉄鋼業に関する産業政策における業界再編目標

公布年	政策名	C10*	目標年
2001	冶金工業第 10 次 5 カ年計画	80% 以上	2005
2005	鉄鋼産業発展政策	50% 以上	2010
		70% 以上	2020
2011	鉄鋼業第 12 次 5 カ年発展計画	60% 以上	2015
2015	鉄鋼産業調整政策（意見徴集稿）	60% 以上	2025
2016	鉄鋼工業調整・グレードアップ計画	60% 以上	2020

注：*「C10」は，トップ 10 社（グループ）が粗鋼生産量全体に占める割合.

　もう一つの仮説は，この時期の中国では規模の経済性は必ずしも成り立っておらず，大企業の競争力が強くないので，中央政府が業界再編を強力に進めた 2005 年から 2010 年の間だけは集中度が高まったが，政府の介入が弱まると，企業間競争のなかでむしろ下位の鉄鋼メーカーが競争に勝った，というものである．結論から先に言えば，筆者は後者の仮説の方が正しいと考える．

　そう考える第 1 の理由は，2005 年から 2010 年頃まで中央政府の鉄鋼業に対する介入が強まった証拠があるからである．2005 年に公布された「鋼鉄産業発展政策」には，「2003 年の粗鋼生産量が 500 万トンを超える企業集団は，集団計画を制定し，国務院または国家発展改革委員会との調整と認可を経て実施できる．集団計画のなかの個別の投資プロジェクトについては国家発展改革委員会の認可を必要としない」(第 7 条) という項目がある．これは中国の経済体制のもとでは重要な意味を持つ規定である．

　中国では一般に製鉄業における投資をするには，その規模に応じて地方ないし中央の政府の認可を必要とするが，大型企業集団がグループ全体の計画について中央から直接認可を獲得できるとなれば，地方の中小規模の鉄鋼メーカーは大型企業集団の傘下に入れば政府相手に交渉をせずに済むことになる．この政策が制定された前年の 2004 年には，江蘇省常州市の民営企業が年産 840 万トンの製鉄所建設プロジェクトを認可してもらうために，地方政府の権限で認可できるように投資プロジェクトを細かく分割して申請するという「鉄本事件」が起きた．この教訓を踏まえ，「鋼鉄産業発展政策」では，

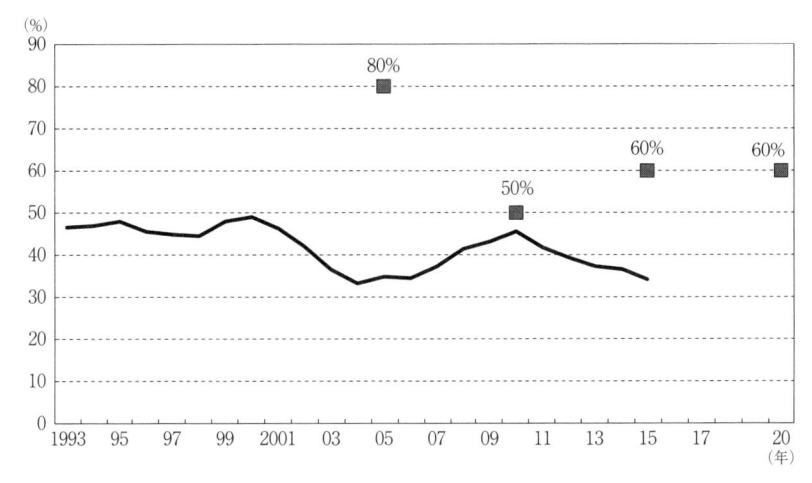

図 7 – 5　鉄鋼業のトップ 10 社が粗鋼生産全体に占める割合

出所：1993 ～ 2005 年は杉本（2007），2006 ～ 2015 年は『中国鋼鉄工業年鑑』のデータをもとに筆者作成.

　政府の認可のない製鉄所プロジェクトに対しては，土地を売却せず，銀行も融資をしない，とも定められており，政府の鉄鋼投資に対する規制が強化されている．この規制のもとでは，企業は成長したいと思ったら，どこかの大型企業集団に入るのが得策である．

　それに対して，2009 年の「鋼鉄産業調整・振興計画」や 2015 年の「鉄鋼産業調整政策」は，集中度を高めるという目標は 2005 年の産業政策と共通であるものの，それは努力目標にとどまっており，投資計画，土地使用，融資の認可を通じて政府の意志を貫徹できるようなしくみにはなっていない．

　実際，2005 年から 2010 年にかけて大型国有鉄鋼メーカーどうしの合併が次々と実現した．まず 2005 年に鞍山鋼鉄と本渓鋼鉄という遼寧省の二大国有鉄鋼メーカーが統合されて鞍本集団となり，武漢鋼鉄が柳州鋼鉄を吸収合併した．2008 年には河北省の唐山鋼鉄と邯鄲鋼鉄が合併して河北鋼鉄となり，山東省の済南鋼鉄と莱蕪鋼鉄が合併して山東鋼鉄が成立した．2010 年には天津鋼管，天津鋼鉄など天津市の国有鉄鋼メーカー 4 社を合併した天津渤海鋼鉄が成立した．また，2010 年，四川省の大型国有鉄鋼メーカー，攀枝花鋼鉄が鞍山鋼鉄の子会社になった．こうして大型合併が相次いだことが，

2005 年から 2010 年まで集中度が高まった直接の理由である.

　だが，鞍本集団は 2011 年頃には鞍山鋼鉄と本渓鋼鉄に再び分裂してしまったし，2015 年には武漢鋼鉄と柳州鋼鉄が分裂した. 2011 年以降，大型合併は 2016 年に宝山鋼鉄と武漢鋼鉄が合併されて宝武集団になるまで起きなかった. つまり，2005 年から 2010 年までの間，「鋼鉄産業発展政策」が実際に効力を持っており，そのもとで企業合併が進んだのである.

　前述の仮説を支持する第 2 の理由，それは中国の鉄鋼メーカーのミクロデータを検討すると，企業のレベルでは規模の経済性は存在しないとみられるからである. 以下では，主要鉄鋼メーカーのうち，銑鉄を生産する高炉と鋼を生産する転炉の両方を備えた銑鋼一貫メーカー 49 社の，2000 年時点のデータを用いてこの点を検証しよう. この 49 社はすべて「重点企業」（この言葉の意味は次節で詳述する）だが，その規模は粗鋼生産量にして最大 1130 万トンから最小 27 万トンまでさまざまである.

　なお，杉本（2000）は企業のなかの工程ごとの生産性を比べているが，ここでの分析では企業全体の生産性を比較する. 中国の国有大型鉄鋼メーカーでは福利部門などに大勢の余剰人員が滞留していることが多く，非効率性をもたらす要因は各工程のなかよりも，むしろ外にあるからである.

　規模の経済性の有無を検証する最も単純な方法として，図 7-6 では企業ごとの従業員 1 人当たりの粗鋼生産量（労働生産性）を示した. もし規模の経済性があるならば，粗鋼生産量が大きいほど労働生産性は高くなるはずである. 図から明らかなように，宝山鋼鉄だけは労働生産性がきわめて高いが，それを例外とすれば，企業規模（粗鋼生産量）と労働生産性（1 人当たり粗鋼生産量）との間には相関関係がない. 中国を代表する国有鉄鋼メーカーの鞍山鋼鉄の労働生産性は粗鋼年産 50 万トンに満たない小メーカーと同水準である.

　ただ，図 7-6 は労働生産性だけの比較であり，規模の経済性の有無を検証するためには資本生産性も見る必要がある. 仮に大企業の労働生産性が小企業と同じでも，資本生産性が小企業よりも高いのであれば，規模の経済性があることになる. そこで，労働生産性と資本生産性を総合した全要素生産性を見ることによって，規模の経済性を検証しよう.

　まず，規模に対して収穫一定の生産関数を，49 社のデータから最小二乗

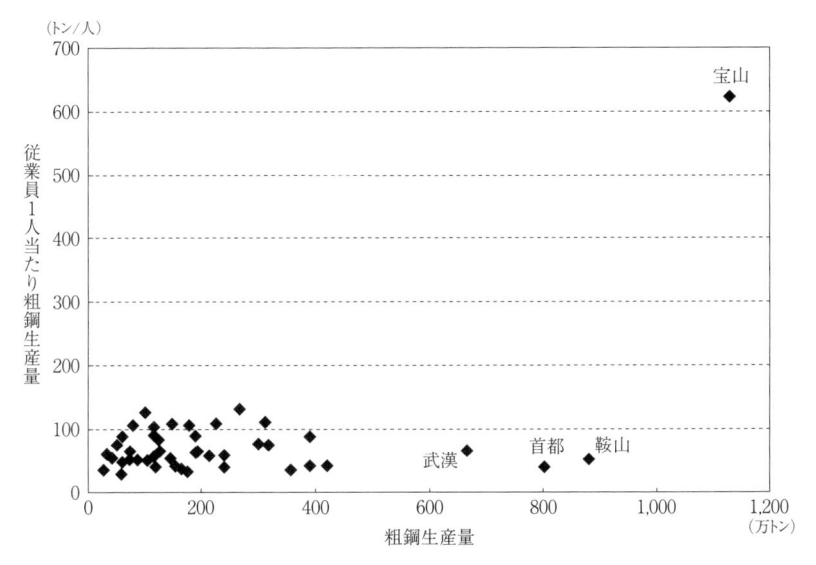

図 7-6　企業規模と労働生産性（銑鋼一貫企業 49 社のデータ，2000 年）

出所：中国鋼鉄工業五十年数字匯編編輯委員会（2003）のデータをもとに筆者作成.

法によって導き出し，各社がこの平均的生産関数と比べて全要素生産性が高いのか低いのかを見ることによって，規模の経済性の有無を検討することにした.

　2000 年の各企業の付加価値額（Y），従業員数（L），資産額（K）から一次同次のコブ・ダグラス型生産関数 $Y = AL^a K^{1-a}$ の係数（A, a）を推計した．結果は A＝0.045（t 値は -6.17），a＝0.21（t 値は 2.46）であった．各社の生産性のばらつきが大きいため，生産関数の当てはまりはあまりよくない（修正済み R^2＝0.095）.

　この数式に各企業の資産額と従業員数を代入すると，平均的な生産関数のもとでの各企業の付加価値額の予測値が算出されることになる．図 7-7 では，線は付加価値額の予測値と実績が一致している水準を示し，それより上にある企業は全要素生産性が相対的に高く，下にある企業は全要素生産性が相対的に低い．もし規模の経済性があるとすれば，生産規模が大きくなるほど線の上に位置する企業が多くなるはずである.

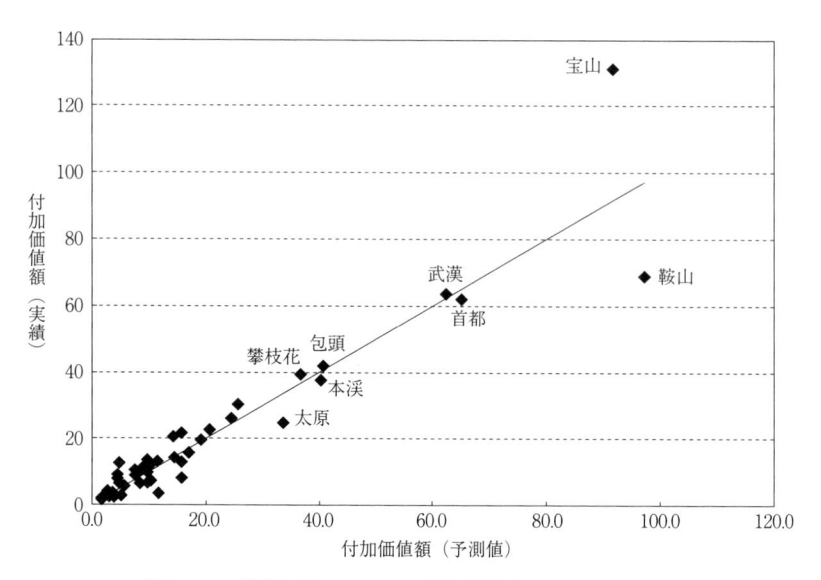

図 7-7　銑鋼一貫メーカーの付加価値額の予測値と実績

出所：中国鋼鉄工業五十年数字匯編編輯委員会（2003）のデータをもとに筆者計算.

　図 7-7 を見ると，やはり宝山鋼鉄は例外的に生産性が高く，鞍山鋼鉄はかなり低いことがわかる．図に名前を入れた大手 8 社のうち 4 社は相対的に生産性が高く，4 社は相対的に低かった．付加価値額が小さい企業の間でもやはり線の上と下と企業が分布している．つまり，この分析においても顕著な規模の経済性は見られないのである．

　なお，49 社のデータから，規模に対して収穫一定という制約を置かない生産関数（$Y = AL^a K^{\beta}$）を推計すると $a = 0.184$（t 値は 1.70），$\beta = 0.791$（t 値は 9.17）となり，$a + \beta = 0.975$ なので，むしろ緩やかな規模の不経済があるような結果になった．こちらの生産関数の方がはるかに当てはまりがよい（修正済み $R^2 = 0.87$）．ただ，この結果は規模に対して収穫一定（$a + \beta = 1$）である可能性を棄却するものではないので，規模の不経済の存在がこれで立証されたわけではない．

　なお，以上の分析の対象は，「重点企業」に含まれる銑鋼一貫企業のみである．2000 年の時点では山西省にコークスと銑鉄だけを生産する小メーカ

ーが多数あった（氏川・堀井 2009）が，ここでの分析にはそうした企業は含んでいないので，そうした小メーカーの経営効率に関して何か示唆を与えるようなものではない．

　中国の鉄鋼業では規模の経済性が存在しない，というこのいささかショッキングな分析結果について少し解説が必要である．こうした結果が出たのは，国有企業と民間企業を区別せずに分析していることと関係がある．2000 年の時点では，鉄鋼業で規模が大きい企業とはすなわち国有企業であったが，大型国有企業は大規模で効率性の高い設備を持ちつつも，膨大な非生産部門と余剰人員を抱えていた．一方，民営メーカーは設備が小規模で効率はよくないが，非生産部門や余剰人員を抱えていない．このように異なるタイプの鉄鋼メーカーを混ぜて分析すると，規模の経済性が存在しないかのように見える．しかし，同じタイプの企業どうしを比べれば，やはり大型の新鋭設備を持っている方が経営業績もよくなるはずである．実際，次節で見るように，21 世紀に入ってから民営メーカーが急速に規模を拡大し，それによって競争力も強めてきた．

7.　民営鉄鋼メーカーの台頭

　前節で確認したように，中国の鉄鋼業では，宝山鋼鉄以外の大企業は内部に非効率な部門を抱えているため，規模の経済性による優位性を獲得できていない．そのため，大企業と中小企業が競争すると，大企業を中心とした寡占構造が形成されず，むしろ中小企業のなかで競争力の高い企業も生き残り，後者のなかで規模を拡大していったものがのし上がっていって大企業からシェアを奪う，という展開をたどる．

　日本では 1970 年に新日鐵が成立して以来，大手の銑鋼一貫企業 5 社の寡占体制が形成され，銑鋼一貫企業から電炉企業へのシェアの変動はあったものの，大手 5 社の間のシェアは，2003 年にそのうちの 2 社が合併して JFE スチールとなるまであまり変化がなかった（川端 2005，107-108 頁）．

　それに対して中国の鉄鋼業は，21 世紀に入ってから各企業のシェアに大きな変動が起きている．2000 年の段階では大手国有鉄鋼メーカー 37 社[12]が

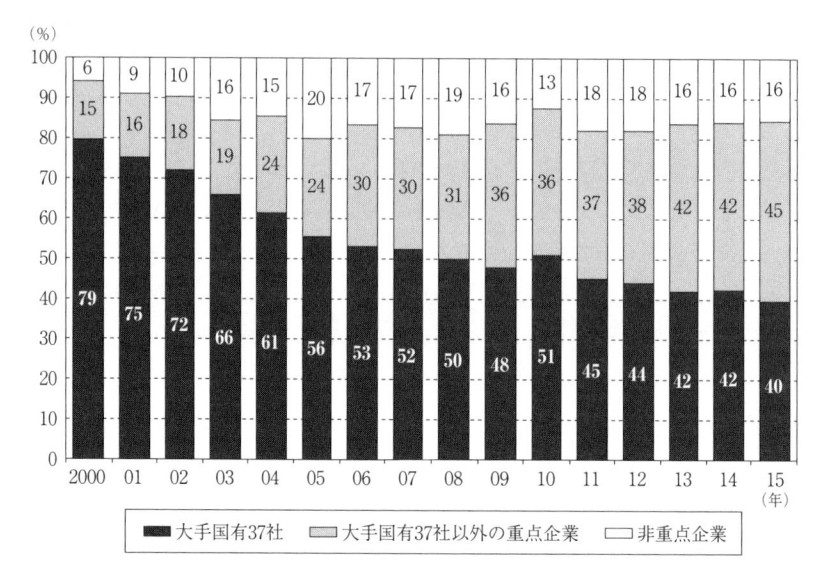

図 7-8 中国の粗鋼生産に占める各種企業の割合

出所:『中国鋼鉄工業年鑑』より筆者作成.

粗鋼生産量の79%を占めていた. 産業政策では, これら大手国有鉄鋼メーカーを統合によって大きくすることで競争力を高めることを目指してきた. 実際, 国有メーカーどうしの統合と規模の拡大はかなり進展し, 37社は統合によって17社に集約された[13]. ところが, それ以外の企業は淘汰されるどころか, むしろ大手国有メーカーよりも急速に成長したため, 大手国有メーカー37社のシェアは, 2015年には40%へ下がってしまった (図7-8).

　シェアを拡大したのは「大手国有37社以外の重点企業」で, 2015年には

12)　37社とは, 2000年に粗鋼生産量のトップ20に入った全鉄鋼メーカー (そのすべてが国有企業だった), およびのちにこれらトップ20社に合併されたより小規模な国有鉄鋼メーカーたちである.

13)　17社の企業名を2015年の粗鋼生産量における順位とともに挙げていくと, 河北鋼鉄 (1位), 宝山鋼鉄 (2位), 鞍山鋼鉄 (4位), 首都鋼鉄 (5位), 武漢鋼鉄 (6位), 山東鋼鉄 (7位), 馬鞍山鋼鉄 (8位), 天津渤海鋼鉄 (9位), 本渓鋼鉄 (11位), 湖南華菱鋼鉄 (12位), 包頭鋼鉄 (15位), 柳州鋼鉄 (17位), 安陽鋼鉄 (18位), 太原鋼鉄 (20位), 南京鋼鉄 (25位), 酒泉鋼鉄 (27位), 重慶鋼鉄 (40位) である.

大手国有 37 社のシェアを初めて上回った．2000 年から 2015 年までの中国の粗鋼生産量の拡大のうち，「大手国有 37 社以外の重点企業」の寄与率は 50％で，大手国有 37 社は 32％だったので，前者が中国鉄鋼業の急拡大をリードしたと言える．なお，「大手国有 37 社以外の重点企業」を構成するメンバーは固定されておらず，2000 年には 30 社だったのが，2013 年には 77 社に増えた．非重点企業のなかから規模を拡大して重点企業になった企業が多数あったからである．

　「重点企業」とは，かつては中央政府（冶金工業部）が直接管理する 30 社余りを指していた（杉本 2000）が，本章がデータの拠り所としている 2001 年版以降の『中国鋼鉄工業年鑑』では中央管理企業だけでなく，地方政府が管理する国有鉄鋼メーカー，さらに沙鋼集団のような大手の民営企業も重点企業に含まれている．どのような要件を備えていれば重点企業になるのかは明確ではないが，かつて中央政府が管理していた企業に，粗鋼年産 100 万トンを上回った民営メーカーや地方政府管理の鉄鋼メーカーが加わる一方，年産 10 万トンを下回るような国有メーカーは重点企業から外されていったようである．なお，2013 年以降は重点企業という呼称がなくなる代わりに，「中国鋼鉄工業協会会員企業」のデータが示されるようになったが，その時に民営鉄鋼メーカー 10 社が新たに加わっている．

　「大手国有 37 社以外の重点企業」のシェア拡大をもたらしたのは，非重点企業のなかから急成長して重点企業に加わってきた民営鉄鋼メーカーたちである．その結果，大手国有企業に業界を集約するという政府のもくろみは外れ，業界はますます分散していったが，企業ごとの平均的な生産規模が小さくなったわけではない．銑鋼一貫企業の場合，粗鋼生産量 300 万トンが最小最適規模とされるので，それを上回るメーカーが中国の粗鋼生産量全体に占める割合を見ると[14]，2000 年には 52％だったのが 2005 年には 63％，2010 年には 76％，2014 年には 73％と，生産規模はむしろ大型化している．

　民営鉄鋼メーカーのトップ 10 社を見ると，最大の沙鋼集団は 2015 年の粗鋼生産が 3421 万トンであり，他も年産 800 万〜 1500 万トンの生産規模を有

---

14)　Kawabata（2017），川端・趙（2014）を参照．

しており，世界でも上位 50 社に入る．その出自を見ると，多くは個人や県政府などが農村部で設立した小企業であるが，現在では生産は自動化され，排気処理や余熱発電など環境保護と省エネのための設備も備えている．

　こうした大手の民営鉄鋼メーカーには，注目すべき経営上の特徴がある．

　第 1 に，労働生産性が高い．表 7-3 では代表的な国有鉄鋼メーカー 4 社，民営鉄鋼メーカー 4 社，および新日鐵住金君津製鉄所の労働生産性（従業員 1 人当たり粗鋼生産量）を比較している．ここに示す中国の民営鉄鋼メーカーの労働生産性は，新日鐵住金君津製鉄所並み，ないしそれ以上である．なお，君津製鉄所の従業員数には構内でさまざまな作業を担当している関連会社の従業員も含めているが，中国の民営鉄鋼メーカーの従業員数は正規従業員の数で，いわゆる「構内下請け」は含まれていない．ただ，そうしたものが民営メーカーでどの程度存在するのかは明らかではない．

　一方，国有鉄鋼メーカーの労働生産性は，民営鉄鋼メーカーより大幅に低い．宝山鋼鉄は図 7-6（2000 年時点）では 1 人当たり粗鋼生産量は 623 トンと，表 7-3 の民営鉄鋼メーカーや君津製鉄所に遜色なかったが，その後，宝山鋼鉄は梅山鋼鉄，上海第一鋼鉄，上海五鋼，浦東鋼鉄，新疆八一鋼鉄など低効率の国有鉄鋼メーカーと合併させられたため，表 7-3 に見るように企業グループ全体としては労働生産性が低くなってしまった．

　民営鉄鋼メーカーの経営の第 2 の特徴は，少数の品目に集中した生産を行っていることである．一般に，中国の大型国有鉄鋼メーカーは多種類の鋼材を生産しており，レール，各種の鋼板，鋼管，形鋼，棒鋼，線材などを，各社それぞれに得意分野を持ちつつも，広くカバーしている（今井 2009）．表 7-3 にあげた新日鐵住金君津製鉄所も熱延の後工程である冷延，さらにはメッキといった工程を持っているし，鋼管や厚板など多様な製品を作っている．

　ところが，民営鉄鋼メーカーはトップの沙鋼集団以外は少数の品目に特化した「専門店」的な経営をしている [15]．例えば，民営メーカー 2 位の建龍集団は熱延鋼板と棒鋼（特に鉄筋）にほぼ集中しているし，日照鋼鉄は厚中

---

15)　以下は冶金工業部発展規画司・冶金工業部信息標準研究院（2015）のデータ，および筆者による民営鉄鋼メーカー 2 社（津西鋼鉄，唐山瑞豊）での調査（2016 年 12 月 27 日実施）による．

表 7-3 鉄鋼メーカーの労働生産性の比較

	鞍山鋼鉄	本渓鋼鉄	宝山鋼鉄	武漢鋼鉄	津西鋼鉄	唐山瑞豊	河北敬業	日照鋼鉄	新日鐵住金君津製鉄所
企業形態	国有	国有	国有	国有	民営・外資	民営	民営	民営	日本企業
粗鋼生産量（万トン）	3,250	1,626	3,494	2,578	977	629	1,132	1,400	886
従業員数	190,465	110,000	134,684	86,468	15,000	7,000	22,500	15,000	15,000
1人当たり粗鋼生産量（トン／人）	170.6	147.8	259.4	298.1	651.2	898.7	503.0	933.3	590.7

出所：粗鋼生産量— Top steel producing companies, World Steel Association.
　　従業員数—国有企業は中国鋼鉄工業年鑑，津西鋼鉄，唐山瑞豊，君津製鉄所は筆者訪問時のインタビュー，河北敬業，日照鋼鉄はそれぞれの企業ウェブサイト.

板，線材，鉄筋，形鋼，方大特鋼は鉄筋と線材，河北敬業は鉄筋と中板，河北縦横と唐山瑞豊は熱延鋼板，津西鋼鉄は形鋼，鋼矢板，熱延鋼板に集中している.

　民営鉄鋼メーカーの労働生産性が高いのは，このような製品構造と関係している．限られた製品しか作っていないということは，それを作るための設備しか持っていないということであり，そこに配置する従業員も少なくて済む．とりわけ，熱延鋼板はその後に冷延，さらにはメッキなどの工程が続く中間製品なので，熱延鋼板までしか作っていない企業であれば工程が少なくて済むのに対して，冷延鋼板やメッキ鋼板まで作る企業は多くの工程を社内に抱えることになり，その分多くの従業員を配置する必要がある．表7-3にあげた民営鉄鋼メーカーの労働生産性が君津製鉄所よりも高いのは，社内に抱える工程が少ないためである.

　民営メーカーが特化している熱延鋼板や建設用鋼材は，鉄鋼業のなかでは低付加価値品なので，もし従業員1人当たりの付加価値額を比べれば，表7-3の民営メーカーと国有メーカーの差はもっと縮まるだろう．また，民営

メーカーが多く生産している品目は，中国が多く輸出している品目と重なる（Kawabata 2017, pp. 23-24）．輸出している主体がどのような企業なのかは明らかではないが，民営鉄鋼メーカーの参入によってこれらの品目の価格競争力が高まり，輸出が増えた可能性がある．

鋼材のうち高付加価値品といえば，自動車などに使われるメッキ鋼板や高張力鋼板，モーターの鉄心に使われる電磁鋼板，化学工場などで使う継目無鋼管などだが（Kawabata 2017, p. 10），中国ではこれらは大型国有鉄鋼メーカーによって生産されている．低付加価値品に民営鉄鋼メーカーが多数参入しているのであれば，大型国有鉄鋼メーカーは高付加価値品に集中してもよさそうなものである．現に日本では鋼板や鋼管は銑鋼一貫企業，建材などは電炉メーカーという分業が成立している．

中国でもそのような棲み分けを行う必要性が認識されながらも（今井 2009），実際には棲み分けは進んでいない．大型国有鉄鋼メーカーが低付加価値品の生産から撤退しようとしないからだが，それは政府の産業政策のなかで生産拡大へのプレッシャーを常に与えられ続けているからであろう．

民営鉄鋼メーカーの経営における第 3 の特徴は，中型の高炉を多数持っていることである．戦後世界の鉄鋼業は，日本を中心に高炉の大型化が進展し，1970 年代には 4,000m^3，5,000m^3 を超える高炉が建設された（彼島 2010）．大型高炉は還元材の利用効率が高いし，労働生産性も高い．日本から鉄鋼業の技術を導入した中国の鉄鋼業も高炉の大型化を推し進め，宝山鋼鉄，鞍山鋼鉄，首都鋼鉄など代表的な大手国有鉄鋼メーカーは 4,000 ～ 5,000m^3 の高炉を保有している．

ところが，新興の民営鉄鋼メーカーは，沙鋼集団が 5,800m^3 の高炉を 1 基持っているのを例外として，概して 2,000m^3 以下の高炉しか持っていない．国有メーカーと民営メーカーが保有する高炉の違いを，それぞれのトップ 5 社が保有する高炉の平均容積で見てみると，国有メーカーは，河北鋼鉄 2,283m^3，宝山鋼鉄 2,678m^3，鞍山鋼鉄 3,060m^3，首都鋼鉄 4,413m^3，武漢鋼鉄 2,819m^3 であったのに対して，民営メーカーは沙鋼集団 1,278m^3，建龍集団 854m^3，日照鋼鉄 874m^3，方大特鋼 789m^3，河北敬業 952m^3 であり [16]，両者の違いは鮮明である．

　民営鉄鋼メーカーは少数の大型高炉を持つよりも，中型高炉を多数保有する傾向が強い．沙鋼集団の場合，$5,800m^3$ の高炉以外に $2,680m^3 \times 3$ 基，$1,580m^3 \times 1$ 基，$580m^3 \times 6$ 基，$480m^3 \times 4$ 基，$450m^3 \times 2$ 基という構成である．また，日照鋼鉄は $1,080m^3$ 高炉を 10 基，$580m^3$，$560m^3$，$450m^3$ の高炉をそれぞれ 2 基ずつ持っている．中国鉄鋼業においては $1,080m^3$ と $450m^3$ の高炉が最も広範に採用されていて，2013 年，14 年時点で中国の国有，民営を含む主要鉄鋼メーカー 102 社が保有していた 582 基の高炉を調べると，$1,080m^3$ が 93 基，$450m^3$ が 87 基もあった．中国の鉄鋼業では 2010 年から 2014 年の間に $3,000m^3$ 以上の高炉は 31 基から 39 基へ増えるにとどまったが，$1,000 \sim 1,999m^3$ の高炉は 127 基から 239 基へ大幅に増加した．

　このように中国の鉄鋼業では，世界の鉄鋼技術の進歩の方向とは逆行するような高炉の中型化が起きている．しかも多数の企業が同じ大きさの高炉を持っている．中型高炉を多数持つという民営鉄鋼メーカーの構造には，いくつかのメリットがある．

　第 1 に，高炉の初期投資の額が相対的に小さくて済む．中国で $1,080m^3$ の中型高炉を 1 基建設する費用は，$5,000m^3$ の大型高炉を 1 基建設する費用の $11 \sim 13\%$ 程度なので，単純に初期投資だけ比べれば，$5,000m^3$ の高炉を建てる代わりに $1,080m^3$ の高炉を 5 基建設すれば初期投資を $3 \sim 4$ 割節約できる．もっとも，実際に民営鉄鋼メーカーが中小型の高炉を多く持つに至ったのはそうしたコスト計算の結果というよりも，事業の拡大に合わせて少しずつ高炉を増やしていった結果そうなったのだという（汪 2018）．

　同じ大きさの高炉が広まったのは，中国国内で同じ設計が使いまわされた結果であるらしい．民営鉄鋼メーカーの先駆者である建龍集団が 2000 年代初めに $450m^3$ の高炉を建設した際，自社で高炉を設計して中国第一重型機械集団公司に製造してもらうことで，海外から技術導入するよりも建設コストを 3 分の 1 に抑えた．その評判が広まり，国内の鉄鋼メーカー 11 社がこの

---

16)　各メーカーの高炉保有状況は，中央政府の工業・情報化部が 2013 年と 2014 年に公表したリストに基づく．2012 年に同部は「鋼鉄行業規範条件」と称する鉄鋼設備の基準を交付した．それに基づき，2013 年から 2014 年にかけて全国の鉄鋼メーカーの設備の認定を行い，合格した設備の数をメーカーごとに公表した．その結果は『中国鋼鉄工業年鑑』2014 年版，25-27 頁，同 2015 年版，26-37 頁に掲載されている．

高炉の設計を模倣したという（今井 2006a）．同じ設計を使うことによって，高炉設計に要する時間と費用を節約できる．加えて，一企業のなかで同じ設計の高炉が複数あれば，補修用として準備しておく部品が共通化できる．社会のなかに同じ設計の高炉が多数あれば，補修部品もより安価かつ容易に入手できるようになろう．

　第 2 に，大型高炉を効率的に運転するには高度な技術が必要だが（彼島 2010），中型高炉は運転技術に対する要求も高くなく，熟練労働者の数が少ない企業にとっても扱いやすい．さらに，中型高炉の操業を停止する方が大型高炉を停止するよりも技術的かつ経営的により容易である．5,000m^3 級の高炉を止めるということは，年産 400 万トンも銑鉄生産を減らすということだから経営上の大きな決断になるし，技術的にも高炉にダメージを与えないように停めることは容易ではない．一方，例えば 1,080m^3 の高炉を 10 基持っている日照鋼鉄にとって，1 基停めるのはそれほど重大な決断ではないし，技術的にもより容易である．多数の中型高炉を持っている方が需要の変動に対して柔軟に生産量を調整することができる．

　他方で中小型の高炉には大型高炉に及ばない点が 2 つある．一つは原料の利用効率である．高炉の効率を測る指標として還元材比，すなわち銑鉄 1 トンを生産するために消費する主還元材のコークスの量，および補助還元材として吹き込まれる微粉炭の量が重視されるが，李・張（2009）が 2008 年の中国の各鉄鋼メーカーのデータから分析した結果では，1,001 ～ 2,000m^3 の高炉は 3,001m^3 以上の高炉より平均的に 8％多くの還元材を用いるし，500m^3 以下の高炉は 3,001m^3 以上の高炉より 14％多くの還元材を消耗する．第 2 に，労働生産性も大型高炉は中小型高炉より高い．李・張（2009）によれば，3,001m^3 の高炉の 1 人当たり銑鉄生産量は，500m^3 以下の高炉の 3.6 倍，1,001 ～ 2,000m^3 の高炉の 1.8 倍だった．

　民営メーカーについてもう一つ指摘しておきたいのは，その多くが地理的に集積していることである．最も多数の民営メーカーを輩出しているのが河北省唐山市で，その農村部には建龍集団，津西鋼鉄，唐山国豊など 2014 年に粗鋼生産量が 170 万トンを上回ったメーカーが 14 社もある．河北省でもう一つ民営メーカーを輩出しているのが邯鄲市および隣接する邢台市で，2014

年に粗鋼生産量が 190 万トンを上回った主要メーカーが 10 社あった.

　この 2 つの地域はいずれも地元に唐山鋼鉄と邯鄲鋼鉄という大手国有鉄鋼メーカーがあり，もともと鉄鉱石を豊富に産する土地柄であった．民営鉄鋼メーカーが発展したのは，地元の鉄鉱石資源という地理的優位性に加え，国有鉄鋼メーカーからエンジニアをスカウトすることによって鉄鋼生産技術を吸収したからである[17].

　以上のように，民営鉄鋼メーカーの経営上の特徴から，それらが競争力を高めた理由を理解することができる．すなわち，中型高炉を多数保有することで投資を節約し，市況に合わせて生産量をより柔軟に調整することを可能にしている．それによって高炉の労働生産性と還元材比は犠牲になるが，労働生産性については，企業内に抱える工程が絞られているため，企業全体で見るとむしろ高い．作っているのはもっぱら低付加価値品だが，インフラや住宅建設がきわめて盛んな中国国内の需要に合致している.

8.　おわりに

　本章では，中国の鉄鋼業が 21 世紀に入ってから急成長して世界の鉄鋼生産の半分を占めるに至り，鉄鋼の輸出国としても日本を上回って世界一となったこと，そして世界の鉄鉱石輸入の 3 分の 2 を占め，鉄鉱石輸出国に大きなインパクトを与える存在になったことを確認した.

　問題は，中国の鉄鋼超大国化と輸出競争力の強化が，果たして中国政府の支援策の結果なのか，それとも中国の鉄鋼メーカーの生産性上昇を反映しているのか，ということである．既存研究では，政府の鉄鋼業支援策の役割を重視し，とりわけ安価な石炭の供給を通じて多額の補助金が鉄鋼業に注がれてきたと論じていた．しかし，2010 年以降，中国国内の石炭価格が国際価格をかなり上回るようになったため，この議論は成り立たなくなった．ただ，

---

17)　筆者による民営鉄鋼メーカー 2 社（津西鋼鉄，唐山瑞豊）での調査（2016 年 12 月 27 日実施），および今井（2006a）による．なお鞍山鋼鉄集団公司の幹部の証言によれば，国有鉄鋼メーカーから民営メーカーへの人材の流出は近隣の企業の間のみならず，地域を跨いで起きたとのことである（今井 2006b）.

本章の分析によれば，鉄鋼メーカーは低利資金を享受していたとみられ，それが競争力を高めた可能性はある．

　だが，21 世紀に入ってからの十数年の間に新興民営鉄鋼メーカーが台頭してきたことも，中国の鉄鋼業が競争力を高めた重要な要因であった．2000 年時点では，民営鉄鋼メーカーのなかで銑鋼一貫企業の最小最適規模とされる 300 万トンを超える企業は 1 社もなかったのが，2015 年には 24 社もの民営鉄鋼メーカーが粗鋼生産量 300 万トン以上となった．

　新興民営鉄鋼メーカーの経営状況を詳しく見てみると，これまでの鉄鋼新興国のキャッチアップのパターンとは大きく様相を異にしている．日本の銑鋼一貫企業，韓国の POSCO，台湾の中国鋼鉄，そして中国の宝山鋼鉄までは同じパターンを踏襲してきた．田中（2008）が「日本モデル」と呼ぶそのパターンとは，大型高炉を備えた銑鋼一貫企業，薄板や鋼管など高付加価値品を含む多品種を大量生産し，臨海部に新鋭製鉄所を新設する，という共通の戦略をとっている．

　一方，中国の新興民営メーカーは「日本モデル」とはかなり異なる経営を行っている．大型高炉をあまり持たず，1,080m^3 以下の中型高炉を多数持っている．製品は低付加価値品に集中しており，工場の場所も必ずしも臨海部ではなく，海岸から 100km 以上離れた場所に立地することも多い．新興民営メーカーが「日本モデル」を取り入れてキャッチアップしてくるのではなく，むしろ異なる方向に向かっているため，中国の鉄鋼業が競争力を高めている理由が理解されてこなかった．

　しかし，従業員 1 人当たりの粗鋼生産量を見ると（表 7-3），新興民営鉄鋼メーカーが決して侮ることのできない存在であることがわかる．中国の市場環境のもとでは，中型高炉を多数持ち，低付加価値の鋼材品目に集中することが有効な経営戦略である可能性がある．

　これが有効な経営戦略として成り立つ条件として，やはり巨大な国内需要を挙げなければならない．少数の品種に集中し，かつ年産数百万トンも生産するには，それだけの量を消化できるだけの需要がなければならない．目下，年間 7 億トンもの鉄鋼を消費する国は中国以外にはないので，この経営戦略が成り立つのは中国だけかもしれない．ただ，今後インドの鉄鋼消費が拡大

したり，ヨーロッパのように大きな域内市場ができれば，このモデルが国外で受容される可能性も出てくる．

　本章では，中国の民営鉄鋼メーカーが，これまでの東アジアでのパターンとは異なる新しい経営モデルによって競争力を高めている可能性を示したが，ここでの分析はまだ初歩的なものにとどまっており，さらなる調査によって検証を進める必要がある．第 1 に，表 7-3 で行った労働生産性の比較を付加価値ベースで行ったらどうなるか，検証する余地がある．残念ながら図 7-7 で行ったような分析を可能とする鉄鋼メーカーの財務データは，21 世紀に入ってから公開されなくなってしまった．2013 〜 2015 年は民営鉄鋼メーカー全体として大手国有鉄鋼メーカーよりも売上高利潤率が高かったので，おそらく付加価値ベースで見ても民営鉄鋼メーカーの方が生産性が高いと推測されるが，より確実な証拠を見つける必要がある．

参考文献

〈日本語文献〉

今井健一（2006a）「建龍鋼鉄控股有限公司」未公刊ヒアリング記録，2006 年 9 月 21 日訪問．

今井健一（2006b）「鞍山鋼鉄集団公司」未公刊のヒアリング記録，2006 年 9 月 23 日訪問．

今井健一（2009）「政策過程と産業発展——鉄鋼業のケース」佐々木智弘編『転換期の中国——経済成長と政策決定のダイナミクス』日本貿易振興機構アジア経済研究所．http://www.ide.go.jp/Japanese/Publish/Download/Report/2008_01_01.html

氏川恵次・堀井伸浩（2009）「中国鉄鋼業における産業政策の再検証——進展する市場形成の下での淘汰政策の評価」『アジア経済』第 50 巻第 11 号，32-63 頁．

馬田啓一（2016）「世界の「鉄冷え」の元凶は中国」『世界経済評論 IMPACT』第 674 号（2016 年 7 月 19 日，ウェブコラム）．

汪瀟帆（2018）「中国山東省における私営経済の発展および成長戦略に関する考察」東京大学大学院経済学研究科修士論文．

彼島秀雄（2010）「高炉技術の系統化」『国立科学博物館　技術の系統化調査報告』第 15 号，国立科学博物館，81-159 頁．

川端望（2005）『東アジア鉄鋼業の構造とダイナミズム』ミネルヴァ書房．

川端望・趙洋（2014）「中国鉄鋼業における省エネルギーと CO_2 排出削減対策」『ア
　　ジア経済』第 55 巻第 1 号，97-127 頁.

杉本孝（2000）「鉄鋼産業——規模の経済と諸侯経済のせめぎ合い」丸川知雄編『移
　　行期中国の産業政策』日本貿易振興会アジア経済研究所，247-292 頁.

杉本孝（2007）「鉄鋼業」丸川知雄編『中国産業ハンドブック　2007-2008 年版』蒼
　　蒼社，127-146 頁.

田中彰（2008）「鉄鋼——日本モデルの波及と拡散」塩地洋編『東アジア優位産業の
　　競争力——その要因と競争・分業構造』ミネルヴァ書房，15-49 頁.

〈中国語文献〉（ピンイン順）

李毅・張占鵬（2009）「2008 年我国高炉技術経済指標分析」『中国鋼鉄業』2009 年 06
　　期，29-31 頁.

冶金工業部発展規画司・冶金工業部信息標準研究院編『中国鋼鉄統計』各年版，北
　　京・中国鋼鉄工業協会.

中国鋼鉄工業年鑑編輯委員会編『中国鋼鉄工業年鑑』各年版，北京・冶金工業出版社.

中国鋼鉄工業五十年数字匯編編輯委員会編（2003）『中国鋼鉄工業五十年数字匯編
　　（上）（下）』北京・冶金工業出版社.

〈英語文献〉

Brun, L. (2016), *Overcapacity in Steel: China's Role in a Global Problem*, Durham,
　　NC: Center on Globalization, Governance & Competitiveness, Duke University.

Haley, U. C. V. and G. T. Haley (2013), *Subsidies to Chinese Industry: State Capital-
　　ism, Business Strategy, and Trade Policy,* New York: Oxford University Press.

Horii, N. (2014), "Energy: Pricing Reforms and the End of Low Energy Price," in: M.
　　Watanabe (ed.), *The Disintegration of Production: Firm Strategy and Industrial
　　Development in China*, Cheltenham: Edward Elgar, pp. 307-333.

Hurst, L. W. (2017), *China's Iron Ore Boom*, Abingdon: Routledge.

Kawabata, N. (2017), "Where is the Excess Capacity in the World Iron and Steel In-
　　dustry?: A Focus on East Asia and China," RIETI Discussion Paper Series, No.
　　17-E-026.

Sekiguchi, N., H. Otsuka, A. de Carvalho, and F. Silva (2016), "Capacity Develop-
　　ments in the World Steel Industry," OECD Paris, OECD papers on steelmaking
　　capacity developments.

World Steel Association, *Steel Statistical Yearbook,* Various years, Brussels: World
　　Steel Association.

Wu, L., R. Qin, and S. Ren (2016), "An Analysis of Coal Price Trends in China," China Coal Research Institute. https://chinadialogue-production.s3.amazonaws.com/ uploads/content/file_en/9464/REPORT_ENG_An_Analysis_of_Coal_Price_ Trends_in_China.pdf（2018 年 10 月 11 日最終アクセス）.

第 **8** 章

中国セメント産業の発展と技術選択・産業組織

田島俊雄

1. はじめに

本書の母体となった東京大学社会科学研究所現代中国研究拠点の第2期事業を開始するにあたり，筆者はその「目的と意義」として，2012年2月の段階で次のように記述している．やや長くなるが，本章の問題意識とも重なるので引用する[1]．

21世紀に入って以降の中国は「経済構造の戦略的調整」，「経済成長方式の転換」を目指し，投資および輸出主導型経済よりの脱却をはかってきた．しかし四川大地震や北京オリンピック，リーマンショックや上海万博を経た今日，改めて「経済発展方式の転換」を加速せざるを得ない状況にある．

中国の重工業化は日本に続く形で20世紀の戦間期に始まり，人民共和国期の1950年代にはソ連型の中央集権的な計画経済モデルによる重工業発展が試みられた．しかし冷戦下の中国は地方主導の重工業化にシフトし，1980年代以降の移行経済期には地方分権と軽工業優先政策への転換が意図され，市場経済化・対外開放がすすんだ．沿海部において輸出主導型の経済発展が顕著に進展

---

1) 「東京大学社会科学研究所現代中国研究拠点　目的と意義」（「現代中国地域研究」第2期研究計画（2012～17年）（2012年度版），2012年2月21日．http://web.iss.u-tokyo. ac.jp/kyoten/mokuteki.html）．

する一方，内陸部においても引き続き地方主導による工業発展がみられ，基幹産業における産業組織の地方分散化がすすんだ．産業構造・産業組織の調整，サステイナブルな発展が引き続き中国で主張される背景には，こうした歴史的かつ構造的な発展メカニズムが存在する．

　ここで言われている「経済成長方式の転換」は，1992 年の鄧小平南巡講話，1994 年の改革深化を経て過熱化した経済に対し，1996 年より始まる第 9 次 5 カ年計画の段階で提起され，2011 年よりの第 12 次 5 カ年規画で「経済発展方式の転換」と修正されつつ[2]，今日までほぼ一貫して主張されてきた．20 年も言い続けられ，いささか手垢のついたスローガンと意識されるようになったのか，直近の 2016 年より始まる第 13 次 5 カ年規画では，実質的な内容はともかく，この言葉は本文中で 1 カ所，使われているにすぎない．

　これに対し「経済構造の戦略的調整」は，2010 年末の中共中央「国民経済社会発展第 12 次 5 カ年規画についての建議」（2010 年 10 月 18 日）の中で，「経済発展方式の転換」を加速するにあたっての本丸（「主攻方向」）とされている．すなわちリーマンショック後の国際経済環境の基調変化を踏まえ，中国経済の発展方向を従来の投資・輸出主導から消費を含む内需主導型に調整すべく，この建議では農業の強化，製造業における核心的競争力の向上，戦略的新産業の振興，サービス産業の発展を通じた，資源節約的かつ環境に優しい社会の建設を挙げ，「戦略調整」の具体的中身としている．

　これらの主張から明らかなように，2011 年から始まる第 12 次 5 カ年規画の段階では，ハードランディング的な内容ではなく，あくまでポジティブな形での構造調整が意図されていたと考えられる．

　しかしその後，2012 年の党大会による政権交代に前後し，世界経済は停滞し，これを受けて国内経済の減速がより顕著な傾向になるなど，中国経済をめぐる状況は大きく様変わりしている．既述の第 13 次 5 カ年規画（2016 〜 2020 年）では，前政権の打ち出した「経済構造の戦略的調整」「経済発展方式の転換」というスローガンに代わり，より具体的に「供給サイドの構造改

---

2)　正確には，2007 年秋の中共 17 回党大会における胡錦濤総書記による政治報告の中で「経済発展方式の転換」が公式に使われるようになった．

革」[3]という形で，特に鉄鋼，セメント，電解などの設備過剰産業をはじめとした経済全般にかかわる構造調整政策[4]が打ち出されている．

　本章で採り上げるセメント産業は，当面する供給側構造改革の対象産業の一つであるが，とりわけ1996年に始まる第9次5カ年計画の段階から，一貫して構造調整の対象であり，2006年以降はさらに進んで産業組織の寡占化が政策目標として打ち出された点が注目される[5]．「経済成長方式の転換」という当初のスローガンは，セメント産業に象徴される公害発生型重工業[6]の急拡大・急拡散を念頭に打ち出された，といっても過言ではない[7]．

　中国のセメント産業は1886年にマカオにおいて外資系企業の形で成立し（青洲英坭廠．後に香港に進出），ついで1891年に官商合弁の唐山細綿土廠（後の啓新洋灰）が生産を開始する形で始まっている（王燕謀 2005）．日本の工部省製作寮（後の官業払い下げで浅野セメントとなり，日本セメントを経て現在は太平洋セメント）でセメント生産が始まるのが1875年であり（和田 1940），日中

---

3)　中国語では「供給側結構性改革」．2015年11月10日に開催された中央財経工作領導小組第11次会議における習近平講話に関する報道の中で使用され，翌2016年1月26日の同12次会議に関する報道（新華社 2016年1月26日）でさらに強調されたことから，習主席の発言としてその後頻繁に使われるようになっている．

4)　たとえば農業においても，価格支持の結果として近年明らかになったトウモロコシの過剰傾向と，他方における大豆の輸入依存拡大傾向を前に，2015年以降，トウモロコシにかかわる備蓄買い上げ価格の引き下げを通じた構造調整が図られ，2016年の中共中央・国務院1号文件においても「農業における供給サイドの構造改革」との言葉が使われている（張 2017）．

5)　2006年12月31日の段階で国家発展和改革委員会，国土資源部，中国人民銀行の連名により「国家による重点支持」の対象となる「全国級大型企業」12社（安徽海螺集団，山東山水水泥集団，浙江三獅集団，湖北華新水泥，河北唐山冀東水泥，中国聯合水泥，吉林亜泰（集団），中国材料工業科工集団，北京金隅集団，河南天瑞集団，紅獅控股集団，甘粛祁連山水泥集団），それに「地方級大型企業」48社の合計60社の名前が公表されている（発改運行［2006］3001号「関於公布国家重点支持水泥工業結構調整大型企業（集団）名単的通知」）．

6)　セメント製造工程は大きく分けてクリンカ（熟料）製造工程（$CaCO_3+n(C+O_2)$ → $CaO+(n+1)CO_2\uparrow$），セメント製造工程（$nCaO+mSiO_2$），コンクリ製造工程（セメント＋骨材（砂利）＋水）よりなり，クリンカ製造工程は燃焼反応による二酸化炭素の発生を伴い，したがって重量減損的であるなど，原料立地指向的である．他方でコンクリ製造はその製品特性から，消費地もしくは作業現場指向的である．これに対しセメント製造工程はクリンカの粉砕とその他の原料の調合よりなり，立地の自由度はより大きいと思われる．

間でセメント産業に対する取組みの始まる時期に多少のずれはあるものの,
竪窯技術[8]に始まり官主導の発展が取り組まれた点に, 大きな違いはない[9].
しかし 20 世紀初頭の日露戦争以降, 日中両国におけるセメント産業の発展
は対照的である.

　まず 1909 年に, 日本領となった大連に設けられた小野田セメント大連支
所において, ドイツから導入した回転窯によるセメント生産が始まっている
(田島 2017). そして日本では戦間期に早くもセメント生産が過剰となり, 1924
年には国内カルテルが形成される一方で, 対外輸出が加速する (橋本 1985).
対する中国でも第一次大戦から 1920 年代にかけて, 回転窯を装備したセメ
ント産業の勃興があり, 啓新 (唐山), 華商 (上海), 中国 (南京) の各社は日
本からの輸出攻勢をダンピングとし, 関税自主権の回復による保護関税の制
定と国内市場の分割を目指し, 1925 年にはカルテルを結成している (盧 2010).
そして 1927 年の南京政府成立以降は広東, また内陸部の山西, 重慶といっ
た地域においても, 公営企業の形で輸入・移入代替的なセメント産業が取り
組まれている (田島 2011). 他方で東北の満鉄沿線には日系のセメント産業
が展開し, 日中戦争以降は華北占領地においても, 日本国内よりの余剰設備
の移設が行われるなど, セメント生産は維持された (湊 2010b, 田島 2017).

---

7)　「中華人民共和国国民経済社会発展 “九五” 計画および 2010 年長期目標要綱」(1996
　　年 3 月) では, セメント産業については「構造調整, 省エネ, 省土地, 省水資源, 汚
　　染削減」が長期目標とされ, 2000 年の生産量に占める回転窯の比率を 25% に引き上げ
　　る (1995 年は 14% 弱) など, 構造調整色の強い内容となっている. 結果としてセメン
　　ト生産量は, 第 9 次 5 カ年計画の始まる前年の 1995 年の 4 億 7561 万トンから, 2000
　　年には 5 億 9700 万トンへと 25.5% 増大したにとどまる (後出の表 8-1 を参照). これ
　　に対し鉄鋼業については大型企業の技術改造を通じた生産拡大, 先端技術の導入もし
　　くは開発を通じた生産品目の拡大を掲げるなど, 全般的に産業規模の拡大を前提とす
　　る内容が示され, 実際に中国の粗鋼生産は 1995 年の 9536 万トンから, 2000 年には 1
　　億 2850 万トンへと, 34.8% 増加している (『中国統計年鑑』各年版).
8)　山陽小野田市の旧小野田セメント本社に残存する「徳利窯」プラントで知られる.
9)　工部省製作寮におけるセメント生産は国産の竪窯で行われたが, 浅野セメント深川
　　工場にスミス社 (デンマーク) より回転窯プラントが導入されるのは 1903 年のことで,
　　以後日本は回転窯の時代となる (田島 2010a). 中国で回転窯がスミス社より啓新洋灰
　　に導入されるのが 1908 年であるが, その後の中国とりわけ人民共和国期の中国は, 長
　　らく旧来の竪窯技術を温存し, その改良に努める形でセメント産業の発展を図った (田
　　島・朱・加島 2010).

よく知られるのは，工部省製作寮以来の伝統を有する浅野セメント東京工場の回転窯4基の移設で，1944年に河北省良郷県琉璃河（現在の北京市房山区）で稼働を開始し（華北洋灰），戦後は北京近郊の国営セメント工場として，首都の建設需要を支え今日に至る[10]．

これらのセメント産業は中華人民共和国期に引き継がれることになるが，その出自はこのように多様であり，1950年代になるとさらに東独などより導入されたプラントが加わり，セメント産業における計画経済の初期条件が形成された[11]．

ただし1950年代末以降，対米・対ソの冷戦下に中国のセメント産業がたどったのは，竪窯から回転窯へという通常の技術進歩のプロセスを追求しつつ，メインとなったのは旧来型の竪窯とその改良という独自の技術選択・技術進歩であった．竪窯技術の時代は，計画経済期から移行経済期の1980年代，さらには市場経済が本格化する1990年代まで続き，1996年の「経済成長方式の転換」に帰結する．

これに代わる技術選択は，1970年代に日本で実用化されたNSPと呼ばれる新たなセメント焼成方式（New Suspension Preheater方式），すなわち予熱装置（中国語で懸浮予熱器）と回転窯の間に仮焼炉（予分解窯）を組み込んだ新たな乾式生産方式である（中国語で「予分解窯新式乾法」または「新式乾法」）[12]．中国でもこれをうけ，同方式の開発に向けた日本との研究交流が1974年に始まり（王燕謀 2005），1979年には河北省唐山に秩父セメント・石川島播磨重工より，また安徽省に三菱マテリアル・三菱重工より，それぞれNSP技術を装備したクリンカ日産4,000トンの最新設備が導入されるなど[13]，同技術の実用化・国産化に向けた動きが本格化している（王燕謀 2005，峰・王穎琳

---

10) 今日の北京金隅集団．なお日本占領下の華北におけるセメント産業の実態については田島（2017）に詳しい．

11) 田島（2010b）および各地で出された企業志（史）および王燕謀（2005）を参照．

12) 秩父セメント・石川島播磨重工のSF（Suspension Preheater and Flash Furnace）キルンに代表される，1970年代に開発された新技術の総称で（鈴木 1976，王燕謀 2005），1979年の段階でSF方式は河北省に，三菱重工・三菱鉱業セメントの方式（MFC方式）は安徽省に移植され，前者は冀東水泥，後者は安徽海螺と中国を代表するセメント会社に発展している（峰・王穎琳 2013）．

2013). プラント導入の受け皿となったのは 2 省の地方国有企業で, 両社は NSP 技術の普及を牽引する形で 1990 年代以降に大きく発展し, 前者は河北唐山冀東水泥, 後者は安徽海螺として, 今日では中国を代表するセメントメジャーとなっている[14]. 両社の躍進と軌を一にして, NSP 技術も, 竪窯方式および旧来方式の回転窯[15]に代替する形で, 「経済発展方式の転換」を追い風に, 21 世紀に入り急速に普及して今日に至る.

　以上明らかなように, 中国のセメント産業は日本と同様に 19 世紀末に始まり, その後の発展はさまざまな意味で日本の影響を受けつつ, かつかなり異質な経路をたどり今日に至っている. 中国セメント産業の発展を論じる上で, いずれにせよ日本との関係を抜きには語れない[16].

　こうした 19 世紀末から今日に至る産業発展に関する歴史認識は, 中国セメント産業の通史である《当代中国》叢書編輯部 (1990), 中央政府建築材料部門の技術官僚としての体験にもとづく王燕謀[17](2005), これらを踏まえて 2007 年より実施された社会科学研究所東アジア経済史研究会のセメント産業プロジェクト[18]による研究成果 (田島・朱・加島 2010) において, 基

---

13)　後に「洋躍進」と揶揄されることになる西側よりのプラント導入の一環として 1978 年に契約交渉が始まり, 資金面の制約から, 契約の発効は 1979 年に繰り越されている.

14)　その他にも同時期にデンマークのスミスより日産 4,000 トンの設備が広州珠江水泥廠に, 同じく 3,200 トンの設備が柳州水泥廠に, ハイデルブルグ (ドイツ), フラー (アメリカ) より 2,000 トンの設備が新疆水泥廠に, FCG (フランス) より 2,000 トンの設備が広東雲浮水泥廠に, BHP (オーストラリア) より 2,000 トンの設備が福建順昌水泥廠に導入されており (王燕謀 2005), 中国が並々ならぬ決意で西側より NSP 技術の移植を図ったことが明らかである.

15)　湿式回転窯やレポル窯を指す.

16)　韓国, 台湾の場合も, 戦前の段階で日本帝国経済の一環としてセメント産業を含む経済発展の「基礎工事」(矢内原 1929) を開始し, 戦後は回転窯の段階から産業発展を始めたという意味で (田島 2017), 中国のセメント産業発展とは異質である. しかし韓国の場合は大宇セメント (すでに撤退) が, 台湾の場合は台湾水泥, 嘉新水泥, 亜州水泥 (中国では亜東水泥) が 1990 年代以降, 中国に直接投資しており, 中国経済との関係を個別産業のレベルにおいても確認できる (峰 2010).

17)　1932 年生. 南京工学院で化学工学を学んだ後に中国建築材料科学院で研究に従事し, 旧ソ連への留学を挟み, 1978 ～ 79 年には西側よりのプラント導入を担当するとともに冀東水泥廠, 寧国水泥廠の建設を担う. 1982 年から 94 年までは国家建築材料工業局の副局長, 局長としてセメント産業のみならず土木・建築分野の素材産業全般にかかわる産業政策を担当するなど (王燕謀 (2005) 作者紹介による), 中国のセメント業界生え抜きの技術官僚である.

本的に描かれている.

　ただし田島・朱・加島（2010）が上梓されてすでに 8 年以上，セメント産業プロジェクトが始まって 10 年以上経過し，この間に右肩上がりで急増した中国のセメント生産も，2015 年の段階で対前年比マイナスになるなど，変化の兆しも見られる．そして右肩上がりの成長を支えてきた積極的な財政・金融政策，とりわけ 2008 年のリーマンショックを契機に採られた 4 兆元と言われる内需拡大政策についても [19]，中長期的な観点からその功罪を再検討すべき時期に来ているように思われる．またより長期的には，セメント産業における技術進歩と発展のプロセスについての検討を通じ，中国的な重工業発展の経済的技術的背景と，その帰結でもある産業組織の分散化傾向およびその現状について，立ち入って検討することが可能であろう.

2.　中国・東アジアのセメント生産（1970 ～ 2017 年）

　表 8-1 で示すように，2015 年の中国におけるセメント生産は 1990 年以降 4 半世紀ぶりに対前年比マイナス成長となった．2016 年にはやや持ち直したものの，2017 年では 23 億 3679 万トンと，これまで最多の 2014 年の 24 億 9207 万トンに比べ 1 億 5000 万トン余り減少したことになる．前回 1989，90 年の停滞が，89 年に起きた六四事件前後の経済的政治的混乱 [20] や西側の経済制裁によるものであったと考えるならば，1990 年のマイナス成長はむしろ例外的で，中国のセメント生産は 1970 年代より 40 有余年にわたり持続的に拡大し，ようやくここにきて曲がり角を迎えているように思われる.

　表 8-1 に示した他の東アジアにおけるセメント生産の趨勢から明らかなよ

---

18)　東アジア経済史研究会は 2003 年に東京大学社会科学研究所に設けられ，セメント産業については化学工業，電力産業につづく 3 番目の研究プロジェクトとして，現代中国研究拠点の設立と軌を一にして 2007 年秋に始まっている.

19)　2008 年 9 月のリーマンショックを受け，同年 11 月には国務院常務会において 2010 年末までに総額 4 兆元とされる内需拡大措置が採られることになり，あわせて積極的な財政出動と金融緩和策が採られた（新華網 2008 年 11 月 9 日）．これによって中国経済は成長軌道を維持し，世界経済に占めるプレゼンスも大いに高まった.

20)　1988 年に起きた物価騰貴を背景に，これに民主化を求める学生達の天安門広場における座り込みが加わり，北京において人民解放軍による武力鎮圧が行われた.

表 8-1　東アジアのセメント生産

(万トン)

年次	日本*	中国	韓国	台湾	年次	日本*	中国	韓国	台湾
1970	5,758	2,575	581	454	1998	8,257	53,600	4,679	1,965
1975	6,601	4,626	1,013	680	1999	8,218	57,300	4,858	1,828
1979	8,794	7,390	1,541	1,190	2000	8,237	59,700	5,142	1,757
1980	8,588	7,986	1,563	1,406	2001	7,912	66,104	5,306	1,813
1981	8,361	8,290	1,562	1,434	2002	7,548	72,500	5,682	1,936
1982	8,006	9,520	1,789	1,343	2003	7,351	86,208	6,073	1,847
1983	7,940	10,825	2,128	1,481	2004	7,168	96,682	5,696	1,905
1984	7,740	12,302	2,041	1,423	2005	7,393	106,885	5,222	1,989
1985	7,221	14,595	2,051	1,442	2006	7,317	123,676	5,502	1,929
1986	7,042	16,606	2,354	1,481	2007	7,060	136,117	5,819	1,896
1987	7,424	18,625	2,595	1,566	2008	6,590	142,356	5,664	1,733
1988	7,726	21,014	2,955	1,728	2009	5,837	164,398	5,383	1,592
1989	8,008	21,029	3,012	1,804	2010	5,605	188,191	5,070	1,630
1990	8,685	20,971	3,391	1,846	2011	5,758	209,926	5,200	1,685
1991	8,881	25,261	3,917	1,940	2012	5,949	220,984	5,261	1,579
1992	9,621	30,822	4,444	2,146	2013	6,239	241,924	5,382	1,658
1993	9,489	36,788	4,731	2,397	2014	6,114	249,207	5,249	1,463
1994	9,764	42,118	5,209	2,272	2015	5,924	235,919	5,621	1,345
1995	9,750	47,561	5,610	2,248	2016	5,927	241,031	6,155	1,213
1996	9,927	49,119	5,843	2,154	2017	6,036	233,679	6,264	1,088
1997	9,256	51,174	6,032	2,152					

注：*日本の場合は年度．1992 年度以降は輸出用クリンカなどを含む．
出所：社団法人セメント協会編集・発行『セメントハンドブック 2018 年度版』，2018 年．『中国統計摘要 2018』．
国家統計局国民経済綜合司編『新中国五十年統計資料彙編』中国統計出版社，1999 年．経済部統計處「工業生
産統計年報」民生工業主要産品産銷存量値——按産品別　https://www.moea.gov.tw/Mns/dos/content/ContentLink.
aspx?menu_id=9426. Council for Economic Planning and Developmant, *Taiwan Statistical Data Book 2016*. 한
국통계청『한국통계연감』(韓国統計庁『韓国統計年鑑』) 各年版．

うに，セメント生産量と GDP の関係は，後者が一定の水準に達したあとは
むしろ前者が逓減し始める逆 U 字型の関係，すなわち一定の所得水準に達
するとセメントはマクロ経済的に劣等財に転ずるという経験法則が成立する
と考えられる[21].

　すなわちセメントの場合，単位重量当たりの製品価格は安価で，移輸出に
かかわる輸送費負担力が低位にあることから，貿易に関しては一種の非関税
障壁が存在すると考えられる．また同様の素材生産である鉄鋼産業などに比
して，プラント導入や直接投資に依拠して輸入代替工業化を図ることが比較
的容易である．逆に言えば，貿易財ではあるものの輸出主導型の産業発展は
容易ではなく，むしろ国内市場の制約を受けやすい．

　こうしてセメント産業の場合，国内におけるセメント・ストックの蓄積と
投資需要の鈍化とともに，成熟した市場経済のもとでは市場規模の縮小が生
じるという経験則が想定される[22].　かつそれは歴史的なインフラ投資の蓄積
の如何，したがって国土面積や人口・経済活動の密度，つまりは地理的条件
に規定され，また建造物にかかわる木材等との代替関係などの気候的風土的
条件，さらには石灰・石炭資源の採掘やクリンカの焼成にかかわる環境条件
や環境規制によっても規定されることが，容易に理解されよう[23].

　まず日本のセメント生産の場合，歴史的には木質材料を嗜好する風土条件
のもと，狭い国土に 150 年近いセメント使用の歴史があり，1996 年度をピー
クにセメント市場の縮小局面を迎えたと考えられる．震災復興やオリンピッ
ク景気などの影響はあるとしても，成長鈍化とともに日本のセメント使用量
≒生産量は，歴史的なセメント・ストックの更新需要のレベルに収束すると
考えられる．

---

21)　日本および台湾で観察される逆 U 字状の推移に比して，韓国の場合はピークが持
　　続しているという意味で，より立ち入った検討が必要である．

22)　よく知られているように，日本の粗鋼生産量は 1970 年代初頭に 1 億トンの大台を達
　　成したあと，最終消費にかかわる内需外需の変動を反映した変化は見られるものの，
　　輸出を含めた生産量には大きな変化を経験することなく，今日に至る．

23)　ただし昨今の生活廃棄物の処理問題や自然災害にかかわる「がれき」の処理に関連
　　し，これらの処理を担う一種の「静脈産業」として，セメント産業を位置づけること
　　も可能である．

　これに対し，東アジアにおいてもっともピークを迎えるのが早かったのが台湾で，1993 年と日本より 3 年早い．それはいかなる理由によるものであろうか．

　まず台湾の場合，1895 年の日本による領有以降，1908 年に基隆―打狗（高雄）間の縦貫鉄道が開通し，1917 年には浅野セメント高雄工場の回転窯が稼働して移入代替が始まり，日月潭や嘉南大圳をはじめとするダムや灌漑施設などのインフラ整備が歴史的に進むという経済発展の初期条件があった（矢内原 1929，陳・蕭 2010）．地理的にも日本以上に人口稠密にして，経済活動は西部沿海地域に集中している．気候風土が高温多湿にして木材資源が豊富にあり，木造建築が嗜好される点も日本と同様であろう．経済的には 1978 年に基隆―高雄間の中山高速道路が開通し，1980 年代以降は石灰採掘に対する規制が強化され，貿易規制の緩和に伴いクリンカ輸入が増大するとともに，1980 年代末以降の住宅ブームが沈静化するなどの背景のもと（劉 2012），90 年代早々にセメント生産のピークを迎えたと考えられる．こうして市場は飽和し，セメント企業の台湾離れが始まり，1990 年代以降，台湾水泥，亜州（中国では亜東），嘉新，環球などの主要企業は，こぞって対中国セメント投資を加速化し，今日に至る．

　日本におけるセメント生産のピークが台湾に比して遅かったのは，むしろ日本側の特殊事情によるところが大きかったように思われる．周知のように日本では 1986 年以降，プラザ合意のもとで空前の不動産ブームとなり，90 年代のバブル崩壊後は，景気テコ入れを意図した財政金融政策のもと，積極的な公共投資が行われ，セメント生産のピーク到達を遅らせたと考えられる．つまりマクロ経済の状況と経済運営の如何が，ここにはかかわっていたと考えるのが適当であろう．

　これに対し韓国の状況はやや複雑である．日本による領有は 1910 年と台湾よりも遅く，統治期間の末期は日中戦争，第二次大戦と重なる．かつダムや工業施設の整備は主として現・朝鮮領内で進んだという初期条件のもと，朝鮮戦争を経て近代的な経済成長の軌道に乗るのは，1960 年代以降であったと考えて異論あるまい．その後の韓国の経済発展は顕著ではあったが，1997 年のアジア経済危機に際しては，その震源地の一つとして IMF 主導のもと，

緊縮財政を含む構造調整政策が採られた[24]．ピークは先送りされ，2002 年の日韓ワールドカップや 2018 年の平昌オリンピック・パラリンピックなどの要因も重なり，ピークが持続したと考えられよう．

　問題は中国である．

　表 8-1 では資料の関係から 1970 年代以降の数字を示したが，中国の場合，セメント生産がもっぱらこれ以降大きく発展したということでは必ずしもない．表 8-2 で見るように，中国のセメント産業はこの 60 年余りの間，時期的に大きな変動を伴いつつ，長期的には順調に発展してきたと考えられる．つまり戦後復興のあと 1960 年前後の停滞とその反動はあったものの，1960 年代半ばから 85 年までの 20 年間は 2 桁成長が続いている．そして既述のように，「改革・開放」が本格化する 1980 年代後半には 1 桁成長とむしろ停滞し，1990 年代に入ってからの 5 年間は逆に平均で 16.4％と急成長を遂げる．そして「経済成長方式の転換」のもと，一転して 1996 年から 2000 年までは 1 桁成長に戻る．この軌跡は，1996 年に提起された「経済成長方式の転換」がセメント産業をターゲットに展開されたとする先の主張を，データ的に裏付けるものである．

　しかしそれ以降の 2000 年から 2010 年までの時期は，「経済成長方式の転換」が引き続き主張されたにもかかわらず，セメント生産は平均して 12％台と高成長の時代に逆戻りしている[25]．これを 2 桁成長が続いた 2011 年も含めて考えると，2000 年から 11 年の間に中国のセメント生産量は絶対数にして 3.5 倍，年平均の成長率は実に 12.2％にも達している[26]．セメントが典型的な重厚長大産業であることを考えれば，「経済成長方式の転換」のスローガンはむしろあだ花となり，この時期以降，「経済発展方式の転換」と言い換えられたのも，故なきことではない．

　問題は 2012 年以降の状況をどう捉えるかである．この年以降，2013 年を

---

24)　コンディショナリティーと言われる，IMF・世界銀行の援助スキーム．

25)　2002 年の場合は 9.7％と 2 桁には届かぬ水準であったものの，それでも 10％に近い拡大であった．

26)　2008 年は 9 月にリーマンショックが起きた年で，秋以降は景気が落ち込んだものの，この年の経済成長率は通年で 9.7％と 2 桁に近く，セメント生産量も 4.6％とそこそこの成長率を保った．

表 8-2　中国の時期別セメント生産成長率

	期間・年次	年平均（%）
第 1 次 5 カ年計画期	1953 〜 1957 年	20.2
第 2 次 5 カ年計画期	1958 〜 1962 年	6.3
調整期	1963 〜 1965 年	39.8
第 3 次 5 カ年計画期	1966 〜 1970 年	13.6
第 4 次 5 カ年計画期	1971 〜 1975 年	12.9
第 5 次 5 カ年計画期	1976 〜 1980 年	11.7
第 6 次 5 カ年計画期	1981 〜 1985 年	12.9
第 7 次 5 カ年計画期	1986 〜 1990 年	7.7
第 8 次 5 カ年計画期	1991 〜 1995 年	16.4
第 9 次 5 カ年計画期	1996 〜 2000 年	6.1
第 10 次 5 カ年規画期	2001 〜 2005 年	12.4
第 11 次 5 カ年規画期	2006 〜 2010 年	12.1
第 12 次 5 カ年規画期	2011 年	11.5
	2012 年	5.3
	2013 年	9.5
	2014 年	3.0
	2015 年	-5.3
第 13 次 5 カ年規画期	2016 年	2.2
	2017 年	-3.1

注：第 10 次以降，計画ではなく規画と呼ばれる.
出所：『中国統計年鑑』各年版，および『中国統計摘要 2018』より集計・計算.

除けばセメント生産の成長率鈍化は顕著であり，2015 年には，既述のように 4 半世紀ぶりにマイナス成長となっている．しかも 2015 年の数字は 2 年前の 2013 年に比しても少なく[27]，2017 年も同様である．これははたして単なる景気変動に伴う一時的な現象なのか，それとも台湾や日本と同様に，中国

---

27)　中国の GDP は 2003 年から 08 年，10 年と 2 桁の成長率を記録し，それ以降は 10% を下回るものの，11 年 9.5%，12 年 7.9%，13 年 7.8%，14 年 7.3%，15 年 6.9%，16 年 6.7%，17 年 6.9%と安定的に推移している（『中国統計摘要 2018』）．日本的常識では顕著な経済成長にもかかわらず，セメント市場はむしろ縮小したことになる.

は経済の成熟に伴うセメント需要の絶対的減少の局面に立ち至ったのであろうか.

　この問題を論ずる前提として，以下ではまず中国におけるセメント産業の発展にかかわる時期ごとの変動に着目しつつ，既述の中国に特有なセメント技術の進化のプロセスとの関係，さらにはその担い手の変化との関係について，主として統計データにもとづき解説する.

3.　セメント生産技術の変遷と担い手

　中国のセメント産業発達史における最大の特徴は，竪窯→回転窯→NSP窯という通常の技術進歩とは異なる，中国独自の竪窯→回転窯→竪窯（機械式竪窯・改良式竪窯）→ NSP窯という技術選択にある. 表8-3では，この技術選択と生産力の関係，また生産力の担い手としての企業の性格と技術選択の関係を示した.

　まずもって注目すべきは，中国のセメント産業は1970年代までは輸出産業であった点である. 輸入依存に転じるのが1980年代で，表8-2で示したように1986年以降のセメント生産が低い成長率にとどまったのは，こうした事情と裏腹な関係にある. ただしこのことをもって，計画経済期の中国セメント産業が国内余剰のはけ口を海外に求めたとするのは早計である. せいぜいのところ，国際的な比較優位を考慮してセメント輸出が組織されたと言える程度であろう[28]. そして1980年代の改革開放，すなわち市場経済化と対外開放とともに，セメントの不足と比較劣位性が顕在化し，輸入依存となり，90年代以降は一転して過剰の時代を迎え，純輸出に転じた，と理解すれば分かりやすい.

　次に注目すべきは,「大中型」と「小型」もしくは「小水泥」の区分である. 計画経済期の中国にあって，国営企業[29]は人事や財務にかかわる所有制の面

---

28)　計画経済期の中国は，中央集権と地方分権というシステムの変動を循環的に繰り返す状況にあったと考えられるが（田島 1990），そうした状況下にあっても，外貨管理にかかわる対外貿易は一貫して中央政府の管轄下にあった（劉 2016）.

29)　1993年3月の憲法改正により，国営企業という呼称は国有企業に変更されている.

表 8-3 セメント供給の推移と分類別構成

(万トン，%)

年次	総生産量[*]	輸出量	輸入量	国家契約による供給		大中型		小型＝小水泥		堅窯	
				供給量	同比率	生産量	同比率	生産量	同比率	生産量	同比率
1956	639	91	44			618	96.7	21	3.3		
1957	686	154	18			667	97.3	19	2.7		
1958	930	125	16			903	97.1	27	2.9		
1965	1,634	102	31			1,106	67.7	528	32.3		
1970	2,575	43	7			1,517	58.9	1,058	41.1		
1975	4,626	74	43			1,906	41.2	2,720	58.8		
1980	7,986	95	132			2,559	32.0	5,427	68.0		
1985	14,596	14	297	2,420	16.6	3,160	21.6	11,436	78.4		
1986	16,606	19	276	2,410	14.5	3,235	19.5	13,371	80.5		
1987	18,625	17	189	2,356	12.6	3,423	18.4	15,202	81.6		
1988	21,014	15	109	2,238	10.7	3,546	16.9	17,468	83.1		
1989	21,029	44	77	2,122	10.1	3,591	17.1	17,438	82.9		
1990	20,971	683	20	2,125	10.1	3,985	19.0	16,986	81.0		
1991	25,261	1,074	6	2,004	7.9					18,861	74.7
1992	30,822	645	24	1,732	5.6	8,587	27.9	22,235	72.1	24,478	79.4
1993	35,673	245				8,691	24.4	26,982	75.6	28,700	80.5
1994	40,005	452				11,566	28.9	28,439	71.1	33,478	83.7
1995	44,565	819	31			13,350	30.0	31,215	70.0	38,491	86.4
1996	49,212	1,180	5							38,857	79.0
1997	51,300	1,168	17							39,397	76.8
1998	56,600	820	18							43,050	76.1
1999	57,600	636	50							46,081	80.0
2000	59,700	606	143							48,088	80.5
2001	66,000	621	280							52,799	80.0
2002	72,500	518	237							55,500	76.6
2003	86,208	533	254								
2004	96,682	704	227							57,612	59.6

注：[*] 1993 年から 99 年，2001 年の数字は後に修正されており，このため表 8-1 で示した値とは若干異なる.

出所：田島 (2010b).『中国水泥年鑑 2001-2005』.『中国統計摘要 2018』.《中国対外貿易年鑑》編輯委員会編『中国対外貿易年鑑』各年版, 対外経済貿易出版社. 中国商務年鑑編輯
委員会編『中国商務年鑑』各年版, 中国商務出版社.《当代中国》叢書編輯部編『当代中国的建築材料工業』中国社会科学出版社, 1990 年. 王燕謀編『中国水泥発展史』中国建材
工業出版社, 2005 年. 原田忠夫・常清主編『中国生産資料流通実証分析』中国経済出版社, 1994 年. 陳福広主編『中国建築材料工業年鑑 1996』中国建築材料工業年鑑社, 1996 年.

で，中央政府直属の中央国営企業と，地方レベルの地方国営企業に区分された．しかし所有制のレベルは，中央から地方に移管されたり，また地方から中央に引き上げられたりと，時代とともに変動した．そして資金や物の配置にかかわる短期・長期の計画も，中央計画と地方計画に区分され棲み分けられたが，特定の原材料や製品のフローについては，地方に帰属する企業であっても，調達や供給のすべて，または一部について中央計画で規制されるケースがしばしば見られた．こうした企業は中央「直属」企業に対して「直供」企業，または「統配」[30]企業などと呼ばれ，地方にあっても別格の存在であった．上記のセメント輸出は中央計画に包括されることから，その数量はこうした「直属」または「直供」「統配」企業に割り当てられたと考えられる．

　これに対し，表 8-3 でいうところの「小型」，もしくは「小水泥」とは，「直属」「直供」または「統配」以外の「非統配」企業と一般的には理解される．そして「国家契約による供給」比率から明らかなように，「大中型」が年次の調達・供給計画による規制を 1990 年代初頭に至るまで受けたのに対し，「国家契約」以外の流通部分を担う「小型」「小水泥」の場合は，1980 年代に顕著となった市場流通の拡大をもっぱら享受する形で，シェアを拡大したと考えられる（王燕謀 2005，王京濱 2010）[31]．

　これを技術面で考えると，「小水泥」と竪窯は基本的に重なるが，後者のシェア拡大は 1995 年まで続き，対比可能な年次（1992 年から 95 年）では「小水泥」のシェアを上回っている．つまり「小水泥」以外の「大中型」であっても，竪窯を装備した企業が少なからず存在したことになる．そして 21 世紀に入っても竪窯生産の絶対量は，少なくとも 2004 年までは増大していた．1996 年に始まる「経済成長方式の転換」の時代にあっても，竪窯生産の絶対量は，むしろ持続的に増大していたのである．

　こうした逆説的な状況を含め，先行研究である王燕謀（2005）は，中国に

---

30)　中央計画にかかわる生産・流通規制を「統配」と呼び，1980 年代半ばにはこれ以外の企業および生産された財に対する規制がなし崩し的に緩和される形で，中国経済の市場化が進展した．

31)　こうした国家計画による規制は 1993 年に撤廃され，大中型・小型（小水泥）のセメント企業は同一の価格条件で競争することになる（国家建材局，国家物価局「関於進一歩改革統配水泥価格管理的通知」1993 年 3 月）．

おける竪窯技術の普及・拡大のプロセスを6段階に分けて解説している.

　第1は19世紀末から20世紀初頭にかけての竪窯プラントの輸入によって中国のセメント生産が勃興する時期，およびこうした技術を引き継いで発展を遂げた抗日戦争期の後方建設から1950年代にかけての時期である．この竪窯時代は旧敵産の接収，1953年に始まる第1次5カ年計画による東欧等よりの回転窯技術の導入，1956年の民営企業に対する公私合営化で終わりを告げるはずであった．しかし1958年に始まる「大躍進」による政策転換のもと，中国のセメント産業は竪窯を中心とする従来型の技術に依拠した発展を目指す．これが王燕謀（2005）の指摘する第2の段階である.

　第3は1966年に始まる「無産階級文化大革命」の時期で，竪窯生産は「5つの主とする」，つまり，①農業生産への貢献，②資金の自己調達・自己蓄積，③原料の現地調達，④中古設備の有効利用・自己製造，⑤技術力の自己蓄積を原則に，大発展を遂げたという.

　第4は，1982年以降の景気拡大を背景として発展を遂げた時期で，表8-3で見た「非統配」生産に対する規制緩和を追い風として，技術的には機械化された「機械式竪窯」が従来型の竪窯生産にとって代わる形で，全国的に普及をみたという.

　第5は1990年前後の停滞期を脱し，1992年の鄧小平南巡講話，1994年の全面的規制緩和を経て更なる景気拡大が見られた時期で，新たに登場した「改良型機械式竪窯」が市場経済化の波に乗り大きく普及したという[32].

　第6は，20世紀末から21世紀初頭にかけての時期で，この時期に中央政府はそれまでの引き締め政策を転換したことから，竪窯生産はむしろ拡大したという.

　以上の時期区分は，5カ年計画の時期区分で見た表8-2の分析とはやや異なるものの，一般的には文革期の中国，とりわけ1968年から1976年の四人組失脚までの時期は，折からの冷戦環境下に地方工業，すなわち「五小工業」

---

32)　王燕謀（2005）によれば，1988年よりの経済調整期間中に開発された技術で，原材料の均質化処理や電算機による燃焼効率の制御などを内容とし，1989年以降，国の予算を使い270基の設備を改造したほか，地方レベルでも地方予算を使いこれに倣って1995年までに1,000基に達する改造を行ったという.

や「社隊企業」[33]の発展を重視する国内政策状況のもと，地方レベルのセメント生産，すなわち竪窯による生産が拡大したと考えられる．ただし通常の竪窯の場合，焼成過程において均一性を確保するのが難しく，そのために原料の調合・竪窯への投入，製品の搬出を機械化する形で技術改良に取り組まれ[34]，1981 年に始まる第 6 次 5 カ年計画期間中には，従来式竪窯 1,000 基が機械式に改造されるなど《当代中国》叢書編輯部 1990，峰・王穎琳 2013），竪窯によるセメント生産を主とする時代が続く．この時期，文革による混乱が80 年前後の陳雲らによる調整政策によって収拾され，82 年以降には計画経済に対する規制緩和が進み，機械式竪窯はそれと軌を一にする形で，地方レベルで普及する．

　1980 年代後半には規制改革と対外開放の進展に伴い景気が過熱し，既述のようにインフレに対する民衆の不満が 1989 年の六四事件につながり，ひいては趙紫陽首相の失脚をもたらすなどの混乱を招き，中国の景気は一気に落ち込む．1990 年にはセメント生産が前年割れとなり，1986 年から始まる第 7 次 5 カ年計画の時期は，結果としてセメント生産においても低成長の時期であった．

　この時期には，竪窯生産の弱点である燃焼性能を向上させる目的で，日本と中国の間で技術協力が展開され，これが改良式竪窯と言われる新たな技術革新につながった[35]．すなわち官民合同の日中建築材料交流会議が 1986 年に始まり，1987 年には日本側のセメント協会内に「中国竪釜開発特別委員会」が設けられ（今村一輔セメント協会会長・小野田セメント社長が委員長を兼務），原料調合にかかわる事前処理のための流動層の導入，ペレットフィルターによる燃焼効率の向上といった改善が提案され，1990 年にはモデルプラントの建設が，山東省淄博市の張店水泥廠で始まっている（峰 2010，峰 2015）．

　1990 年代に入ると中国は本格的な市場経済化の時代を迎え，セメント技

---

33)　「五小工業」は県レベルの鉄鋼，電力，化学，セメント，農業機械などの地方工業を指し，「社隊企業」とは農村人民公社レベルの集団所有制企業を指す（田島 1980）．

34)　プロトタイプとなったのは，戦時中に日本によって山東省済南から大同に移設されたドイツ製の竪窯技術であった（峰・王穎琳 2013，田島 2017）．

35)　王燕謀（2005）では，この時期に中国で竪窯技術の改良が行われたことは明示しつつ，それが日中協力によるものであることについては言及していない．

術にあっても燃焼性能を向上させた改良式竪窯技術が市場拡大の担い手となる[36]．政府がアジア経済危機後のデフレ脱却を目指して 1998 年に行った一連の内需拡大，国債発行，インフラ整備，住宅改革による住宅ブームなどに対し，NSP 技術を装備した大型プラントによる供給拡大は追いつかず，「経済成長方式の転換」による規制で余剰設備があった竪窯生産が息を吹き返したという．その背景として王燕謀（2005）は，国による設備規模の規制を逃れるべく，竪窯を含め駆け込み的に規模拡大した設備が多かった点を指摘している．NSP 技術が改良型竪窯にとって代わるのは，21 世紀に入るのを待たねばならなかった．

　21 世紀に入って以降の状況については，セメント生産の前提となるクリンカ生産量に即したデータが表 8-4 のように与えられている[37]．セメントではなく中間財としてのクリンカの生産量を示したのは，クリンカを単位とするデータの公表が一般的になったことのほか，この間の構造調整の過程で石灰石などの原料をクリンカに焼成する工程と，これを粉砕してセメントに仕上げる工程を空間的に分離し，環境規制の厳しい都市近郊のセメント工場から，環境負荷が高く規模の経済性の顕著なクリンカ焼成工程を分離・再編するケースが増えたことによる[38]．

　表 8-4 が示すところ，中国における NSP 方式の普及は，21 世紀初頭に始まり 2007 年の段階でその他の方式によるクリンカ生産を絶対量で逆転し，今日では生産量の 90％以上に達する．他方で，主要には竪窯と目されるその他の方式によるものは，徐々に淘汰されたと理解される．つまりすでに見たよ

---

36)　製品当たりの PM2.5 排出量でも，NSP や従来型の回転窯に比べ改良型竪窯に軍配を上げる記述も見られるなど，その性能は中国でも評価が高かったと考えられる（環境保護部「大気細顆粒物一次源排放清単編制技術指南（試行）」2014 年 8 月 19 日（『中国水泥年鑑 2015』））．

37)　出所の『中国水泥年鑑』は 2015 年版を最後に刊行されていないが（2018 年 5 月末現在），2015 年版とそれ以前ではデータの取り方や数字に若干の異同があり，時系列的な取扱いには注意が必要である．

38)　こうして 2014 年 7 月には，北京市，天津市，上海市，河北省，江蘇省，浙江省，および広東省内 6 市を対象に，セメント設備能力を制限し地域間交易を奨励する措置が始まっている（工業和信息化部「関於做好部分産能厳重過剰行業産能置換工作」的通知（2014 年 7 月 10 日））．

表8-4　クリンカ生産に占める NSP 方式*による生産比率

（万トン，%）

年	クリンカ生産量	NSP 方式*		その他の方式	
		生産量	同比率	生産量	同比率
2002	52,515	8,580	16.3	43,935	83.7
2003	65,703	14,944	22.7	50,759	77.3
2004	68,437	21,019	30.7	47,418	69.3
2005	76,472	30,201	39.5	46,271	60.5
2006	87,328	40,181	46.0	47,147	54.0
2007	95,668	51,462	53.8	44,206	46.2
2008	97,701	61,836	63.3	35,865	36.7
2009	108,408	78,835	72.7	29,573	27.3
2010	118,817	96,688	81.4	22,129	18.6
2011	131,630	114,306	86.8	17,324	13.2
2012	132,785	122,393	92.2	10,392	7.8
2013	139,016	133,785	96.2	5,231	3.8

注：*窯外分解窯.
出所：『中国水泥年鑑 2014』.

うに，21 世紀に入って以降，2011 年に至る間，中国のセメント生産は 3.5 倍にも増大したが，それと同時に生産方式にかかわる構造調整も顕著に進んだのである．1950 年代を回転窯への回帰の時代，60 年代以降の中国を竪窯の時代とすれば，21 世紀以降の中国は，一足飛びに NSP の時代に入ったと言えよう．

　ただし以上の評価は中国を全体として見た場合のもので，こうした生産方式にかかわる構造調整は，地域的な不均等性を伴いつつ，進展したと考えられる．

　表8-5 では各省別に，リーマンショック前の 2007 年段階，セメントおよびクリンカ生産でこれまで最高であった 2014 年段階のクリンカ生産に即して，生産量や設備稼働率，常住人口 1 人当たりの生産量，NSP 比率などを示した．

　まず全国レベルにおけるクリンカ設備能力の変化率から明らかなように，

表 8-5　地域別クリンカ生産量・

地域	2007 年							
	クリンカ生産			うち NSP 方式[*]				
	設備能力 a	生産量	稼働率	設備能力	同比率	生産量	稼働率	生産量比率
	（万トン）	（万トン）	（%）	（万トン）	（%）	（万トン）	（%）	（%）
北京市	899	864	96	858	95.4	828	97	95.8
天津市	359	305	85	244	68.0	231	95	75.7
河北省	6,940	5,478	79	2,725	39.3	2,516	92	45.9
山西省	3,209	1,854	58	1,395	43.5	742	53	40.0
内蒙古自治区	2,388	1,785	75	1,474	61.7	1,129	77	63.2
遼寧省	3,483	2,353	68	1,858	53.3	1,083	58	46.0
吉林省	2,364	1,800	76	1,699	71.9	1,410	83	78.3
黒竜江省	1,578	1,211	77	869	55.1	760	87	62.8
上海市	171	190	111	171	100.0	190	111	100.0
江蘇省	7,681	5,915	77	4,994	65.0	4,130	83	69.8
浙江省	6,618	6,168	93	6,429	97.1	6,038	94	97.9
安徽省	9,058	7,914	87	7,728	85.3	6,854	89	86.6
福建省	4,271	3,449	81	1,346	31.5	1,037	77	30.1
江西省	4,460	3,614	81	2,606	58.4	2,107	81	58.3
山東省	12,804	9,773	76	5,391	42.1	4,455	83	45.6
河南省	8,537	6,461	76	4,071	47.7	2,941	72	45.5
湖北省	4,811	3,527	73	2,773	57.6	2,043	74	57.9
湖南省	5,709	3,839	67	1,763	30.9	1,061	60	27.6
広東省	10,566	8,238	78	4,335	41.0	3,673	85	44.6
広西壮族自治区	5,094	3,464	68	2,619	51.4	1,871	71	54.0
海南省	525	451	86	310	59.0	264	85	58.5
重慶市	2,870	2,357	82	1,083	37.7	931	86	39.5
四川省	6,007	4,415	73	1,117	18.6	828	74	18.8
貴州省	2,408	1,629	68	427	17.7	258	60	15.8
雲南省	4,852	2,760	57	2,294	47.3	1,172	51	42.5
チベット自治区	184	123	67	88	47.8	66	75	53.7
陝西省	3,376	2,335	69	1,875	55.5	1,318	70	56.4
甘粛省	1,722	1,182	69	857	49.8	529	62	44.8
青海省	489	348	71	165	33.7	117	71	33.6
寧夏回族自治区	899	686	76	575	64.0	453	79	66.0
新疆ウイグル自治区	1,638	1,177	72	673	41.1	396	59	33.6
全国	125,972	95,668	76	64,781	51.4	51,462	79	53.8

注：[*]予分解窯，[**]窯外分解窯．
出所：『中国水泥年鑑 2008』，『中国水泥年鑑 2015』，『中国統計年鑑 2015』．

生産能力（2007, 2014 年）

うち竪窯装置		クリンカ生産			うち NSP 方式**		常住人口 e	1 人当たりクリンカ生産量 (c/e)	クリンカ設備能力の変化 (b/a)
設備能力	同比率	設備能力 b	生産量 c	稼働率	生産量	同比率			
(万トン)	(%)	(万トン)	(万トン)	(%)	(万トン)	(%)	(万人)	(kg)	(%)
10	1.1	561	521	92.9	521	100.0	2,152	242	62.4
82	22.8	155	152	98.1	152	100.0	1,517	100	43.2
3,990	57.5	9,080	5,875	64.7	5,480	93.3	7,384	796	130.8
1,633	50.9	6,343	2,716	42.8	2,521	92.8	3,648	744	197.7
698	29.2	6,628	3,200	48.3	3,020	94.4	2,505	1,278	277.6
1,532	44.0	4,729	3,281	69.4	3,260	99.4	4,391	747	135.8
468	19.8	2,744	3,155	115.0	3,117	98.8	2,752	1,146	116.1
614	38.9	2,238	1,398	62.5	1,321	94.5	3,833	365	141.8
0	0	47	35	75.0	35	100.0	2,426	15	27.5
2,493	32.5	7,031	5,494	78.1	5,479	99.7	7,960	690	91.5
70	1.1	7,146	5,695	79.7	5,694	100.0	5,508	1,034	108.0
1,230	13.6	13,587	13,217	97.3	12,679	95.9	6,083	2,173	150.0
2,907	68.1	5,031	4,848	96.4	4,727	97.5	3,806	1,274	117.8
1,854	41.6	6,349	5,563	87.6	5,006	90.0	4,542	1,225	142.4
7,348	57.4	10,817	9,205	85.1	7,922	86.1	9,789	940	84.5
3,940	46.2	9,703	8,099	83.5	7,378	91.1	9,436	858	113.7
1,958	40.7	6,154	5,431	88.3	4,990	91.9	5,816	934	127.9
3,656	64.0	7,437	6,830	91.8	6,482	94.9	6,737	1,014	130.3
6,139	58.1	8,314	7,745	93.2	7,423	95.8	10,724	722	78.7
2,416	47.4	6,767	7,217	106.7	6,925	96.0	4,754	1,518	132.8
215	41.0	1,395	1,332	95.5	1,332	100.0	903	1,474	265.7
1,603	55.9	5,546	4,927	88.8	4,812	97.7	2,991	1,647	193.2
4,797	79.9	11,200	8,528	76.1	6,379	74.8	8,140	1,048	186.4
1,752	72.8	8,178	6,269	76.7	5,456	87.0	3,508	1,787	339.6
2,120	43.7	8,913	6,474	72.6	5,368	82.9	4,714	1,373	183.7
86	46.7	341	264	77.3	233	88.3	318	830	185.3
1,357	40.2	5,639	5,413	96.0	4,340	80.2	3,775	1,434	167.0
692	40.2	3,813	3,088	81.0	2,969	96.2	2,591	1,192	221.4
324	66.3	1,500	1,268	84.5	914	72.1	583	2,173	306.7
284	31.6	2,043	1,116	54.6	1,073	96.1	662	1,687	227.3
695	42.4	7,686	3,308	43.0	3,167	95.7	2,298	1,439	469.2
56,991	45.2	177,114	141,665	80.0	130,176	91.9	136,247	1,040	140.6

ストックとしての設備能力が全体として 4 割増大している中で，北京，天津，上海の 3 直轄市，および江蘇，山東，広東の各省ではクリンカ設備能力がむしろ絶対的に減少している点が注目される．このうち北京，天津，上海の場合は大幅に減少しており，環境負荷の大きなセメント工場に対する都市地域における規制の結果と考えられる．逆に言えば，これらの地域に対するクリンカもしくはセメントの供給は，周辺地域の生産力拡大で満たされたと考えられる．江蘇，山東，広東の各省の場合は，こうした政策的要因とともに，経済の発展した地域として，地域のセメント需要がピークを迎えた可能性もあり，広い意味での市場経済の結果として，構造調整が実現したとも考えられる．クリンカ生産能力が 8% と微増にとどまった浙江省の場合も，これに準ずると思われる[39]．

　これに対し，クリンカ設備能力が大きく拡大したのが内蒙古自治区や海南省，それに西南および西北の内陸地域である．これに全国平均を上回る山西（197.7%），黒竜江（141.8%），安徽（150.0%），江西（142.4%）の各省を加えれば，この間のクリンカ生産力における量的拡大は，沿岸部への供給をも代替する形で，もっぱら内陸諸省や珠江デルタに対する海運による供給が容易な海南省が担った，ということである．

　次に構造調整のもう一つのメルクマールである NSP 比率は，全国平均の生産量で 2007 年の 53.8% から 2014 年には 90% 台と大きく改善し，とりわけ経済の発展する沿海地域で顕著である．しかし西南，西北といった生産力が拡大した地域においては，80% 台以下の省も見られる．低位にあるのが四川（74.8%），貴州（87.0%），雲南（82.9%），陝西（80.2%），青海（72.1%）の各省であるが，他方で 2014 年における 1 人当たりのクリンカ生産量はいずれも全国水準 1040kg を上回る．これらのうち 2007 年段階の設備能力比率で竪窯が高かった（逆に NSP が低かった）のは四川 79.9%，貴州 72.8%，青海 66.3% の各省で，周辺地域を含めた有効需要の拡大が省内生産の量的増大をもたらし，結果として構造調整の進展を妨げたと考えられる．

39）　2005 年以降の浙江省は過当競争下に「浙江現象」と呼ばれる価格競争に陥り，結果として中央国有企業である中国建材傘下の南方水泥が提唱するカルテルに，地場の中小企業が参加する形で，価格調整と産業組織の再編が進んだという（堀井 2010）．

　他方で人口密度が相対的に希薄な内陸地域の場合，輸送コストと需要の密度から市場圏の分断が起きやすく，竪窯生産が温存されたケースも考えられる．セメント産業の構造問題を立地論的に論じた堀井（2010）は，高コストの竪窯生産が他地域からの高い輸送コストによって守られる市場構造を指摘しているが，内陸地域において竪窯生産に対する構造調整が容易に進まない事情の説明として，説得力がある．また経済発展の遅れた内陸地域の場合には，税財政や雇用の面から，一般に企業誘致や地場産業の育成に熱心であり，用地用水を含めたこの面での優遇措置は，枚挙にいとまがない[40]．

　以上に関連して注目されるのが山東省の事例である．経済の発展した沿海地域に位置する同省の場合，クリンカ生産能力の削減が進む一方，2014 年段階の NSP 比率は 86.1％にとどまり，構造調整はかならずしも十分なものではない．2007 年段階の設備能力で見ると NSP 比率は 42.1％と低く，逆に竪窯比率は 57.4％と高いなど，別の政策的もしくは市場的要因も考慮されてしかるべきであろう[41]．

---

40)　田島（2000）は地域における税財政収入の面から企業の「属地的性格」を指摘し，産業組織の分散化を説明している．セメント産業の構造調整に関して常に問題になるのは，雇用問題や企業所得税をどこで納めるかという問題，つまり各地域は雇用や税収の拡大を目的に企業を誘致することから，企業合併後の本社の所在地をどこに置くかという問題が生ずる（工業和信息化部聯合国家発展和改革委員会等 12 個部門関於加速推進重点行業企業兼併重組的指導意見（2013 年 1 月 22 日））．このことは中国において中小のセメント産業が族生したことの歴史的説明になるが，現状では合併後も地域の事業所ごとに所得税を納めるケースが多い（中国建築材料聯合会，中国水泥協会 2014 年 15 号文件「水泥行業推進兼併重組的実施意見」『中国水泥年鑑 2015』）．

41)　山東省を事例にセメント市場の重層構造を論じた王京濱（2010）によれば，前出の堀井（2010）の説明に加え，竪窯製品と NSP 製品ではそれぞれ対象とする市場が棲み分けられており，したがって要求される品質および価格も異なるという点を指摘している．つまり竪窯で生産されたセメントと NSP によるセメントでは財としての性格がやや異なるという指摘である．この点は竪窯・NSP にかかわる輸送費を含めた製品供給価格，中国における建築基準や規制における実効性の如何を含め，実態に即して改めて詰められるべき論点である．

4. セメント産業における寡占化の進展

　NSP 技術は従来の堅窯に比して規模の経済性を有することから，産業政策的には同技術の普及とともに，産業組織の再編が期待されてきた．この点を見たのが表 8-6 である．集計の対象となる企業のとり方に時系列的な難点はあるものの，基本的な趨勢については理解することができよう．

　21 世紀に入り，2005 年までは市場の拡大とともに企業数も増大したと考えられる．その後 07 年までは市場の拡大とともに，赤字企業は大幅に減る一方，統計的に把握されるセメント企業数は微減し，約 5,000 社にとどまった．2008 年以降は赤字企業数の変動を伴いつつ，市場は拡大する一方で企業数は減少するという，政策当局としては望ましい状況にあると考えられる．赤字企業の減少は，好況の持続や赤字企業の市場からの退出，企業合併による赤字解消もしくは赤字企業数の減少といった要因が考えられ，一概にその理由を判断できないが，産業組織の分散化が是正されたことは明らかであろう．本章の執筆時点では，企業数にかかわる 2015 年以降の数字は与えられていないが，中国のセメント産業にかかわる産業政策は，一面で奏功したと考えて良いように思われる．

　この点を産業組織論的な寡占化傾向に即して見たのが表 8-7 および表 8-8 である．この間の中国セメント業界に生じた企業合併や改組の動きは急であり，その結果，企業名に変更が生じたケースも多々あるが，おおよその状況は理解できよう．ハーフィンダール指数（HI）とは Σ（企業シェア）$^2 = \Sigma$（各企業の生産量／全国生産量）^{2} で示され，市場組織の集中・分散の程度を示す．

　表 8-7 では，リーマンショックを契機とする景気浮揚策が本格化する以前の 2008 年末現在の産業組織を，上位 18 社に即して示した．ここではセメントとクリンカの生産量，およびシェアを示したが，クリンカ生産における産業組織の集中，つまり大手企業におけるクリンカ部門への傾斜，セメント部門の分離傾向がみてとれる．上位 18 社のうち，セメント部門のシェアがクリンカ部門を上回るのは，14 位の江蘇金峰水泥集団のみで，沿海地域で都市化の進む江蘇省を本拠とする大手企業の特殊事情とも考えられる．

表 8-6　セメント企業の推移と内訳

年	企業数	企業数*		国有	集団	私営	その他内資系			外資系**
			赤字企業				株式合作・聯営	有限責任	株式制	
2000	6,800									
2001		4,507	1,532	936	1,345	796	1,274			156
2002		4,626	1,465	792	1,184	1,098	1,387			165
2003										
2004		5,027		528	898	1,815	1,588	302	1,014	272	198
2005	6,846	5,131	1,863	365	624	2,257	1,677	241	1,168	268	208
2006		5,130	1,483	300	531	2,439	1,644	203	1,175	266	216
2007		5,028	1,156	239	436	2,492	1,626	187	1,192	247	235
2008		5,156	1,171	529	530	3,714	212			171
2009		5,022	1,253	497	470	3,881				174
2010		4,774	963	511	409	3,693				161
2011		3,866	619	515	257	2,928				166
2012		3,786	922	574	221	2,832				159
2013		3,840	891	597	222	2,862				159
2014		3,541	934							

注：＊2006 年までは国有もしくは主業の年間収入 500 万元以上の非国有セメント製造業．2007 年より 2010 年までは主業の営業収入が 500 万元以上のすべてのセメント製造業．2011 年以降は同じく 2000 万元以上のセメント製造業（クリンカ・セメントの製造に従事する企業）．2008 年以降は支配的な資本による分類．
　　＊＊2005 年以前は「三資企業」，2006，2007 年は「外商投資企業」，2008 年より香港澳門台湾系企業および外資系企業．
出所：『中国水泥年鑑』各年版．

　企業別に見ると，この段階でトップの安徽海螺と 6 位の河北唐山冀東水泥は，既述のように 1979 年の洋躍進の段階で日本から導入された NSP 技術をもとに設立された旧地方国有企業であり，2，3 位の南方集団と中国聯合は，旧建築材料工業部系統の中央国有企業として 2005 年に設立された中国建材の傘下にある（堀井 2010）など，いずれもカルテル色の強い企業集団である．4 位の山東山水は国産乾式回転窯の開発を受けて 1970 年代に建設・稼働を始めた旧地方国有企業（王京濱 2010），5 位の湖北華新は戦後にアメリカよりの技術導入で設立された民間企業を出自とする 1950 年代の公私合営企業（旧

表 8-7　セメント企業ベスト 18 (2008 年)

(万トン，%)

	セメント		クリンカ	
	生産量	シェア	生産量	シェア
1　安徽海螺集団	8,136	5.86	8,100	9.02
2　南方集団	3,960	2.85	4,150	4.62
3　中国聯合水泥	2,658	1.91	2,891	3.22
4　山東山水水泥集団	2,650	1.91	2,200	2.45
5　湖北華新水泥	2,515	1.81	1,788	1.99
6　河北唐山冀東水泥	2,101	1.51	1,794	2.00
7　ラファージュ瑞安	1,722	1.24	1,318	1.47
8　中国材料工業科工集団	1,444	1.04	1,573	1.75
9　華潤集団	1,407	1.01	1,104	1.23
10　吉林亜泰（集団）	1,388	1.00	1,130	1.26
11　河南天瑞集団	1,328	0.96	1,235	1.38
12　北京金隅集団	1,285	0.93	1,187	1.32
13　紅獅控股集団	1,112	0.80	1,024	1.14
14　江蘇金峰水泥集団	1,016	0.73	639	0.71
15　亜東水泥	1,011	0.73	676	0.75
16　台湾水泥	960	0.69	931	1.04
17　河南省同力水泥集団	770	0.55	865	0.96
18　甘粛祁連山水泥集団	634	0.46	570	0.63
以上計	36,097	26.00	33,175	36.94
全国計	138,838	100.00	89,808	100.00
ハーフィンダール指数（HI）	0.00645		0.01437	

出所：数字水泥网に掲載された番付表で，数字は基本的にこの段階での速報値 (http://www.dcement.com, 2009 年 2 月 12 日アクセス).

統配企業，王燕謀 (2005)). これに対し 8 位の中国材料工業科工集団（通称，中材集団）は，1983 年に旧国家建築材料工業局非金属鉱管理局等を出自として同工業局系の設計および R&D 部門[42]を統合してできた中央企業[43]，9 位の華潤集団は対外貿易部系のコングロマリット（中央国有企業）である．さら

---

42)　北京にあった建築材料科学研究院は中国建材に移行したという（峰・王穎琳 2013）

表 8-8　クリンカ生産能力ベスト 20（2014 年）

（万トン，%）

	クリンカ	
	生産能力	シェア
1　中国建材	30,005	16.94
2　海螺水泥	16,774	9.47
3　中国中材	8,396	4.74
4　冀東水泥	7,080	4.00
5　華潤水泥	5,664	3.20
6　山水集団	4,747	2.68
7　華新水泥	4,263	2.41
8　台泥水泥	3,602	2.03
9　紅獅水泥	3,311	1.87
10　天瑞水泥	3,209	1.81
11　ラファージュ瑞安	3,181	1.80
12　金隅集団	2,031	1.15
13　亜泰水泥	2,018	1.14
14　青松建化	1,606	0.91
15　西部水泥	1,581	0.89
16　亜州水泥	1,566	0.88
17　金峰水泥	1,318	0.74
18　蒙西水泥	1,302	0.74
19　同力水泥	1,225	0.69
20　葛州垻	1,178	0.67
以上計	104,057	58.75
全国計	177,114	100.00
ハーフィンダール指数（HI）	0.04595	

出所：『中国水泥年鑑 2015』.

---

43)　2003 年に中国材料工業科工と改名して以降，中材の名で知られる．エンジニアリング部門を母体として積極的な M&A を仕掛け，プラント貿易も手がけるなど，中国建材と並んで中央政府の産業政策との関係が密な国有企業として知られる（峰 2014）.

に 12 位の北京金隅は，戦時下に日本から移転されたセメント設備をもとに発展した 1950 年代の旧中央国有企業，17 位の河南省同力，18 位の甘粛祁連山は省級の地方国有企業であるなど，いずれも中央・地方の政策当局に近く，2006 年の段階で「国家による重点支持」の対象となった企業集団である[44]. これに対し，7，15，16 位のラファージュ瑞安，亜東，台湾水泥は外資や台湾資本[45]の企業であり，このように上位企業は中央・地方政府系企業および外資系企業とおおむね二極化する.

　次に表 8-8 では，セメント生産が史上最高を記録し，他方で企業数が減少し赤字企業が微増した 2014 年における産業組織の状況について，クリンカ生産に即して見た. ハーフィンダール指数の変化で明らかであるように，クリンカ部門を中心に，中国のセメント産業における寡占化と産業組織の集中化がこの間に顕著に進んだことがみてとれる.

　個別企業で見ると，2008 年の 2 位と 3 位である南方集団と中国聯合などを併合する形で成立した中国建材が 1 位，16.94％と大きくシェアを伸ばしている. 同じ中央国有企業である中国中材も 8 位から 3 位に，シェアも 1.75％から 4.74％と拡大し，冀東水泥は 6 位から 4 位に躍進し，シェアも 2.00％から 4.00 に伸ばしている. 9 位から 5 位に躍進した華潤もシェアを 1.23％から 3.20％へと引き上げている. これに対し 2008 年に首位であった海螺は順位を 1 つ落とすとともに，シェアも 9.02％から 9.47％へと微増にとどまっている. その他の企業で見ると，山水（2.45％から 2.68％），台泥（1.04％から 2.03％），紅獅（1.14％から 1.87％），天瑞（1.38％から 1.81％），ラファージュ瑞安（1.47％から 1.80％），亜州（亜東）（0.75％から 0.88％），金峰（0.71％から 0.74％）とシェアを引き上げたのに対し，環境規制の影響が不可避な北京の金隅（1.32％から 1.15％），内陸部の激戦区を本拠地とする河南省の同力（0.96％から 0.69％）は

---

44)　注 5 参照.

45)　台湾系企業とは対照的に，日系企業や韓国系企業の場合は 1980 年代末以降に相次いで中国に進出したものの，中国市場での存在感を示すことができず，大字の場合はすでに撤退している. 日系企業の直接投資については当初の段階で，この時期の日本における対米，対韓国や対台湾貿易にかかわる摩擦回避策として意図されたとする見方もあり（峰 2016），中国への進出は輸出拠点との位置づけが強かったとすることも可能であろう.

シェアを低下させている[46]. つまり若干の例外はあるとしても, 2008年から2014年にかけての中国セメント市場は, 市場が拡大するとともに上位企業による寡占化傾向が強まったと評価することができよう.

ただしそれが中国建材, 中材, 華潤という中央国有企業による市場シェアの拡大（「国進民退」）という形で進展したことに, 上からの産業政策による寡占体制の構築, 実質的なカルテル体制の構築という側面をみて取らざるをえず[47], そのことによる危うさも, 同時に感じるところである. 市場拡大局面における国有企業体制の温存は, 市場縮小局面における過剰資本下の官製カルテル, 国有企業を主体とする産業組織の再編を準備するものであろうか.

こうした中, 2015年に生じたセメント生産量の減少という歴史的な事態を受け, 政策当局は2020年を目標とするさらなる寡占化の指標として, 上位10企業による市場寡占度を60%前後とする方針を打ち出している[48]. これを受け2016年から2017年にかけ, 業界1位, 3位の中国建材と中国中材という中央国有企業同士の巨大合併（前者による後者の吸収合併）が実現し, また北京金隅と唐山冀東水泥という華北地域の両雄による相互持株化, さらには武漢を拠点とする華新水泥によるラファージュ系6社の買収[49]が実現するなど, 中国セメント業界におけるさらなる寡占化が進んでいる.

5. セメント生産の省別推移

すでに表8-5では, 主として生産技術についての関心からクリンカ生産に

---

46) 北京金隅は旧琉璃河水泥を擁する旧地方国有企業, 河南省同力は省級の投資ファンドである河南省投資建設有限公司傘下の企業であるなど, 地方レベルの有力企業と目される.

47) 中央政府系国有企業同士の合併は, 所有権が国有で管理権限が同様に中央政府（国務院国有資産監督管理委員会）に帰属し, かつ産業政策の裏付けがあることから, 市場における独寡占問題をクリアできれば容易に実現可能であろう.

48) 国務院弁公庁「関於促進建材工業穏増長調結構効益的指導意見」（国弁発［2016］34号）.

49) 梁・崔（2017）. 華新水泥は多国籍企業であるホルシム（スイス）が出資しており, 2014年に実現したラファージュ（フランス）とホルシムの合併を受けた再編と考えられる.

即し，省別の生産状況を 2007 年および 14 年の数字で示した．そこでは環境面の規制，つまりクリンカ部門の沿海都市部地域からの退出・撤退という政策の影響が観察された．表 8-9 ではより実需に近いセメント生産に即し，2008 年以降における地域別生産量の時系列変化について，省別データのとれる 2017 年までの状況を示す（2017 年については年末常住人口 1 人当たりのセメント生産量についても併せて示す）．そこにはリーマンショック後の景気後退と，これに対する 4 兆元と言われる内需拡大策という時代背景のもと，セメント市場の地域別変動状況が反映されていると考えられる．

　まず 2017 年に至るまでセメント生産が一貫して増大している地域である．表では福建省，広西壮族自治区，貴州省，雲南省，チベット自治区，寧夏回族自治区の 6 行政区が確認されるのみで，地域的不均等を伴いつつ，中国セメント産業が全体として縮小している状況を端的に示すものであろう．

　次に各地の状況であるが，まず北京，天津，上海の直轄市の場合，1 人当たり生産量が低位であるとともに，地域におけるセメント生産量は逆 U 字型の推移を示している．これはクリンカ部門の分離のみならず，都市化地域に対する環境規制の結果，セメント生産の縮小が早期に起きたと考えるべきであろう．同じ直轄市でありながら，内陸部にあって広大な農村部を含む重慶市の場合，人口 1 人当たりの生産量が 2 トンを越え，生産量のピークも 2015 年と目されるなど，沿海地域の状況とは異質である．

　一般の省で生産量が 2011 年という早い段階でセメント生産のピークに達したと思われるのが，河北省，内蒙古自治区，吉林省，黒竜江省の華北・東北地域である．かつ表 8-5 で見たように，これらの地域のうち河北および黒竜江の両省は，2014 年段階のクリンカ設備能力は 1 人当たり 796kg，365kg とさほど高くはなく，設備稼働率も低位にある．河北省は北京，天津の周辺に位置し両直轄市に対する供給を担う一方で環境規制も厳しく[50]，他方で黒竜江省の場合は石油産業の衰退という要因があることから，早々にピークを迎えたと考えられる．

　他方，産炭地域でレアメタルの豊富な内蒙古自治区の場合，景気変動の影

---

50)　注 38 を参照.

表 8-9　地域別にみたセメント生産の時系列変化

（万トン，kg／人）

年	2008	2009	2010	2011	2012	2013	2014	2015	2016	2017		
										生産量	人口*	1人当たり生産量
北京市	877	1,080	1,049	923	882	902	704	554	510	374		172
天津市	535	700	832	943	847	952	1,071	778	789	419		269
河北省	8,953	10,685	12,790	14,534	13,132	12,747	10,721	9,126	9,899	9,126		1,213
山西省	2,075	2,753	3,668	4,101	5,076	5,100	4,832	3,786	3,852	3,760		1,016
内蒙古自治区	3,424	4,334	5,436	6,499	6,062	6,437	6,405	5,831	6,298	3,074		1,215
遼寧省	4,074	4,705	4,786	5,800	5,504	6,030	5,821	4,568	4,011	3,795		869
吉林省	2,582	3,680	3,080	3,802	3,243	3,391	3,706	3,325	2,765	2,715		999
黒竜江省	1,968	2,604	3,592	4,379	3,985	4,071	3,715	3,112	3,381	2,453		647
上海市	765	754	671	806	799	751	686	434	418	418		173
江蘇省	12,683	14,476	15,830	15,034	16,902	18,027	19,496	18,056	18,038	17,357		2,162
浙江省	10,208	10,822	11,317	12,197	11,575	12,480	12,413	11,331	10,848	11,285		1,995
安徽省	5,915	7,278	8,069	9,572	11,005	12,192	12,982	13,208	13,584	13,436		2,148
福建省	4,509	5,478	5,921	6,810	7,259	7,906	7,779	7,787	8,106	8,479		2,168
江西省	5,272	6,201	6,263	6,874	7,572	9,228	9,849	9,458	9,553	8,985		1,944
山東省	13,887	14,058	14,743	15,073	15,455	16,239	16,553	15,249	16,156	15,318		1,531
河南省	10,227	11,874	11,564	13,824	14,889	16,782	17,331	16,676	15,672	15,042		1,574
湖北省	6,169	7,006	9,001	9,504	10,375	11,049	11,424	11,145	11,601	11,119		1,884
湖南省	6,044	7,652	8,749	9,364	10,574	11,314	12,187	11,680	12,240	11,985		1,747
広東省	9,484	10,043	11,611	12,714	11,486	13,429	14,812	14,530	15,081	15,858		1,420
広西壮族自治区	5,111	6,435	7,517	8,747	9,984	10,908	10,752	11,144	12,035	12,541		2,567
海南省	619	939	1,264	1,522	1,672	1,988	2,152	2,225	2,228	2,213		2,390
重慶市	3,135	3,641	4,621	5,016	5,562	6,150	6,703	6,840	6,790	6,377		2,074
四川省	6,067	9,004	13,378	14,522	13,465	13,947	14,661	14,091	14,616	13,824		1,665
貴州省	2,049	2,884	3,810	5,309	6,749	8,189	9,598	9,941	10,799	11,363		3,174
雲南省	3,864	5,046	5,786	6,789	8,014	9,122	9,663	9,436	11,104	11,528		2,401
チベット自治区	167	188	219	233	287	296	342	468	623	642		1,905
陝西省	3,609	4,502	5,497	6,592	7,636	8,604	9,159	8,579	7,264	7,940		2,070
甘粛省	1,560	1,855	2,425	2,760	3,652	4,427	4,935	4,764	4,640	4,021		1,531
青海省	458	611	811	1,048	1,410	1,838	1,870	1,768	1,895	1,463		2,446
寧夏回族自治区	885	1,067	1,422	1,463	1,615	1,928	1,804	1,750	1,985	2,188		3,209
新疆ウイグル自治区	1,664	2,046	2,471	3,172	4,316	5,190	5,082	4,278	4,250	4,581		1,874
全国	142,356	164,398	188,191	209,926	220,984	241,924	249,207	235,919	241,031	233,679		1,681

注：*年末常住人口.
出所：『中国統計年鑑』各年版，『中国統計摘要 2018』.

響を受けやすいという要素に加え[51]，2017 年の場合は夏季の 7，8 月および冬季の 4 カ月間という厳しい操業停止措置の下に置かれ，大幅な減産になったと考えられる[52]．早くから自動車・化学産業が展開した吉林省の場合も，旧来型の産業構造のもとで 2014 年にピークを過ぎたと考えられる．これに対し 2013 年に生産量が最高であった山西，遼寧両省の場合も，産炭地であるとともに重工業を主とする産業構造であることから，全国に先駆けてセメント生産のピークを迎えたと思われる．

　華東地域の場合，歴史的に上海のセメント産業と縁の深い安徽省[53]では設備稼働率も高く，16 年まで右肩上がりの局面にあるなどやや例外的ではあるが，その他の省は基本的に 2013 年または 2014 年の段階でセメント生産の最高を記録している．上海に連担し都市化の進む江蘇省は 14 年であるが，沿海部の工場移転対象地域でもあり[54]，同様の立地にある浙江省とともにピークは過ぎたと判断される．また周辺に位置する江西，山東，河南の各省の場合も 2014 年が最多であるが，特に江蘇省とともに全国有数の生産量を有する山東，河南の両省の動向は，全国の趨勢とも重なるという意味で注目されよう．

　これに対し華東地域の南端に位置する福建省の場合，2017 年に最高を記録するなど立ち入った検討が必要であるが[55]，1 人当たりの水準ではすでに 2 トンを越えており，そろそろピークを迎えることとなろう．

　南方沿海地域に位置する広東省およびその移入元である広西壮族自治区の

---

51)　2016 年，17 年の値の変化率が気になるところであるが，両年の内蒙古自治区統計局「内蒙古自治区国民経済和社会発展統計公報」に示される速報値と対照する限り，大きな誤差は認められない（http://www.nmgtj.gov.cn/nmgttj/tjgb/A0106index_1.htm）．

52)　「錯峰生産有利水泥行業去産能　多省份推出夏季停窯限産計画」（『経済日報』2017 年 7 月 17 日），内蒙古自治区経済和信息化委員会，環境保護庁「関於 2017-2018 年度採暖季水泥企業錯峰生産的通知」（内経信原工字［2017］393 号）．

53)　安徽省を代表するセメント・メーカーである安徽海螺は，既述のように 1970 年代に日本よりの技術導入の受け皿となった地方国有企業を出自とし，当初より対上海のセメント供給基地と目され，近年の発展においてもクリンカ生産に傾斜しつつ，沿海地域の後背地として企業展開が行われている（呉 2010）．

54)　注 38 を参照．

55)　同省の場合，地政学的には華南地域と近く，さらに 21 世紀に入り福清，三明，漳州などの原発工事が続いていることも考慮する必要があろう（田島 2012）．

場合，いずれも 2017 年が最多となっているのが注目される．湖北，湖南両省および海南省の場合は 2016 年にピークを迎えた模様である．北方地域がおおむね 2011 年以前または 2013 年をセメント生産のピークとして，華東地域がこれに続くのに対し，湖北省，福建省を含め南方地域の場合は，これとタイムラグを置き，ようやくピークを迎えつつあると言えようか．

　その他の内陸地域は事情が多様である．2017 年が最大である貴州省，雲南省，寧夏回族自治区の場合は 1 人当たりの生産量も多く，いずれも移出地域としての役割を担っていると思われが，表 8-5 に見る限り設備の過剰感は否めない．青海省の場合は 2016 年がピークで，同年末から強力な減産措置[56]が採られた結果と考えられるが，他方で増勢の続くチベット自治区の場合は，政治的地政学的な需要要因があろう．

　重慶市，四川省，陝西省，甘粛省，新疆ウイグル自治区の場合は，内陸部にあって 1 人当たりのセメント生産量がさほど多くなくとも順調にピークに達しており，むしろ地域内的に充足していると考えられる．

　以上見るように，中国のセメント生産は地域ごとの経済発展や地理的環境の相違，さらには地域分業を推進する環境政策，産業政策の影響を受けつつ多様な発展の様相を示し，2010 年代に入り北方の沿海地域より順次セメント生産のピークを迎えていると判断される．

6.　おわりに

　これまで東アジアとの比較を念頭に，中国におけるセメント産業の発展を考察してきたが，日本，韓国，台湾とは異なる中国の国情も，当然ながらそこには反映されていることになる．つまりセメント生産のピークを議論する場合には，以上に見たように大陸国としての中国の特殊性についても，念頭に置かれるべきであろう．

---

56)　青海省経済和信息化委員会，環境保護庁「関於進一歩做好水泥企業錯峰生産的通知」（青経信原［2016］336 号）．環境保護庁が加わるとともにカーバイト生産の残渣を利用したセメント産業にも及ぶことから，環境問題のみならず電力問題も考慮した措置であることが明らかである．

　表 8-10 では中国と同様に広大な国土面積を有するアメリカ，ブラジルを含め，主要国の 2013 年段階における歴史的なセメント蓄積量，国土面積当たりの蓄積量，およびフローとしての人口 1 人当たりセメント消費量を示した．ヨーロッパの先進国を含め，それぞれ人口，国土面積，人口密度，都市化の程度などの経済地理的環境は異なるが，おおよその傾向をみて取ることができよう．

　まずは経済水準に鑑み，日本がイタリア，ドイツ，フランス並みに年間 1 人当たりセメント消費が 300 キロ台にあるのは理解できる．イギリスは産業革命発祥の地にして，200 年以上に及ぶ近代的な経済発展の歴史を有する平坦な島国故に，歴史的なセメント蓄積量がフローとしての人口 1 人当たり消費量の低さにつながっていると考えられる．これに対してスペインの場合は，経済発展のレベルや近年の経済状況から，年間のフローが 200 キロ台にとどまっているのであろう．

　韓国，台湾はすでに国土面積当たりの蓄積量で日本を凌駕する一方で，人口 1 人当たりの消費量でも先進国水準をはるかに上回る．すでに見たように韓国の場合，2017 年の段階でもセメント生産量の記録を更新するなど，OECD 加盟国としては異例の発展パターンを示していると言えようか．これに対しアメリカ，ブラジルは，大陸国であるが故に国土面積当たりの蓄積量は日本や欧州に比べ一桁少ないレベルにある．フローの 1 人当たりセメント消費量で見ると，アメリカは 200 キロ台にとどまり，逆にブラジルの場合は旺盛な経済発展を反映して 300 キロ台にあると考えられる．

　中国はこれらの国々と比べ，いずれもレベルが異なる．2013 年の人口 1 人当たり消費量は 1,625 キロと，2 位に位置する韓国の 2 倍近い水準である．また単位面積当たりのセメント蓄積量でみても，国土面積が同等レベルのアメリカに比して，すでにざっと 5 倍の規模である．これは米中間の人口規模や沿海地域における人口密度の格差には見合うものの，20 世紀以来のアメリカにおけるモータリゼーションの歴史を知るものとしては，にわかには信じられない数字である．いかに 21 世紀以降の中国の経済発展が，歴史的にみて類例のないセメント蓄積を伴ったものであったのか，みて取ることができよう．

表 8-10　世界主要国のセメント蓄積量（1913 〜 2013 年累計）
および人口 1 人当たり消費量（2013 年）

	中国	日本	韓国	台湾	アメリカ	ブラジル
セメント蓄積量（万トン）	2,480,459	347,560	148,925	64,253	537,313	149,599
国土面積当たり蓄積量（トン／ km²）	2,584	9,197	14,863	17,848	545	176
人口 1 人当たり消費量（kg）	1,625	369	900	525	251	356

	イタリア	ドイツ	スペイン	フランス	イギリス
セメント蓄積量（万トン）	205,047	226,702	135,347	159,481	97,069
国土面積当たり蓄積量（トン／ km²）	6,805	6,347	2,682	2,477	3,985
人口 1 人当たり消費量（kg）	361	329	231	307	154

出所：『セメントハンドブック 2016 年度版』（元の資料は CEMBUREAU，各国セメント協会）．

　表 8-10 で示した指標のうち，中国が外形的に先進国レベルに達していないと思われるのは，国土面積当たりの蓄積量であり，その点で中国の場合，いまだに新規のセメント需要が潜在的に存在する，という議論も可能なように思われる．しかし固定資本投資の外延的拡大，内包的深化には，おのずから限界効用の問題があり，投資効率の低下は避けられない上，環境におよぼす影響も少なくない．

　それらの点を最後に確認し，本章の結びとしたい．すなわち表 8-11 では，支出面から見た中国の名目国内総生産 GDP 構成の変化を時系列で示す．

　中国経済の高投資・輸出依存体質は，今世紀すなわち WTO 加盟以降にさらに高まり，輸出依存（純輸出／ GDP）はリーマンショック勃発以前の 2007 年がピークとなっている．中国の快調な経済発展が，海外の好景気と不可分のものであったことは間違いない．

　一方，国内供給の増大と内需にかかわる高投資（資本形成／ GDP）は 2003 年以降，顕著な傾向となり，リーマンショック後の 4 兆元と言われる景気対策とともに，2009 年以降はさらに巨額なものとなっている．21 世紀に入って以来の中国における高速道路網，高速鉄道網，飛行場，工業用地の造成，農村における舗装道路の普及，それに住宅・建築ブームを考えれば，理解できる事態である．そして在庫変動を除いた総固定資本形成比率（総固定資本

表 8-11 中国の名目国内総生産（支出勘定）構成

（億元, %）

年	国内総生産 (a)	最終消費支出 (b)	総資本形成 (c)	総固定資本形成 (d)	財貨・サービスの純輸出 (e)	b/a × 100	c/a × 100	d/a × 100	e/a × 100
2001	111,250	68,547	40,379	38,064	2,324.7	61.6	36.3	34.2	2.1
2002	122,292	74,068	45,130	43,797	3,094.2	60.6	36.9	35.8	2.5
2003	138,315	79,513	55,837	53,964	2,964.9	57.5	40.4	39.0	2.1
2004	162,742	89,086	69,421	65,670	4,235.6	54.7	42.7	40.4	2.6
2005	189,190	101,448	77,534	75,810	10,209.1	53.6	41.0	40.1	5.4
2006	221,207	114,729	89,823	87,223	16,654.6	51.9	40.6	39.4	7.5
2007	271,699	136,229	112,047	105,052	23,423.1	50.1	41.2	38.7	8.6
2008	319,936	157,466	138,243	128,002	24,226.8	49.2	43.2	40.0	7.6
2009	349,883	172,728	162,118	156,735	15,037.1	49.4	46.3	44.8	4.3
2010	410,708	198,998	196,653	185,827	15,057.1	48.5	47.9	45.2	3.7
2011	486,038	241,022	233,327	219,671	11,688.5	49.6	48.0	45.2	2.4
2012	540,989	271,113	255,240	244,601	14,636.0	50.1	47.2	45.2	2.7
2013	596,963	300,338	282,073	270,924	14,552.1	50.3	47.3	45.4	2.4
2014	647,182	328,313	302,717	290,053	16,151.6	50.7	46.8	44.8	2.5
2015	699,109	362,267	312,836	301,503	24,007.0	51.8	44.7	43.1	3.4
2016	745,632	388,810	329,138	318,084	16,412.0	52.1	44.1	42.7	2.2
2017	812,038	435,453	360,627	346,441	15,958.0	53.6	44.4	42.7	2.0

出所：『中国統計摘要 2018』より引用・計算.

形成／GDP×100）は，2013 年をピークに漸減傾向にある．ここでは総固定資本形成の官民構成を示すデータは与えられておらず，一概には言えないが，中国の民間部門の少なからぬ部分は対外貿易に関係して発展しており，リーマンショック後の世界経済の減速とともに，民間固定資本形成については相対的に縮小傾向が生じている可能性が高い．

　それでは公共投資はどうであろうか．2017 年段階における総固定資本形成の水準に見る限り，地方レベルの公共投資は依然として旺盛であると考えられよう．

バブル経済とその後に採られた日本の景気浮揚策が，結果として日本における
セメント消費のピーク到達を先送りし，セメント産業における構造調整を長引かせたという歴史的事実を踏まえるならば，21世紀に入って以降，とりわけリーマンショック後に採られた中国の景気浮揚策は，長期的にみればセメント産業のみならず重厚長大産業の構造調整を先送りした可能性があるというべきであろう[57]．セメント市場の縮小という現実を前に，「国進民退」という形で進展しているこの間の産業政策の真価が，改めて問われる状況にあると言えよう．

　次に輸出はどうか．リーマンショック以前の高い（純）輸出比率が中国の高成長を牽引したことは明らかであるが，表8-3で見たとおり，セメント産業の発展に占める純輸出の割合はさほど高いものではなかった．既述のように，セメント産業は生産工程において二酸化炭素という地球温暖化ガスを大量に空気中にまき散らす典型的な重量減損型＝公害発生型の産業にして，そもそもセメントは輸送コストの面から貿易には不向きな財である．かつ皮肉なことに，セメント輸出が中国の経済発展を支えたのは，むしろ1950年代から60年代にかけての計画経済期であった．

　しかし1996年に始まる第9次5カ年計画以降，セメント設備の過剰が明らかになるに及び，構造調整の一環として，また97年以降のアジア経済危機に対する景気浮揚策の一環として，98年6月には鉄鋼，セメントなどの重厚長大製品にかかわる「輸出戻し税」（付加価値税の還付率）が9％から11％に引き上げられるなどの輸出促進策が登場する[58]．

　表8-3および以下の表8-12から明らかなように，98年段階での輸出戻し税の引き上げは，当初の段階では顕著なセメント輸出量の拡大という結果にはつながらず，輸出振興策が奏功するのは，2001年のWTO加盟以降である．

　他方で1997年12月には京都議定書が採択され[59]，加えて国内的な環境・

---

57)　中国でもセメント生産のピークに関する議論は見られたが（晨 2009など），リーマンショック後の4兆元にのぼる公共投資のもと，影が薄くなってしまった感がある．

58)　財政部，国家税務総局「関於提高煤炭，鋼材，水泥及船舶出口退税率的通知」（1998年6月16日）．また呂桂新（2005）は所属を国家発展和改革委員会経済運行局とした論文で，NSPプラントを単純に「三高」（高エネルギー消費，高消耗，高汚染）のレッテルを貼るのではなく，内外市場を有効に使って需給均衡を図れとしている．

表 8-12　中国のセメント・クリンカ輸出

年	セメント			クリンカ			合計	
	数量 (万トン)	輸出額* (万ドル)	輸出単価* (ドル／トン)	数量 (万トン)	輸出額* (万ドル)	輸出単価* (ドル／トン)	数量 (万トン)	輸出額* (万ドル)
1995	726	26,914	37.1	93	2,893	31.2	819	29,807
2000	582	18,427	31.6	23	569	24.3	606	18,996
2005	1,137	40,602	35.7	1,078	27,858	25.8	2,216	68,460
2006	1,941	72,479	37.3	1,672	45,584	27.3	3,613	118,063
2007	1,519	60,488	39.8	1,781	54,555	30.6	3,301	115,043
2008	1,323	63,056	47.7	1,281	46,823	36.6	2,604	109,879
2009	849	42,559	50.1	712	26,160	36.7	1,561	68,719
2010	983	49,608	50.5	634	22,699	35.8	1,616	72,307
2011	880	52,962	60.2	181	9,073	50.1	1,061	62,035
2012	924	56,133	60.7	276	12,229	44.4	1,200	68,362
2013	1,094	63,703	58.2	360	15,895	44.2	1,454	79,598
2014	1,017	60,669	59.6	373	16,551	44.3	1,391	77,220
2015	919	53,392	58.1	656	24,133	36.8	1,575	77,525
2016	823	40,658	49.5	963	28,386	29.5	1,785	69,044
2017	876	44,742	51.1	410	13,051	31.8	1,286	57,793

注：*FOB 価格.
出所：『中国水泥年鑑』各年版, Global Trade Atlas.

　公害問題が深刻化するなか, 2007 年 7 月 1 日の段階で, 中国はセメント製品の輸出にかかわる「輸出戻し税」をゼロにする政策に転じる[60].

　輸出戻し税というインセンティブを削減され, 折からの人民元高やリーマンショックが加わり, 2006 年をピークに, 中国からのセメント・クリンカ輸出は量的な減少局面に移行する. 表 8-12 で示したように, 2017 年の場合は最盛期の 3 分の 1 程度の 1286 万トン[61], 国内セメント生産量に占める割合も 0.5％程度にとどまる. リーマンショック前の措置とはいえ, アジア経済

---

59)　よく知られているように, 2016 年 9 月 3 日には京都議定書に代わる「パリ協定」を米中両国が批准することとなり, 中国は地球規模の環境問題にも積極的に取り組む姿勢に転じている.

60)　財政部, 国家税務総局「関於調低部分商品出口退税率的通知」(財税 [2007] 90 号).

危機後とは異なる輸出戻し税政策が採られたことの背景に，中国経済をめぐる内外の政策環境に大きな変化が生じている事実を見てとることができる．その点は，以下に見るセメント・プラント輸出をめぐる問題からも確認できよう．

　すなわち 21 世紀に入り，国内のプラント建設で力をつけた中国材料工業科工集団，中国建材集団などの中央政府旧建築材料工業部系のプラントメーカーが海外におけるプラント建設を相次いで受注する事態となり[62]，これを受けて環境負荷の高い輸出戦略よりも，中国企業による海外展開を重視する政策が，習近平体制への移行に前後して登場する．

　すなわち 2011 年より始まる第 12 次 5 カ年規画では，プラント受注や労務輸出を含む中国企業による国際的展開を訴え，セメント業界においても 2012 年以降，「走出去」戦略，すなわち国際的に打って出る戦略を提唱する意見が強くなる[63]．これを受けて 2013 年には，国務院のレベルで，鉄鋼，セメント，電解アルミ，板ガラス等の産業における設備過剰問題の解決策として，「一部は消化，一部は移転，一部は統合，一部は淘汰」を挙げ，「一部は移転」の中で海外移転を推進する政策が明示的に打ち出された[64]．

　周知のように 2015 年 3 月以降，中国は「一帯一路」[65]構想を推進する一方，アジアインフラ投資銀行（AIIB）の設立に向けた動きを本格化する．過剰資本の受け皿としてのみならず，地政学的な意味での拠点構築として，海外市場を積極的に位置づける状況のもと，セメント産業に関係する政策措置としては，2016 年 11 月の段階でセメント設備（機電設備）のプラント輸出にかか

61)　2017 年の場合，もっとも多いのが香港で 280 万トン，ついでアメリカの 207 万トン，バングラデッシュ 122 万トンとなっており，それ以下は 100 万トン未満である（Global Trade Atlas による）．

62)　中国水泥協会編になる『中国水泥年鑑』は，初版となる 2001 ～ 2005 年版（2007 年 3 月刊）より「国外建設項目」と題する日誌を掲載しており，最初の記事は 2003 年 3 月に中材国際蘇州中材建設有限公司が，ベトナムの日産 5000 トンの NSP プラントを受注する記事から始まる（同書 540 頁）．

63)　全国政治協商会議常務委員の蒋明鱗（元国家建材局副局長）による蒋（2012），中国建築材料聯合会会長の喬竜徳（同）による喬（2012）など．

64)　国務院弁公庁「関於化解産能厳重矛盾的指導意見」（国発［2013］41 号）．

65)　国家発展和改革委員会，外交部，商務部「推動共建絲綢之路経済帯和 21 世紀海上絲綢之路的願景与行動」（2015 年 3 月 28 日）．

わる輸出戻し税を 15%から 17%に引き上げる措置が始まっている[66]．すなわちセメント製造設備などの重電製品にかかわる輸出戻し税は，2007 年に 9 %であったものがリーマンショック後の調整を経て引き上げられ[67]，今日的には輸出奨励に向けた明確な政策措置として登場していると理解される．

参考文献
〈日本語文献〉
王京濱（2010）「山東省セメント産業の市場構造と産業発展」田島・朱・加島編（2010）
　　167-200 頁．
小野田セメント（1986）『セメント立窯に関する参考文献（1956 ～ 85）』小野田セメ
　　ント株式会社．
加島潤（2010）「計画経済期上海のセメント需給と物資管理制度」田島・朱・加島編
　　（2010），137-165 頁．
呉暁林（2010）「市場経済化とセメント製販関係の変容——安徽海螺水泥集団を中心
　　に」田島・朱・加島編（2010），255-284 頁．
朱蔭貴（2010）「近代中国のセメント産業と資金調達——劉鴻生企業集団と上海華商
　　水泥公司」田島・朱・加島編（2010），55-75 頁．
鈴木末男（1976）「SF 式セメント燒成キルン」『粉体工学研究会誌』第 13 巻第 3 号，
　　127-134 頁．
田島俊雄（1990）「中国の経済変動——大躍進・小躍進と経済改革」『アジア経済』第
　　31 巻第 4 号，41-60 頁．
田島俊雄（2000）「中国の財政金融制度改革——属地的経済システムの形成と変容」
　　中兼和津次編『経済——構造変動と市場化』（現代中国の構造変動 2）東京大学
　　出版会，73-106 頁．
田島俊雄編（2008）『現代中国の電力産業——「不足の経済」と産業組織』昭和堂．
田島俊雄（2010a）「巨大化する中国セメント産業と「小水泥」問題」中兼和津次編『歴
　　史的視野からみた現代中国経済』ミネルヴァ書房，141-182 頁．
田島俊雄（2010b）「中国・東アジアにおけるセメント産業の発展——産業特性と輸

66) 財政部，国家税務総局「関於提高機電，成品油等産品出口退税率的通知」（財税［2016］113 号），中国建材機械工業協会「関於転発財政部，国家税務総局関於提高機電，成品油等産品出口退税的通知」（2016 年 11 月 8 日）附件 2.
67) リーマンショック後の 2008 年 12 月にそれまでの 9%から 11%に引き上げられ（財税［2008］144 号），2009 年 1 月には 14%と（財税［2008］177 号），短期間に調整されている.

　　入代替工業化，産業組織の分散化」田島・朱・加島編（2010），3-30 頁.

田島俊雄（2012）「中国の電力問題」『日中経協ジャーナル』第 217 号，27-31 頁.

田島俊雄（2017）「日本占領下の華北セメント産業」『日本植民地研究』第 29 号，
　　1-27 頁.

田島俊雄・朱蔭貴・加島潤編（2010）『中国セメント産業の発展——産業組織と構造
　　変化』御茶の水書房.

張馨元（2017）「中所得段階の食料需給問題」田島俊雄・池上彰英編『WTO 体制下
　　の中国農業・農村問題』東京大学出版会，165-207 頁.

陳慈玉・蕭明禮（2010）「日本統治期の台湾セメント産業と対華南貿易」田島・朱・
　　加島編（2010），77-99 頁.

日本プラント協会（1987）『中国立窯 Cement Plant 建設計画に関する可能性調査報
　　告書』日本プラント協会.

橋本寿朗（1985）「セメント連合会」橋本寿朗・武田晴人編『両大戦間期　日本のカ
　　ルテル』御茶の水書房，127-168 頁（同著，武田晴人解題『戦間期の産業発展と
　　産業組織 2 ——重化学工業化と独占』東京大学出版会，2004 年にも第 4 章とし
　　て収録）.

堀井伸浩（2010）「中国セメントメジャーの M&A 戦略——産業特性と市場成果」田
　　島・朱・加島編（2010），285-321 頁.

湊照宏（2010a）「戦後復興期の公営台湾水泥公司」田島・朱・加島編（2010），101-
　　123 頁.

湊照宏（2010b）「戦時日本におけるセメント産業の構造調整——回転窯の対アジア
　　移設」田島・朱・加島編（2010），125-133 頁.

峰毅（2010）「日本企業の対中国セメント投資——戦略的技術協力と立窯問題」田島・
　　朱・加島編（2010），231-254 頁.

峰毅（2014）「セメントからみる日中関係論（5）—— NSP 国産技術を確立した中国
　　セメント工業の発展」『CEM'S』2014 年 10 月号，12-16 頁.

峰毅（2015）「セメントからみる日中関係論（6）——中国竪釜技術改造への日本セメ
　　ント業界の貢献」『CEM'S』2015 年 1 月号，16-20 頁.

峰毅（2016）「セメントからみる日中関係論（12）——戦後の小野田セメント大連工場」
　　『CEM'S』2016 年 7 月号，8-13 頁.

峰毅・王穎琳（2013）『中国機械産業の発展——紡織機械とセメント機械の事例』東
　　京大学社会科学研究所現代中国研究拠点研究シリーズ，No. 11.

門闖（2010）「地方小型セメント工場の存立条件——吉林地区の事例」田島・朱・加
　　島編（2010），201-230 頁.

矢内原忠雄（1929）『帝国主義下の台湾』岩波書店.

劉鳳華（2016）「天津小豆の発展と衰退」田島俊雄・張馨元・李海訓編『アズキと東

アジア——日中韓台の域内市場と通商問題』御茶の水書房，173-197 頁.

盧徴良（2010）「近代中国セメント産業と市場競争・カルテル問題」田島・朱・加島編（2010），33-53 頁.

和田寿次郎編（1940）『浅野セメント沿革史』浅野セメント株式会社.

〈中国語文献〉（ピンイン順）

《当代中国》叢書編輯部編（1990）『当代中国的建築材料工業』北京・中国社会科学出版社.

丁抗生（1998）「中国立窯水泥工業的発展与前途」『四川水泥』1998 年第 2 期，1-2 頁.

東北物資調節委員会研究組編（1947）『東北経済小叢書　水泥』瀋陽・東北物資調節委員会.

郭巍（2016）『新時期中国典型産業対外転移研究』北京・中国発展出版社.

黄健柏等（2017）『産能過剰的発展趨勢和治理対策研究』北京・経済科学出版社.

蒋明麟（2012）「中国水泥企業実施“走出去”戦略的思考」『中国水泥』2012 年 8 期，14-16 頁.

梁喜琴・崔永梅（2017）「2016 年中国水泥工業兼併重組市場報告（縮略版）」『中国水泥』2017 年第 6 期，20-22 頁.

劉震邦（2012）「台湾水泥製造産業之市場結構，廠商行為与経営績効之研究——以台泥輿亜泥公司為例」中華大学経営管理修士論文.

呂桂新（2005）「適量出口是我国水泥工業発展的需要」『中国水泥』2005 年 5 期，10-11 頁.

喬竜徳（2012）「控制増量，創新技術，転型升級，向国外転移産能」『中国建材』2012 年 10 期，16-19 頁.

喬竜徳（2014）「加快実施資本“走出去”戦略　促進化解産能過剰和転型升級——喬竜徳会長在中国建材企業“走出去”座談会上的講話」『中国水泥』2014 年 10 期，7-11 頁.

田島俊雄（2011）「1930-50 年代中国内陸地区的工業化発展——以西北洋灰和蒙彊洋灰為例」田島俊雄・朱蔭貴・加島潤・松村史穂編『海峡両岸近現代経済研究』東京大学社会科学研究所現代中国研究拠点研究シリーズ，No. 6，43-64 頁.

田島俊雄・朱蔭貴・加島潤（2011）『中国水泥業的発展——産業組織与結構変化』北京・中国社会科学出版社.

王燕謀編（2005）『中国水泥発展史』北京・中国建材工業出版社.

王燕謀（2011）「中国水泥工業的強盛之路——紀念中国共産党成立九十周年」『中国水泥』2011 年 7 期，5-9 頁.

昃向禎（2009）「関於中国水泥消費峰値的探討」『中国水泥』2009 年 5 月，14-19 頁.

中国水泥協会編『中国水泥年鑑』各年版，長春・吉林教育出版社ほか.

中華人民共和国国家統計局編『中国統計年鑑』各年版，北京・中国統計出版社.
中華人民共和国国家統計局編『中国統計摘要』各年版，北京・中国統計出版社.

第**9**章

雑貨と携帯電話における
新興国市場の開拓と専業市場

丁　可・日置史郎

1. はじめに

　中国の国内市場向けの産業集積では，地場製品の卸売りを中心に展開する専業市場が開設されることが多い．中国経済の国際化に伴い，一部の市場は新興国市場向けの輸出を始めた．開発途上国の中小零細バイヤーが専業市場へ買い付けに来る一方，中国商人も途上国で新しい市場を設立するようになった．その結果，中国と新興国市場の間で，市場をベースとする強力な流通システム，いわゆる専業市場システムができ上がった．

　丁（2013）は多国籍企業よりも専業市場システムのほうが産業組織の面で新興国市場，特にそのローエンド部分の開拓に優位性を有している，と主張している．その論理はおよそ以下の通りである．新興国市場の特性として，①格差が大きく，需要が階層的であること，②都市化と工業化が十分に進んでおらず，需要が地理的に分散していること，③需要のクオリティは総じて低いが，異質的であること，④中小バイヤーが多く，流通の組織化の程度が低いこと，という4点が挙げられる．このような特性がある新興国市場では，規模の経済が働きにくいため，多国籍企業の優位性は発揮できない．それに対して，専業市場や一般の卸売市場の本質は市場プラットフォームである．そこでは，間接的ネットワーク効果，つまりプラットフォームを利用する売

り手の数が多ければ多いほど，買い手の数も増え，買い手の数が増えれば増えるほど，売り手の数も増える，というポジティブフィードバックのメカニズムが働いている．このことによって，専業市場の主たる売り手である中小企業は，日々開発途上国の中小バイヤーと触れあう機会に恵まれており，新興国市場の分散的かつ小ロットの需要を有効に開拓できるのみならず，バイヤーや競合相手の動向を観察するだけで，新興国市場向けの製品開発に必要な情報を入手することが可能である．丁（2007）による中国アフリカ消費財貿易の研究，伊藤（2015）による義烏市場の外国人バイヤーの研究，および岩﨑（2012）によるテヘラン大バザールと中国の専業市場のリンケージに関する研究は，いずれも専業市場システムの新興国市場開拓面での優位性を裏付けている．

　本章は，先行研究を踏まえながら，主に中国の産業集積と専業市場の最近の展開に注目したい．近年，中国では産業高度化が着実に進んでいる．有力企業の成長につれ，より多くの企業は研究開発にリソースを投入するようになり，そしてバリューチェーンにおける垂直統合の度合いも徐々に高まっている．その一方でインターネット技術の発達に伴って，電子商取引が国内流通で重要な地位を占めるようになりつつある．2015 年の電子商取引による実物商品の小売額は 3 兆 2424 億元に達しており，中国の社会小売総額の 10.8% を占めるまでに至った．電子商取引サイトは専業市場と同様に，市場プラットフォームの構造を有しているが，リアル店舗のある専業市場と比べると，必要な固定費はきわめて低い．それでは，このような生産や流通面での産業高度化の動きは，中国の産業集積による新興国市場開拓に，どのような影響を与えているのだろうか．このことは，新興国市場開拓における専業市場の役割強化につながるのか，それとも弱体化を招いてしまうのだろうか．

　以下では，主に義烏の雑貨集積と深圳（及びその周辺地域）の携帯電話集積という 2 つの事例を中心に，上記の課題に取り組みたい．前者は，世界最大の雑貨の生産，流通集積であり，現地には義烏中国小商品城（以下では，義烏市場と略す）という 180 万種類もの商品を取り扱う専業市場が立地している．後者は，中国最大の消費者向けエレクトロニクス製品（特に携帯電話）の産業集積であり，現地には華強北市場というエレクトロニクス製品，関連する部

品および周辺グッズを扱う専業市場が立地している．産業特性から見ると，雑貨は労働集約的であり，技術進歩の余地が限られているが，販売や企画，設計などの面で高度化を遂げる可能性が大きい．一方で，携帯電話をはじめとするエレクトロニクス製品は技術集約的であり，研究開発を通じて付加価値を高める余地が大きい．論理的に考えると，義烏市場は電子商取引の普及の影響を受けやすいのに対して，深圳の華強北市場は研究開発費の増加や垂直統合の影響をより受けやすいはずである．それでは，実際の状況はどうなっているのだろうか．以下では，第2節と第3節でそれぞれ義烏と深圳の事例に焦点を絞りながら分析を進めたい．

2.　義烏の雑貨集積

2.1　「電商換市」

「はじめに」でも触れているように，専業市場による新興国市場開拓のメカニズムとしては，売り手と買い手が相互に惹きつけあう間接的ネットワーク効果の存在が指摘できる．しかし，近年のデータをチェックすると，義烏市場では，このメカニズムが次第に働かなくなっていることがわかる．表9-1が示すように，義烏から入国した外国人の数と外国企業事務所の数は，いずれも2011年をピークに減少に転じた．義烏に半年以上滞在した外国人の数はおよその数字しか提示できないが，やはり2008年以降，伸び悩んでいる模様だ．義烏市場の取引に占める輸出の割合が高まってきていることを考慮すると，間接的ネットワーク効果が次第に働かなくなっていることが確認できる．

　義烏市はこうした状況から脱出するために，同じ市場プラットフォームの構造を有するが，固定費負担が圧倒的に低い電子商取引を義烏市場の構造転換の突破口として選択した．同市では，2012年から電子商取引の発展を支援する一連の政策措置を打ち出しつづけていた．このことは，後に「電商換市」（電子商取引による伝統的市場の代替）という発展戦略に総括されている[1]．具体的に見てみよう．

　第1に，義烏市では電子商取引領導小組を設立して，市の書記が組長を兼

表 9-1　義烏における外国人バイヤーの概要

年度	義烏から入国した外国人数（万人）	半年以上の外国常駐人口（万人）	外国企業事務所数
2008	24.0	1.0	2,276
2009	31.8	1.3	2,652
2010	42.0	1.3	3,008
2011	44.2	1.3	3,080
2012	41.7	1.3	3,059
2013	40.0	1.3	2,500
2014	44.7	—	—
2015	43.8	—	—

出所：「数字義烏各年版」http://www.yw.gov.cn/zjyw/csmp/szyw（2018 年 6 月 19 日アクセス）.

任することになった．また，電子商取引を専門に管理する部署として，電子商取引弁公室を設立した．

　第 2 に，義烏市は「電子商取引の発展に関する若干の意見」を発表した．それに合わせて，国税，工商などの部署が土地利用や融資，税金，倉庫などの面で電子商取引の発展を促進する詳細な支援策を制定した．

　第 3 に，義烏市政府は電子商取引の重要性を認識させ，取引のノウハウを身に着けてもらうために，市内の経営者を中心に，電子商取引に関する教育コースを開催した．2013 年だけで延べ 22 万人が受講していた．

　第 4 に，義烏市は電子商取引に関連するインフラの整備に取り組んだ．いまや義烏では，すべての郷鎮と街道において電子商取引園区を設置しており，そこでの倉庫や物流スペースの面積は 100 万平米を上回っている．

　第 5 に，義烏市では，電子商取引に関連する展示会なども開催しており，市全体で電子商取引による地域振興の雰囲気を盛り上げていた．

　表 9-2 が示すように，「電商換市」戦略の影響を受けて，義烏における電子商取引（EC）の取引高は 2013 年から義烏市場の方を上回るようになり，

　　1)　「義烏『電商換市』発展模式経験分享」http://tech.163.com/14/0531/23/9TK174IV00094OLT.html（2018 年 6 月 18 日アクセス）.

表 9-2　義烏における電子商取引（EC）の展開状況

年度	義烏市場 取引高 （億元）	義烏における EC の取引高 （億元）	ECによる 内販小売 の割合 （%）	ECによる 内販B2B の割合 （%）	ECによる 輸出小売 額 （%）	ECによる 輸出 B2B （%）	義烏の輸出総 額に占めるEC の割合 （%）
2011	515.12	374	—	—	—	—	—
2012	580.00	573	30	18	9	43	52
2013	683.02	856	39	15	13	34	35
2014	857.15	1,153	50	—	13	—	—
2015	982.21	1,511	49	13	14	25	27

出所：表 9-1 に同じ.

その後，急速に差が開いている[2]．EC による内販と輸出の状況は小売と B2B
（卸）別に示されている．これを見ると，輸出と内販の規模は当初拮抗してい
たが，2015 年では内販の比率が 6 割以上を占めるようになった．2015 年の
EC による内販の総額は 936.82 億元であり，義烏市場の取引高とほぼ同水準
に達している．義烏市場の取引のメインの部分が輸出であることを考えると，
EC の国内販売への貢献度は義烏市場の貢献度を大きく凌いでいることがわ
かる．なお，表 9-2 の通り，EC において輸出は卸のほうがメインであるの
に対して，内販は小売りを中心に展開している．

2.2　新興国市場向け輸出の急拡大

　義烏市の輸出額は，2012 年から 2015 年まで，わずか 4 年の間に，90.1 億
ドルから 338 億ドルへ 4 倍近く拡大した．同時期に，中国の輸出総額は 2 兆
487.8 億ドルから 2 兆 1428 億ドルへ微増にとどまったことを勘案すると，義
烏の輸出市場開拓の背後には，他地域にない独特の原動力が働いていたこと
がわかる．

---

2)　「数字義烏」では,義烏の電子商取引の統計方法について明確な定義を示していない.
筆者の推測では，この数字には，①義烏に法人所在地がある製造業企業が EC で販売
する額，②義烏に法人所在地がある流通企業が義烏もしくは域外から仕入れた商品を
EC を通じて販売する額，という 2 つが含まれていると思われる．ただ，義烏以外に法
人所在地がある企業が，従来義烏市場で販売していた商品を，EC サイトで販売する場
合，義烏の EC 取引高にはカウントされないはずである．

　結論を先取りして言えば，義烏の輸出拡大は，主に新興国市場開拓によってもたらされたものである．同市の国別輸出先の情報は公表されていないが，いくつかのデータを総合的に検討することによって，この点が確認できる．

　まず，表 9-3 では，各種貿易方式による輸出額の内訳が示されている．この表が示すように，義烏において「市場仕入れ貿易方式」（その定義などについては後述）は，メインの貿易方式となっており，その割合は年々高まっている．

　表 9-4 では，市場仕入れ貿易方式による輸出の上位 10 カ国の情報（2013 年と 2015 年）を示している．同表から明らかなように，上位 10 カ国は 2 つの時点ともすべて開発途上国によって占められている．しかも 10 カ国の市場仕入れ貿易方式に占める割合は，36％から 40％へ拡大している．

　表 9-5 では，輸出総額と市場仕入れ方式による輸出額の双方のデータが得られる上位 9 カ国（2013 年）の情報を示している．同表からわかるように，1 位のアメリカを除けば，残りの国はすべて開発途上国である．そして，貿易方式について見ると，先進国であるアメリカ向けの輸出は一般貿易方式の割合が高いのに対して，途上国向けの輸出は，いずれも市場仕入れ方式の方が圧倒的なシェアを占めている．

　以上の 3 つの表をつなぎ合わせて検討すると，①義烏の輸出は主に市場仕入れ貿易方式によって行われている，②市場仕入れ貿易方式は主に開発途上国によって採用されている，という 2 点が見て取れる．ついては，近年義烏における輸出の急速な伸びは，主に開発途上国向けの輸出を通じて実現したことがわかる．

2.3　市場仕入れ貿易方式と新興国市場開拓

　それでは，なぜ義烏において途上国向けの輸出はこれだけ急速に伸びてきたのだろうか．まず，近年急成長している電子商取引の貢献度について検討したい．表 9-2 が示すように，2012 年時点で，義烏の輸出のおよそ半分は EC によって創出されていたが，次第にその割合が低下するようになり，2015 年に至っては 27％にまで落ち込んでいる．このことは，義烏の輸出拡大の大部分は EC によるものではないことを示唆している．

表 9-3　義烏の輸出に占める各種貿易方式の割合

年度	輸出総額 (億ドル)	輸出に占める市場仕 入れ方式の割合 (%)	輸出に占める一般 貿易の割合 (%)	輸出に占める加工 貿易の割合 (%)
2012	90.1	54.6	43.6	1.7
2013	182.1	73.3	25.7	1.0
2014	237.1	75.0	24.0	0.8
2015	338.6	83.9	15.7	0.4

出所:「数字義烏 2015」.

表 9-4　義烏の輸出における市場仕入れ貿易方式トップ 10 カ国の概要

2013 年		2015 年	
国	輸出額 (億ドル)	国	輸出額 (億ドル)
イラン	6.72	インド	16.38
インド	6.42	イラク	15.88
イラク	5.89	イラン	12.26
エジプト	5.02	エジプト	11.93
UAE	4.59	UAE	11.41
マレーシア	4.47	サウジアラビア	10.46
ブラジル	3.91	フィリピン	9.51
サウジアラビア	3.89	マレーシア	8.79
アルジリア	3.85	パキスタン	8.53
チリ	3.57	アルジェリア	7.21
総額	48.33	総額	112.36
市場仕入れ方式輸出に 占める割合	36%	市場仕入れ方式輸出に 占める割合	40%

出所:『義烏年鑑 2014』,「数字義烏 2015」.

表 9-5　各国向けの輸出における市場仕入れ方式の割合 (2013 年)

国	輸出額 (億ドル)	市場仕入れ方式の割合 (%)
アメリカ	9.27	21
インド	7.86	82
UAE	7.73	59
イラン	6.82	99
イラク	6.55	90
エジプト	5.98	84
ブラジル	5.95	66
マレーシア	5.07	88
サウジアラビア	4.92	79

注:アメリカの市場仕入れ方式による輸出額は輸出総額から一般貿易輸出額を差し引いたも
　のである. 加工貿易の金額も含まれているので, 実際の数値はより小さいものと推測される.
出所:『義烏年鑑 2014』,『義烏統計年鑑 2014』をもとに筆者計算.

　結論を先取りして言えば，途上国向け輸出の拡大は義烏における新しい貿易制度，つまり「市場仕入れ貿易方式」の導入によって実現したものである．表 9-3 が示しているように，義烏の輸出に占める市場仕入れ貿易方式の割合は，2012 年の 54.6％から 2015 年には 84.9％へ増えており，同方式の輸出拡大への顕著な促進効果が見て取れる．また，表 9-1 より 2014 年から義烏の外国人バイヤー数（「義烏から入国した外国人数」）が再び増え始めたことからも市場仕入れ貿易方式の導入の効果が確認できる．

　「市場仕入れ貿易方式」とは，「条件を満たした経営者が国家商務当局などから指定された市場集積区域内で商品を仕入れ，1 回当たりの税関申告書の貨物金額が 15 万ドル以下（15 万を含む）で，かつ仕入れ地で輸出商品の通関手続きを行う貿易方式」のことを指す（許 2015，80 頁）．

　この定義では，3 つのポイントに注目してほしい．第 1 に「市場仕入れ貿易方式」とあるように，この貿易方式の特徴は，海外のバイヤーが商品を仕入れるために産業集積に来なければならないことである．第 2 に「市場集積区域内」という記載があるように，ここでは貿易活動が発生した場所として明確に専業市場が指定されている．義烏の場合，具体的には義烏中国小商品城，義烏市内のその他専業市場，専業街が指定されている．第 3 に，この方式による輸出申告の上限は 15 万ドルとなっている．これは，途上国に多い中小零細バイヤーへの対応を念頭に置いた数字であると推測される．

　義烏において，市場仕入れ貿易方式に関連する政策措置は，主に 6 点打ち出されている（許 2015，81 頁）．具体的に見ると，第 1 に，外国人同士によるパートナーシップ企業（合伙企業）の設立および対外貿易への従事を認めることである．中国では，これまで外国人の自営業者に，輸出入権を与えてこなかった．彼らは義烏から商品を仕入れる際に，輸出入権を持つ地場の通関専門会社もしくは貿易会社に依存しなければならず，貿易のコストが高かった．しかし，市場仕入れ貿易方式を通じて，外国人でもパートナーシップ企業を設立し，輸出入権が認められるようになった．

　第 2 に，市場仕入れ貿易方式による輸出商品は，増値税（付加価値税）が免税になることである．第 3 に，市場仕入れ貿易方式による輸出商品は全数申告しなければならないが，小ロットの貨物は，申告後，検査を行わず，事

後的に一部だけ抽出して検査を行うことである．第4に，市場仕入れ貿易方式での決済について，人民元の使用を認めることである．第5に，商品のサプライヤーの情報をネットでチェックできるようにすることである．第6に，税関に5つの書類を提出し，かつ貨物は指定された場所で確認のとれるサプライヤーから供給されていることをきちんと確認することである．

　以上をまとめると，1から4までの措置はいずれも途上国向けの小規模輸出のコストを引き下げ，その利便性を高めるものであり，義烏の輸出拡大に寄与していることは容易に考えられる．そして最後の2つは，市場仕入れ貿易方式の条件を満たすことを確認するための措置である．

　なお，市場仕入れ貿易方式による輸出の大部分は，義烏市場のなかの取引によって占められているが，電子商取引（EC）による輸出も一部含まれている．ECのうち，どのぐらいが市場仕入れ貿易方式にカウントされるのか把握していないが，たとえECによる輸出の全額がカウントされるにしても，2015年のECの市場仕入れ貿易方式に占める割合は33%にとどまっている．このように，義烏における途上国向け輸出の大部分はインターネットではなく，依然として義烏市場という巨大な専業市場を通じて行われているのである

2.4　一帯一路戦略と新興国市場開拓

　最後に一帯一路戦略の実施と義烏市場の関係について触れておきたい．一帯一路沿線の途上国には，義烏市場の貿易対象国が多数を占めている．義烏としても，一帯一路戦略に組み込まれることで，沿線国との貿易の一層の拡大を期待している．一帯一路戦略に関連する最も重要な取り組みとして，義烏市は「陸のシルクロード」の沿線国家との間で3つの鉄道を開通した．第1のルートは，義烏とスペインのマドリードをつなぐ「義新欧」鉄道，第2のルートは，義烏とウズベキスタンのタシケントをつなぐ義烏－中央アジア鉄道，第3のルートは義烏とイランのテヘランをつなぐ義烏－テヘラン鉄道となっている．鉄道輸送は，海運より大幅に日数が節約できるが，輸送費は数倍高い．輸送日数との兼ね合いで輸送費を適切な水準にまで引き下げることが，これらの鉄道による貿易促進効果を左右するカギとなっていると言え

る.

ところが現状ではこれら一帯一路関連の鉄道は,まだまだ十分に活用されていない模様である.中国では義烏をはじめとする 8 つの都市とヨーロッパ関係国の間で鉄道線路が開通されている.これらの線路は総じて「中欧鉄道」と呼ばれている.2015 年の中欧鉄道における列車の運行回数を見ると,重慶:244,鄭州:158,武漢:120,成都:103,西安:95,蘇州:93,長沙:70,義烏:30 の順となっており,義烏は最下位である[3].このように,義烏にっては,補助金などを通じて鉄道による輸送費の水準を大幅に引き下げ,鉄道の利用効率を高めることが急務となっている.

3. 深圳の携帯電話集積

3.1 携帯電話産業の高度化

かつての中国の携帯電話産業には,2 つの世界が併存していた.珠江デルタ地域に象徴的に表れているように,高度に垂直統合された生産方式を採用し,先進国や国内のハイエンド市場向けの携帯電話を供給する多国籍企業や国内ブランド企業がある一方,きわめて分散的な生産方式を採用し,国内や途上国のローエンド市場向けの携帯電話を供給するいわゆる「山寨メーカー」も大量に存在していた(丁・潘 2013).しかし近年,このような状況は大きく変容しつつある.

第 1 に,中国の国内市場では消費の高度化に伴い,高い価格帯の携帯電話に対する需要が拡大し,低い価格帯の携帯電話に対する需要が縮小している.表 9-6 が示しているように,2013 年第 1 四半期から 2015 年第 1 四半期までの 2 年間に,600 ドル以上と 300 〜 449 ドルの携帯電話の市場シェアが大幅に伸びていた.一方で,50 〜 99 ドルの携帯電話のシェアは 24%から 14%へと,縮小幅が最も大きい.

第 2 に,携帯電話の製造,通信技術がますます進化を遂げている.2012 年以降,フィーチャーフォンからスマートフォンへの移行が急速に進むように

---

3) 筆者が 2016 年 7 月 25 日に実施した成都市口岸与物流弁公室へのインタビューによる.

表 9-6　各価格帯の携帯電話の国内販売状況

(%)

価格帯 (ドル)	2013 年				2014 年				15 年
	第 1 四半期	第 2 四半期	第 3 四半期	第 4 四半期	第 1 四半期	第 2 四半期	第 3 四半期	第 4 四半期	第 1 四半期
600 ～	7	8	6	8	7	7	6	10	12
450 ～ 599	4	3	3	3	4	3	3	3	4
300 ～ 449	8	10	10	10	11	10	11	14	14
150 ～ 299	28	28	24	23	22	25	26	24	23
100 ～ 149	18	16	20	20	20	21	24	21	21
50 ～ 99	24	25	25	24	24	19	17	15	14
～ 50	10	10	12	11	13	15	14	13	11

出所：華強電子産業研究所元研究総監，潘九堂氏が提供した資料による．

なった．また，携帯電話の通信に用いられるモバイル通信技術も 2G から 3G，4G へとより複雑になっており，研究開発の必要性がいつにもまして高くなっている．

　第 3 に，市場と技術の変化に伴い，携帯電話の開発，製造に伴う各工程間の調整の重要性がより大きくなっている．その結果，携帯電話のバリューチェーン全体では，統合の度合いが高まってきている．設計，製造から販売までの機能をすべて自社内にそろえた企業，すなわちデザインハウスとインテグレーターの双方の機能を備えた統合型企業の携帯電話出荷台数に占める比率は，2010 年の 30％から，2015 年には 50％近くへ拡大するようになった．また，デザインハウスの上位企業も相次ぎ，部品装着済みの基板（PCBA）の提供から，携帯電話の本体を供給する（企画と販売は担当しない）ODM メーカーへの転身を遂げつつある[4]．

　第 4 に，携帯電話企業の国内販売チャネルが大きく変容している．山寨携帯電話が繁盛していた頃，専業市場は，携帯電話企業の最も重要な販売手段として機能していた．中国最大の携帯電話の産業集積である深圳において，一時期，携帯電話の半分程度は，華強北市場を通じて販売されていたと推計

---

　4)　インテグレーター，デザインハウスおよび PCBA の定義については，丁・潘（2013）を参照されたい．また，統合型企業のシェアの変化は，潘九堂氏の教示による．

表 9 - 7　各種携帯電話メーカーの市場シェアの推移

(%)

	2014 年				2015 年	
	第 1 四半期	第 2 四半期	第 3 四半期	第 4 四半期	第 1 四半期	第 2 四半期
国際ブランドメーカー	29	28	26	25	24	22
独自の小売りチャネルを有する国内ブランドメーカー	26	29	33	36	40	47
通信事業者を中心に展開する国内ブランドメーカー	23	22	21	20	19	15
その他中小メーカー	22	21	20	19	17	15

出所：表 9-6 に同じ.

されている（丁・潘 2013）. しかし，現在では，独自の小売りチャネルを持つ企業と通信事業者向けの販売チャネルを中心に展開する企業は，6 割以上もの国内シェアを占めるようになった（表 9-7）. 特に独自の小売チャネルを持つ企業はシェア拡大の趨勢が顕著である. 一方で，そういった固定費の高いチャネルを構築できない中小，零細メーカーの市場シェアは，縮小の一途を辿っている.

3.2　途上国向け輸出の拡大と華強北市場の役割

携帯電話産業は高度化するとともに，途上国向けの輸出も拡大しつつある. 本項では，深圳の携帯電話集積を中心に，輸出市場について検討したい. 深圳携帯電話企業の主たる輸出先のうち，香港とアメリカ以外は，すべて開発途上国となっている（表 9-8）. なかでも，2014 年から 2015 年にかけて，ASEAN と中東向けの輸出が急増している. 香港は深圳携帯電話の最も重要な輸出先で全体の 8 割以上を占めているが，そこから携帯電話のほとんどは再輸出されている. 近年，香港を経由した輸出のうち新興国市場，特に中東向けの輸出が最も多いと指摘されている[5].

以下では，開発途上国向けに携帯電話を輸出している企業が華強北市場をどのように評価しているかを，2013 年から 2015 年にかけて実施したアンケ

---

5)　華強電子産業研究所元職員，劉輝氏の教示による.

表 9-8　深圳における携帯電話の輸出状況

年度	生産台数 （万台）	輸出台数 （万台）	輸出額 （億元）	1台当たり 輸出額 （元）	香港 （万台）	アメリカ （万台）	インド （万台）	ASEAN （万台）	中東 （万台）	アフリカ （万台）
2014	12,800	51,282	1,698	327.9	44,291	1,387	1,267	578	352.4	594.0
2015		54,000	1,844	338.4	45,000	1,713	1,187	1,043	916.3	578.6

出所：中国税関ウェブサイトによる．http://www.customs.gov.cn/publish/portal109/tab61257/info785707.htm
　（2018 年 6 月 19 日アクセス）．

ート調査のデータによって分析してみたい（表9-9）．サンプルサイズは 56 社である．これらは，深圳を含めた珠江デルタ地域に立地している携帯電話企業であり，その業態別内訳は，インテグレーターが 11 社，デザインハウスが 22 社，統合型企業が 23 社である．

　企業規模は，従業員数 10 人の中小零細企業から 15 万人の大企業まで幅広く網羅しており，従業員数の平均値は 5,809 人である．最大手企業を除いた 55 社で平均値をとっても 3,188 人となっており，一部の携帯電話企業が相当の大企業にまで成長していることが見て取れる．調査対象企業の輸出志向性はかなり高く，製品出荷総数に占める輸出向けの比率の平均値は 51.4%（最大値 100%，最小値 0%）である．このうち開発途上国向けの輸出比率の平均値は 44.6%（最大値 100%，最小値 0%）であり，輸出の大多数は開発途上国向けであることがわかる．

　2014 年時点での操業年数の平均値は 9 年（最大値は 29 年，最小値は 0 年）であり，2000 年代以降に設立された企業が 47 社と大部分を占め，そのうち 2010 年以降に設立された企業が 14 社占めており，比較的歴史の長い企業と操業間もない企業とが混じる構成となっている．企業の研究開発集約度は総じて高いが，企業によって大きな差があり，従業員総数に占める研究開発要員の比率で測る場合，平均値は 34.8%（最大値 83.3%，最小値 0.3%）であった．業態・企業規模・研究開発志向性・輸出などの面における企業属性は，バラエティに富んでいることがわかる．

　アンケートでは，携帯電話企業の最も重要な販売手段について質問を行った．表 9-10 から明らかなように，インテグレーターと統合企業のいずれの

表 9-9　各変数に関する説明と記述統計量

変数	標本数	平均値	標準偏差	最小値	最大値	説明
Q21_ALL	56	3.02	1.09	1.0	5.0	企業業務に対する華強北の重要性の総合評価（総合評価）
Q21_1	56	2.96	1.09	1.0	5.0	販売への貢献からみた華強北の重要性の評価（評価項目 1）
Q21_2	56	3.04	1.09	1.0	5.0	新規顧客開拓面からみた華強北の重要性の評価（評価項目 2）
Q21_3	56	3.84	0.85	1.0	5.0	消費者ニーズの情報取得面での華強北の重要性の評価（評価項目 3）
Q21_4	56	3.82	0.86	1.0	5.0	競争相手の動向を知るという面での華強北の重要性の評価（評価項目 4）
Q21_5	56	3.98	0.80	1.0	5.0	国内ブランド携帯の動向を知るという面での華強北の重要性の評価（評価項目 5）
Q21_6	56	3.63	0.93	1.0	5.0	価格競争激化の面で華強北が企業業務に与える影響（評価項目 6）
Q21_7	56	3.71	0.73	3.0	5.0	模倣・コピー激化の面で華強北が企業業務に与える影響(評価項目 7)
AGE	56	9.00	6.49	0.0	29.0	2014 年における企業の操業年数
LDE_Share	56	44.63	34.36	0.0	100.0	総出荷台数に占める開発途上国向け輸出比率（%）
logOUTPUT	56	14.84	1.76	10.6	18.1	生産台数（対数値）
logEmp	56	6.14	2.13	2.3	11.9	従業員総数（対数値）
RAD_Share	56	34.88	27.25	0.3	83.3	従業員総数に占める研究開発要員の比率（%）
INTEG	56	0.20	0.40	0.0	1.0	インテグレーターの場合 1，そうでない場合 0 の値をとるダミー変数
IDH	56	0.39	0.49	0.0	1.0	デザインハウスの場合 1，そうでない場合 0 の値をとるダミー変数

注：生産台数，従業員数，研究開発要員数のデータは，2014 年設立の 2 社のみ設立年度の数値であるのを除き，すべて調査時点の数値．華強北の企業業務への貢献（影響）に関する評価（Q21_ALL ～ Q21_7）はいずれも 5 段階評価値であり，1「ほとんど重要（深刻）ではない」から 5「非常に重要（深刻）」へと，数値が 1 つ増すにつれて評価が高まるように設定されている．評価と業態に関する変数は全て調査時点のもの．
出所：筆者が実施した現地調査による．

場合でも，新興国市場開拓の手段は市場プラットフォームの一種である展示会に集中している．デザインハウスの市場開拓の手段は多様化しているが，なかでも元顧客や知り合い，友人による紹介が比較的多くの企業から採用されている．華強北市場の利用状況について見ると，前節で触れた国内市場の状況と同様に，新興国市場開拓への販売面の貢献は総じて低い．インテグレーターと統合企業に最も重要な販売手段として採用されたケースはないし，デザインハウスの場合でもそのようなケースは 2 社に限定されている．

　しかし，販売面での役割低下は，必ずしもすべての面において華強北市場の評価を引き下げるものではない．平均値から見る限り，「国内ブランド携帯の動向を知る面での貢献」（平均値 3.98），「消費者ニーズに関する情報取得面での貢献」（3.84），「競争相手の動向を知る面での貢献」（3.82）といったように，情報収集の面において，華強北市場に対する評価がかなり高い．逆に，「模倣・コピーの激化による影響」（3.71）や「価格競争激化による影響」（3.63）もかなり深刻に受け止められていることがわかる．残る「新規顧客開拓面での貢献」（3.04），「販売への貢献」（2.96）などは，他の面での貢献よりもかなり低い値に留まり，総合評価は 3.02 となっている（表 9-9 を参照）．

　アンケート調査では，企業が自らの業務に対して華強北市場がもたらしている貢献や影響をどう評価しているかを尋ねている．そこで，以下，その評価を従属変数として，それを各種の企業属性によって説明するモデルを推定することで，どのような企業が華強北市場を相対的に高く評価しているかを分析する．従属変数が，「ほとんど重要ではない」（分析では 1 という値を付与），「やや重要である」（2），「一般」（3），「かなり重要である」（4），「非常に重要である」（5）というように自然の順序がついた離散変数であるため，推定には順序ロジットモデルを用いた．なおサンプルサイズが 56 と小さいため，推定の信頼度には問題が残っていないとは言えない．しかし他に類似調査がなく貴重な情報を含んでいることに鑑み，より大きなサンプルを用いた再検証は今後に期待しつつ，分析結果を紹介しておくことにした．

　説明変数には，①開発途上国向け輸出比率（LDE_Share），②生産台数の対数値（logOUTPUT），③研究開発志向性（RAD_Share），④業態のダミー変数（INTEG と IDH）を用いる．本章の問題関心は，①開発途上国向け輸出比率

表9-10 深圳携帯電話企業の最も重要な販売手段

インテグレーター

	華強北, その他専業市場	EC	展示会	フランチャイズ店	自社販売網	キャリア向け	その他
合計	0	1	7	0	0	2	1
うち途上国市場を中心に展開する企業	0	0	5	0	0	1	0

統合企業

	華強北, その他専業市場	EC	展示会	フランチャイズ店	自社販売網	キャリア向け	その他
合計	1	2	3	4	3	7	1
うち途上国市場を中心に展開する企業	0	0	3	0	0	0	1

デザインハウス

	元顧客	知り合い, 友人の紹介	ベースバンドICメーカーの紹介	展示会	華強北専業市場	業界誌	業界サイト
合計	5	5	4	4	2	0	2
うち途上国市場を中心に展開する企業	4	4	2	2	2	0	1

出所：表9-9に同じ.

であるが，大企業と中小零細企業，あるいは研究開発志向が高い企業とそうではない企業とでは，華強北市場への評価が異なる可能性がある．またサンプルには，デザインハウス，インテグレーター，両者機能を統合した統合企業というように業態を異にする企業が含まれており，それが華強北市場への評価に影響を与える可能性を考慮する必要がある．これらの影響をコントロールする必要から，①のほかに②〜④の説明変数を加えた.

　作業仮説は以下の通りである．開発途上国向け輸出比率を高め，海外市場へ軸足を移していくとしても，華強北市場という市場プラットフォームが消

費者ニーズの動向や，自社製品開発戦略などに影響を与える競合他社や学習の対象である国内ブランド携帯の動向を知るといった情報調達面での役割は，依然として重要であると考えられるから，Q21_3，Q21_4，Q21_5などを従属変数とする回帰モデルでは，推定される係数が正の有意となることが予想される．他方，輸出市場のシェアが高くなり，逆に国内のローエンド市場での需要が小さくなると，販売面での貢献や新規顧客開拓面での華強北の貢献は小さくなり，Q21_1やQ21_2にかかる係数の推定値の符号は負となる可能性がある．しかし（先進国向けではなく）開発途上国向けの輸出比率が高い企業は，国内市場ではむしろローエンド市場を中心としており，国内販売部分では華強北への依存が強く，それが高い評価をもたらすかもしれず，その場合には正の符号をとる可能性もある．つまりQ21_1やQ21_2の符号については，いずれの可能性もありえる．価格競争面や模倣・コピーなどでの影響に関わるQ21_6やQ21_7にかかる係数についても同様に，係数の符号が正ないし負のいずれであるかを先験的に予測することは難しく，いずれの可能性も考えられる．

　表9-11に推定結果を示した．なお順序ロジットモデルが満たすべき「比例オッズ性の仮定」[6] を満たしているとは判断できなかったQ21_2，Q21_6，Q21_7を従属変数とするモデルの推定結果は割愛した．LDE_Shareにかかる係数の推定値は，(3)，(4)，(5) 式のいずれにおいても正であり，特にQ21_4（競争相手の動向を知る上での重要性に対する評価）やQ21_5（国内ブランド携帯の動向を知る上での重要性に対する評価）については1％有意，Q21_3（消費者のニーズに関する情報の取得面での重要性）については10％有意だった．(2) 式から，Lde_Shareにかかる係数の符号は正であったが，有意ではなかった．これらの結果は，我々の作業仮説を支持している．(1) 式を見ると，開発途上国向け輸出比率が高い企業ほど，華強北市場への総合評価は上がる傾向があることがわかる．

　いずれの式においても産出規模（logOUTPUT）にかかる係数は負で，Q21_ALL（総合評価）とQ21_1（売上への貢献面での評価）とQ21_4（競争相手の動向

―――――――――
6)　Long (1997)，pp. 140-150 および Long and Freese (2006)，pp. 197-200 を参照．

表 9-11　回帰分析の結果

	(1) Q21_ALL	(2) Q21_1	(3) Q21_3	(4) Q21_4	(5) Q21_5
Lde_Share	0.0211 **	0.0152	0.0220 *	0.0292 ***	0.0263 ***
	(0.01050)	(0.01030)	(0.01150)	(0.00988)	(0.00946)
logOUTPUT	-0.415 **	-0.436 **	-0.249	-0.414 **	-0.267
	(0.184)	(0.190)	(0.194)	(0.186)	(0.200)
RAD_Share	-0.00758	-0.01160	-0.03200 **	-0.02070 *	-0.00935
	(0.0116)	(0.0111)	(0.0146)	(0.0121)	(0.0112)
IDH	0.348	0.754	1.616	-0.497	-0.530
	(0.656)	(0.807)	(1.097)	(0.703)	(0.662)
INTEG	-0.279	-0.408	-0.353	-1.861 **	-1.342 *
	(0.640)	(0.713)	(0.857)	(0.770)	(0.768)
LR chi2（5）	9.999	13.660	16.350	17.860	9.308
psuedo R2	0.0830	0.0827	0.107	0.107	0.0840
N	56	56	56	56	56

注：括弧内は標準誤差．*** p<0.01, ** p<0.05, * p<0.10．閾値の推定結果は省略した．

把握面での評価）については，5％水準で統計的に有意であった．これらの結果から，大企業ほど華強北の重要性は低く評価する傾向があり，そのことは総合的評価，販売面での貢献，競争相手の動向を知るという点において特に顕著であることが読み取れる．また，いずれの式においても，RAD_Share にかかる係数は負であり，とりわけ Q21_3（消費者ニーズ把握の面での評価）については，5％水準で統計的に有意であった．この結果から，研究開発志向の高い企業ほど，消費者ニーズの情報獲得面で華強北の果たす重要性を低く評価する傾向があると言えそうである．

　以上をまとめると，華強北市場の役割について平均的にみれば，国内ブランド企業や競争相手の動向把握や消費者ニーズに関わる情報調達などが比較的高く評価されている傾向にあるが，その中でも，開発途上国向け輸出比率の高い企業ほど，特に競合他社や国内ブランド携帯の動向を知る上で華強北の果たす重要性を高く評価する傾向があると結論できる．他方，経営の高度

化（企業規模の拡大や研究開発志向の強まり）につれて，そうした面での評価は下がる傾向があると言えそうである．

4. おわりに

本章で検討したように，中国における産業高度化は，従来の専業市場を中心とする集積地の流通システムに大きな変容をもたらしている．義烏と深圳のいずれでも，国内販売での専業市場の役割は顕著に低下している．しかし，新興国市場向けの輸出に関しては，専業市場の販売や情報収集面でのプレゼンスが依然として大きい．

義烏では，流通の構造転換と高度化が急激に進んでいる．市政府による「電商換市」の政策が打ち出されて以来，電子商取引の売上は急増している．2013年から，電子商取引による売上は，義烏市場を上回るようになった．ただし，現状では電子商取引は主に国内販売の面で市場の代替を進めている．義烏の新興国市場向け輸出の拡大は，依然として伝統的な専業市場によってもたらされたものである．その背景には，市場仕入れ貿易方式の導入を指摘しなければならない．この新しい貿易制度の実施によって，途上国の中小零細バイヤーに輸出入権が付与され，途上国向けの小口の輸出にかかる諸費用が大幅に引き下げられた．

深圳の場合，携帯電話企業は研究開発や垂直統合の面で着実に高度化が進んでいる．その結果，インテグレーターや統合型企業の多くは，小売りチェーン店や展示会など，より固定費の高い販売チャネルを利用するようになった．華強北市場は内外市場のいずれにおいても，販売面での役割が低下した．ただし，同市場は，①消費者ニーズに関わる情報調達，②国内ブランド企業の動向把握，③競争相手の動向把握，といった情報収集に関連する項目において，高い評価を受けている．なかでも，②と③に関しては，途上国向けの販売比率が高い企業ほど，評価が高くなる傾向が確認できた．それはそうした企業ほど，高度化を遂げつつある国内のブランド企業を見習ったり，競合他社の動向を把握することによって，新興国市場にふさわしい製品開発戦略を立てたりする必要があるためと思われる．

なお，本章の分析は専業市場システムの中国国内での展開，すなわち産業集積に立地する専業市場の動きに焦点を当てていた．他方，開発途上国側においては，専業市場とリンケージを持つ卸売市場を設立したり，専業市場から調達した越境 EC 商品を保管する倉庫を建設したり，途上国の土産品を専業市場へ販売したりする動きが活発になっている．中国の産業集積と新興国市場のリンケージを究明するためには，今後，こうした途上国側の流通システムの変容も視野に入れなければならない．

参考文献

〈日本語文献〉

伊藤亜聖（2015）『現代中国の産業集積——「世界の工場」とボトムアップ型経済発展』名古屋大学出版会．

岩﨑葉子（2012）「「低組織化」システムのグローバリゼーション——イラン・アパレル産業を事例として」『アジア経済』第 53 巻第 5 号，2-27 頁．

丁可（2007）「中国の対アフリカ消費財貿易」吉田栄一編『アフリカに吹く中国の嵐，アジアの旋風——途上国間競争にさらされる地域産業』日本貿易振興機構アジア経済研究所，153-159 頁．

丁可（2013）「専業市場システム——中小企業と市場開拓」渡邉真理子編『中国の産業はどのように発展してきたか』勁草書房，105-133 頁．

丁可・潘九堂（2013）「「山寨」携帯電話——プラットフォームと中小企業発展のダイナミクス」渡邉真理子編『中国の産業はどのように発展してきたか』勁草書房，158-182 頁．

〈中国語文献〉

許珂（2015）「"市場採購"貿易方式実施現状及策略研究——基于義烏国際貿易綜合改革試点」『当代経済』第 7 号，80-82 頁．

〈英語文献〉

Long, J. Scott（1997）, *Regression Models for Categorical and Limited Dependent Variables*, Advanced Quantitative Techniques in the Social Sciences, Vol. 7, Thousand Oaks, Calif.: SAGE Publications.

Long, J. Scott and Jeremy Freese（2006）, *Regression Models for Categorical Dependent Variables Using STATA*, 2nd edition, College Station, Texas: StataCorp LP.

終　章

米中拮抗の時代へ

丸川知雄

1.　これからの米中の経済規模

　序章で図示した 2030 年の世界経済の姿，すなわち中国が世界一の経済大国としてアメリカと並んで中心的な位置に立つという姿は，貿易額や購買力平価（PPP）で測った国内総生産（GDP）で見る限りすでに現実化している．トランプ政権成立以来のアメリカの保護主義への急旋回は，本書で詳細に検討した中国・新興国ネクサスを強めることとなり，中国の台頭をかえって速めるであろう．

　ただ，中国の GDP がアメリカに追いついた後，中国がアメリカとの差をぐんぐん広げて世界の経済覇権を握るかというと，それは難しいように思われる．なぜなら，中国の人口は 2030 年頃に 14 億 4000 万人程度のピークに達した後，緩やかに減少すると予測されているからである[1]．しかも高齢化が進んでいるため，労働年齢人口（16 〜 64 歳の人口[2]）は 2014 年をピークとしてすでに減少が始まっている．就業者数の方は 2017 年までかろうじて増

---

[1]　United Nations Population Division, *World Population Prospects: The 2017 Revision* による．

[2]　国民経済社会発展統計公報による．なお「労働年齢人口」は一般に 15 〜 64 歳の人口とすることが多いが，中国国家統計局の発表に基づき，ここでは 16 〜 64 歳の人口としている．

加が続いているが，これもまもなく減少に転じるであろう．就業者数の増加は中国の経済成長率を押し上げる一つの要因であったが，これがマイナス要因に転じることによって，中国の GDP 成長率も 2018 年現在の 6％台から 5％台，4％台へ徐々に減速していくであろう．

　中国の経済成長は，労働力供給などの供給側の要因だけでなく，消費と投資の限界という需要側の要因からも制約される．例えば，高速鉄道は 2008 年のスタートからわずか 10 年の間に総延長が 2 万 2000 キロ以上にも達したが，すでに主要な大都市を結ぶネットワークは完成しており，今後有望な新路線は少ないように思われる．

　また，中国の消費拡大も環境や資源の制約に直面するであろう．中国で近年「シェアリング・エコノミー（分享経済）」が大きなブームとなっているのも，そうした制約に適応しようとする社会の努力だと考えられる．「シェアリング・エコノミー」はアメリカやイギリスで生まれた概念で，資源浪費的な消費生活への反省から，遊休しているモノを共同利用することによって資源の有効活用を図り，より平等な社会を目指す潮流を指す（Botsman and Rogers 2011）．そうした先進国的な概念が，1 人当たり GDP がアメリカの 15％でしかない中国で大ブームを巻き起こしたのは，シェアリング・エコノミーが中国の直面する課題の解決にも有効だとみなされているからである．

　自動車の普及によって，中国の大都市はどこも交通渋滞と大気汚染に悩まされ，自動車保有の制限に乗り出している．人口密度の高い中国では，アメリカ人のような自動車を多用する生活を送ることは不可能であることを，中国の政府も国民も思い知らされている．アメリカ人のように一戸建てに住み，一家で車を何台も所有するのではなく，高層アパートに住んで，移動には公共交通やシェアリングを利用する暮らし方の方が中国の条件に合っている．

　一方，アメリカは，2017 年現在 3 億 2500 万人である人口が，2050 年代には 4 億人を超えるまで増加を続けると見込まれている．アメリカは世界から能力の高い人を吸収し続けることで科学技術や文化における高い創造性を維持しているので，生産性の上昇が経済成長率を押し上げる効果も期待できる．中国の GDP が 2030 年までにはアメリカを抜くとしても，その頃には中国とアメリカの GDP 成長率には大差がなくなり，両者の経済規模が拮抗する状

況が長く続くと予測される（飯田 2013）．米中が二大経済大国として拮抗する時代はすでに始まっており，今世紀後半まで長く続くことになろう．

2. 中国は「中心」か？

序章でも触れたように，先進国から見れば中国は安い工業製品を大量に輸出する「世界の工場」というイメージが依然として強い．中国が世界一の輸出大国になったのは，先進国の多国籍企業が中国に低コストの生産基地という役割を与えたためであり，多国籍企業は中国や東南アジアやバングラデシュなどを巻き込んだ国際的な生産ネットワーク，言い換えれば「グローバル・バリュー・チェーン」を構築している，という見方は広く共有されている（経済産業省 2010; Gereffi, Humphrey, and Sturgeon 2005）．アメリカの多国籍企業が，投資や生産委託，貿易などを通じて東アジアを巻き込んだ「グローバル成長連関」を形成しているという河村（2016）の議論も，同様の世界観を示している．

しかし，本書を通じて明らかにしたように，中国にとっては先進国との貿易よりも新興国との貿易の方が重要になりつつある．中国の対外貿易の中から，中国と新興国の関係のみを切り出してみたとき，その関係は先進国企業に従属したものではなく，むしろ中国を「中心（center）」，新興国を「周辺（periphery）」とする関係であるように見える．「中心・周辺」関係というのは，第二次世界大戦後に国連で活躍したプレビッシュ（Prebisch 1950）が当時の世界経済の構造を形容したものであり，彼は工業製品を輸出する先進工業国を「中心」，一次産品を輸出する後発国を「周辺」と呼んだ．

2007 年以降，中国の輸出に占める工業製品の割合はずっと 93％程度を保っており，新興国向けの輸出においても同様の高水準にある[3]．中国の輸入に占める一次産品の割合は 1994 年には 15％だったが，その後次第に上昇し，2011 年には 38％まで高まった[4]．その後，鉄鉱石や石炭，銅などの国際価

---

3) 工業製品の定義は SITC5 ～ 8，ただし 667, 68 を除く．データ出所は UNCTAD Stat.

4) 一次産品の定義は SITC0 ～ 4 および 68．データ出所は UNCTAD Stat.

格が下落したため，2015 年には 31％，16 年には 30％と一次産品比率が下がったが，2017 年には 36％に再上昇している．とりわけ非 OECD（経済協力開発機構）加盟国からの輸入に絞ると，2017 年には輸入の 49％が一次産品であった．つまり，新興国との貿易関係では中国は主に一次産品を輸入して工業製品を輸出するという「中心・周辺」構造が鮮明である．

　本書では主に貿易の側面から中国と新興国の関係を見てきたが，国際金融においても中国は従来の発展途上国的なポジションから，より先進国的なポジションに変わりつつある．中国の国際収支の変遷を見るために，表終-1 ではいくつかの年を抜き出して示している．

　改革開放政策の開始から 1993 年まで，中国は貿易赤字になることが多く，特に景気が過熱すると貿易赤字が拡大して引き締め政策をとらざるをえないということを繰り返した．表終-1 には 1993 年の状況を示したが，貿易収支の赤字（143 億ドル）を直接投資の受け取り超過（275 − 44 ＝ 231 億ドル）によって埋め合わせている．貿易収支は赤字，資本収支（表の「準備以外の金融収支」）は黒字，という発展途上国に典型的な国際収支のパターンであった．

　しかし 1994 年に貿易収支が黒字化すると，以後中国はずっと貿易黒字が続き，黒字幅も次第に拡大していった．対外開放の推進によって直接投資の流入額はますます拡大していったが，短期資本の流出入は規制され，中国から外国への直接投資に対する規制も強かった．その結果，資本収支は黒字を維持し，貿易収支も黒字が続いたので，中央銀行が人民元の為替レート上昇を防ぐために外為市場で米ドルの買い入れを続け，その結果，外貨準備が積み上がった．こうした状況が 1994 年から 2011 年まで続いたが，この段階を新興工業国段階と呼ぶことができよう．表終-1 には 2001 年の状況を示しているが，貿易収支は 282 億ドルの黒字，資本収支は 348 億ドルの黒字で，この年は外貨準備を 473 億ドル積み増した．2011 年も構造は同じだが，桁が一つ上がり，この年は 3878 億ドルも外貨準備を積み増している．こうして中国は外貨準備を増やし続け，2014 年末の残高は 3 兆 8430 億ドルにも達した．

　2012 年から中国の国際収支は新たな段階に入った．貿易収支は引き続き大幅な黒字だし，対内直接投資も依然として大きいが，従来と異なるのは，

表終 - 1　中国の国際収支

(億ドル)

年	1993	2001	2011	2016	2017
経常収支	-119	174	1,361	1,964	1,649
貿易収支	-143	282	2,435	4,941	4,761
サービス収支	25	-1	-468	-2,442	-2,654
金融収支	217	-125	-1,278	267	571
準備以外の金融収支	235	348	2,600	-4,170	1,486
対外直接投資	-44	-69	-484	-2,172	-1,019
対内直接投資	275	442	2,801	1,706	1,682
証券投資収支	30	-194	196	-622	74
その他投資収支	-27	169	87	-3,035	744
外貨準備	-18	-473	-3,878	4,437	-915
外貨準備残高（年末）	212	2,122	31,811	30,105	31,399

出所：国家外貨管理局.

　まずサービス収支の赤字幅が拡大したことである．これは海外旅行の増加の影響が大きいと思われる．また対外直接投資も拡大し，2016 年は対内直接投資の額を上回った．その他投資収支は 2016 年のように，年によっては大幅赤字になるなど不安定な動きを示すようになった．これは，為替レートの変動を睨んだ投機的な資金の流出入によるものだといわれる．2015 年と 2016 年は，サービス収支やその他投資収支の赤字と対外直接投資の拡大の影響で，外貨準備残高が 2 年間で 8000 億ドルも減少した．2017 年は当局が対外投資への規制をやや強めた結果，資本収支が黒字に転じ，外貨準備も若干積み増している．

　以上のように 2012 年から中国は貿易収支は黒字，サービス収支は赤字，資本収支は赤字という新たな段階に入ったとみられる．この時期を先進工業国段階と呼ぶことができよう．日本も 1981 年以来，2010 年まで少数の例外年を除いて同様の状況にあった．ただ，2011 年以降は東日本大震災の影響もあってしばしば貿易赤字になった．

　中国は世界一の貿易大国であるとともに，近年は対外投資においても存在感を高めているが，こうした地位ときわめて不釣り合いなのが人民元の国際的地位である．2017 年 12 月に国際取引の決済に使われた通貨は，米ドルが

1位で全取引額の41％，次いでユーロ（39％），ポンド（3.8％），日本円（3.6％），カナダドル，スイスフラン，オーストラリアドルと続き，人民元は8位（0.98％）にすぎなかった[5]．2年前に比べてシェアも順位も後退している．中国政府は資本取引の自由化など金融面での開放にきわめて慎重であるため，人民元は国際取引の決済通貨として使い勝手が悪く，人民元の国際化が進まない．通貨の世界では中国はまだ「中心」というにはほど遠い．

3. 軍事における米中拮抗を避けるためには

トランプ大統領は貿易赤字を解消したいと述べる一方で，同盟国を防衛する負担の軽減にもたびたび言及している．すなわち，北朝鮮の核問題が解決したら在韓米軍を撤退させたいと述べたり，北大西洋条約機構（NATO）の首脳会議においては，ヨーロッパ側の同盟国に軍事費をもっと負担するように求めた．

防衛負担の軽減と，貿易赤字の削減とは実は相互に関連している．一般に，民間部門の貯蓄超過＝経常収支黒字＋財政赤字という恒等関係が成り立つので，民間部門の貯蓄超過がゼロであれば，財政赤字がそのまま経常収支赤字となる．

表終-2に見るように，2015年はまさにアメリカの連邦財政赤字と経常収支の赤字がほぼ等しかったし，他の年も財政赤字と経常収支赤字の間に関係があることは明瞭であろう．そして財政赤字をもたらす大きな要因が軍事費であることも表終-2から明らかである．2017年のアメリカの軍事費は第2位の中国（2282億ドル）の2.7倍に及び，ストックホルム国際平和研究所（SIPRI）が軍事支出を推計している世界151カ国の軍事費の合計の36％を占めている．

仮にアメリカが軍事支出をゼロにすれば，財政赤字はほぼ解消され，経常収支赤字もなくなり，貿易赤字も大幅に減るだろう．トランプ政権は軍事費を削減しておらず，むしろ増額しているものの，防衛負担の削減と貿易赤字

---

5) SWIFT, The RMB Tracker, January 2018.

表終 - 2　アメリカの軍事支出，財政赤字，経常収支赤字，貿易赤字

（億ドル）

年	2013	2014	2015	2016	2017
軍事支出	6,397	6,099	5,961	6,001	6,098
連邦財政赤字	6,795	4,846	4,385	5,847	6,654
経常収支赤字	3,495	3,738	4,346	4,517	4,662
貿易赤字	7,005	7,499	7,619	7,511	8,075

出所：軍事支出—SIPRI，連邦財政赤字— Congressional Budget Office，経常収支赤字— World Bank，貿易赤字— US Census Bureau, Economic Indicator Division.

の削減とは整合的な目標となりうる．

　アメリカの GDP が世界に占める割合は 2015 年には 22％であったが，そのアメリカが世界の軍事費の 36％を支出していることが，慢性的な財政赤字と経常収支赤字の一因であるといえる．

　世界を江戸時代の日本にたとえれば，アメリカは強大な経済力と軍事力を持つ藩で，その軍事力によって自分の領地だけでなく，世界全体の安全保障に関与している．しかし，アメリカは基本的には自らの領地からの年貢のみによって，軍事力を維持し，領地内でのインフラ整備や社会保障などもしなければならないので，藩財政は大幅な赤字が続いている．

　それを支えているのは他国，とりわけ日本と中国からの借金である．2018年 5 月末現在で，外国が保有しているアメリカ国債（財務省証券）総計 6 兆2316 億ドルのうち，中国が 19％，日本が 17％保有している[6]．短絡的にいえばアメリカの世界的な軍事力を中国と日本が融資を通じて支えている構図である．

　世界の警察であり続けるためにアメリカ政府は大きな借金を背負っており，その借金の返済を担保するのはアメリカ国民の潜在的な納税力でしかない．こうした体制は，アメリカ経済が変調に見舞われれば崩壊の危機にさらされるので脆弱な基盤の上に立っている．しかし，各国がそれぞれの GDP に比例した軍事力を持つような状況は，経済的にはより安定するかもしれないが，軍事的には非常に不安定な状況を招く．アメリカの場合には第二次世界大戦

---

6)　Department of the Treasury/Federal Reserve Board, Major Foreign Holders of Treasury Securities, July 17, 2018.

の勝利，その後の東西冷戦とその終結といった歴史的経緯から，世界に軍事基地を展開する覇権国の地位を手に入れたが，今後中国がその経済力に比例した軍事力を手に入れて，アメリカと並んで世界に覇を称えようとするならば，それは激しい摩擦を伴わざるをえないだろう．

　つまり，今後確実に到来すると予測される経済における米中拮抗時代を平和裏に迎えるためには，それが軍事力における米中拮抗につながらないようにすることが必要である．そのための方策を考えることは本書の役割を超えるが，理想論だけ言えば，アメリカのような個別の「藩」が世界の安全保障に目を光らせる「前近代」を終結させ，世界が一つの「近代国家」になることが究極の解決策であると思う．

参考文献

〈日本語文献〉

飯田敬輔（2013）『経済覇権のゆくえ──米中伯仲時代と日本の針路』中公新書.

河村哲二（2016）「グローバル資本主義の展開と新興経済」SGCIME 編『グローバル資本主義と新興経済』日本経済評論社，1-23 頁.

経済産業省（2010）『通商白書 2010』.

〈英語文献〉

Botsman, R. and R. Rogers (2011), *What's Mine is Yours: How Collaborative Consumption is Changing the Way We Live*, London: Collins.

Gereffi, G., J. Humphrey, and T. Sturgeon (2005), "The Governance of Global Value Chains," *Review of International Political Economy*, Vol. 12(1), pp. 78-104.

Prebisch, R. (1950), *The Economic Development of Latin America and its Principal Problems*, New York: United Nations Publications.

あとがき

　本書の索引を作成していた2018年11月5日〜10日に，第1回の中国国際輸入博覧会が上海で開催された．これは海外の輸出業者に出展してもらい，中国市場に向けて商品を売り込む場を提供するという趣旨のもので，世界130カ国以上から3,000社余りの企業が出展したという．中国はアメリカ・トランプ政権によって広範囲の対米輸出に高い関税をかけられたので，対米輸出の落ち込みを挽回するために輸出拡大に必死なのかと思いきや，むしろ輸入拡大のためのイベントを大々的に開催している．もちろん中国はアメリカとの貿易戦争を早急に終結させたいと願っているだろうが，仮に対米関係の改善がなかなかうまくいかなくても，世界の新興国との経済関係を深めていくことで，経済発展と国際関係の安定の基盤を作ろうとしている．輸入博覧会の開催はそうした戦略の表れであろう．

　もっとも，中国と新興国との経済・外交関係はなお課題が多いことも事実である．東南アジアについていえば，南シナ海の領土紛争などの摩擦はあるものの，総じていえば経済・外交関係を前進させていることは本書の第3章，第4章などで分析したとおりである．だが，南アメリカを見てみると，中国が多額の資金を融資してきたベネズエラが深刻な経済危機に陥り，中国が大豆や鉄鉱石の輸入や直接投資などで経済関係を深めてきたブラジルでは，2018年10月に「反中国」を標榜する候補が次期大統領に当選するなど，中国による関係構築の試みは，控えめに言っても「不器用」と言わざるをえない．そうした中国・新興国ネクサスの課題について，本書では不十分にしか触れることしかできなかったが，今後よりいっそう注視していく必要性を感じる．

　2018年10月下旬には日本の安倍首相が訪中し，日本と中国の民間企業による第三国での経済協力を推進していくことで中国政府と合意し，両国の企業や団体の間で52の覚書が締結された．これによって中国と新興国の経済

関係の深化に日本企業も関与して，そこに資金，技術，機械や資材，ノウハウを提供することで利益を得る道筋が開かれた．新興国に関しては，日本企業は長い対外投資の歴史を通じて経験を積んでおり，受け入れ国との信頼関係の基盤やノウハウがあるので，中国企業にとって日本企業と組むことのメリットは小さくないはずである．中国・新興国ネクサスの深まりは，日本企業にとっても大きな商機となりうる．

＊　　　　　　　＊

本書は2007年から10年間にわたって存続した東京大学社会科学研究所現代中国研究拠点の研究成果を，一冊に凝縮して世に問うことを目的として編まれた．同拠点は，2007年に人間文化研究機構（NIHU）の現代中国地域研究推進事業の一環として発足した．

2007年度から2011年度までの第1期には，経済，法律，農業・農村，産業集積，ODA，対外経済という6つの部会に分かれてそれぞれ活発に調査・研究を行い，研究メンバーによる単著・編著を総計13冊刊行したほか，拠点自身の出版による「研究シリーズ」を10冊刊行した．

2012年度から2016年度までの第2期には，経済，産業社会，ODA，貿易という4つの部会に分かれて調査・研究を行った．この期間には研究メンバーによる単著・編著を16冊刊行したほか「研究シリーズ」を8冊刊行した．

2期10年にわたる現代中国研究拠点の事業は多大な成果を挙げたが，全体を総覧できるような本はこれまでなかった．本拠点と同時にスタートした早稲田大学拠点（早稲田大学現代中国研究所）では『超大国・中国のゆくえ』シリーズ全5巻を東京大学出版会から刊行中であるが，それに類する双書を本拠点では作っていない．それは本拠点の各部会での研究内容がそれぞれに専門的すぎて，一つのシリーズにまとめるのは難しいと思われたからである．すなわち，セメント産業，大メコン圏の開発協力，物権法，あずき・雑豆，広東省の産業集積，政府開発援助といった研究内容にまとまりをつけることは不可能なことだと思われた．

ところが，各部会での研究が進むにつれて，さまざまな分野での共通項と

して，中国と新興国との経済関係の深まりが見えてきた．世界最大の雑貨市場として知られる義烏には，アフリカや中東などから大勢のバイヤーが来ている．南アフリカやブラジルに行けば，中国人商人が雑貨を売る商業集積ができている．中国のさまざまな産業集積も，こうした新興国市場に向けた生産を拡大している．豆をめぐっては，中国は大豆をブラジルやアルゼンチンから大量に輸入し，輸出国に大きな影響を与えるようになった．そして，中国の習近平国家主席は，こうした新興国との経済関係のうえに大きな風呂敷をかぶせるように「一帯一路」構想を打ち出した．われわれがさまざまな現場で見聞してきたことを総合すると，中国と新興国の経済関係が意外なところで深まっており，これまで先進国（G7）を中心に語られてきた世界経済の見方を根底から変える必要があるように思われた．

　NIHU の現代中国地域研究推進事業の終盤にあたる 2016 年 2 月には，この事業を構成する早稲田大学，京都大学，慶應義塾大学，東洋文庫，総合地球環境学研究所，愛知大学，神戸大学，法政大学，そして東京大学という 9 つの拠点が一堂に会してシンポジウムを開催したが，その場で丸川が「中国・新興国ネクサス──世界経済の新たな構造」，伊藤亜聖氏が「中国・新興国間貿易の深化」という発表を行って，本書の土台となる枠組を示した．

　こうして東京大学社会科学研究所現代中国研究拠点の 2 期 10 年間を締めくくる本として「中国・新興国ネクサス」をテーマとする書を世に問うという構想がスタートした．第 1 期の拠点代表を務めた田島俊雄教授，2 期を通じて東南アジアと中国の経済関係に関する研究をリードしてきた末廣昭教授をはじめ，これまで本拠点の研究活動に参加した研究者に広く声をかけてそれぞれの専門分野における「中国・新興国ネクサス」を探求し，分析してもらうことにした．

　当初の原稿提出締切は 2016 年 7 月末とされ，その前後に全体の半分程度の原稿は出たものの，予定していた原稿がすべて揃ったのは翌年 3 月頃である．編者による検討などを経て最終稿を揃えたのが 2017 年 7 月末であった．結局，その後 1 年余りを経てようやく出版のめどが立ってきた．

　ただ，時間が経過するとともに本書が掲げた研究課題の重要性に対する日本社会の認識が高まってきたので，むしろ出版のタイミングとしては現在の

ほうが良かった.

　振り返ってみれば本拠点が発足した 2007 年の時点では「2008 年の北京オリンピック後に中国経済は崩壊する」という説が，一部の右派ジャーナリストだけでなく，銀行・証券系のエコノミストの間でも語られていた．その後，2008 〜 09 年のリーマンショックを経て，中国経済の力強い発展が世界を牽引する状況も生じた．ただ，その回復プロセスにおいて無理な投資拡大が行われたことも事実であり，中国の経済発展の持続可能性に対してエコノミストたちから疑義が寄せられた．2013 年の時点でも，日本では「中国が GDPでアメリカに追いつくことはない」とする説が広く支持されるような状況であった.

　2018 年になって，中国は 2009 年以来の投資・融資の過剰な拡大がたたって，投資の大幅減速による景気の停滞を経験している．しかし，中国の経済規模がアメリカに追いつけないほど経済成長率が落ち込んでしまうというのはリスクの過大評価であり，今日では遅かれ早かれ中国の経済規模がアメリカに追いつくという見通しがかなり広く共有されるに至っている．むしろ，2018 年に入ってからアメリカ・トランプ政権によって全力を挙げて中国叩きが展開されたことで，かえって中国の経済規模がアメリカに近づいてきていることが現実味を帯びて実感されてきたところである．こうした状況下では，中国経済は新興国に大きなインパクトを与えている，中国と新興国の経済関係こそ今後の世界経済における最大の注目点であるという本書のメッセージも，さほど突飛には聞こえないだろう.

　中国経済の規模も影響力もこの 10 年あまりの間に格段に大きくなったが，それを分析するわれわれ中国経済研究者の能力は残念ながら同じペースでは成長していない．われわれは「中国・新興国ネクサス」が中国側でどのように認識されているかを知ることはできるが，相手国側での認識については東南アジアを除いては，なかなか力が及ばなかった．本来このような本は，アフリカや南米を研究する専門家も巻き込んで書くべきであったかもしれない．「新たな世界経済循環」について本書はまだジグソーパズルの一部を作っただけであり，今後の課題は大きい.

　最後になってしまったが，2007 年の現代中国研究拠点の発足以来，物心両

面で支えていただいた東京大学社会科学研究所と歴代の所長（小森田秋夫教授，末廣昭教授，石田浩教授，大沢真理教授，佐藤岩夫教授）に感謝申し上げたい．本書の出版費用の一部も含め，2007 年度から 2016 年度までの現代中国研究拠点の活動経費は大学共同利用機関法人人間文化研究機構（NIHU）からの助成金のサポートを受けている．また 2017 年度以降の現代中国研究拠点の活動経費は東京大学からの援助を受けている．当拠点に対する長きにわたる多方面からの支援に感謝申し上げたい．

2018 年 11 月 19 日

丸 川 知 雄

索　引

か　行

さ 行

編者・執筆者紹介

[編　者]（五十音順）

末廣　昭（すえひろ・あきら）　第3章

学習院大学国際社会科学部教授，東京大学名誉教授．1951年生まれ．東京大学大学院経済学研究科修了．経済学博士．

〈主要業績〉

『東アジアの社会大変動――人口センサスが語る世界』共編著，名古屋大学出版会，2017年．

『新興アジア経済論――キャッチアップを超えて』岩波書店，2014年．

『タイ――中進国の模索』岩波新書，2009年．

田島俊雄（たじま・としお）　第8章

東京大学名誉教授．東京大学大学院農学系研究科博士課程中退．農学博士．

〈主要業績〉

『WTO体制下の中国農業・農村問題』共編著，東京大学出版会，2017年．

『現代中国の電力産業――「不足の経済」と産業組織』編著，昭和堂，2008年．

『中国農業の構造と変動』御茶の水書房，1996年（日本農業経済学会学術賞受賞）．

丸川知雄（まるかわ・ともお）　序章，第2章，第7章，終章

東京大学社会科学研究所教授．1964年生まれ．東京大学経済学部卒業後，アジア経済研究所入所．

〈主要業績〉

『現代中国経済』有斐閣，2013年．

『チャイニーズ・ドリーム――大衆資本主義が世界を変える』ちくま新書，2013年．

『現代中国の産業――勃興する中国企業の強さと脆さ』中公新書，2007年．

[執筆者]（掲載順）

伊藤亜聖（いとう・あせい）　第1章

東京大学社会科学研究所准教授．1984年生まれ．慶應義塾大学大学院博士課程単位取得満期退学．博士（経済学）．

〈主要業績〉

『現代アジア経済論――「アジアの世紀」を学ぶ』共編著，有斐閣，2018年．

"Multi-level and Multi-route Innovation Policies in China: A Programme Evaluation Based on Firm-level Data," *Millennial Asia*, Vol. 8(1), 2017（with Zhuoran LI and Min WANG).

『現代中国の産業集積——「世界の工場」とボトムアップ型経済発展』名古屋大学出版
　会，2015 年（大平正芳記念賞，清成忠男賞受賞）.

宮島良明（みやじま・よしあき）　第 4 章

北海学園大学経済学部教授．1973 年生まれ．東京大学大学院経済学研究科博士課程
単位取得退学．修士（経済学）.

〈主要業績〉

「転換期を迎えるタイと中国・CLMV の貿易」『タイ国情報』第 52 巻第 2 号，2018 年.

「中国と ASEAN の貿易・分業構造の変化」池部亮・藤江秀樹編『分業するアジア
　——深化する ASEAN・中国の分業構造』日本貿易振興機構，2016 年.

『中国の台頭と東アジア域内貿易：World Trade Atlas（1996‐2006）の分析から』共
　著，東京大学社会科学研究所現代中国研究拠点研究シリーズ No. 1，2008 年.

大泉啓一郎（おおいずみ・けいいちろう）　第 4 章

株式会社日本総合研究所調査部上席主任研究員．1963 年生まれ．京都大学大学院農
学研究科修士課程修了．博士（地域研究）.

〈主要業績〉

『新貿易立国論』文春新書，2018 年.

『消費するアジア——新興国市場の可能性と不安』中公新書，2011 年.

『老いてゆくアジア——繁栄の構図が変わるとき』中公新書，2007 年.

李　海訓（LI Haixun）　第 5 章

東京経済大学経済学部講師．東京大学大学院経済学研究科博士課程修了．博士（経済
学）.

〈主要業績〉

『中国東北における稲作農業の展開過程』御茶の水書房，2015 年（日本農業経済学会
　奨励賞受賞）.

堀井伸浩（ほりい・のぶひろ）　第 6 章

九州大学大学院経済学研究院准教授．1971 年生まれ．慶應義塾大学法学研究科修士
課程修了．修士（法学）.

〈主要業績〉

「中国式グリーン・イノベーション——「倹約イノベーション」を実現する巨大市場と
　政府の戦略」植田和弘・島本実編『グリーン・イノベーション』中央経済社，
　2017 年.

『中国の持続可能な成長——資源・環境制約の克服は可能か？』編著，日本貿易振興

機構アジア経済研究所，2010 年.
『巨大化する中国経済と世界』共編著，日本貿易振興機構アジア経済研究所，2007 年.

丁　可（DING Ke）　第 9 章
日本貿易振興機構アジア経済研究所研究員．1979 年生まれ．名古屋大学大学院経済
学研究科博士後期課程単位取得退学．博士（経済学）.
〈主要業績〉
Market Platforms, Industrial Clusters and Small Business Dynamics: Specialized Markets in China, Cheltenham and Northampton: Edward Elgar, 2012.
『中国　産業高度化の潮流』共編著，日本貿易振興機構アジア経済研究所，2008 年.

日置史郎（ひおき・しろう）　第 9 章
東北大学大学院経済学研究科教授．1968 年生まれ．中国人民大学農業経済系博士課
程修了．博士（管理学）.
〈主要業績〉
"How Have China's Intra- and Inter-regional Input-Output Linkages Changed during Reform?" co-authorship, in *Resurgent China: Issues for the Future*, edited by Nazrul Islam, New York: Palgrave Macmillan, 2008.
"The Magnitude of Interregional Input-Output Spillover Effects in China and Its Implications for China's Uneven Regional Growth," in *Spatial Structure and Regional Development in China: An Interregional Input-Output Approach*, edited by Nobuhiro Okamoto and Takeo Ihara, Institute of Developing Economies, Japan External Trade Organization, 2004.
Multi-Regional Input-Output Model for China 2000, co-authorship, Institute of Developing Economies, Japan External Trade Organization, 2003.

中国・新興国ネクサス
新たな世界経済循環

2018 年 12 月 20 日　初　版

［検印廃止］

編　者　末廣　昭・田島俊雄・丸川知雄
発行所　一般財団法人　東京大学出版会
　　　　代表者　吉見俊哉
　　　　153-0041 東京都目黒区駒場4-5-29
　　　　http://www.utp.or.jp/
　　　　電話 03-6407-1069　Fax 03-6407-1991
　　　　振替 00160-6-59964

組　版　有限会社プログレス
印刷所　株式会社ヒライ
製本所　誠製本株式会社